# Direito Comercial
I Volume
Parte Geral, Contratos Mercantis, Títulos de Crédito

# Direito Comercial

I Volume
Parte Geral, Contratos Mercantis, Títulos de Crédito

Pedro Pais de Vasconcelos
Professor Catedrático da Faculdade de Direito de Lisboa

2011

**DIREITO COMERCIAL**
AUTOR
Pedro Pais de Vasconcelos
EDITOR
EDIÇÕES ALMEDINA, S.A.
Rua Fernandes Tomás, nºs 76, 78, 80
3000-167 Coimbra
Tel.: 239 851 904 · Fax: 239 851 901
www.almedina.net · editora@almedina.net
DESIGN DE CAPA
FBA.
PRÉ-IMPRESSÃO, IMPRESSÃO E ACABAMENTO
G.C. – GRÁFICA DE COIMBRA, LDA.
Palheira Assafarge, 3001-453 Coimbra
producao@graficadecoimbra.pt
Dezembro, 2011
DEPÓSITO LEGAL
337648/11

Apesar do cuidado e rigor colocados na elaboração da presente obra, devem os diplomas legais dela constantes ser sempre objecto de confirmação com as publicações oficiais.
Toda a reprodução desta obra, por fotocópia ou outro qualquer processo, sem prévia autorização escrita do Editor, é ilícita e passível de procedimento judicial contra o infractor.

 GRUPOALMEDINA

BIBLIOTECA NACIONAL DE PORTUGAL – CATALOGAÇÃO NA PUBLICAÇÃO

VASCONCELOS, Pedro Pais de, 1946-

Direito comercial. – (Manuais universitários)
ISBN 978-972-40-4721-8

CDU    347
       378

# Introdução

I. Este livro é um manual vocacionado para o ensino do Direito Comercial no semestre que lhe é dedicado no 3º ano da licenciatura no plano de estudos da Faculdade de Direito de Lisboa, no sistema de Bolonha. Não é um tratado de direito comercial e não pretende esgotar, nem em extensão nem em profundidade, toda a matéria do Direito Comercial que seria de ensino impossível num semestre.

Como manda a lei, está escrito nos moldes do novo Acordo Ortográfico.

Este volume inclui as três primeiras partes: Direito Comercial Geral (Primeira Parte), Contratos Mercantis (Segunda Parte) e Títulos de Crédito (Terceira Parte). À matéria do Direito das Sociedades corresponderá um segundo volume consagrado ao ensino no segundo semestre de Direito Comercial (Direito Comercial II) no plano de estudos da Faculdade de Direito da Universidade de Lisboa. Segue-se, assim, o sistema anglo-saxónico que autonomiza da *Commercial Law*, a *Company Law* (na Inglaterra) e a *Corporation Law* (nos Estados Unidos da América). A matéria ministrada aos alunos não corresponde a um "Direito da Empresa" nem a um "*Business Law*". Mantém, com modificações, a abordagem tradicional do Direito Comercial. Altera, no entanto, alguma coisa.

Seguir-se-ão outros volumes consagrados a outras partes especiais do Direito Comercial.

II. Diversamente do que é costume, a matéria do comerciante precede a do ato de comércio. Isto não significa uma opção doutrinária pelo subjetivismo, mas antes o reconhecimento de ser esta sequência pedagogicamente mais eficiente. Para a qualificação e estudo da matéria dos atos de comércio subjetivos é útil que os alunos tenham já o domínio da qualificação e do regime jurídico dos comerciantes.

Inova na matéria das atividades e empresas mercantis, maleabilizando o regime do artigo 230º do Código Comercial cuja tipologia é tratada metodologicamente no método tipológico, tal como exposto no nosso *Contratos Atípicos*, com recurso à comparação, à diferenciação e à analogia, de modo a obter a sua imprescindível atualização. Assim se consegue reconciliar o comerciante do século XIX com o empresário atual e as atividades mercantis com as empresas comerciais.

O ensino ministrado neste semestre afasta-se do que é costume, seguindo tanto quanto aconselhável, na ordem do Código Comercial, as matérias dos atos de comércio em especial, tais como existem nos dias de hoje, ainda que tenham sido revogados os correspondentes preceitos do velho Código, incluindo embora com o pouco desenvolvimento possível, os acrescentos que o excesso de atividade legislativa foi pondo em vigor, com o efeito nocivo de cristalização de novos tipos e práticas contratuais que bem melhor seriam deixadas à autonomia privada e ao mercado.

Esta opção não é inocente e decorre do entendimento de que o Código Comercial não morreu nem deve morrer e que urge trabalhar para o seu rejuvenescimento, numa grande reforma que já há muito se faz esperar. Nessa reforma devem ser incluídas no Código Comercial a legislação extravagante, nos locais próprios, mediante a adequada adaptação de numeração dos artigos com o recurso a letras ou outras soluções adequadas.

III. Há matérias que não são ainda tratadas por falta de tempo para o seu ensino, como a insolvência, o direito marítimo, a propriedade industrial ou a concorrência. Pode ser que um dia a Faculdade compreenda que o âmbito material do Direito Comercial no espaço do direito privado é maior do que lhe era residualmente deixado na segunda metade dos anos setenta do século passado, pelo "caminho para o socialismo" preconizado na versão original da Constituição de 1976. Hoje, o Direito Comercial reclama francamente mais espaço de ensino na Faculdade.

# Bibliografia geral aconselhada aos alunos

O estudo do Direito Comercial não deve limitar-se ao manual. Além dele, devem os alunos, numa Faculdade, exercer a curiosidade científica e académica e procurar, por sua própria iniciativa, a consulta de outros manuais utilizados no ensino da mesma disciplina, na própria e noutras escolas.

Mas não deve, ainda, ser limitado aos manuais que são atualmente utilizados no ensino universitário. Também os livros mais antigos são úteis, embora com as cautelas necessárias à sua possível desatualização nesta ou naquela, não necessariamente em todas, as matérias. É de grande utilidade para a aprendizagem ter notícia e compreender como os atuais problemas foram antes encarados e e ainda saber do anterior estado de muitas questões para a compreensão de como evoluíram até à atualidade.

São também imprescindíveis outras monografias, artigos em revistas e comentários de jurisprudência que, sem terem sido escritos especificamente como suportes de ensino, têm um âmbito material mais específico e maior aprofundamento.

Finalmente, são ainda úteis os livros estrangeiros, em português e noutros idiomas, que dão aos alunos a necessária perspetiva de como os mesmos problemas são tratados de modo igual ou diferente, nas leis e nas literaturas jurídicas de outros países.

Fica, em seguida, indicada uma lista não exaustiva de obras cuja consulta se aconselha, embora, naturalmente, sem obrigatoriedade.

No início de cada tema são, embora nem sempre, feitas indicações de literatura jurídica especificamente interessante.

Não deixam de ser introduzidas, em notas de pé de página, as referências bibliográficas que sejam necessárias para auxiliarem o estudo. Contrariando uma tendência cujo exagero é pernicioso, estas notas foram reduzidas ao mínimo.

**Literatura geral portuguesa atual de Direito Comercial recomendada** (por ordem temporal de edição)

COUTINHO DE ABREU, JORGE
*Curso de Direito Comercial*, vol. I, 8ª ed., Almedina, Coimbra, 2011
OLAVO CUNHA, PAULO
*Lições de Direito Comercial*, Almedina, Coimbra, 2010
ENGRÁCIA ANTUNES, JOSÉ
*Direito dos Contratos Comerciais*, Almedina, Coimbra, 2007
CASSIANO SANTOS, FILIPE
*Direito Comercial Português*, Coimbra Editora, Coimbra, 2007
MENEZES CORDEIRO, ANTÓNIO
*Manual de Direito Comercial*, 2ª ed., Almedina,Coimbra, 2007
SERRA, CATARINA
*Direito Comercial*, Coimbra Editora, Coimbra, 2009
PUPPO CORREIA, MIGUEL
*Direito Comercial*, 9ª, ed., Ediforum, Lisboa, 2005
ROQUE, ANA
*Direito Comercial*, Quid Juris, Lisboa, 2004
OLIVEIRA ASCENSÃo, JOSÉ
*Direito Comercial*, vol. I, Lisboa, 1998/1999
FERRER CORREIA,
*Lições de Direito Comercial*, reprint, Lex, Lisboa, 1994
BRITO CORREIA, LUÍS
*Direito Comercial*, AAFDL, Lisboa, 1987/88
PINTO FURTADO, JORGE H.
*Disposições Gerais do Código Comercial*, Almedina, Coimbra, 1984
PEREIRA DE ALMEIDA, ANTÓNIO
*Direito Comercial*, I, Atos de Comércio e Comerciantes, AAFDL, Lisboa, 1978/79

## Literatura geral portuguesa mais antiga de Direito Comercial recomendada
(por ordem temporal de edição)

FERNANDO OLAVO,
*Direito Comercial*, vol. I, 2ª ed., Lisboa, 1970
JOSÉ GABRIEL PINTO COELHO,
*Lições de Direito Comercial*, 3ª ed., 1º vol, Lisboa, 1957
AURELIANO STRECHT RIBEIRO
*Código Comercial Português atualizado e anotado*, Procural, Lisboa, 1939-1940 (3 volumes)
LUIS DA CUNHA GONÇALVES
*Comentário ao Código Comercial Português*, Empreza Editora José Bastos, Lisboa, 1914 (3 volumes)
JOSÉ FERREIRA BORGES
*Dicionário Jurídico-Comercial*, 2ª ed., Porto, 1856
ADRIANO ANTERO
*Comentário ao Código Comercial Português*, 2ª ed., Companhia Portuguesa Editora, Porto, sem data (2 volumes)

## Literatura geral estrangeira de Direito Comercial recomendada (por ordem temporal de edição)

GIUSEPPE AULETA / NICOLÒ SALANITRO
*Diritto Commerciale*, 15ª ed., Giuffrè, Milano, 2006
GIAN FRANCO CAMPOBASSO
*Manuale di Diritto Commerciale*, Ristampa, UTET, Torino, 2003
FRANCESCO GALAGANO
*Diritto Commerciale, L'Imprenditore*, 4ª ed., Zanichelli, Bologna, 1991
*Lex Mercatoria*, Il Mulino, Bologna, 2001, (com tradução portuguesa *História do Direito Comercial*, Signo Editores, Lisboa, sem data)
TULIO ASCARELLI
*Corso do Diritto Commerciale, Introduzione e Teoria dell'Impresa*, 3ª ed., Giuffrè, Milano, 1962
FRANCISCO VINCENT CHULIÁ
*Introdución al Derecho Mercantil*, 19ª ed., Tirant lo Blanch, Valencia, 2006
DAVID KELLY / ANN HOLMES / RUTH HAYWARD
*Business Law*, 5.th ed., Cavendish, Oxon, New York, 2005
ROY GOODE
*Commercial Law*, 3.rd ed., Penguin Books, London, 2004

DIREITO COMERCIAL

CLAUS-WILHELM CANARIS
  *Handelsrecht*, 23. Aufl., Beck, München, 2000
PAUL DIDIER
  Droit Commercial, I, 3 ed., PUF, Paris, 1992

# Primeira Parte
## Direito Comercial Geral

# I. O Direito Comercial

## 1. O Comércio e o Direito Comercial

O Direito Comercial é um ramo do direito privado. Tem por objeto fundamentalmente a atividade económica privada, produtiva, especulativa, de intermediação e de prestação de serviços, em mercado. Não abrange, por um lado, toda a atividade económica privada, pois exclui, em geral a agricultura não empresarial, atividade artística, literária, artesanal e as profissões liberais; e, por outro lado, ultrapassa o campo do privado e inclui também, embora não a título principal, a atividade económica pública, e até de direito público. Não deixa, contudo, de fazer parte do direito privado.

A integração do Direito Comercial no direito privado é de duas ordens, é histórica e é dogmática.

O Direito Comercial tem uma raiz histórica muito clara que influencia fortemente a sua feição, a sua natureza, o seu conteúdo, os princípios que o regem e que o caracterizam e até o seu sentido. Pode até dizer-se que o Direito Comercial, como hoje existe é um produto histórico. Foi o fruto de circunstâncias da história da Europa e da sua evolução. Poderia não ter surgido e não ter, até, acontecido. Mas surgiu e desenvolveu-se, ampliou o seu âmbito, ganhou um carácter próprio e hoje é uma realidade indesmentível de uma enorme importância e relevância jurídica, social e económica. As sociedades liberais democráticas atuais não prescindem dele.

Mas não é só histórica a especificidade do Direito Comercial. Na sua evolução e para satisfazer com êxito as necessidades que impulsionaram o seu surgimento e o seu desenvolvimento, criou instrumentos e princípios jurídicos próprios, diversos dos do Direito Civil. Estes instrumentos e princípios jurídicos próprios não substituíram os do Direito Civil nem os antagonizaram; nasceram, desenvolveram e viveram em paralelo ao Direito Civil, numa postura que se pode dizer que não foi hostil nem antagónica, mas concorrente. Hoje, penetram crescentemente o Direito Civil que os procura para obter melhor eficiência. Pode mesmo, hoje, falar-se de alguma comercialização do Direito Civil.

## 2. Autonomia histórica do Direito Comercial

Como se disse, a autonomia do Direito Comercial é originariamente de carácter histórico.

O Direito Comercial é mais recente do que o Direito Civil. Embora já houvesse atividade comercial muitos séculos antes do Direito Civil, só começou a existir como algo de próprio, de autónomo, de distinto do Direito Civil na Baixa Idade Média.[1]

A Idade Média é por ver vezes qualificada como a "noite de mil anos". Esta qualificação é injusta, porque a Idade Média foi de uma profunda espiritualidade, alcançou níveis muito elevados nos domínios da Ética e da Religião, embora com desenvolvimento territorial e temporal desiguais e um âmbito pessoal restrito. Mas, se não foi uma "noite de mil anos", a Idade Média foi com certeza uma recessão económica de mil anos. Com o colapso do sistema de comunicações do Império Romano do Ocidente, com a insegurança dos circuitos económicos, o comércio entrou praticamente em colapso e a economia passou a ser, na sua maior parte, dirigida ao auto-consumo. O feudalismo foi acompanhado pelo retorno à economia agrária e autárcica.

Além da insegurança das comunicações, por terra e por mar, também a estrutura social característica da Idade Média e do Feudalismo, estratificada em classes e *status* quase impenetráveis, cuja pertença era em grande parte determinada por nascimento, contribuiu para o colapso da florescente economia mercantil do tempo do Império. A terra era

---

[1] Sobre a génese, na Baixa Idade Média, e a evolução do Direito Comercial até às vésperas das Invasões Francesas, AMÍLCAR DA COSTA P. MESQUITA, *O direito comercial até à Lei da Boa Razão no quadro económico português*, Nos 20 anos do Código das Sociedades Comerciais, II, Coimbra Editora, Coimbra, 2007, págs. 189-201.

monopólio do Clero e da Nobreza. O Povo era pobre, ignorante, privo de liberdade e tentava apenas sobreviver às fomes e às doenças que o dizimavam. Aos mercadores, quase todos Judeus e Mouros, estava vedado o acesso à propriedade da terra.

O capital, na Idade Média, era constituído fundamentalmente pela terra. A terra estava na titularidade quase exclusiva do Clero e da Nobreza. Ao Clero e à Nobreza, de acordo com os usos e costumes vigentes, estava vedada a prática do comércio, tida por indigna da sua condição. Os Mercadores não tinham acesso ao capital. A estrutura económica privada caracterizava-se por um divórcio entre Capital e Empresa, por um binómio de Capital sem Empresa e Empresa sem Capital. Dificilmente poderia haver uma estrutura sócio-económica mais hostil ao desenvolvimento da economia privada e do comércio. A rigorosa separação entre Capital e Empresa tinha tido como consequência o marasmo económico.[2]

Finalmente, a rigorosa regulamentação corporativa dos ofícios dificultava a inovação, a competição e o empreendedorismo. Pouco espaço e oportunidade havia para a inovação, para o alargamento dos mercados, a introdução de novos produtos, a invenção de novas práticas mercantis. O sistema económico era praticamente estático.

Nos séculos XII, XIII e XIV, a Europa assistiu à formação de cidades comerciais, das guildas no Norte, das cidades marítimas e mercantis no Mediterrâneo e no Atlântico, dos banqueiros que cambiavam e financiavam dinheiro. O contrato de comenda permitia que os mercadores obtivessem o financiamento de que necessitavam, mantendo oculta a identidade do financiador. A partilha do resultado permitia contornar a proibição canónica do juro. A circulação de promessas e ordens de pagamento (*cautio indiscreta*) permitia a circulação rápida e segura de ativos financeiros e a estipulação de "juros por dentro", ou "à cabeça" e, também neste caso, contornar a proibição do juro. As comanditas simples e as sociedades em nome coletivo, as "companhas" ou companhias permitiam a cooperação comercial com a acumulação de esforços pessoais e de capitais em empreendimentos comuns.

---

[2] Ver FIGUEIREDO MARCOS, *As Companhias Pombalinas*, Almedina, Coimbra, 1997, págs. 521 e segs. PLATÃO, *República*, 371, trata os comerciantes de certo modo depreciativamente, deduzindo-se claramente do texto que não compreende o comércio empresarial e a sua ligação com o capital e o investimento.

DIREITO COMERCIAL

O comércio renasceu com pujança, assente em costumes do tráfego, em regras não legisladas e em jurisdições próprias. Estes costumes mercantis foram objeto de compilações, das quais a mais importante foi o Consulado do Mar[3]. Foi destes costumes gerados pela natureza das coisas (*enthia moralia*), pelas necessidades de certeza, segurança e agilidade do tráfego, pela necessidade de confiança e de fé nas pessoas e nas coisas, que deram corpo inicial ao que veio a ser o "jus mercatorum", o direito dos mercadores.

No sistema estatutário medievo, cada classe social ou profissional, cada *status*, tinha o seu regimento próprio, o seu "estatuto". Os mercadores construíram, assim, paulatina e progressivamente o seu estatuto profissional, com as suas regras, os seus costumes, os seus juízes – *Cônsules* – e os seus tribunais próprios – *Consulados*. Este corpo jurídico era de aplicação subjetiva: regia os mercadores. Não era um direito do comércio ou da mercância; era um direito dos mercadores, dos comerciantes. Em Portugal, mais tardiamente, assumiu relevância o Tribunal do Consulado, criado ao tempo do Cardeal D. Henrique e restabelecido por provisão de 8 de Novembro de 1592.

Nos séculos XVI, XVII e XVIII, os soberanos passaram a interessar-se pelo comércio e pelo seu florescimento. Compreenderam que dele resultava grande parte do seu poder e da sua riqueza. Tentaram estabelecer monopólios industriais e controlar rotas marítimas. É o tempo do mercantilismo, das *Ordonances* de Colbert, da intervenção ativa do Estado na promoção da indústria, do comércio. Foi o tempo dos impérios marítimos, entre os quais teve enorme relevância o Império Português. Portugal era então uma potência de primeira grandeza, não só militar e marítima, mas também comercial e científica. O primeiro tratado de seguros foi da autoria do português Pedro de Santarém[4]. Logo

---

[3] O "*Consulta del Mar*" teve origem em Barcelona, em data que é discutida, mas que se situa entre os séculos XII e XIII. Teve várias edições subsequentes que foram incorporando atualizações e complementações que acabaram por alargar o seu âmbito de aplicação pessoal e territorial quase à generalidade dos mercadores e da mercância, principalmente no Mediterrâneo. Tiveram também notável relevância as regras de Oleron na Inglaterra e no Canal da Mancha e as de Wisby, no Báltico.

[4] A sua primeira edição é de 1552. Há duas edições recentes, uma, traduzida em português, de MOSES BENSABAT AMZALAK, *Tratado de Seguros de Pedro de Santarém*, Lisboa, 1958 e outra, facsimilada com traduções em português, inglês e francês, do Instituto de Seguros de Portugal, *Tractatus de Assecurationibus et Sponsionibus*, Lisboa, 2006.

após a Restauração, em 1646, formou-se a Companhia Geral para o Estado do Brasil[5], à qual se seguiram a Companhia do Porto de Palmida em 1664, a Companhia de Cacheu, Rios e Comércio da Guiné em 1676, a Companhia de Cacheu e Cabo Verde em 1690, a Companhia do Estanco do Maranhão e Pará em 1682, a Companhia da Ilha do Corisco em 1724, a Companhia de Comércio para China em 1741, a Companhia Geral da Agricultura das Vinhas do Alto Douro em 1756, a Companhia Geral das Pescas Reais do Reino do Algarve em 1773, a Companhia Geral do Grão Pará e Maranhão em 1755, a Companhia Geral de Comércio de Pernambuco e Paraíba em 1756.

O comércio perde a posição periférica que tinha na estrutura da sociedade e assume um papel central. O êxito industrial e comercial passa a ser uma *questão de Estado*. As políticas do Conde da Ericeira e do Marquês de Pombal são, em Portugal, o exemplo paradigmático da importância central e estratégica que a indústria e o comércio assumem nos estados da Europa dos séculos XVII e XVIII. É muito sintomática deste facto o Alvará de 5 de Janeiro de 1756 (do Marquês de Pombal) que liberta da proibição de exercer o comércio e também a Lei da Boa Razão, que manda reger "aquela *boa razão*, que se funda nas outras Regras, que de universal consentimento estabeleceu o Direito das Gentes para a direção, e governo de todas as Nações civilizadas".

O carácter subjetivo do direito comercial, como direito dos comerciantes, manteve-se até à Revolução Francesa. A abolição dos estatutos e dos privilégios pessoais foi um dos objetivos políticos da Revolução. A Revolução Francesa, e as várias revoluções e evoluções subsequentes que inspirou e determinou, foram induzidas principalmente pela burguesia mercantil e representaram a sua vitória política e social. Não é exagerado dizer-se que a Revolução Francesa representou a tomada do poder pela burguesia mercantil, pelos comerciantes. Porém, na sua lógica política própria, a Revolução não podia manter um estatuto pessoal para os próprios comerciantes que a fizeram. A Idade Moderna representa a derrota política do *Ancien Régime*, da Realeza, do Clero, da Nobreza, dos estatutos pessoais, e a vitória da Burguesia mercantil, da libertação das pessoas e da propriedade, do liberalismo económico.

---

5 Rui Figueiredo Marcos, *As Companhias Pombalinas*, cit., *passim*.

DIREITO COMERCIAL

Nesta nova estrutura social e política, não podia subsistir o estatuto subjetivo pessoal e profissional dos mercadores, não era aceitável a vigência de um Direito dos Comerciantes com um âmbito de aplicação subjetivamente determinado.

A Revolução Francesa impôs assim a objetivação do Direito Comercial que, de um Direito dos Comerciantes, passou a assumir-se como um Direito do Comércio. Assim, em França e nos Países que a seguiram na Revolução, como Portugal, Espanha, Itália, etc., o Direito Comercial objectivou-se como um Direito do Comércio, dos atos do comércio, da atividade mercantil.

Na Alemanha, ao contrário, a reação contrarrevolucionária, representada pela vitória de SAVIGNY sobre THIBAULT e pelo pandectismo veio atrasar o BGB até 1896 e o HGB até 1897. A codificação, na Alemanha, foi atrasada na história pela poderosa influência da Escola Histórica. A Revolução não triunfou e não conseguiu impor o seu sistema. Por influência do *Ancien Régime*, o Direito Comercial manteve, na Alemanha, o cariz subjetivo original, que ainda hoje se mantém, como um direito dos comerciantes.

O dualismo entre o sistema subjetivo alemão e o sistema objetivo de raiz francesa assumiu características próprias claramente distintas e distintivas. Em França, a Revolução produziu logo muito cedo o *Code Civil* em 1804 e o *Code de Commerce* em 1807; em Itália, nasceram, lado a lado, o *Codice Civile* de 1865 e o *Codice di Commercio* de 1865, logo substituído em 1888; em Espanha, surgiu um *Código de Comercio* de 1865 e um *Código Civil* de 1889; e em Portugal, o primeiro Código Comercial, de Ferreira Borges, nasceu logo em 1833 e foi seguido pelo Código Comercial de Veiga Beirão em 1888, pelo Código Civil de Seabra em 1867, ano que conheceu também a promulgação da Lei das Sociedades Anónimas[6]. O século XIX é o tempo da codificação. Foi então que surgiu a codificação da primeira geração. Os Códigos da primeira geração têm duas características marcantes: a dualização entre um Código Civil e um Código Comercial e a influência do modelo francês. Os códigos comer-

---

[6] Lei de 22 de Junho de 1867, cujo texto integral está publicado, além do respetivo jornal oficial, também no *Dicionário de Direito Comercial* de INOCÊNCIO SOUSA DUARTE, Lisboa, 1880, págs. 455-467. Ver ainda JOÃO JACINTO TAVARES DE MEDEIROS, *Comentário da Lei de 22 de Junho de 1867*, Livraria Ferreira, Lisboa, 1886.

ciais, com exceção do alemão, são objetivistas e assentam o núcleo da determinação do seu âmbito de aplicação sobre o "ato de comércio".

O fascismo italiano veio introduzir um terceiro sistema. A sua génese é também acentuadamente histórica. Tinha corrido a crise bolsista de 1929 que tinha deixado atrás de si uma forte e persistente recessão económica. O fascismo italiano interpretou essa crise como o colapso final do capitalismo, como o fim de uma época histórica. Tentou uma substituição do modelo económico capitalista com o regresso a um corporativismo modernizado. Tentou pôr entre parêntesis o liberal-capitalismo e reatar a linha da história e do sistema económico ao corporativismo medievo. Regressaram as Corporações e os Ofícios, com os seus Regimentos encabeçados pela *Carta del Lavoro*. O sistema económico fascista é autoritário, regulado, anti-concorrencial e anti-liberal. O seu êxito inicial leva o Estado dirigente e autoritário a substituir o binómio liberal formado pelo Código Civil e pelo Código Comercial, de forte influência francesa, revolucionário-napoleónica, por um novo *Codice Civile* (1942) abrangente. Este código caracteriza-se pela abolição da separação entre o Direito Civil e o Direito Comercial e pela substituição dos paradigmas do comerciante pelo empresário e do comércio pela empresa. Na linha pré e antiliberal, na tentativa de reconstrução de uma evolução, assumida como artificialmente interrompida pelo liberal-capitalismo revolucionário-napoleónico, a nova ordem económica do fascismo constrói um regresso às origens do corporativismo medievo, agora modernizado.

O Código italiano de 1942 resistiu ao colapso do fascismo, mediante uma operação de limpeza ideológica (nem sempre com êxito), e manteve-se como um paradigma que veio a ser adotado no Brasil, por influência duma poderosa escola local de juristas de raiz italiana. O Código italiano, expurgado do revivalismo corporativo, mantém o que trouxe de importante modernização do Direito Comercial: a sua construção como Direito da Empresa.

Nas Ilhas Britânicas, a Revolução Francesa e a reação da Escola Histórica alemã não tiveram influência muito marcante. O direito inglês sofreu uma evolução sem revolução e, por isso, é ainda, em muitas coisas, um direito medieval que descende diretamente do direito romano clássico, pela via da Escola de Bolonha, sem a influência bizantina que marcou o pandectismo alemão. O Direito Comercial, no Reino Unido, não conseguiu alcançar e consolidar a autonomia perante a *Common Law* e os tribunais de mercadores, ainda incipientes, acabaram por ser absorvidos pelos tribunais comuns. Sob a influência do Chief Justice Edward Coke, do Chief Justice Holt e de Lord Mansfield, o que se designa por *English commercial law* é hoje um conjunto difuso e não codificado de regras, incluídas na *Common Law*, orientadas para facilitar o comércio. O direito das sociedades – *Company Law* – não é considerado como integrante da *Commercial Law*. Da *Commercial Law* fazem parte as regras sobre títulos de crédito (*negotiable instruments*), a compra e venda (*sale of goods*), a *agency, carriage of goods, insurance, finance, insolvency, arbitration*, etc. No âmbito da *Commercial Law*, há um reconhecimento muito carateristicamente inglês do *costume and usage*.

Os Estados Unidos da América, seguiram inicialmente o sistema inglês. Posteriormente iniciaram uma tentativa de unificação de codificação do Direito Comercial através do *Uniform Commercial Code (UCC)*: este código não foi integralmente adotado em todos os Estados da União.

Não obstante as tentativas de unificação do direito privado num único código, como sucedeu na Itália dos anos quarenta e, mais recentemente, no Brasil e na Holanda, nem por isso, o Direito Comercial deixou de manter a sua autonomia doutrinária.


## 3. A autonomia material do Direito Comercial

A autonomia histórica do Direito Comercial seria irrelevante se não estivesse associada a uma autonomia também material.

O Direito Comercial é informado por princípios ético-jurídicos e técnico-jurídicos que desenvolveu e lhe são próprios; construiu institutos, modelos e técnicas de decisão, regras e um sentido que lhe são também característicos. São eles que lhe conferem autonomia em sentido material. O Direito Comercial não é simplesmente um Direito Civil especial; é muito mais do que isso, é um ramo autónomo do Direito Privado com um conteúdo e um sentido próprios. Naturalmente, não deixa de recorrer àquilo que o Direito Civil tem como Direito Comum,[7] sempre porém impregnado do sentido próprio do Direito Comercial.

---

[7] Sobre o Direito Civil como direito comum, PAIS DE VASCONCELOS, *Teoria Geral do Direito Civil*, 6ª ed., Almedina, Coimbra, 2010, págs. 5-11.

## *i. Cosmopolitismo e internacionalidade*

O comércio é uma atividade económica que, de sua natureza, atravessa fronteiras e põe em contato povos diferentes. Embora exista e se exerça também no interior de cada país, não se localiza nem se encerra num espaço limitado, não é territorial como o direito de propriedade, nem está ligado a um específico espaço cultural como o direito de família, nem a um respetivo espaço político como o direito constitucional. O Direito Comercial é universal.

A génese e a evolução histórica do Direito Comercial assim o demonstram com clareza. Daí a sua ligação ao transporte, onde desempenhou inicialmente um papel muito relevante o transporte marítimo. Principalmente a partir do século XIX, o Direito Comercial assumiu um forte pendor de direito nacional. Já antes, no tempo do mercantilismo, o Estado se havia interessado fortemente pelo comércio numa perspectiva nacional. Mas foi com a estatização do Direito emergente da Revolução Francesa, com o concomitante surgimento dos Códigos Comerciais que o Direito Comercial se localizou fortemente como um direito nacional. Embora esse tenha sido o tempo da mais forte expansão do comércio internacional, foi também esse o tempo em que os legisladores nacionais se lançaram na tarefa da nacionalização do Direito Comercial.

Não obstante, mesmo que de certo modo aprisionado nos Códigos e pelos Parlamentos nacionais, o Direito Comercial manteve uma fortíssima propensão para atravessar as fronteiras. Isso é notório no artigo 4º do Código Comercial que, já em 1888, continha normas de conflitos de Direito Internacional Privado, no artigo 5º que regia a competência internacional dos tribunais, e principalmente no artigo 6º segundo o qual "todas as disposições deste Código serão aplicáveis às relações comerciais com estrangeiros, exceto nos casos em que a lei expressamente determine o contrário, ou se existir tratado ou convenção especial que de outra forma as determine e regule". Também no Código Comercial era, já então, regido, nos artigos 107º a 109º, o estatuto pessoal das sociedades comerciais. Daí, também, a consagração, no artigo 96º, da liberdade de língua nos títulos comerciais. Mesmo enquadrado num Código nacional, o Direito Comercial português, não deixava de estar em contacto estreito com relações privadas internacionais. Além de direito internacional privado comercial assente em normas de conflitos, também as leis uniformes, como as das letras, das livranças e dos

DIREITO COMERCIAL

cheques assumiram um papel central no Direito Comercial. Ainda hoje – pode dizer-se que cada vez mais hoje e amanhã – o Direito Comercial é transnacional. Hoje, o Direito Comercial português é em muito do seu ser direito comunitário europeu e, por exemplo, o direito dos transportes, sejam terrestres, marítimos ou aéreos, é fundamentalmente direito internacional vigente em todo o mundo. E não podia deixar de ser assim, dado o carácter transnacional do comércio. É muito difícil, senão mesmo impossível, aprisionar o Direito Comercial no âmbito do direito nacional. E por isso, talvez não tenha muito sentido autonomizar um Direito Comercial Internacional.

### ii. A defesa do crédito e o "favor creditoris"

A restauração do comércio, após a longa recessão medieval, assentou no reencontro do capital com a empresa. A eficiência económica exige o aproveitamento dos capitais ociosos e a sua canalização para investimentos produtivos, seja na indústria, seja no comércio propriamente dito, seja nos serviços. A captação e mobilização de capitais ociosos exige que aqueles que os detêm os coloquem ao dispor de outros que lhes dêem uma utilização mais economicamente eficiente. Mas isto só sucederá se tiverem a certeza de que os poderão recuperar. Tal exige um sistema de cobrabilidade segura, rápida e eficiente.

Também o funcionamento das empresas e dos negócios exige o recurso ao crédito. O próprio consumo pode aumentar significativamente se for financiado. Mas só concede crédito quem está razoavelmente convicto de que não irá perder os capitais financiados e que os conseguirá recuperar, com a respetiva remuneração, sem demoras nem dificuldades.

É pois necessário assegurar ou reforçar condições de cobrabilidade, sem as quais o crédito não é concedido, ou é concedido a custo muito superior. O reforço do crédito alcança-se através do favorecimento do credor, na remoção das dificuldades de cobrança.

É o *favor creditoris*, característico do Direito Comercial, que se opõe ao *favor debitoris*, próprio do Direito Civil. Esta é uma das mais relevantes diferenças substanciais do Direito Comercial em relação ao Direito Civil. Enquanto no Direito Civil se favorece, em princípio, o devedor, no Direito Comercial é o credor que é favorecido. O *favor creditoris* não é um privilégio de classe que os comerciantes tenham oportunistamente atribuído a si próprios; é imprescindível para facilitar e incentivar a concessão de crédito, sem a qual a economia privada fica gravemente dificultada. Pode dizer-se com segurança que, quanto menor o crédito, menor o aproveitamento de recursos ociosos e pior a eficiência da economia. A razão deste favorecimento do credor consiste na necessidade de facilitar a concessão de crédito para com ela se obter o melhor aproveitamento dos recursos existentes.

O *favor creditoris* traduz-se principalmente nos títulos de crédito, no regime supletivo de solidariedade das obrigações, no regime restritivo da mora, na presunção de estipulação de juros, na fixação de uma taxa de juros de mora superior à vigente no Direito Civil.

### iii. *Profissionalidade*

A atividade comercial é uma atividade profissional que exige conhecimentos específicos, experiência, argúcia, assunção de risco, prudência, competência. O comerciante não pode ser um amador, nem um ingénuo.

O comércio é exercido profissionalmente. Quer isto dizer, como meio de vida. O comerciante não exerce o comércio para se entreter, nem desportivamente. Ele vive do comércio e é do comércio que retira os seus meios de subsistência, de melhoria da sua condição económica e social e, quando tem êxito, a sua fortuna. O comerciante age no seu próprio interesse, mas esse exercício interessado e não benévolo, satisfaz muitas das necessidades económicas da comunidade.[8]

A profissionalidade não exige nem supõe a exclusividade. Nada impede que o comerciante, além de exercer o seu comércio, exerça outras atividades. Isso é frequente. Também nada obsta a que exerça mais do que um comércio. Em princípio e salva proibição ou incompatibilidade legal, o exercício do comércio não tem de ser exclusivo, nem a tempo inteiro. Mas tem de ser profissional.

Como profissional, o comerciante distingue-se bem do consumidor. O Direito trata o consumidor como um contraente ingénuo, carente de proteção. Pelo contrário, o comerciante é experiente e competente nas práticas e nas relações mercantis. Não necessita de ser protegido. Se não for suficientemente capaz, acaba, mais tarde ou mais cedo, por sair do

---

8 ADAM SMITH, *The Invisible Hand*: "It is not from the *benevolence* of the butcher, the brewer, or the baker that we expect our dinner, but from their regard to *their own interest*".

DIREITO COMERCIAL

mercado, ou por desistência ou por falência. Num mercado eficiente, salvo muito raramente, não se encontram comerciantes ingénuos, inábeis ou incompetentes; e os que, ainda assim, subsistem, não costumam durar muito. Os comerciantes sabem o que fazem no comércio. É dele que vivem.

O Direito Comercial é, neste sentido e nesta perspetiva, um direito profissional. Começou historicamente por ser um direito dos comerciantes e ainda o é, embora não a título principal.

### iv. A centralidade do mercado e da concorrência

O Direito Comercial tem como objeto o comércio e o comércio desenvolve-se no mercado. Não há comércio sem mercado.

Fala-se por vezes em mercado e em mercados. É duvidoso que exista um mercado global que cubra todas as terras e todas as gentes do mundo. Mesmo em ambiente de globalização, um mercado global está ainda para ser construído. Mas existem, bem determinados e, por vezes, fortemente regulados, mercados locais e setoriais, temáticos, especializados em certos bens e serviços, geograficamente mais ou menos localizados.

É hoje muito falado, em tempo de crise, o mercado financeiro ou, com mais propriedade, os mercados financeiros. Neles são comerciados ativos e passivos financeiros, ações, derivados, divisas.

O Direito Comercial preocupa-se com a eficiência e a transparência dos mercados.

O Mercado dos Valores Mobiliários é fortemente regulamentado e defendido no Código dos Valores Mobiliários e pela CMVM – Comissão do Mercado de Valores Mobiliários.

O mercado, em geral, é defendido com o regime de defesa da concorrência a Lei nº 18/2003, de 11 de Junho, que defende a concorrência e proíbe "os acordos entre empresas, as decisões de associações de empresas e práticas concertadas entre empresas, qualquer que seja a forma que revistam, que tenha por objeto ou como efeito impedir, falsear ou restringir de forma sensível a concorrência no todo ou em parte do mercado nacional".

É ainda proibida a concorrência desleal nos artigos 317º e 331º do Código da Propriedade Industrial.

O Direito Comercial não é um direito do mercado ou dos mercados, mas abrange o respetivo regime jurídico. Só há mercado em regime de concorrência, quer o mercado seja livre, quer seja regulamentado. A concorrência é um valor dominante no Direito Comercial da atualidade. O comércio é exercido, em princípio, em regime de concorrência, de preferência em concorrência perfeita. As limitações à concorrência devem ser sempre excecionais e temporárias, e só se justificam por razões de bem comum e de ordem pública.

### v. Insolvência, execução universal, "par conditio creditoris"

Deve-se ao Direito Comercial a invenção da execução coletiva e universal. No Direito Civil não existia um instituto como a insolvência. Cada credor exercia o seu crédito sobre cada devedor, individualmente e caso a caso. Quando o devedor não tinha um património suficiente, os credores iam sendo pagos à medida que iam conseguindo executar. Quem chegava primeiro era primeiro satisfeito. Os retardatários, os últimos a cobrar e a executar, acabavam por deparar com um património vazio. Quem se atrasava, já não recebia.

Este regime fomentava as execuções prematuras e precipitadas. Mal constava que alguém estava em situação de dificuldade de solvência, os credores precipitavam-se sobre ele com pressa, no receio de chegarem tarde. Não concediam espera de pagamento e precipitavam o colapso económico do devedor.

Foram os comerciantes que, no seio do seu direito próprio, inventaram a execução coletiva e universal. Perante a "quebra" do devedor, determinada por indícios significativos da incapacidade de solver na totalidade as suas obrigações, eram convocados todos os credores, para que apresentassem e justificassem os seus créditos, e o património do devedor era partilhado entre eles num regime de paridade proporcional: *par conditio creditorum*. Se a massa falida fosse insuficiente – e, em princípio era – havia rateio entre eles. Assim comungavam todos, em posição paritária e proporcional, do risco do crédito.

A execução universal tinha a vantagem de permitir a concessão de espera de pagamento sem risco apreciável para o credor, sem precipitar as execuções e sem o efeito devastador da corrida à execução. A execução universal mostrou-se de tal modo vantajosa que veio a ser adotada pelo Direito Civil, com as necessárias adaptações, mas com o mesmo espírito e com o mesmo sistema. Hoje está unificada, num fenómeno muito característico de comercialização do Direito Civil.

DIREITO COMERCIAL

O funcionamento da insolvência, em Portugal, é muitíssimo insatisfatório. Na maior parte dos casos provoca a paragem da empresa e o seu colapso. Com um processamento demoradíssimo e muito complexo. Demora tanto tempo que torna irrecuperáveis empresas que seriam suscetíveis de continuar a funcionar, ou de recomeçar, com outros empresários e capitais frescos. O próprio ativo acaba por desaparecer, ou degradado ou simplesmente furtado, ou vendido a preços vis em procedimentos viciados por conluio de interessados (cambão). É urgente reformar o regime jurídico da insolvência (mais uma vez) e sobretudo investigar policialmente e punir criminalmente os cambões.

A insolvência deve permitir a recuperação de empresas descapitalizadas ou simplesmente mal geridas. Não há razão para que não continuem a funcionar enquanto são reestruturadas e refinanciadas, com ou sem a substituição do empresário, o reescalonamento da dívida, a sua conversão (total ou parcial) em capital, a redução de salários ou de postos de trabalho. A insolvência não tem de implicar a morte da empresa; deve, antes, permitir a sua recuperação.[9]

### vi. Equidade

Uma das características iniciais do *jus mercatorum* foi o recurso à equidade como um critério alternativo de justiça do caso concreto, desvinculada da rigidez do *jus comune*.

O direito comum em vigor não era materialmente adequado às transações mercantis. Por um lado, porque estava mais ligado a uma economia rural e agrária, lenta e pesada, sem agilidade. Por outro, porque mal se adaptava a transações entre e com estrangeiros, habituados a outras regras e outros costumes. O Direito Comum não satisfazia as necessidades da mercância.

O modo de julgar sem beneficiar um dos litigantes em detrimento do outro consistia em determinar o critério de decisão, não sobre a lei de uma ou outra das partes, mas objetivamente sobre o caso concreto. A normatividade imanente ao caso concreto, desvinculada do *jus strictum* permitia uma melhor justiça e uma melhor solução.

---

[9] O regime jurídico da insolvência está em vias de ser revisto e, por esta razão, não o incluiremos na presente edição deste livro. Na próxima edição será tratado o que esperamos venha a ser um novo regime jurídico da insolvência que não sofra dos vícios e dos defeitos atuais.

A *aequitas mercatoria* não nascia, porém, a partir do nada. Pelo contrário, assentava em práticas, conhecimentos e sensibilidades que eram comuns, partilhadas entre os mercadores nos mercados, fossem eles desta ou daquela cidade. O universalismo e o cosmopolitismo do comércio facilitavam o consenso. As mesmas práticas, as mesmas divergências clamavam pelas mesmas soluções. Em paralelo ao direito estrito, os mercadores preferiam um direito justo no caso concreto.

A equidade era facilitada pela patrimonialidade das questões. Os litígios entre comerciantes, no comércio, tinham em jogo interesses que eram sempre traduzíveis em dinheiro. Eram patrimoniais. Era, pois, normalmente possível encontrar e discernir a equação económica do negócio em litígio e transpo-la para uma equação económica do litígio cujo desenvolvimento permitia encontrar ou formular a regra maleável da decisão equitativa.

Ainda hoje é corrente, no comércio, a estipulação nos contratos de cláusulas arbitrais pelas quais as partes submetem antecipadamente os litígios e divergências eventualmente emergentes daquele negócio à resolução por árbitros de acordo com a equidade e sem recurso. É mais rápido, mais adequado ao caso, economicamente mais equitativo e permite evitar a intromissão de juízes magistrados que, por mais sábios que sejam do Direito escrito, bem pouco percebem do negócio. É melhor uma solução rápida, economicamente equilibrada, do que uma justiça lenta e pesada que respeita os códigos da lei do Estado mas não as conveniências da lei do mercado.

### vii. Aparência

O comércio é rápido e célere. Não se compadece com demoras. O tempo, no comércio, é dinheiro. É um bem raro.

Os comerciantes e os seus negócios não têm tempo a perder. Não podem demorar a investigar profundamente as certezas das coisas. Estão condenados a confiar nas aparências.

Se a venda de uma camisola num centro comercial exigisse a prévia verificação dos poderes do vendedor, por certidão do registo comercial, e da capacidade do comprador, por certidão do registo civil, o custo e a lentidão da transação seriam tais que esse comércio não conseguiria manter-se perante a concorrência. Se não houvesse concorrência, poderia talvez sobreviver, mas com custos muito altos e eficiência muito baixa. A burocracia é uma peste para o comércio.

DIREITO COMERCIAL

A certeza tem de ser substituída pela convicção razoável e suficiente, propiciada pela aparência e é assim que funciona o comércio no dia a dia. O comerciante estabelecido que oferece no mercado os seus produtos ou os seus serviços beneficia de uma presunção natural de que pode fazê-lo; e quem lhe entra na loja para comprar, se tiver aspecto de capaz, é tido como tal. Daqui decorre um sistema de legitimação indiciária muito característico do comércio. A posse vale o título, o que significa que quem se apresenta no mercado tendo em seu poder algo que quer transacionar é tido como seu proprietário ou, pelo menos como legitimado para o fazer. Do lado do comerciante, esta presunção decorre da situação de estabelecido no mercado. O estabelecimento é um fator de aparência. Do mesmo modo, quem se apresenta com ações ao portador na mão é tido como seu proprietário ou, pelo menos, como legitimado por ele. Quem se apresenta com dinheiro na mão, é tido como seu dono.

Sendo certo que o funcionamento do mercado exige o respeito pela aparência, necessário se torna que o Direito Comercial proteja aqueles que confiaram razoavelmente na aparência. Assim, o adquirente ou o terceiro que razoavelmente tenham confiado na aparência, não podem ser prejudicados se àquela aparência não corresponder a realidade. Por isto, é lícita a venda de coisa alheia (artigo 467º, nº 2 do Código Comercial), ficando o vendedor obrigado a adquirir a coisa que vendeu para a entregar ao comprador. Do mesmo modo, quem paga ao portador do título fica desobrigado porque ele é aparentemente o credor e não há tempo para se proceder à demonstração exaustiva da titularidade.

Entre comerciantes o sistema funciona suficientemente bem apoiado na aparência. Porquê? Por um lado, porque assim é necessário. Mas não só. Também o princípio da boa fé ajuda a suportar o princípio da aparência. O risco de um comerciante abusar da tutela da aparência existe, mas é um risco controlado. Os comerciantes que abusarem da aparência deixam de merecer fé e crédito. Inexoravelmente acabam por ficar fora do mercado, são ostracizados, ninguém mais confia neles, desaparecem. O mercado tem a capacidade de selecionar os seus agentes. Quem não merecer fé, quem não tiver reputação de probidade não sobrevive.

Por isto se pode, em princípio, confiar no comerciante estabelecido.

### viii. Boa fé

No comércio e no Direito Comercial são valores primordiais a fé e o crédito. A fé significa, por um lado, a confiança e, por outro, a probidade. Fala-se, a este propósito, da boa fé, para a distinguir da má fé.

Não há comércio sem confiança. Sem confiança nas pessoas e nas coisas.

A confiança que as pessoas merecem no comércio costuma ser sintetizada na expressão *fé e crédito*. Assim se diz de certos comerciantes ou de seus clientes que merecem fé e crédito. Quer isto dizer que são pessoas de confiança, em quem se pode confiar que cumprem os seus compromissos, porque sempre assim fizeram; a quem se pode fiar. A fé e o crédito demoram tempo a consolidar, mas podem ser destruídos com rapidez. Por isso, são um valor inestimável. Os agentes do mercado cuidam com zelo da sua imagem, da sua reputação, da confiança que merecem, da sua fé e do seu crédito.

Também as coisas, as mercadorias e os serviços que são objeto do comércio devem ser de confiança. Os clientes têm de poder confiar que têm as características que lhes são atribuídas no comércio. As divergências entre as características anunciadas e as efetivas são da responsabilidade de quem fornece. A doutrina *caveat emptor* não vigora em Direito Comercial.[10] De outro modo, a fluidez do comércio ficaria prejudicada pela necessidade, por parte do adquirente, do cliente, de se assegurar exaustivamente das qualidades da mercadoria antes de a comprar.

Finalmente os comportamentos contratuais, na negociação e no cumprimento, regem-se pela boa fé, isto é, por exigências de lisura, probidade e seriedade.

### ix. Relevância dos usos e dos costumes

O Direito Comercial tem o seu conteúdo povoado por usos e costumes. Desde a sua origem histórica, o Direito Comercial regeu-se pelos usos e costumes do comércio e dos comerciantes. Foi um direito fundamentalmente extralegal.

---

[10] O princípio *caveat emptor* onera o comprador com o risco da coisa comprada: "o comprador que se cuide". No direito mercantil, este princípio nunca foi adotado, exceto no direito inglês, em que acabou por ser importado da *common law*, cfr. ROY GOODE, *Commercial Law*, 3rd. ed., Penguin Books, London, 2004, pág. 6(20).

DIREITO COMERCIAL

Ainda hoje muitos dos contratos e das operações comerciais não estão legalmente tipificados. Os seus tipos são tipos sociais, isto é, tradicionais ou consuetudinários. Esses tipos consuetudinários são usos ou costumes que, não obstante serem frequentemente objecto de compilação, continuam a não ser de natureza legal. São com frequência qualificados como *soft law*.

Os usos, no Direito Comercial, não são hoje uma reminiscência da antiguidade ou um arcaísmo, nem um anacronismo. Pelo contrário, são hoje modos extremamente modernos e *up to date* de estabelecer critérios de ação e modelos de decisão. Tal sucede, por exemplo, com os códigos de governo das sociedades (*corporate governance*) ou com os códigos deontológicos ou de melhores práticas (*best practices*) de sectores empresariais ou mesmo de empresas específicas. Trata-se de usos e de costumes que, sem constituírem formalmente lei, dão conteúdo e critério axiológico ao agir e ao julgar, no âmbito do comércio.

No preenchimento das lacunas negociais e nos casos duvidosos deve recorrer-se aos usos e costumes do comércio em geral, daquela praça ou daquele tipo de negócio.

## 4. Autonomia metódica do Direito Comercial

O Direito Comercial não é hoje um Direito Civil especial. É muito diferente, tem um sentido próprio que é, por vezes, mesmo o contrário do Direito Civil. Não é aconselhável concretizar o Direito Comercial ao modo do Direito Civil.

No Direito Comercial, ao contrário do que sucede no Direito Civil, a praticabilidade deve sobrevaler à dogmaticidade.

O Direito Civil de raiz continental é muito dominado pela concretização dogmática. A procura de uma cientificidade própria, principalmente a partir da Escola Histórica e da Pandectística induziu um formalismo operativo, que assumiu grande intensidade na escola neo-kantiana de Magdeburgo, com o kelsenianismo que, sob a égide de uma auto-assumida *Ciência do Direito*, deu maior relevância à correção e ao rigor lógico-formal dos processos mentais de interpretação e aplicação do que às consequências práticas daí advenientes. A procura do rigor ultrapassa e prejudica, mesmo, a justeza e adequação na concretização, isto é, por outras palavras, a justiça concreta. Seguindo MARTIN KRIELE[11], podemos distinguir entre o direito como *scientia*, em que se procura sobretudo a teorização, e o direito como *prudentia* em que se busca a justiça, a justeza e a adequação práticas.

Uma das características que entendemos ser dominante no Direito Comercial é a praticabilidade. Muito mais do que a dogmaticidade, no Direito Comercial, é relevante a praticabilidade. Isto é muito importante, principalmente num meio jurídico como o português em que se dá quase exclusiva importância à correção lógico-formal e puramente dogmática dos raciocínios jurídicos, atribuindo relativamente pouca relevância às consequências práticas das conclusões a que se chega. Ora, o Direito Comercial tem de funcionar e tem de funcionar com bons resultados práticos. Por isto, no Direito Comercial, a uma solução dogmaticamente rigorosa mas praticamente inconveniente, deve ser preferida uma concretização pragmaticamente adequada. Na linguagem de KRIELE, no Direito Comercial a *prudentia* deve ser preferida à *scientia*. Sobretudo, entre várias soluções dogmaticamente possíveis, deve ser escolhida aquela que for mais adequada às circunstâncias do caso.

## 5. Autonomia legislativa do Direito Comercial

I. O Direito Comercial mantém, no sistema português a dualidade de um Código Civil e um Código Comercial.

Trata-se de uma tradição antiga. O primeiro Código Comercial é datado de 1833. Foi da autoria de Ferreira Borges. Era um Código sistematicamente pouco sofisticado, muito acentuadamente casuísta. Era quase um repositório do adquirido da experiência e da prática mercantil.

Em 22 de Junho de 1867, poucos dias após o Código Civil de Seabra, foi promulgada a primeira lei das sociedades anónimas contemporânea, ainda na vigência do Código Comercial de Ferreira Borges.

Já na vigência do primeiro Código Civil, em 23 de Junho de 1888[12], veio a ser aprovado o Código Comercial de Veiga Beirão, ainda hoje em vigor.

---

[11] MARTIN KRIELE, *Recht und Praktishe Vernunft*, Vandenhoeck & Ruprecht, , Göttungen, 1979, *passim*.
[12] O Código Comercial de Veiga Beirão foi publicado no Diário do Governo de 6 de Setembro de 1888.

DIREITO COMERCIAL

Em 1905, o Código de Processo Comercial consagrava a equidade como critério de solução dos pleitos emergentes de atos de comércio. Veio a ser revogado pelo Código de Processo Civil de José Alberto dos Reis.

O Código Civil de Seabra foi substituído em 1966, pelo atual.

A dualidade foi-se mantendo com uma curiosa alternância, em que os Códigos Comerciais foram precedendo e seguindo os Códigos Civis.

II. É preciso abordar a relação entre ambos os Códigos. O artigo 3º do Código Comercial contém a regra:

> "Se as questões sobre direitos e obrigações comerciais não puderem ser resolvidas, nem pelo texto da lei comercial, nem pelo seu espírito, nem pelos casos análogos nela prevenidos, serão decididas pelo Código Civil".

Este artigo tem valor percetivo. Na concretização de questões de natureza mercantil só pode haver recurso ao Direito Civil após esgotados todos os possíveis contributos do Código Comercial. O artigo 3º tem um sentido claro: se não forem suficientes a letra e o espírito da lei comercial, deve ainda ser tentada a analogia dentro do âmbito do Código Comercial. Só depois de esgotados estes meios é lícito recorrer ao Direito Civil.

A analogia é um modo de concretização do direito que, como se sabe, não deve ser limitado ao preenchimento de lacunas. Essa era uma perspetiva formal-positivista hoje ultrapassada. O Direito é radicalmente analógico.[13] A aplicação analógica é uma aplicação por semelhança. Parte da sindicação, no caso, do que corresponde e do que difere da previsão da norma segundo o critério da *ratio juris*, e da modificação e da adaptação, na concretização, com apoio no mesmo critério da *ratio juris*, da solução obtida. Na aplicação por semelhança, que é a aplicação analógica, deve ainda recorrer-se ao Código Comercial enquanto este contiver alguma regra a cujo critério de decisão se possa recorrer por semelhança e seja suscetível de adaptação ao caso de acordo com a *ratio juris*. Só quando o Código Comercial, entendido no sentido amplo de "lei

---

[13] ARTHUR KAUFMANN, *Analogie und Natur der Sache*, 2 Aufl. Decker & Müller, 1982, pág. 19: *Das Recht ist ursprünglish analog.*

comercial" nada possibilite, nem sequer de semelhante, é lícito ultrapassar as suas fronteiras e procurar a solução no âmbito do Direito Civil, como Direito Comum.

Na sua origem, o Código Comercial tinha pretensão de conter a totalidade do Direito Comercial. Numa perspetiva muito característica do século da codificação, era deixada ao legislador a tarefa de atualizar o que o tempo tornasse obsoleto, a completar o que se mostrasse em falta, a alargar o que se revelasse apertado e ou restringir o que estivesse em excesso. Não foi o que sucedeu. O legislador pouco atualizou no Código Comercial e preferiu quase sempre emitir legislação extravagante, revogando as correspondentes partes do Código Comercial que está hoje, bem reduzido no seu articulado.

No entanto, não deixa de ser possível considerar como fazendo parte do Código a legislação formalmente autónoma que revogou e substituiu matérias que o integravam. Para efeitos do artigo 3º, essas leis devem ser tidas como integrando materialmente o Código Comercial.

O sentido do artigo 3º, ao concentrar no Código Comercial, em sentido substancial, os recursos da concretização, reforça a autonomia material do Direito Comercial.

## 6. Ramos especiais do Direito Comercial

Pela especificidade, algumas matérias foram ganhando uma certa autonomia funcional e legislativa, no seio do Direito Comercial, o direito dos serviços financeiros, englobando, por sua vez, o direito bancário, o direito das bolsas e valores mobiliários, o direito dos seguros; também o direito da propriedade industrial; o direito dos transportes, incluindo no seu seio o direito marítimo, o direito rodoviário, o direito ferroviário, o direito aéreo e até o direito do turismo.

Numa perspetiva atomística, há vozes que preconizam a autonomização de todos ou de alguns deles.[14] Não acompanhamos esta tendência. Sem prejuízo das respetivas especificidades, parece-nos preferível man-

---

[14] Por todos, PAULO OLAVO CUNHA, *Lições de Direito Comercial*, Almedina, Coimbra, 2010, pág. 21-23.

DIREITO COMERCIAL

ter sob a égide de um ramo geral do Direito Comercial, especialidades correspondentes às matérias que, principalmente por efeito de terem sido dotadas de Códigos ou de diplomas legislativos próprios, ganharam na linguagem da prática designações próprias.

A sua autonomia é, porém, problemática. O direito dos valores mobiliários é, por um lado, direito das sociedades e, por outro, direito dos serviços financeiros; o tipo do contrato de transporte e o regime das empresas transportadoras engloba muito do direito marítimo bem como dos direitos ferroviário, rodoviário e aéreo; a propriedade industrial rege as marcas e outros sinais distintivos do comércio e os direitos de propriedade sobre direitos privativos e bens comerciais incorpóreos. Sem se manterem ancorados no Direito Comercial não conseguem encontrar um sentido próprio e autónomo.

## 7. A caminho de um direito comercial europeu

I. O movimento de integração europeia tem incidido muito intensamente em matérias que são centrais no Direito Comercial.

O Tratado de Roma tem, como intenção original, a instituição de um *mercado comum europeu*, um *mercado único* do qual sejam abolidas as fronteiras e as restrições à concorrência. Antes mesmo da união política, mas como modo de a alcançar, pretende instituir a união económica. Esta união económica tem uma enorme relevância comercial. A moeda única, a liberdade de circulação de pessoas, mercadorias e serviços e a liberdade de estabelecimento no espaço da União Europeia, veio reconstruir a unidade comercial que havia no tempo do Império Romano.

A atividade legislativa da União, através de diretivas e regulamentos, criou já um corpo normativo muito importante, sem o qual se não pode compreender o Direito Comercial de cada um dos Estados Membros. Mais recentemente está a ser utilizada uma nova técnica de harmonização consistente na construção e legislação pelo Parlamento Europeu de regimes jurídicos opcionais, destinados a vigorarem como direito interno de cada Estado Membro, sem revogar a anterior legislação nacional que se mantém em vigor paralelamente, e podendo as partes optar por uma ou por outra. Está em curso um projeto de harmonização do direito do contrato de seguro – o *Project Group Restatement of European*

*Insurance Contract Law*.[15] O chamado Direito Comunitário é hoje um novo direito comum – um *jus comune europeum novum* – cujo conteúdo é, em grande parte Direito Comercial.

Existe já hoje um corpo importante de legislação da União Europeia que irá crescendo no futuro. Não vale a pena especificar a legislação europeia em matéria de Direito Comercial. Pode ser consultada na página oficial da União Europeia, em http://europa.eu/, mais concretamente em http://eur-lex.europa.eu/pt/legis/latest/chap13.htm.

II. Embora a construção da união política na União Europeia esteja mais avançada do que por vezes se pensa, a união económica e o mercado único, embora não estando ainda completamente construídos, estão já muito avançados, ao ponto de poder falar-se já num mercado interno europeu, com perto de quinhentos milhões de consumidores. O mercado interno impede que sejam discriminadas empresas sediadas nos diversos Estados Membros, o que significa que, para além das legislações nacionais, também as doutrinas de Direito Comercial no espaço económico europeu devam ser construídas como no âmbito dum único ordenamento jurídico. Deixa assim de ter sentido o nacionalismo jurídico, o que está bem de acordo com o cosmopolitismo típico do Direito Comercial.

A doutrina jurídica deve tender, cada vez mais, a ser europeia e a deixar de ser nacional. O direito comercial interno da União Europeia não é, contudo, uma amálgama amorfa de direitos dos Estados Membros; é um direito de feição muito acentuadamente anglo-saxónica. Isto acontece porque o Mercado Interno europeu não é estanque e está fortemente ligado ao mercado norte-americano. Assim como a *"língua franca"* da União Europeia é hoje o chamado *"european english"*, também o seu direito comercial interno é muito de feição inglesa. Deixa, pois de ter sentido o tropismo tão caraterístico das Faculdades de Direito portuguesas para a doutrina alemã, a qual, aliás, está também cada vez mais a ser influenciada pelo direito anglo-americano.

Esta orientação envolve três principais caraterísticas:

– a tendência para a inserção de definições legais nos diplomas, para tornar certo o sentido juridicamente relevante de certas expressões, para aqueles efeitos;

---

[15] Pode ser consultado em http://www.restatement.info/

DIREITO COMERCIAL

– a tendência para o detalhe na legislação, como modo de tentar evitar que, na concretização, haja incerteza, práticas de contorno da lei (fraude à lei) e divergências na concretização nos diversos Estados Membros;
– a tendência para a construção jurisprudencial do direito, nos tribunais europeus, e para a invocação do precedente;
– a tendência para a sobrevalorização da praticabilidade do direito sobre a dogmaticidade, isto é, da excelência prática, da eficácia e da razoabilidade das soluções sobre a correção lógica das inferências extraídas das premissas.

Esta evolução acarreta uma ainda maior autonomia, ou autonomização, do Direito Comercial em relação ao Direito Civil nacional. Numa área crescente da concretização do Direito Comercial, é aos diplomas e à jurisprudência da União Europeia que se deve recorrer para o preenchimento de lacunas, para a concretização de cláusulas gerais e de conceitos indeterminados, e até aos usos próprios do Mercado Interno europeu.

Com o progressivo aprofundamento da integração europeia e a construção do mercado único europeu, é previsível a intensificação da legislação comum até se alcançar um Direito Comercial Europeu vigente por igual em todos os Estados Membros sem diferenças nacionais. Cada vez mais, o Direito Comercial Português será direito Comercial Europeu.

## II. Os comerciantes, as empresas mercantis e os atos de comércio

### 8. Direito Comercial como direito dos comerciantes, do comércio, da empresa e do mercado

I. O Direito Comercial é, hoje, um direito dos comerciantes, um direito do comércio (ou dos atos de comércio) e um direito da empresa. É de certo modo e numa expressão extremamente imprecisa mas não menos cheia de significado, o cerne da ordem jurídica do capitalismo.

II. A perspetiva do Direito Comercial como direito dos comerciantes é dominante na ordem jurídica alemã.[16] Embora de um modo não dominante, não deixa porém de existir e de ter relevância no Direito Comercial português, um regime jurídico dos comerciantes, um estatuto dos comerciantes, e até a determinação de atos de comércio como atos dos comerciantes praticados no exercício da sua profissão.

Avulta desde logo, nesta matéria, a determinação da matéria mercantil, na segunda parte do artigo 2º do Código Comercial, a partir da atuação dos comerciantes. Nesses preceitos são qualificados como atos de comércio (subjetivos) e como determinantes do âmbito material do Direito Comercial, os atos e obrigações dos comerciantes, praticados e assumidos no exercício do seu comércio e que não tenham natureza exclusivamente civil. Embora não principal, a qualificação dos atos de comércio como os atos praticados pelos comerciantes no exercício dos seus comércios, é fortemente subjetiva e desempenha um papel na determinação do âmbito material do Direito Comercial quase tão importante como a referência, na primeira parte do mesmo artigo 2º, aos atos objetivamente comerciais.

Além disto, o Código Comercial tem todo um Capítulo II sobre os comerciantes. Dele consta desde logo a sua definição legal e o critério da sua qualificação enquanto tais (artigo 13º); a determinação de a quem está vedado o exercício do comércio (artigo 14º); das dívidas comerciais do cônjuge comerciante (artigo 15º); o estatuto da mulher casada comerciante (artigo 16º já revogado); o impedimento do Estado e outros organismos públicos de assumir a qualidade de comerciantes, sem prejuízo de poderem praticar atos de comércio (artigo 17º); e as obrigações especiais que recaem sobre os comerciantes de adotar uma firma no exercício do comércio, de manter uma escrituração relativa ao seu comércio, de dar publicidade a certos atos no registo comercial, de dar balanço e prestar contas (artigo 18º).

Em legislação avulsa, são muitos os diplomas que regem sobre os comerciantes e a sua atividade. Desde o estatuto jurídico do vendedor ambulante (Decreto-Lei nº 122/79, de 8 de Maio), do feirante (Decreto-Lei 42/2008, de 10 de Março), do acesso à atividade comercial (Decreto-

---

16 Por todos, CLAUS-WILHELM CANARIS, *Handelsrecht*, 23. Aufl., C. H. Beck, München, 2000, pág. 1.

DIREITO COMERCIAL

-Lei nº 339/85, de 21 de Agosto), sobre o cadastro dos estabelecimentos comerciais (Decreto-Lei nº 462/99, de 5 de Novembro), sobre a classificação das atividades económicas (Decreto-Lei nº 381/2007, de 14 de Novembro), até à certificação electrónica das pequenas e médias empresas (Decreto-Lei nº 372/2007, de 6 de Novembro). Não nos ocuparemos destas matérias.

III. O Direito Comercial, tal como vigente no ordenamento jurídico português, é principalmente um direito do comércio, em sentido objetivo.

A lei evitou o recurso a uma definição de comércio. Ter-lhe-ia sido possível ensaiar uma definição do comércio como uma atividade económica privada de intermediação nas trocas, especulativa, profissional e lucrativa entre a produção e o consumo, ou outra semelhante. Mas uma definição como esta não satisfazia o intento de exatidão e de rigor que ao tempo era pretendido, com o fim de evitar incerteza e controvérsia, e de ser facilmente acessível aos comerciantes, sem a necessária mediação dos juristas.

Foi preferida uma outra técnica: a da tipificação de uma série de atos de comércio, de atos que sejam de tal modo próprios e característicos da atividade comercial que possam ser tidos como tipicamente mercantis – os atos objetivamente comerciais. Esta enunciação de uma série típica tem a vantagem da facilidade, da certeza e do rigor.

Para além dos atos objetivamente comerciais, são ainda comerciais, subjetivamente, os atos praticados pelos comerciantes no exercício dos seus comércios, que não tenham natureza exclusivamente não mercantil.

Não obstante o objetivismo do sistema português de Direito Comercial, escolhemos antecipar o ensino da matéria do comerciante à do ato de comércio. Esta escolha corresponde a uma opção pedagógica e não a um posicionamento teórico. Parece-nos mais útil para a melhor compreensão da matéria, ensinar primeiro a qualificação dos sujeitos como comerciantes, porque ela constitui pressuposto da qualificação dos atos de comércio subjetivos. Trata-se apenas duma opção pedagógica que não implica a adoção duma conceção subjetivista do Direito Comercial.

## 9. Os comerciantes

I. Os comerciantes são o suporte subjetivo do comércio.

São os comerciantes que praticam o comércio, que o exercem profissionalmente. Sem comerciantes não há comércio.

Historicamente, o Direito Comercial nasceu como um direito profissional e corporativo; o direito dos comerciantes, da sua profissão, do seu ofício. A partir da Revolução Francesa e do fim da Idade Moderna, a maioria dos sistemas da Europa continental, com a exceção da Alemanha, mudou de referencial, do subjetivismo para o objetivismo, do comerciante para o ato de comércio. O comerciante, embora tenha perdido o primeiro lugar na determinação do âmbito material do Direito Comercial, não deixou de desempenhar no seu seio um papel importantíssimo.

II. O Código Comercial determina, no seu artigo 13º, quem é comerciante:

São comerciantes:

1º As pessoas, que, tendo capacidade para praticar atos de comércio, fazem deste profissão;
2º As sociedades comerciais.

Há desde logo a considerar a dicotomia entre os comerciantes individuais e as sociedades comerciais.

## 10. Os comerciantes individuais

I. Desde o tempo em que o Código Comercial entrou em vigor, a posição dos comerciantes individuais, no comércio, tem vindo a perder importância. As sociedades comerciais têm vindo a aumentar em número e em relevância, e constituem, hoje, sem dúvida, a parte fundamental dos comerciantes. Os comerciantes individuais mantêm-se, embora com uma expressão e relevância cada vez mais reduzida. Não obstante, continuam a existir.

A definição contida no nº 1 do artigo 13º do Código Comercial tem uma função qualificativa. Tem como função a qualificação de alguém como comerciante. Importa dar-lhe atenção.

### i. A capacidade para o exercício do comércio

Em primeiro lugar, o comerciante individual é uma pessoa que se dedica ao exercício do comércio. A lei exige que tenha capacidade para tanto.

Esta referência à capacidade comercial deve ser entendida numa perspetiva histórica. No passado havia restrições ao exercício do comércio por certas classes de pessoas: os nobres, as mulheres, os clérigos, os juízes. Tratava-se de falta de capacidade de gozo. Estas restrições foram desaparecendo.

Ainda hoje se mantêm em vigor regimes de incompatibilidade do exercício de certos cargos com o exercício do comércio. Nestes casos é a capacidade de gozo que falta. As pessoas em questão não podem ser titulares da qualidade de comerciantes, não podem ter esse *status*.[17] Estão nesta condição os titulares de órgãos de soberania e outros políticos[18], os militares[19], os magistrados judiciais e do Ministério Público.[20]

A insolvência, quando qualificada como culposa, determina a inibição do falido para o exercício do comércio, pelo prazo de dois a dez anos (artigo 189º, nº 2, alínea c) do Código da Insolvência e da Recuperação de Empresas).

Mas, além da capacidade de gozo, é necessária ainda a capacidade de exercício. Dificilmente se compreende como pode, normalmente, um incapaz exercer o comércio por intermédio de um representante legal ou de um curador.

Não obstante, o artigo 1889º do Código Civil estatui que a incapacidade do menor é suprível pelo poder paternal, embora mediante prévia autorização judicial, no que respeita à aquisição ou à continuação da exploração daquele de quem o filho tenha recebido por sucessão ou doação. Trata-se de uma exceção que se não alarga aos casos de interdição ou inabilitação.

---

[17] Sobre o *status*, PAIS DE VASCONCELOS, *Teoria Geral do Direito Civil*, cit., págs. 94-96, e *A Participação Social nas Sociedade Comerciais*, 2ª ed., Almedina, Coimbra, 2006, págs. 412 e segs. e 451 e segs.

[18] Lei nº 64/93, de 26 de Agosto.

[19] Estatuto dos Militares das Forças Armadas, v. Decreto-Lei nº 236/99, de 25 de Junho.

[20] Estatuto dos Magistrados Judiciais, v. Lei nº 21/85, de 30 de Julho, e Estatuto do Ministério Público, v. Lei nº 60/98, de 27 de Agosto.

## ii. O âmbito material do comércio

I. Em primeiro lugar, trata-se de fazer do comércio profissão. O texto legal não fala de fazer profissão da prática de atos de comércio, mas antes de fazer profissão do exercício do comércio. Como deve ser entendida a referência, feita no nº 1 do artigo 13º do Código Comercial ao comércio?

II. Numa perspetiva conceptual positivista, a referência ao "comércio" traduz a remissão para a prática de atos de comércio objetivos, absolutos e causais.[21]

Mesmo nesta perspetiva positivista formal, não se justifica uma restrição à prática de atos de comércio absolutos. Sendo os atos de comércio por conexão qualificados como tais por estarem ligados à prática do comércio; poderia parecer que haveria também um círculo vicioso. Tal não sucede, porém. Não se vislumbra razão para não qualificar como comerciante aquele que pratique o mandato mercantil como profissão. E o mesmo se pode considerar quanto à prática profissional de outros atos de comércio por conexão objetiva, como o empréstimo, o penhor, o depósito ou o aluguer. Aliás há outros atos de comércio objetivos em que se verifica alguma ambiguidade na qualificação como absolutos ou por conexão, como sucede com as operações de banco, o transporte e o seguro, cuja prática profissional qualifica a qualidade de comerciante do banqueiro mas não do seu cliente, do transportador mas não do transportado nem do expedidor, e do segurador mas não do tomador. Deve, pois, concluir-se que também os atos de comércio por conexão objetiva contribuem para a determinação do âmbito material do comércio para o efeito do artigo 13º do Código Comercial.

Já a restrição à prática de atos de comércio causais decorre da própria natureza dos atos de comércio abstratos, que o são independentemente da sua causa e, portanto, de terem, ou não, qualquer ligação com o comércio. Ora, se pela sua própria natureza podem estar ou não estar ligados ao comércio, se podem ser praticados dentro ou fora do comércio, não podem servir para a determinação do seu âmbito material. Seria verdadeiramente sem sentido qualificar como comerciante alguém que,

---

[21] Paradigmaticamente, FERNANDO OLAVO, *Direito Comercial*, I, cit., págs. 406-408, restringe o âmbito material do comércio à prática profissional de atos de comércio objetivos, absolutos e causais.

DIREITO COMERCIAL

por profissão, sacasse cheques ou letras, subscrevesse livranças, avalizasse letras ou livranças.

Na perspetiva positivista, são inábeis para a determinação do âmbito material do comércio, para o efeito do artigo 13º, nº 1 do Código Comercial, os atos de comércio subjetivos e os atos de comércio abstratos.

Como mostra a crítica de COUTINHO DE ABREU,[22] esta técnica de determinação do âmbito material do comércio, ao contrário do que pretende ser, não consegue ser precisa. Sem alcançar o objetivo pretendido, sofre dos defeitos que lhe são inerentes, de rigidez e acaba por desmentir-se a si própria quando, por exemplo, inclui a hotelaria no âmbito do comércio, com fundamento no nº 2 do artigo 230º (fornecimento) o que não pode ser feito por subsunção, mas tão só tipologicamente.

É, pois, necessário usar outro modo de concretização, que seja mais dúctil, mais maleável e que esteja mais perto das realidades da vida (natureza das coisas) e que permita que o próprio Código Comercial se não desatualize.

III. Uma metodologia substancial analógica, tipológica, mais adequada à natureza das coisas, a concretização do que seja "o comércio" deve ser feita por referência à própria vida mercantil, tendo em atenção os atos de comércio e as atividades comerciais previstas no Código Comercial e na lei comercial que dele se foi formalmente autonomizando, mas sem se restringir aos seus estreitos limites, alargando sempre que necessário dentro do mesmo sentido, e sempre tendo presente aquilo que na vida real é considerado o comércio, numa perspetiva económica e empresarial.

Nesta perspetiva, o comércio é fundamentalmente uma atividade de intermediação entre a produção e o consumo, de produção e distribuição de bens e de serviços. Este é o cerne da atividade comercial, que se desenvolve principalmente, mas de nenhum modo exclusivamente, em volta da compra e venda mercantil. Mas o comércio não se restringe a esta atividade e abrange ainda outras que lhe são instrumentais e sem as quais não seria possível ou enfrentaria grande dificuldades e perdas de eficiência. Algumas são tão antigas que sempre foram qualificadas como

---

[22] COUTINHO DE ABREU, *Direito Comercial*, I, cit., págs. 100-102.

essencialmente mercantis, como sucede com a navegação, o transporte, o seguro, a bolsa e a banca. Outras atividades são mais recentes, razão pela qual nem sempre lhes é reconhecida tal qualidade. Trata-se da prestação de vários serviços, desde consultoria económica, técnica e de gestão, a obtenção e prestação de informações sobre o mercado, a publicidade, o *marketing*, o *branding*, etc.

Devem, porém, excluir-se as profissões liberais, dos médicos, dos advogados, dos notários, arquitetos, etc., ainda que o modo do seu exercício assuma aspetos empresariais. Na verdade, por mais empresarialmente que sejam geridas, certas clínicas não devem ser confundidas com hotelaria de saúde e certos escritórios de advocacia não devem ser confundidos com agências de negócios. Há um critério de distinção claro nesta matéria: as profissões liberais são exercidas no interesse do cliente; enquanto as atividades mercantis o são no interesse de quem as presta. Na prestação de cuidados de saúde, na advocacia, para mencionar apenas estas, o interesse dominante e diretor deve ser o do cliente e o contrário constitui falta deontológica grave.

No que respeita ao chamado sector terciário da economia – prestação de serviços –, é argumentado formalmente que, estando previstas expressamente no artigo 230º do Código Comercial algumas atividades de prestação de serviços, mas não todas, se deveria concluir *"a contrario sensu"* que as demais, ali não previstas, deveriam ser excluídas do âmbito do comércio. É apenas um argumento, cujo valor persuasivo deixa de existir se à tipologia do artigo 230º do Código Comercial não for reconhecido um carácter fechado. Também o argumento de certeza e segurança que lhe está associado perde o valor que aparenta, se lhe for contraposta a falta de adesão à realidade: na verdade, anos de pensamento restritivo acerca do âmbito material do comércio conduziram à desconsideração de inúmeras atividades que são naturalmente mercantis com a consequência da introdução, ao lado do conceito de comerciante, da figura do empresário e da empresa, que hoje abunda em referências legais e na literatura jurídica e económica, e que mais não são que uma versão atual do velho comerciante oitocentista ou o antigo mercador. Um Código centenário exige uma interpretação e concretização decididamente atualistas sob pena de anacronismo.

Por estas razões, entendemos que, para além das atividades expressamente previstas no artigo 230º e dos atos de comércio objetivos, o

Direito Comercial deve receber da vida e da cultura económica empresarial o âmbito material do comércio e deve concretizá-lo em conformidade com a *"natureza das coisas"*. O Direito, para não se afastar da realidade, deve recolher nessa mesma realidade os seus pontos de ancoragem, e este é um deles. E não perde em precisão, porque adere com precisão ao carácter naturalmente impreciso da realidade; nem perde em certeza, porque é melhor a incerteza da justiça que a certeza da injustiça.[23] A prática jurídica, designadamente a judiciária, não encontrará dificuldade de maior em concretizar o âmbito material do comércio, para o efeito da qualificação do comerciante, como aquele que exerce profissionalmente o comércio.

### iii. O exercício profissional
I. Em segundo lugar, é necessário que o comércio seja exercido profissionalmente.

A qualificação do comerciante exige, segundo o artigo 13º, nº 1 do Código Comercial, o exercício profissional do comércio. É este o sentido da expressão "façam deste profissão".

A profissionalidade é uma das características do Direito Comercial[24]. O exercício do comércio, para qualificação do comerciante, deve ser profissional. O exercício profissional é economicamente interessado, não é desinteressado, altruísta nem displicente. O comerciante, quando exerce o seu comércio, fá-lo como o seu meio de vida. É dele que extrai os recursos com os quais subsiste e com os quais quer enriquecer. Há sempre um intuito de ganho e de enriquecimento, de incremento patrimonial. É próprio do comerciante querer sempre melhorar, aumentar, desenvolver o seu comércio, sem limite.

---

[23] PAULO OLAVO CUNHA, *Lições de Direito Comercial*, cit., págs. 3-4 tem uma conceção próxima da nossa, lançando mão do conceito económico de comércio, mas sem se limitar a ele e dando um peso relativamente maior aos atos de comércio objetivos e causais, e às atividades enumeradas no artigo 230º do Código Comercial, excluindo os atos subjetivamente comerciais e os atos de comércio "formais", mas não excluindo os atos por conexão. Por sua vez, COUTINHO DE ABREU, *Curso de Direito Comercial*, I, cit., págs. 100-102, critica com lucidez uma construção assente exclusivamente nos atos de comércio; exclui os atos subjetivos e os atos formais (abstratos), mas inclui alguns (não todos) os atos acessórios (por conexão objetiva) e exclui alguns dos atos objetivos. O seu critério parece, pois, ser mais próximo das realidades da vida mercantil do que de fórmulas legais.
[24] Sobre a profissionalidade, *supra* I.3.iii.

O comércio é tipicamente exercido com intuito lucrativo. O comerciante nem sempre alcança lucro no seu comércio. Ser-lhe-á, porém, difícil manter-se ativo no comércio, se tiver prejuízos persistentes. Não pode ser qualificado como comerciante quem exercer uma atividade comercial com o intuito de perder dinheiro, ou com um intuito economicamente desinteressado e desprendido.

Indiretamente, o comércio induz progresso e desenvolvimento económico, científico e tecnológico, criação de emprego, redução da pobreza. No seu exercício, o comerciante não é motivado por intuitos altruístas; ele quer apenas o seu enriquecimento próprio. Esta caraterística suscita com frequência alguma antipatia. Mas é descabida a pretensão de que o comerciante exerça o seu comércio a "bem da Nação" ou para o bem comum. Essas são tarefas que não lhe cabem. O exercício profissional do comércio é tipicamente egoísta. O respeito pela responsabilidade social, não o priva deste caráter tipicamente egoísta.

O comerciante pode exercer mais do que um único comércio. Pode concentrar toda a sua energia num comércio apenas, ou dispersá-la por vários. A dispersão reduz o risco. Para além do cerne do seu comércio – *"core business"* – pode investir em outros negócios dos quais se pode desfazer se e quando lhe convier. Não tem, sequer, de ter um negócio principal.

Além do comércio, o comerciante pode exercer outras atividades. É vulgar que se dedique também a atividades não económicas, por exemplo, culturais, desportivas ou de benemerência. Existem atividades que são incompatíveis com o exercício do comércio, mas a incompatibilidade não constitui regra. O comerciante não tem de exercer o seu comércio com exclusividade.

O exercício do comércio, além de não ter de constituir a atividade exclusiva do comerciante, também não tem de ser a sua atividade principal. Pode ser acessória a outras, ou secundária. Não tem de constituir a única, nem sequer a principal fonte de proveitos do comerciante. Tem apenas de ser exercida como fonte de proveitos.

O comércio não se compadece com altruísmo nem com amadorismo. Os comerciantes são profissionais experientes, competentes, que zelam pelos seus próprios interesses e não pelos dos outros.

II. Na sua letra, o nº 1 do artigo 13º tem uma aplicação mais ampla. Não se restringe aos comerciantes individuais. Alarga-se a todas as pes-

DIREITO COMERCIAL

soas jurídicas que, tendo capacidade para exercer o comércio, façam dele – do comércio – profissão.

E existem essas outras pessoas. Para além dos comerciantes individuais e das sociedades comerciais, existem ainda nessas condições os agrupamentos complementares de empresas (ACEs), os agrupamentos europeus de interesse económico, as cooperativas (para quem as não considere sociedades comerciais).

Durante alguns anos, na sequência das nacionalizações, suscitou-se inevitavelmente a questão da admissão do próprio Estado ou de pessoas coletivas públicas como comerciantes. A nacionalização dos bancos, das companhias de seguros e das maiores empresas industriais, manteve-os em funcionamento como empresas públicas. Estas empresas públicas eram pessoas coletivas de direito público, integradas no Estado. Não obstante, exerciam atividades tipicamente comerciais e faziam-no com intuito lucrativo. Estas empresas públicas podiam assumir a qualidade de comerciantes no quadro do nº 1 do artigo 13º do Código Comercial. Tinham capacidade para exercer o respetivo comércio e faziam-no a título profissional.

Hoje, são consideradas empresas públicas as "sociedades constituídas nos termos da lei comercial, nas quais o Estado e outras entidades públicas estaduais possam exercer, isolada ou conjuntamente, de forma direta ou indireta, uma influência dominante em virtude de alguma das seguintes circunstâncias: (a) detenção da maioria do capital ou dos direitos de voto; (b) direito de designar ou de destituir a maioria dos membros dos órgãos de administração ou de fiscalização" e ainda as "entidades públicas empresariais" criadas pelo Estado (artigo 3º do Decreto-Lei nº 558/99, de 17 de Dezembro). Além das empresas públicas e na sua proximidade, importa considerar ainda as "empresas participadas" pelo Estado e pertencentes ao seu "sector empresarial" que são definidas como "as organizações empresariais que tenham uma participação permanente do Estado ou de quaisquer outras entidades públicas estaduais, de carácter administrativo ou empresarial, por forma direta ou indireta" que não sejam empresas públicas (artigo 2º do aludido Decreto-Lei nº 558/99). As empresas públicas e as empresas participadas regem-se pelo direito privado, e "estão plenamente sujeitas ao regime jurídico comercial, laboral e fiscal, ou de outra natureza, aplicáveis às empresas cujo capital e controlo é exclusivamente privado". Não obstante, a atividade das empresas públicas deve orientar-se "no sentido de contribuir para o equilíbrio económico e financeiro do conjunto do sector público e para a obtenção de níveis adequados de satisfação das necessidades da coletividade" (artigo 4º do citado Decreto-Lei), o que, em bom rigor, deve excluir a sua qualificação como comerciantes.

III. Na linguagem corrente, os comerciantes são hoje usualmente designados "empresários". Historicamente, começaram por ser designados "mercadores", depois "comerciantes", hoje, "empresários". A evolução das designações é banal e frequente, e não deve deixar de ser tida em consideração.

Pode dizer-se, é certo, que "empresário" é o titular da empresa e que nem todas as empresas são comerciais. É verdade. Porém, não deixa também de ser igualmente verdade que todos os que são titulares de uma empresa comercial e que exercem profissionalmente, isto é, empresarialmente, a correspondente atividade, são simultaneamente comerciantes e empresários.

Por influência do Código Civil italiano de 1942, que unificou o Direito Civil e o Direito Comercial, a referência passou a ser feita à empresa e ao empresário, onde antes era feita ao comércio e ao comerciante. Há bem poucos anos o Brasil adotou, no seu novo Código Civil, a estrutura do Código italiano com o correspondente posicionamento central da empresa.

Hoje, no mercado, fala-se mais em empresa e empresários do que em comércio e comerciantes. Torna-se, por isso, inevitável pensar seriamente na mudança de referencial, do «comerciante» para o «empresário». Dado que nem todas as empresas são comerciais, como se disse, pode então falar-se de empresários comerciais, sendo certo que na sua grande maioria, senão mesmo na quase totalidade, os empresários são empresários comerciais.

## 11. As sociedades comerciais

São ainda comerciantes, segundo o artigo 13º do Código Comercial, as sociedades comerciais.

DIREITO COMERCIAL

Na versão originária do Código Comercial, o artigo 104º qualificava como comerciais as sociedades que se constituíssem de acordo com o mesmo Código e tivessem por objeto a prática de atos de comércio:

São condições essenciais para que uma sociedade se considere comercial:

1º Que tenha por objeto praticar atos de comércio;
2º Que se constitua em harmonia com os preceitos deste Código.

E o artigo 106º acrescentava:

As sociedades civis poderão constituir-se sob qualquer das formas estabelecidas no artigo precedente, mas ficarão nesse caso sujeitas às disposições deste Código, exceto às que disserem respeito à falência e à jurisdição.

Atualmente, no Código das Sociedades Comerciais, a norma qualificadora consta logo do artigo 1º:

Artigo 1º (Âmbito geral de aplicação)

1. A presente lei aplica-se às sociedades comerciais.
2. São sociedades comerciais aquelas que tenham por objeto a prática de atos de comércio e adotem o tipo de sociedade em nome coletivo, de sociedade por quotas, de sociedade anónima, de sociedade em comandita simples ou de sociedade em comandita por ações.
3. As sociedades que tenham por objeto a prática de atos de comércio devem adotar um dos tipos referidos no número anterior.
4. As sociedades que tenham exclusivamente por objeto a prática de atos não comerciais podem adotar um dos tipos referidos no nº 2, sendo-lhes, nesse caso, aplicável a presente lei.

Não é suficiente que a sociedade seja de algum dos tipos previstos no Código das Sociedades Comerciais; para que uma sociedade seja qualificável como comercial é ainda necessário que ela tenha por objeto a prática de atos de comércio. Se tiver por objeto a prática de atos civis (ou de atos não comerciais), uma sociedade em nome coletivo, uma sociedade por quotas, uma sociedade anónima ou uma sociedade em comandita, não é uma sociedade comercial, mas antes uma "sociedade civil de tipo comercial". As sociedades comerciais são aquelas que correspondam a um dos tipos legais previstos no Código das Sociedades Comerciais e tenham por objeto a prática de atos de comércio.

Tal como na qualificação dos comerciantes individuais e pelas mesmas razões, na qualificação das sociedades comerciais, apenas a prática de atos de comércio objetivos e causais é relevante. Incluem-se neste âmbito as atividades enumeradas como mercantis no artigo 230º do Código Comercial e os atos que constituem o seu núcleo funcional.

Tal como na qualificação dos comerciantes individuais, essa prática é profissional e não tem de ser exclusiva. É profissional porque corresponde à prossecução do objeto social da sociedade. Não tem de ser exclusiva: a sociedade não deixa de ser qualificada como mercantil por ter um objeto social misto, civil e comercial. O nº 4 do artigo 1º do Código das Sociedades Comerciais apenas exclui a qualificação comercial das sociedades que, correspondendo a um daqueles tipos legais, "tenham exclusivamente por objeto a prática de atos não comerciais".

## 12. Obrigações dos comerciantes

O Código Comercial estabelece, no artigo 18º, obrigações especiais a que os comerciantes estão sujeitos. São elas as de:

- – adotar uma firma;
- – ter escrituração mercantil;
- – inscrever no Registo Comercial os atos a ele sujeitos;
- – dar balanço e prestar contas.

### i. Obrigação de adotar uma firma

I. Firmar significa assinar; firma significa assinatura. A obrigação de adotar uma firma tem como conteúdo o dever de o comerciante adotar uma assinatura especificamente destinada aos atos do seu comércio. Esta firma especificamente mercantil tem a vantagem de permitir distinguir os atos que o comerciante assina nessa qualidade e no exercício do seu comércio daqueles que assina fora de tal exercício. Assim, o comerciante, quando casa, não assina o assento de casamento com a sua firma mercantil, mas já o faz quando compra ou vende as mercadorias do seu comércio.

II. A firma evoluiu no tempo. Hoje, a firma desempenha a função de identificação do comerciante: é o seu nome comercial.

DIREITO COMERCIAL

O conceito geral de firma contém duas espécies: a firma propriamente dita, também designada firma-nome e a denominação, também designada firma-denominação. A diferença é simples. A firma propriamente dita é composta pelo nome do comerciante, completo ou abreviado. Pode também ser acrescido de uma referência indicativa do seu comércio, por exemplo, "António José da Silva, Vinhos & Petiscos". A denominação é formada pela indicação do tipo de comércio exercido, por exemplo, "Banco de Poupança".

O artigo 19º do Código Comercial, hoje revogado, determinava que o comerciante usasse a firma como assinatura, isto é, que assinasse os documentos do seu comércio, escrevendo a sua firma. Esta prática era aplicada tanto pelos comerciantes individuais, como pelas próprias sociedades comerciais. O verbo firmar tinha então o significado de assinar. A firma comercial era o nome profissional sob o qual o comerciante exercia o comércio e com o qual assinava os respetivos documentos.

Hoje já não é assim. Nas sociedades comerciais, passou a ser adotado um outro uso, que, depois, se generalizou. A firma era aposta no final do documento por carimbo, sobre ou sob o qual eram lançadas as assinaturas pessoais de quem a obrigava. Assim, se a sociedade se obrigava com a assinatura de dois gerentes, estes assinavam com os seus próprios nomes e usando as suas assinaturas pessoais, conjuntamente com o carimbo da sociedade ou o selo branco. Esta prática acabou por se alargar aos comerciantes em nome individual, que passaram também a carimbar a firma conjuntamente com a sua assinatura pessoal. Esta evolução de uso, acabou por se generalizar de tal modo que na lei atualmente em vigor se não encontra já qualquer vestígio da antiga prática de assinar escrevendo a firma.

III. O regime jurídico da firma está hoje contido no Registo Nacional de Pessoas Coletivas (RNPC), aprovado pelo Decreto-Lei nº 129/98, de 13 de Maio, principalmente no seu Título III (Admissibilidade de firmas e denominações), nos artigos 32º e seguintes.

O regime jurídico da firma é orientado por dois princípios retores: o "princípio da verdade" e o "princípio da novidade".

O princípio da verdade orienta a firma no sentido de não induzir em erro quanto ao seu titular e ao respetivo comércio; o princípio da novidade, no sentido de não permitir a sua confusão com outra firma de outro comerciante. O regime jurídico da firma sofreu uma alteração na lei. Na versão originária do Código Comercial, o regime jurídico da firma constava dos artigos 19º a 28º[25]. Estes artigos foram revogados e substituídos pelos artigos 32º e seguintes do RNPC.

Segundo o artigo 32º do RNPC, "os elementos componentes das firmas e denominações devem ser verdadeiros e não induzir em erro sobre

---

[25] Era o seguinte o teor dos artigos 19º a 28º do Código Comercial, que se transcreve para que se não perca a sua memória:

Artigo 19º. Todo o comerciante exercerá o comércio, e assinará quaisquer documentos a ele respetivos, sob um nome, que constituirá a sua firma.

§ único. As sociedades anónimas existirão, porém, independentemente de qualquer firma, e designar-se-ão apenas por uma denominação particular, sendo contudo aplicáveis a estas as disposições do presente código relativas às firmas.

Artigo 20º. O comerciante que não tiver com outrem sociedade não poderá tomar para firma senão o seu nome, completo ou abreviado, conforme se tornar necessário para a perfeita identificação da sua pessoa, aditando-o, se lhe convier, com a designação da espécie de comércio que exercer.

Artigo 21º A firma de uma sociedade em nome coletivo deve, quando não individualizar todos os sócios, conter, pelo menos, o nome ou a firma de um deles, com o aditamento abreviado ou extenso "e companhia".

Artigo 22º. A firma das sociedades comanditárias deve conter, pelo menos, o nome de um dos sócios que forem de responsabilidade ilimitada e um aditamento que indique a existência de sociedade em comandita.

§ único. Os nomes dos sócios comanditários não podem figurar na firma social.

Artigo 23º. A denominação das sociedades anónimas deve, quanto possível, dar a conhecer o seu objeto, não podendo em caso algum conter nomes de sócios ou de outras pessoas, e será sempre precedida ou seguida das palavras. "Sociedade anónima, responsabilidade limitada".

Artigo 24º. O novo adquirente de um estabelecimento comercial pode continuar a geri-lo sob a mesma firma, se os interessados nisso concordarem, e salvas as disposições dos artigos precedentes.

§ único. É proibida a aquisição de uma firma comercial sem a do estabelecimento a que ele se achar ligada.

Artigo 25º. Quando em uma sociedade houver modificação de entrada, saída ou morte de um sócio, pode apesar disso continuar sem alteração a firma social, precedendo, porém, no caso de nele figurar o nome do sócio que se retirar ou falecer, assentimento dele ou de seus herdeiros, e devendo reduzir-se a escrito e publicar-se o respetivo acordo.

Artigo 26º. Todo o comerciante deverá, para gozar dos direitos que como tal este código lhe reconhece e de proteção que a firma dispensa, fazer lançar esta no registo comercial das circunscrições em que tiver o seu principal estabelecimento e quaisquer sucursais.

Artigo 27º. A firma que qualquer negociante adotar, deve ser completamente distinta das que já se acharem registadas na respetiva circunscrição.

Artigo 28º. O uso ilegal de uma firma comercial dá direito aos interessados exigir a proibição de tal uso, e a indemnização por perdas e danos, além da ação criminal, se a ela houver lugar.

DIREITO COMERCIAL

a identificação, natureza ou atividade do seu titular" e "ainda quando constituídos por designações de fantasia, siglas ou composições, não podem sugerir atividade diferente da que constitui o objeto social". Este artigo contém o chamado "princípio da verdade".

Por sua vez, o artigo 33º dispõe que "as firmas e denominações devem ser distintas e não suscetíveis de confusão ou erro com as registadas ou licenciadas no mesmo âmbito de exclusividade, mesmo quando a lei permita a inclusão de elementos utilizados por outras já registadas, ou com designações de instituições notoriamente conhecidas". Este preceito consagra o chamado "princípio da novidade".

A aplicação conjunta destes dois preceitos, à luz dos princípios da verdade e da novidade, obriga a uma concretização inteligente de modo a não impedir a atuação de vários comerciantes em concorrência no mesmo mercado.

IV. O regime do Registo Nacional de Pessoas Coletivas, é muito burocrático. Exige a prévia obtenção de um certificado de admissibilidade da firma, a emitir pelo RNPC que constitui, hoje, o maior obstáculo à necessária celeridade na constituição de sociedades comerciais. Funciona na prática como um regime disfarçado de condicionamento comercial.

Esta burocracia vem de uma pretensão de controlo prévio da licitude de todas as firmas e denominações. Este regime é indesejável e deveria ser modificado de modo a facultar ao interessado a consulta informática das firmas e denominações com as quais a sua pretendida pudesse ser confundível, permitindo-lhe todavia a assunção do risco de oposição. Seria bem mais consentâneo com um regime de comércio e de concorrência livre se o controlo da legalidade das firmas e denominações fosse feito "a posteriori" e não "a priori".

## ii. *Dever de escrituração*

I. Os comerciantes têm o dever de organizar e manter o registo contabilístico das suas operações.

Constava da versão original do artigo 29º do Código Comercial:

> Todo o comerciante é obrigado a ter livros que dêem a conhecer, fácil, clara e precisamente, as suas operações comerciais e fortuna.

Na versão atualmente em vigor, introduzida pelo Decreto-Lei nº 76--A/06, o texto do mesmo preceito passou a ser o seguinte:

> Todo o comerciante é obrigado a ter escrituração mercantil efetuada de acordo com a lei.

Esta diferença é sintomática. O critério orientador da escrituração mercantil deixou de ser material e passou a ser formal. Onde se exigia a clareza, a precisão e a facilidade na informação quanto às operações do comerciante e ao seu património, passou a exigir-se apenas a conformidade com a lei. Esta viragem da substância para a forma representa, com alguma fidelidade, a perversão que afetava já a contabilidade das empresas. Progressivamente, as contas dos comerciantes, principalmente das grandes sociedades e, o que é mais grave, das sociedades abertas, tinham-se tornado opacas a quem não fosse especialista e, pior ainda, tinham perdido correspondência com a realidade. Por um lado, nenhuma pessoa comum as compreendia e, por outro lado, tinham deixado de "dar a conhecer, fácil, clara e precisamente", as operações praticadas pelo comerciante no exercício do seu comércio e "a sua fortuna". Como a recente crise financeira tem mostrado eloquentemente, a contabilidade comercial, além de incompreensível, não reflete com fidelidade nem as operações, nem o património dos comerciantes.

A lei contém regras contabilísticas.

II. Até há bem pouco tempo, esteve em vigor o *Plano Oficial de Contabilidade (POC)*.

O Decreto-Lei nº 158/2009, de 13 de Julho, veio revogar o POC[26] e instituir o *Sistema de Normalização Contabilística (SNC)* que é obrigatório para:

a) Sociedades abrangidas pelo Código das Sociedades Comerciais;
b) Empresas individuais reguladas pelo Código Comercial;
c) Estabelecimentos individuais de responsabilidade limitada;
d) Empresas públicas;
e) Cooperativas;
f) E outras entidades que, por legislação específica, estejam sujeitas ao Plano Oficial de Contas (POC), "até que sejam publicadas normas para as entidades sem fins lucrativos".

---

[26] Decreto-Lei nº 47/77, de 7 de Fevereiro, alterado por múltipla legislação posterior.

DIREITO COMERCIAL

Excetuam-se "as entidades cujos valores mobiliários estejam admitidos à negociação num mercado regulamentado", quer dizer, em termos menos precisos, as sociedades cotadas, "que devem elaborar as suas contas consolidadas em conformidade com as *normas internacionais de contabilidade* adotadas nos termos do artigo 3º do Regulamento (CE) nº 1606/2002, do Parlamento Europeu e do Conselho, de 19 de Julho" (*NICs ou IAS*).[27]

O sistema de *Normalização Contabilística para Pequenas Entidades (SNC-PE)* pode ser adotado por todas as entidades em princípio obrigadas ao SNC, mas que não ultrapassem dois dos três seguintes limites:[28]

a) Total do balanço: € 500.000

b) Total de vendas líquidas e outras receitas : € 1.000.000

---

[27] As NICs podem ainda ser aplicadas pelas entidades detalhadamente enumeradas nos nºs 2 e seguintes do artigo 4º do Decreto-Lei nº 158/2009:

2 – As entidades obrigadas a aplicar o SNC, que não sejam abrangidas pelo disposto no número anterior, podem optar por elaborar as respetivas contas consolidadas em conformidade com as normas internacionais de contabilidade adotadas nos termos do artigo 3º do Regulamento (CE) nº 1606/2002, do Parlamento Europeu e do Conselho, de 19 de Julho, desde que as suas demonstrações financeiras sejam objeto de certificação legal das contas.

3 – As entidades cujas contas sejam consolidadas de acordo com o disposto no nº 1 podem elaborar as respetivas contas individuais em conformidade com as normas internacionais de contabilidade adotadas nos termos do artigo 3º do Regulamento (CE) nº 1606/2002, do Parlamento Europeu e do Conselho, de 19 de Julho, ficando as suas demonstrações financeiras sujeitas a certificação legal das contas.

4 – As entidades obrigadas a aplicar o SNC, mas que estejam incluídas no âmbito da consolidação de entidades abrangidas pelo nº 2, podem optar por elaborar as respetivas contas individuais em conformidade com as normas internacionais de contabilidade adotadas nos termos do artigo 3º do Regulamento (CE) nº 1606/2002, do Parlamento Europeu e do Conselho, de 19 de Julho, ficando as suas demonstrações financeiras sujeitas a certificação legal das contas.

5 – As opções referidas nos n.os 2 a 4 devem ser globais, mantendo-se por um período mínimo de três exercícios.

6 – O período referido no número anterior não se aplica às entidades que, tendo optado pela aplicação de normas internacionais de contabilidade, passem a estar incluídas no âmbito da consolidação de entidades que não as adotem.

7 – A aplicação das normas internacionais de contabilidade a que se refere o presente artigo não prejudica que, para além das informações e divulgações inerentes a estas normas, as entidades abrangidas sejam obrigadas a divulgar outras informações previstas na legislação nacional.

[28] Salvo quando por razões legais ou estatutárias tenham as suas demonstrações financeiras sujeitas a certificação legal de contas (artigo 9º do Decreto-Lei nº 158/2009.

c) Número de trabalhadores empregados em média durante o exercício: 20

As "micro entidades" estão sujeitas a um sistema contabilístico ainda mais simplificado: o *Regime de Normalização Contabilística para Micro Entidades (NCM)*. Consideram-se micro entidades aquelas que, à data do balanço, não ultrapassem dois dos três limites seguintes:

a) Total do balanço: € 500.000;
b) Volume de negócios líquido: € 500.000;
c) Número médio de empregados durante o exercício: 5.

III. Há hoje duas tendências dominantes no que respeita à escrituração. A mais tradicional assenta na avaliação dos bens (*assets*) pelo seu custo histórico; a mais recente, pelo valor atual de avaliação (*fair value*) no mercado (*mark to market*).

O sistema *mark to market* ganhou apoios quase generalizados durante o tempo da última grande expansão da economia. Mas este sistema veio a revelar a sua fragilidade quando o período de expansão cessou bruscamente com a crise do *credit crunch*. A expansão, afinal, era uma bolha – *buble* – alimentada, em parte, pelo efeito inflacionário do sistema *mark to market*. Revelou-se, então, o que já muitos apontavam: o *mark to market* é viciosamente *pró-cíclico* e exagera, quer os ganhos, quer as perdas. Enquanto a economia esteve em expansão, o sistema *mark to market* exagerou enormemente os resultados e os ganhos, permitindo ganhos e remunerações excessivas e criando no mercado uma falsa ilusão de prosperidade. Quando surgiu a recessão, o *mark to market* agravou também artificial e excessivamente as perdas, causando falências em série e continua a alimentar a depressão. O sistema *mark to market* é um mau sistema, que deve ser definitivamente afastado das práticas contabilísticas consideradas corretas e admissíveis.

A avaliação pelo *custo histórico* foi consagrada no Plano Oficial de Contas (POC), enquanto o sistema *mark to market* está consagrado nas NICs.

O critério do custo histórico é particularmente inadequado em tempos de inflação porque acarreta uma subvalorização dos ativos. As regras de depreciação e amortização diminuem o seu valor contabilístico acabando por provocar a existência de *reservas ocultas*, valor que, embora existindo, não é aparente nas contas. A reavaliação dos ativos de modo a coincidirem com a realidade não é fácil e por vezes, acaba por ser feita pela sua venda a uma outra sociedade do mesmo grupo, por um preço atualizado. Permitem também, em tempos de inflação, o *write-off* de ativos perdidos sem a devida menção formal. Enfim, prendem, talvez demasiadamente a valoração dos ativos ao seu custo de aquisição, subvalorizando as empresas.

O critério *mark to market* pretende evitar a rigidez do *custo histórico* através da permanente atualização da valorização dos ativos e passivos a valores de mercado, o que acaba por introduzir uma extrema volatilidade pró-cíclica na sua contabilização. Em tempos de expansão os ativos valorizam-se mais do que a realidade e, em tempos de recessão, desvalorizam-se também demasiadamente. Este critério tem grandes culpas nas recentes *bolhas* imobiliárias e financeiras e nos subsequentes colapsos.

IV. Como sempre sucede quando a lei é excessivamente detalhada, deixa inúmeras passagens (*loopholes*) por onde se conseguem esgueirar os contabilistas e gestores menos escrupulosos que, em práticas da mais ou menos escandalosa fraude à lei, conseguem manipular a escrituração mercantil no sentido que circunstancialmente melhor lhes convém. Estas práticas, conhecidas como de "contabilidade criativa", são por muita gente tidas como hábeis e aceitáveis. Mas não são aceitáveis. São práticas fraudulentas e, como tais, constituem atos ilícitos.

A "contabilidade criativa" tem consequências graves. Graves porque iludem os terceiros que contactam e contratam com os comerciantes, e graves também porque iludem os próprios comerciantes. A contabilidade tem funções de informação e de controlo. Deve poder elucidar os terceiros e permitir ao próprio comerciante um controlo preciso e atempado da evolução do seu comércio. Na recente crise financeira, a contabilidade criativa iludiu tanto os próprios como os outros quanto ao valor dos ativos e das responsabilidades. Perdeu-se a confiança nos números das empresas e, sem confiança, o mercado deixou de funcionar. A contabilidade criativa é uma moléstia grave para o comércio e não pode continuar a ser tolerada.

Está ainda por encontrar um critério que permita alcançar o objetivo de "dar a conhecer, fácil, clara e precisamente, as suas operações comerciais e fortuna" consagrado em 1888, na versão inicial do artigo 29º do Código Comercial.

E é urgente recuperar a transparência das contas dos comerciantes, desde os mais pequenos aos maiores e mais sofisticados, para que possa ser recuperada a confiança sem a qual não será possível o funcionamento racional do mercado. As práticas da chamada "contabilidade criativa" devem ser qualificadas criminalmente como falsificação (artigo 256º, nº 1, alíneas d) e f) do Código Penal), desde que verificados os competentes requisitos.

## 13. O Direito Comercial como direito do comércio

A conceção do Direito Comercial como um direito dos comerciantes tem a sua origem histórica na Idade Média no sistema estatutário. De entre outros estatutos, relativos aos vários «status» pessoais, sociais e profissionais, também os mercadores tinham o seu estatuto profissional próprio. Foi deste estatuto dos então mais geralmente designados mercadores que se desenvolveu o Direito Comercial como um direito próprio dos comerciantes e da sua profissão.

O sistema estatutário foi antagonizado pela Revolução Francesa que pretendia abolir os privilégios e as vinculações inerentes ao sistema estatutário. Não era possível, no sistema post-revolucionário, manter o Direito Comercial como um direito estatutário dos mercadores, de base pessoal subjetiva. Poucos anos após a Revolução, o movimento de codificação que trouxe consigo, deu lugar ao *Code de Commerce*, em 1808. Neste Código a matéria mercantil surge enquadrada objetivamente, já não como o estatuto dos comerciantes ou o direito dos comerciantes, mas como o direito do comércio.

O *Code de Commerce* francês de 1808, assenta a sua base de aplicação já não na qualidade de comerciante, como até então, mas sim no «*acte de commerce*», o ato de comércio. Passa a ser a qualidade objetiva da matéria que determina o âmbito do Direito Comercial. O direito dos comerciantes foi substituído pelo direito do comércio, o Direito Comercial.

O elemento qualificador passa a ser fundamentalmente objetivo. Embora não deixe de haver atos que são qualificados como comerciais, em virtude da qualidade de comerciante do seu autor, essa qualidade de comerciante decorre do exercício profissional do comércio, objetivamente considerado.

DIREITO COMERCIAL

A Revolução Francesa expandiu-se, nas ideias e no sistema, por uma área crescente do mundo e, por sua influência, foram surgindo Códigos Comerciais, nos países que adotaram aquele ideário burguês, liberal, capitalista. Os Códigos Comerciais da primeira geração, tal como os Códigos Civis, são réplicas dos franceses e são por eles imensamente influenciados, embora sem constituírem propriamente cópias. O sistema é o mesmo e os próprios regimes são semelhantes.

Assim sucedeu também em Portugal, após os triunfo da Revolução Liberal, com o ainda em vigor Código Comercial de 1888.

## 14. Os atos de comércio

I. No seu perfil objetivo, fruto do tempo em que nasceu, o Código Comercial determina o seu âmbito da aplicação com base, não no comerciante, nem na empresa, mas principalmente no "ato de comércio". O Código elegeu a categoria dos atos de comércio como o primordial fator de delimitação do âmbito material do Direito Comercial.

Ao fazê-lo, não despreza completamente o comerciante nem a empresa comercial. No Capítulo II do Título II do Livro I, que integra os artigos 13º a 18º, trata dos comerciantes e no Título IV do Livro II, que se reduz ao artigo 23º, rege sobre as empresas comerciais.

Porém, logo no artigo 1º, ao delimitar o âmbito material da lei comercial, estatui:

> A lei comercial rege os atos de comércio, sejam ou não comerciantes as pessoas que neles intervêm.

A opção legal é muito clara no sentido do objetivismo. É o ato de comércio a pedra fundamental sobre a qual assenta o edifício legislativo constituído pelo Código Comercial.

II. A opção objetiva exige da lei que estabeleça um critério operativo quanto à qualificação dos atos de comércio. Esse critério poderia ser de vária ordem. Poderia assentar numa definição em que, com o recurso ao género próximo e à diferença específica se conseguisse determinar com a segurança necessária quais, de entre os atos jurídicos, seriam comerciais. Mas a lei não seguiu esse caminho. Se a fixação do género próximo era intuitiva no "ato jurídico", já a diferença específica seria difícil de construir.

Em vez de um sistema de definição, o Código Comercial preferiu a tipificação dos atos que considera de comércio. Sendo o Direito Comercial de génese histórica e tradicional, era relativamente fácil proceder à enumeração daqueles atos que eram característicos da atividade comercial. Assim se conseguia a segurança necessária a um funcionamento fácil do sistema, que poupasse aos comerciantes as dúvidas e, sobretudo, as controvérsias sobre a determinação do âmbito da matéria jurídico--comercial que, a surgirem, seriam de molde a prejudicar a segurança do sistema.

A existência de uma jurisdição comercial especial, que então foi instituída[29], tornava necessária uma determinação fácil e indubitável de quais os atos aos quais o Código Comercial se aplicava e cuja litigiosidade seria da competência exclusiva dos tribunais comerciais.

III. De acordo com essa orientação, o Código Comercial, na primeira parte do seu artigo 2º, estatuiu: "serão considerados atos de comércio todos aqueles que se acharem especialmente regulados neste código". O Código, na sua versão original continha uma série de atos e de conjuntos ou áreas de atos que eram, assim, tidos como atos de comércio. Eram eles os seguintes:

– as sociedades comerciais (artigos 104º a 206º);
– as sociedades cooperativas (artigos 207º a 223º);
– a conta em participação (artigos 224º a 229º);
– as empresas comerciais (artigo 230º);
– o mandato (artigo 231º a 277º);
– as letras, livranças e cheques (artigos 278º a 343º);
– a conta corrente (artigos 344º a 350º);
– as operações de bolsa (artigos 351º a 361º);
– as operações de banco (artigos 362º a 365º);
– o transporte (artigos 366º a 393º);
– o empréstimo (artigos 394º a 396º);
– o penhor (artigo 397º a 402º);

---

[29] *Código de Processo Comercial*, aprovado por decreto de 14 de Dezembro de 1905.

DIREITO COMERCIAL

– o depósito (artigos 403º a 407º);.
– o depósito de géneros em armazéns gerais (artigos 408º a 424º);
– os seguros (artigos 425º a 462º);
– a compra e venda (artigos 463º a 476º);
– o reporte (477º a 479º);
– o escambo ou troca (480º);
– o aluguer (artigo 481º e 482º);
– a transmissão e reforma de títulos de crédito mercantil (artigos 483º e 484º);
– o comércio marítimo (artigos 485º e segs.);

Muitas destas matérias vieram a ser objeto de legislação extravagante. Assim:

– A matéria das sociedades comerciais está hoje regulada basicamente no Código das Sociedades Comerciais e alguns diplomas avulsos, tendo sido expressamente revogados os artigos 104º a 206º do Código Comercial.
– As cooperativas são hoje regidas pelo Código Cooperativo, aprovado pela Lei nº 51/96, de 7 de Setembro, complementado pelo Decreto-Lei nº 7/98, de 15 de Janeiro, sobre as cooperativas de solidariedade social, pelo Decreto-Lei nº 502/99, de 19 de Novembro, sobre as cooperativas de habitação e construção, pelo Decreto-Lei nº 31/84, de 21 de Janeiro, sobre as cooperativas de interesse público, pelo Decreto-Lei nº 522/99, de 10 de Dezembro, sobre as cooperativas de consumo, pelo Decreto-Lei nº 523/99, de 10 de Dezembro, sobre as cooperativas de comercialização, pelo Decreto-Lei nº 355/99, de 20 de Agosto, sobre as cooperativas agrícolas, e pelo Decreto-Lei nº 441-A/82, de 6 de Novembro, sobre cooperativas de ensino. Com esta legislação foram revogados os preceitos do Código Comercial dos artigos 207º a 223º.
– A conta em participação é hoje regida, com o nome de "associação em participação", pelo Decreto-Lei nº 321/81, de 28 de Julho, conjuntamente com o "consórcio".
– No artigo 230º, o Código alude às empresas comerciais, e qualifica como tais aquelas que se propõem atuar em todo o sector secundário (indústria transformadora) e em certas atividades do sector terciário; exclui todo o sector primário e ainda as atividades artesanais,

artísticas e de criação autoral. Este preceito tem sido complementado por vária legislação extravagante, sobre empresas, que surgem definidas no artigo 2º da Lei nº 18/03, de 11 de Junho (Regime Jurídico da Concorrência)[30] e também no artigo 5º do Código da Insolvência e da Recuperação de Empresas (Decreto-Lei nº 53/04, de 18 de Março)[31].

– As letras, livranças e cheques, foram objeto de legislação internacional uniforme. As letras e livranças são regidas pela Convenção de Genebra de 7 de Agosto de 1930 e os cheques pela convenção de Genebra de 19 de Março de 1931.

– As operações de bolsa estão hoje reguladas fundamentalmente pelo Código dos Valores Mobiliários, aprovado pelo Decreto-Lei nº 486/99, de 13 de Novembro, e por vária legislação avulsa.

– As operações de banco, embora mantenham no Código Comercial, em vigor, os artigos 362º a 365º, são hoje objeto de abundante legislação que se concentra principalmente no Regime Geral das Instituições de Crédito e Sociedades Financeiras aprovado pelo Decreto-Lei nº 298/92, de 31 de Dezembro, que contém o regime básico do direito bancário institucional, complementado por inúmeros diplomas legais reguladores de matérias específicas que seria excessivo mencionar aqui[32].

---

[30] "Considera-se empresa, para os efeitos da presente lei, qualquer entidade que exerça uma atividade económica que consista na oferta de bens ou serviços num determinado mercado, independentemente do seu estatuto jurídico e do modo de funcionamento".

[31] "Para efeitos deste Código, considera-se empresa toda a organização de capital e trabalho destinada ao exercício de qualquer atividade económica".

[32] O direito bancário material não é tão regulamentado podendo, todavia ser mencionados, a título exemplificativo, o Decreto-Lei nº 430/91, de 2 de Novembro (Regime Geral do Depósito Bancário); o Aviso do Banco de Portugal nº 11/05, de 21 de Julho (Condições Gerais de abertura de contas de Depósito Bancário); o Decreto-Lei nº 27/01, de 3 de Fevereiro (Conta poupança-habitação); o Decreto-Lei nº 269/94, de 25 de Outubro (conta poupança-condomínio); o Decreto-Lei nº 323/95, de 29 de Novembro (Conta poupança-emigrante); o Decreto-Lei nº 138/86, de 14 de Junho (Conta poupança-reformados); Decreto-Lei nº 372/91, de 8 de Outubro (Certificados de Depósito); o Decreto-Lei nº 32.765, de 29 de Abril de 1943 (Mútuos Bancários); o Decreto-Lei nº 344/78, de 17 de Novembro (Prazos de vencimento do crédito bancário); o Decreto-Lei nº 220/94, de 23 de Agosto (Informação obrigatória relativa a custos de operações de crédito); o Decreto-Lei nº 359/91, de 21 de Setembro (Contratos de Crédito ao Consumo); o Decreto-Lei nº 95/06, de 29 de Maio (Comercialização à distância de serviços financeiros prestados a consumidores). Devem ser

DIREITO COMERCIAL

– O contrato de transporte continua a manter, no Código Comercial, os artigos 366º a 393º. Esta é, porém, hoje, apenas uma parte ínfima do regime jurídico do contrato de transporte que se contém ainda em vários diplomas avulsos[33]. O transporte aéreo é posterior ao Código Comercial e, por isso, não aparece nele mencionado. A sua ausência é notória no artigo 230º, nº 7 – "transportar, regular e permanentemente, por água ou terra, quaisquer pessoas, animais,

tidos como operações bancárias todos os, hoje, chamados "serviços financeiros", como a locação financeira (*leasing*) e o *factoring*, a administração de patrimónios, a titularização (*securitization*), os fundos de investimento, de poupança e a sua gestão, etc..

[33] No que respeita aos transportes terrestres rodoviários, a Lei nº 10/90, de 17 de Março (Lei de bases do sistema de transportes terrestres), o Decreto-Lei nº 239/03, de 4 de Outubro (Contrato de transporte rodoviário nacional de mercadorias), o Decreto-Lei nº 147/03 (Documentos que devem acompanhar as mercadorias em circulação), o Decreto-Lei nº 38/99, de 6 de Fevereiro (Transporte rodoviário de mercadorias), a Convenção de Genebra de 19 de Maio de 1956 (Convenção relativa ao contrato de transporte internacional de mercadorias por estrada – CMR), o Decreto-Lei nº 3/01, de 10 de Janeiro (Transportes rodoviários em veículos pesados de passageiros), o Decreto-Lei nº 354/86, de 23 de Outubro (Aluguer de veículos automóveis sem condutor), o Decreto-Lei 263/98, de 11 de Agosto (Transportes em táxi), a Lei nº 13/06, de 17 de Abril (Transporte coletivo de crianças). Quanto aos transportes marítimos, a Convenção de Bruxelas de 25 de Agosto de 1924 (Unificação de certas regras em matéria de conhecimento de carga no transporte marítimo), o Decreto-Lei nº 349/86, de 17 de Outubro (Contrato de transporte de passageiros por mar), o Decreto-Lei nº 352/86, de 21 de Outubro, (Contrato de transporte de mercadorias por mar), o Decreto-Lei 431/86, de 30 de Dezembro (Contrato de reboque marítimo), o Decreto-Lei nº 191/87, de 29 de Abril (Contrato de fretamento), o Decreto-Lei nº 150/88, de 28 de Abril (Propriedade de navios de comércio), o Decreto-Lei nº 76/89 (Agentes de navegação), o Decreto-Lei nº 7/06, de 4 de Janeiro (Transporte marítimo de passageiros e mercadorias na cabotagem nacional), o Decreto-Lei nº 196/98, de 10 de Julho (Transportes marítimos), o Decreto-Lei 197/98, de 10 de Julho (Transportes com embarcações de tráfego local), o Decreto-Lei nº 198/98, de 10 de Julho (Gestor de navios), o Decreto-Lei nº 201/98, de 10 de Julho (Estatuto legal e contrato de construção e de reparação do navio), o Decreto-Lei nº 202/98, de 10 de Julho (Responsabilidade do proprietário do navio e seus representantes), o Decreto-Lei nº 203/98, de 10 de Julho (Regime da salvação marítima), o Decreto-Lei 384/99, de 23 de Setembro (Regime da tripulação do navio), o Decreto-Lei nº 547/99, de 14 de Dezembro (registo de pessoas embarcadas em navios de passageiros), o Decreto-Lei nº 96/89, de 28 de Março (Registo internacional de navios da Madeira – MAR) e o Decreto-Lei nº 64/05 (Remoção de destroços de navios encalhados e afundados). O transporte aéreo está regulado fora do Código Comercial, principalmente no Decreto-Lei nº 19/82, de 28 de Janeiro, sobre o transporte aéreo não regular, no Decreto-Lei nº 66/92, de 23 de Abril, sobre o transporte aéreo regular internacional, e ainda no Decreto-Lei 298/03, de 14 de Novembro, que define os requisitos para a emissão do certificado de operador aéreo e as respetivas competências e os requisitos relativos à exploração de aeronaves civis em transporte aéreo comercial.

alfaias ou mercadorias de outrem" – mais adiante, no corpo do artigo 366º – "transporte por terra, canais ou rios" – e no corpo do artigo 450º – "o seguro de objetos transportados por terra, canais ou rios". Não obstante, é pacífica a inclusão do contrato de transporte aéreo no âmbito dos atos de comércio objetivos, por interpretação atualista.

IV. A desatualização do Código Comercial exige do intérprete uma atitude fortemente atualista.

O artigo 4º da carta de Lei de 28 de Junho de 1888, que aprovou o Código, estatui que:

> Toda a modificação que de futuro se fizer sobre matéria contida no Código Comercial será considerada como fazendo parte dele e inserida no lugar próprio, quer seja por meio de substituição de artigos alterados, quer pela supressão de artigos inúteis, ou pelo adicionamento dos que forem necessários.

Este preceito é típico da era das grandes codificações, que foi o século XIX. Tem uma razão de ser – *ratio legis* – clara e razoável. Atento o sistema de qualificação dos atos de comércio ínsito no artigo 2º de Código Comercial, é útil, senão mesmo imprescindível, que toda a legislação comercial fique concentrada no Código. A clareza, simplicidade e segurança na qualificação dos atos de comércio que se pretendia só assim se consegue manter.

Mas não foi isso que sucedeu. O Legislador, ao contrário do que lhe ordenava aquele preceito da lei, na maior parte dos casos não se deu ao trabalho de inserir no Código os preceitos legais com que alterou ou inovou o que nele estava previsto. Fê-lo por duas ordens de razões: em parte por preconceito anti-codificador e em parte por dificuldade na inserção.[34] A nova legislação era quase sempre mais longa, em virtude da hodierna tendência legislativa para a prolixidade e o detalhe. Sempre que se foi além da simples modificação do texto de determinados artigos, o legislador preferiu emitir novas leis em separado – como as leis

---

[34] Em França, pátria da codificação, não houve dificuldade em inserir a legislação extravagante no velho *Code de Commerce*. Não foi, sequer, necessário elaborar um novo código.

DIREITO COMERCIAL

uniformes sobre letras e livranças – ou mesmo códigos – como o Código das Sociedades Comerciais – revogando os preceitos que os antecederam no Código Comercial. Com esta prática, ficou frustrado o intento que presidiu à codificação do Direito Comercial, no século XIX, e foi reintroduzida complexidade no sistema.

A proliferação da legislação comercial extravagante obriga o intérprete a alargar a referência, feita no artigo 2º, ao Código Comercial, para uma outra, mais ampla, a "legislação comercial".

No âmbito da legislação comercial deve ser incluída, desde logo, a legislação comercial extravagante que contém as matérias que anteriormente estavam incluídas no Código Comercial. Assim, deve incluir o Código das Sociedades Comerciais e demais legislação sobre sociedades comerciais, o Código Cooperativo e demais legislação sobre cooperativas que tenham por objeto a prática de atos de comércio, o Decreto-Lei nº 321/81, de 28 de Julho sobre a associação em participação e o consórcio que tenham por objeto a prática de atos de comércio, a legislação sobre empresas que devam ser qualificadas como mercantis[35], as lei uniformes sobre as letras, livranças e cheques[36], o Código dos Valores Mobiliários e a demais legislação sobre a Bolsa de Valores, operações de bolsa, e mercados financeiros, a legislação sobre a atividade bancária e sobre a seguradora e ainda sobre os serviços financeiros, a legislação sobre transportes marítimos, terrestres e aéreos e ainda a legislação de direito marítimo. Trata-se de legislação que substitui ou desenvolve matérias legais que constavam originariamente do Código Comercial.

---

[35] Sobre a qualificação das empresas como mercantis, *infra* 16. e 17..

[36] Contra, OLIVEIRA ASCENSÃO, *Lições de Direito Comercial,* Vol. I, *Parte Geral*, Lisboa, 1986/87, págs. 102-103 e 589 e *Direito Comercial*, Vol. III, *Títulos de Crédito*, Lisboa, 1992, págs. 10-11 e principalmente, págs 63-72, exclui os Títulos de Crédito do âmbito material do Direito Comercial, com fundamento na sua neutralidade formal que tanto desempenha a sua função no âmbito do Direito Civil como do Direito Comercial, podendo, em sua opinião, ser civis ou comerciais consoante a natureza do direito neles incorporado. Não acompanhamos esta opinião. Os títulos de crédito são geneticamente de Direito Comercial, foram historicamente criados pelos comerciantes para funcionarem no mercado, na circulação e mobilização de direitos, de um modo e desempenhando uma função tipicamente mercantil; e o facto de serem utilizados também fora do mercado não lhes modifica a natureza. Pode mesmo dizer-se que se situam entre o que há de mais comercial no Direito Comercial. Discordamos também que o direito incorporado possa ser civil ou comercial. O direito incorporado é sempre comercial, a relação subjacente é que poderá ser civil ou comercial. Não devem ser confundidos o direito incorporado e o direito subjacente.

Além destas matérias, deve ainda ser qualificada como comercial ou mercantil a legislação subsequente que, sem substituir ou alterar o conteúdo do Código Comercial, rege sobre matérias novas que devem ser tidas como de natureza comercial. Com quase cento e vinte anos de idade, o Código desatualizou-se. O comércio já não é o que era então. Há novas práticas empresariais e novos tipos contratuais que integram tipicamente o comércio e que, hoje, lhe são características. Umas foram objeto de intervenção legislativa e outras não.

V. A Doutrina não deve manter-se indiferente à desatualização do Código nem comungar da inércia legislativa. Sem ficar prisioneira da letra da Lei, mas também sem contrariar o Direito, cabe à Doutrina supri--los com propostas de atualização a submeter ao debate. Nesta linha, há já hoje iniciativas de COUTINHO DE ABREU, de CASSIANO DOS SANTOS, de ENGRÁCIA ANTUNES e de PAULO OLAVO CUNHA que importa prosseguir.[37]

Concordamos no fundamental com as orientações atualistas, embora com um suporte teórico diverso. Entendemos, porém, que alguns dos atos referidos por aqueles autores são já qualificáveis como comerciais de acordo com os critérios tradicionais.

O contrato de agência, assim como o contrato de concessão comercial e o de mediação enquadram-se no núcleo da atividade prevista no nº 3 do artigo 230º do Código e, como tal, devem ser qualificados como atos de comércio objetivos; além disto, são quase sempre celebrados por comerciantes no exercício do comércio o que, só por si, conduziria já à sua qualificação como atos de comércio subjetivos.

A locação financeira, o *"factoring"*, a titularização, a gestão de patrimónios, os fundos e a sua gestão, e outros semelhantes, são operações bancárias, devendo, por isso, ser qualificados como atos de comércio objetivos; além disso, a locação financeira envolve normalmente a compra de algo "para lhe alugar o uso" o que corresponde à previsão da parte final do nº 1 do artigo 463º e também do artigo 481º do Código Comercial.

Diversamente, o trespasse e a locação do estabelecimento (cessão de exploração) são contratos legalmente atípicos, embora socialmente típi-

---

[37] COUTINHO DE ABREU, *Curso de Direito Comercial*, I, pág. 201 e segs., CASSIANO DOS SANTOS, *Direito Comercial Português*, I, Coimbra Editora, Coimbra, 2007, pág. 68, ENGRÁCIA ANTUNES, *Direito dos Contratos Comerciais*, Almedina, Coimbra, 2009, págs. 30 e segs., PAULO OLAVO CUNHA, *Lições de Direito Comercial*, cit., págs. 6-8 e 21-23.

cos, que não estão tipificados na lei embora ela se lhes refira a propósito do regime da locação, do contrato de trabalho e ainda do regime fiscal.[38] Não podem, pois, ser qualificados como atos de comércio objetivos; devem, antes, ser qualificados como atos de comércio subjetivos sempre que sejam celebrados por comerciantes no exercício do comércio, o que, salvo casos excecionais, sempre sucede.

VI. É muito claro que o Código Comercial está desatualizado. A sua atualização foi prevista em 1961, depois em 1966, tendo chegado a ser nomeada para tanto uma comissão que chegou a produzir alguns estudos.[39] As perturbações políticas subsequentes acabaram por não permitir que os trabalhos iniciados tivessem sequência. Alguns foram utilizados para o Código das Sociedades Comerciais, mas a reforma do Código Comercial ficou por fazer. É urgente retomá-la.

Enquanto se mantém o Código com a atual redação, é necessário atualizá-lo por via interpretativa e na concretização. O jurista não deve limitar-se a ser um leitor nem um exegeta da Lei, deve dela retirar o Direito. Para isso, a própria Lei, nos artigos 9º e 10º do Código Civil, concretizados como *direito comum*, permite – se não impõem mesmo – uma interpretação atualista, tendo em conta, também, "as condições específicas do tempo em que a lei é aplicada", e procurando encontrar as "soluções mais acertadas", e o preenchimento das suas lacunas por analogia e, na falta de caso análogo, "segundo a norma que o intérprete criaria, se houvesse de legislar dentro do espírito do sistema".

Não impõe, nem permite, que na qualificação dos atos de comércio – e o mesmo vale para as empresas comerciais previstas no artigo 230º –, a concretização fique limitada à mera exegese da letra da lei ou a uma prática restritiva própria de preceitos excecionais. O Direito Comercial não é direito excecional.

Urge, pois, abrir as portas em que ficou por demasiado tempo aprisionado o Direito Comercial e atualizá-lo com as soluções mais acertadas e adequadas às condições hodiernas do tempo presente, tal como o intérprete as criaria se houvesse de legislar dentro do espírito do sis-

---

[38] Pais de Vasconcelos, *Contratos Atípicos*, cit., pág. 214.
[39] Fernando Olavo, *Direito Comercial*, I, 2ª ed., Lisboa, 1970, págs. 58-59.

tema. Assim se adiantará um contributo para a reforma do Código Comercial cuja urgência é cada dia maior.

VII. A qualificação dos atos de comércio serve para determinar o âmbito material do Direito Comercial. Esta delimitação perdeu alguma da sua importância com a extinção dos tribunais comerciais, pelo Decreto-Lei nº 21.694, de 29 de Setembro de 1932 e com a revogação do Código de Processo Comercial, pelo Decreto-Lei nº 29.637, de 28 de Maio de 1939, que aprovou o novo Código de Processo Civil. A qualificação de certas matérias como civis ou comerciais determinava a competência ou incompetência material dos tribunais comerciais ou civis e era, então, de importância crucial. Nas questões levadas a juízo, esta discussão era vulgar e conduzia a consideráveis demoras e dispêndio de energia. Criava complexidade e litigância.

A fusão, na jurisdição cível, da competência para o julgamento de questões civis e comerciais veio reduzir a relevância da qualificação dos atos de comércio, mas não a eliminou. Continua a ser relevante a qualificação como civis ou comerciais de atos, de dívidas, de outras matérias naquilo em que são diversos os regimes jurídicos materiais. Assim sucede com o regime de responsabilidade por dívidas comerciais do comerciante casado em regime de comunhão geral de bens ou de comunhão de adquiridos, com o regime da mora e dos respetivos juros nas dívidas comerciais, com o regime de solidariedade passiva nas dívidas comerciais, com o regime da fiança mercantil.

## 15. Classificações dos atos de comércio

Os atos de comércio são classificados em objetivos ou subjetivos, absolutos ou por conexão, causais ou abstratos e puros ou mistos.

Na tradição clássica, estas classificações são dicotómicas e assentam na verificação, ou não, de certa característica.

Importa estudá-las.

### i. *Atos de comércio objetivos e subjetivos*

São *atos de comércio objetivos* aqueles que o artigo 2º refere na sua primeira parte, isto é, os que estão especialmente previstos – como atos de comér-

DIREITO COMERCIAL

cio – no Código Comercial, nas leis extravagantes que substituíram partes revogadas do mesmo Código e na demais legislação mercantil. Estes atos mantêm a qualificação mercantil, independentemente de serem praticados por comerciantes ou não comerciantes e dentro ou fora do exercício do comércio. Constituem o núcleo objetivo do Direito Comercial.

São *atos de comércio subjetivos* aqueles previstos na segunda parte do artigo 2º do Código Comercial, isto é, "todos os contratos e obrigações dos comerciantes, que não sejam exclusivamente civis, se o contrário do próprio ato não resultar".

Esta fórmula contida na segunda parte do artigo 2º do Código Comercial necessita de uma interpretação cuidada. Deve ser dividida em três partes:

– *todos os contratos e obrigações dos comerciantes*

Esta primeira frase da segunda parte do artigo 2º do Código Comercial significa que são subjetivamente comerciais, em princípio, todos os atos e obrigações do comerciante. A referência a "contratos" deve ser entendida de um modo não literal nem restritivo, de modo a abranger também os negócios unilaterais e outros atos jurídicos não contratuais. Não há fundamento substancial para excluir os atos não contratuais. A expressão *"contractus"* num sentido originário, vindo do Direito Romano clássico, abrange os negócios jurídicos unilaterais e plurilaterais. A referência a "contratos e obrigações" tem o sentido de incluir as obrigações extracontratuais, além das derivadas de contratos ou de negócios jurídicos unilaterais. Finalmente a referência a *"todos* os contratos e obrigações" significa que, em princípio e salvas as limitações subsequentes, todos os atos e responsabilidades dos comerciantes são comerciais.

– *que não sejam de natureza exclusivamente civil*

Mas, nem todo o agir jurídico e nem todas as responsabilidades dos comerciantes podem ter natureza mercantil. Existem atos e responsabilidades que têm, como diz a lei, natureza *exclusivamente* civil. Note-se que a lei não usa o termo "essencialmente", mas sim "exclusivamente". Não se trata, pois, de averiguar a "essência" do ato ou da responsabilidade. Para a concretização correta desta parcela do preceito é necessário verificar se o ato ou a responsabilidade em questão pertence a um *género* que tenha, ou não tenha, uma *espécie* com natureza mercantil. O mandato, por exemplo, constitui um género que tem como uma das suas espécies o mandato mercantil, previsto nos artigos 231º e seguintes do Código Comercial. Como tal, não se pode concluir que o mandato seja um ato exclusivamente civil. Já o casamento, por exemplo, constitui um género entre cujas espécies não existe um casamento comercial. Por isso se pode corretamente concluir que o casamento é um ato exclusivamente civil. Têm, assim, natureza exclusivamente civil todos os atos e responsabilidades cujo género não comporte uma espécie comercial.

*– se o contrário do próprio ato não resultar*

Se a primeira frase da segunda parte do artigo 2º assenta num princípio de que todos os atos e responsabilidades do comerciante são mercantis, esse princípio cede perante a constatação de que nem todos esses atos ou responsabilidades se inserem no exercício do seu comércio. Os comerciantes individuais têm vida pessoal além do seu comércio e fora dele. O sentido da última frase do artigo 2º do Código Comercial é o seguinte: *salvo se do próprio ato, nas suas circunstâncias concretas, resultar que foi praticado pelo comerciante fora do exercício do seu comércio.* Na orientação amplificadora que é característica do sistema do Código Comercial, a 2ª parte do seu artigo 2º, estabelece uma presunção de que os atos e responsabilidades do comerciante se inserem no seu comércio; mas esta presunção é ilidível, sendo admitida a prova do contrário. A expressão "o contrário" liga-se a "todos os atos e obrigações dos comerciantes". O resultado contrário é o resultado de que, ao contrário do presumido, aquele ato ou aquela responsabilidade afinal não foram "do comerciante" no seu exercício profissional; foram exteriores a esse exercício. Mas cabe ao comerciante o ónus da prova de terem sido praticados aqueles atos ou assumidas aquelas responsabilidades fora do exercício do seu comércio. Se não conseguir fazer essa prova, os atos e responsabilidades em questão são tidos como subjetivamente comerciais.

Podemos concluir que são atos de comércio subjetivos todos os atos e responsabilidades do comerciante que pertençam a um género que tenha, pelo menos, uma espécie comercial, e que tenham sido praticados ou assumidos no exercício do seu comércio, presumindo-se, salvo

DIREITO COMERCIAL

prova em contrário, que efetivamente o foram, e cabendo ao comerciante o ónus da prova do contrário.

Na prática, a qualificação dos atos de comércio subjetivos é menos complexa do que a formulação sintética da lei pode sugerir. Em princípio todos os atos e responsabilidades dos comerciantes são subjetivamente comerciais. Excluem-se aqueles que forem exclusivamente civis, por não serem enquadráveis num género que tenha, pelo menos, uma espécie comercial, e ainda aqueles que o comerciante consiga provar que foram exteriores ao exercício do seu comércio. Assim, não sendo o contrato de trabalho exclusivamente civil, porque existe uma sua espécie comercial (artigos 257º e seguintes), pode ter sido celebrado no exercício do seu comércio, quando o comerciante contrata trabalhadores para exercerem funções no seu estabelecimento, ou fora do seu comércio quando, por exemplo, contrata empregados domésticos para exercerem funções em sua casa. Mas é importante não esquecer que quem invoca a comercialidade dos atos do comerciante não tem de fazer essa demonstração; é ao comerciante que cabe o ónus de demonstrar o contrário.

### ii. Atos de comércio absolutos e por conexão

Esta classificação assenta num critério distintivo que consiste em o ato ser de comércio autonomamente, ou a sua qualificação enquanto tal, depender duma especial conexão com o comerciante (conexão subjetiva) ou com outro ato de comércio (conexão objetiva).

Os *atos de comércio absolutos*, são aqueles cuja comercialidade não depende, nem de terem sido praticados por comerciantes, nem de terem uma especial ligação com outro ato de comércio. Constitui bom exemplo de ato de comércio absoluto a compra e venda mercantil, regida nos artigos 463º e seguintes do Código Comercial. Trata-se das compras para revenda ou para aluguer, bem como das revendas e dos alugueres de coisas compradas com esse fim, e também das compras e vendas de partes ou ações de sociedades comerciais. A qualificação destes contratos como atos de comércio é independente de serem praticados por comerciantes ou de terem alguma ligação com outro ato de comércio. São comerciais de *per si*. E bem se compreende que o sejam, uma vez que desempenham um papel nuclear no comércio como atos de intermediação nas trocas. Também a conta-corrente (artigo 344º) é um ato de comércio absoluto.

Os atos de *comércio por conexão*, diversamente, são aqueles cuja comercialidade depende, ou de terem sido praticados por comerciante – *conexão subjetiva* – e esse é o caso, de todos os atos de comércio subjetivos; ou de terem uma especial ligação com outros atos de comércio ou com o próprio comércio – *conexão objetiva* – como é o caso do mandato (artigo 231º), do empréstimo (artigo 394º), do penhor (artigo 397º) ou do depósito (artigo 403º) mercantis, cuja qualificação depende de uma especial ligação com outros atos de comércio.

### iii. Atos de comércio causais e abstratos

Todos os atos e negócios jurídicos têm uma causa.[40] Mas a sua causa pode ser mais ou menos relevante no seu regime jurídico. Tem uma longa tradição, no direito privado, a invocação da causa, ou de vícios da causa – *exceptiones ob causam* – nos litígios sobre a validade ou eficácia de negócios jurídicos. A causalidade e a abstração ou, mais corretamente, a invocabilidade ou ininvocabilidade da causa, são matéria de regime jurídico. Para os qualificar como causais ou abstratos, é necessário verificar qual o seu regime jurídico: se a causa for invocável, são causais, se o não for, são abstratos. Em princípio, os atos e negócios jurídicos são causais; a abstração é um regime jurídico excecional que só vigora quando e na medida em que a lei o consagrar.

Os *atos de comércio causais* são aqueles em que a causa é relevante e invocável. São a generalidade dos atos de comércio.

Os *atos de comércio abstratos* são aqueles cuja causa não é invocável. São poucos. Os atos cambiários – saque, aceite, endosso e aval – nas letras, livranças e cheques são abstratos. Também são abstratos, a compra e venda na Bolsa de ações e outros títulos aí negociáveis, bem como as respetivas ordens de compra ou de venda. As exigências de celeridade e de segurança na prática destes atos exige que a sua causa não seja sindicável.

O carácter dicotómico desta classificação é contestável. Na verdade, não deve ignorar-se que a abstração é graduável. Há negócios mais abstratos do que outros e há mesmo casos, assim como há atos quase-abstratos.[41]

---

[40] Sobre a causa dos negócios jurídicos, PAIS DE VASCONCELOS, *Teoria Geral do Direito Civil*, cit., págs. 303 e segs.

[41] PAIS DE VASCONCELOS, *Teoria Geral do Direito Civil*, cit., págs. 317.

DIREITO COMERCIAL

### iv. Atos de comércio puros e mistos

*Atos de comércio puros* são aqueles que têm carácter mercantil na perspetiva de todas as suas partes. Assim sucede, por exemplo, sempre que um comerciante compra para revenda a outro comerciante uma mercadoria que aquele havia já comprado para revender. Ambos, comprador e vendedor estão a praticar um ato de comércio objetivo, previsto no artigo 463º do Código Comercial. Em relação a ambas as partes, esta compra e venda é mercantil. Trata-se, pois, de um ato *puramente* de comércio.

*Atos de comércio mistos* são aqueles que têm comercialidade na perspetiva de uma das partes, mas civil na perspetiva da outra. É o caso, entre muitos outros, em que o comerciante compra a um agricultor uma partida de fruta, que este produziu na sua exploração agrícola e o faz para revender no mercado. A venda que o agricultor faz dos seus produtos é civil (artigo 464º, nº 2), mas a compra que o comerciante faz para revender é comercial (artigo 463º). Chegado ao mercado, o comerciante vende essa fruta a vários consumidores que a compram para consumirem em suas casas. Do lado do comerciante a venda é a revenda que fez das mercadorias que adquiriu para revenda e, como tal, é comercial (artigo 463º), mas as compras que os consumidores fazem para seu consumo próprio são civis (artigo 464º, nº 1). Em ambos os casos, os contratos de compra e venda são mercantis, se qualificados a partir da posição de uma das partes, e civis quando qualificados com base na posição da outra parte.

Porém, a compra e venda é, em princípio, um contrato unitário, um ato jurídico só, e não dois, um ato de compra e um ato de venda[42]. Por isso, não pode ter uma dupla natureza civil e comercial. O ato é qualificável como ato de comércio misto.

O artigo 99º do Código Comercial estatui a propósito dos atos de comércio mistos:

> Embora o ato seja mercantil só com relação a uma das partes será regulado pelas disposições da lei comercial quanto a todos os contratantes, salvas as que só forem aplicáveis àquele ou àqueles por cujo respeito o ato é mercantil, ficando, porém, todos sujeitos à jurisdição comercial.

---

[42] Na compra e venda em bolsa de valores mobiliários, há autonomização da compra e da venda como dois negócios jurídicos unilaterais, um negócio unilateral de compra e um negócio unilateral de venda. Ver infra, 33.7. Cfr. PAULA COSTA E SILVA, *Compra, Venda e Troca de Valores Mobiliários*, Direito dos Valores Mobiliários, Lex, Lisboa, 1997, págs. 243-266.

O ato de comércio misto não é separado em duas partes, uma civil e outra comercial; é regido unitariamente como um só ato de comércio ao qual é aplicável todo o regime do ato de comércio.

Esta unitariedade não é absoluta e sofre exceções. Não se aplicam aos atos de comércio mistos as regras que só forem aplicáveis às partes "por cujo respeito o ato é mercantil". Há preceitos que são aplicáveis apenas a comerciantes. Quando, por exemplo, um comerciante revende, no seu estabelecimento, uma mercadoria a alguém que a compra para a usar ou consumir, o ato só é comercial pelo lado do vendedor e não do comprador. Assim sucede mesmo que o comprador seja um comerciante, mas esteja a fazer esta compra fora do exercício do seu comércio, caso em que intervém no contrato despido da sua qualidade de comerciante.

Quais são, então, os preceitos que se aplicam e que se não aplicam, neste caso? Trata-se da revenda de uma coisa comprada para revender. Assim, aplicam-se, em relação a ambas as partes, os artigos 463º e seguintes do Código Comercial, que conformam o tipo da compra e venda objetivamente comercial. Não se aplicam preceitos cuja aplicação está reservada a comerciantes, como por exemplo, a obrigação de usar a firma e de contabilizar o ato na escrituração.

Se o comprador for também comerciante, há que distinguir consoante estiver a agir dentro ou fora do exercício do seu comércio. Se for comerciante, mas estiver a comprar algo para uso ou consumo próprio, fora do exercício do seu comércio, intervém como não comerciante. Se for comerciante e estiver a fazer a compra dentro do exercício do seu comércio, por exemplo, para usar ou consumir no seu estabelecimento, a compra e venda será objetivamente comercial do lado do vendedor (artigo 463º), e subjetivamente comercial do lado do comprador (artigo 2º, 2ª parte). Neste caso, aplicam-se as regras da compra e venda objetivamente mercantil a ambas as partes e também aquelas que são aplicáveis apenas a comerciante, como, por exemplo, a de usar a firma e de registar o ato na sua escrituração.

Neste sentido, o Código Comercial prevê expressamente no artigo 100º:

> Nas obrigações comerciais os co-obrigados são solidários, salvo estipulação em contrário.
>
> § único. Esta disposição não é extensiva aos não comerciantes quanto aos contratos que, em relação a estes, não constituem atos comerciais.

A regra da solidariedade passiva, própria do Direito Comercial, não se aplica aos não comerciantes, quanto aos contratos que, em relação a eles, não sejam comerciais. Embora a lei não o diga expressamente, decorre do seu sentido que também se não aplica aos comerciantes quanto aos contratos que pratiquem fora do exercício do comércio e que, em relação a eles, não constituam atos de comércio.

## 16. As empresas comerciais

> COUTINHO DE ABREU, *Da Empresarialidade – As Empresas no Direito*, Almedina, Coimbra, 1999, *Curso de Direito Comercial*, I, 8ª ed., Almedina, Coimbra, 2011, págs. 201 e segs.; CASSIANO SANTOS, *Direito Comercial Português*, I, Coimbra Editora, Coimbra, 2007; OLIVEIRA ASCENSÃO, *Direito Comercial*, I, Parte Geral, Lisboa, 1994; FERNANDO OLAVO, *A Empresa e o Estabelecimento Comercial*, Lisboa, 1963; JOSÉ TAVARES, *Sociedades e Empresas Comerciais*, Coimbra Editora, Coimbra, 1924.

### *i. A empresa no comércio*
I. A viragem para a empresa, como suporte do Direito Comercial, feita no Código italiano de 1942 foi francamente ideológica. Na sequência da crise de 1929, a Grande Depressão que se lhe seguiu levaram muitos a pensar que o capitalismo, como regime económico, tinha fracassado e devia ser superado. O fascismo italiano ensaiou uma solução consistente a um regresso ao corporativismo pré-liberal, no que foi secundado embora mais timidamente pelo Estado Novo em Portugal, na qual o empresário substituiria o comerciante, como agente da atividade económica privada. Esta opção ideológica fracassou com a Segunda Guerra Mundial.

A referência à empresa no artigo 230º do Código Comercial nada tem a ver com uma opção ideológica anti-capitalista; vem do léxico mercantil usado correntemente pelos comerciantes e no comércio. O Código Comercial não ensaia uma definição de empresa, e bem, porque mau seria que aprisionasse o seu conceito na cristalização de género e espécie.[43] Mas outras leis o fazem.

---

[43] Sobre o problema das definições legais, PAIS DE VASCONCELOS, *Contratos Atípicos*, cit., págs. 174 e segs.

DIREITO COMERCIAL GERAL

II. Na Lei de Defesa da Concorrência (Lei nº 18/2003, de 11 de Junho), o artigo 3º define empresa:

1. Considera-se empresa, para os efeitos da presente lei, qualquer entidade que exerça uma atividade económica que consista na oferta de bens ou serviços num determinado mercado, independentemente do seu estatuto jurídico e do modo de funcionamento.
2. Considera-se como uma única empresa o conjunto de empresas que, embora juridicamente distintas, constituem uma unidade económica ou que mantêm entre si laços de interdependência ou de subordinação decorrentes dos direitos ou poderes enumerados no nº 1 do artigo 10º.

No Decreto-Lei nº 32/2007, de 17 de Fevereiro, sobre os pagamentos efetuados como remuneração de transações comerciais, que transpõe a Diretiva nº 2000/35/CE, do Parlamento Europeu e do Conselho, de 29 de Junho, a alínea a) do artigo 3 define empresa como:

Qualquer organização que desenvolva uma atividade económica ou profissional autónoma, mesmo que exercida por pessoa singular.

Também no Código de Insolvência e Recuperação de Empresas – CIRE (Decreto-Lei nº 53/2004, de 18 de Março), o artigo 5º contém uma definição de empresa:

Para efeitos deste Código, considera-se empresa toda a organização de capital e trabalho destinada ao exercício de qualquer atividade económica.

Estas definições enunciam conceitos mais amplos do que o que está ínsito no artigo 230º do Código Comercial, o qual, de entre as empresas económicas, qualifica quais são comerciais e quais o não são. As empresas económicas são o género do qual as empresas comerciais constituem uma espécie. Por isso, estas definições não contribuem relevantemente para a concretização do artigo 230º do Código Comercial.

Não deixam, porém, de ser relevantes no que exprimem o que, na hodierna linguagem mercantil, se entende por empresa: uma entidade ou organização, uma unidade económica organizada, que exerce uma atividade económica no mercado.

III. Atividade económica privada ou pública? Há empresas privadas e públicas. A sua tendência é para agirem com o mesmo tipo de organiza-

DIREITO COMERCIAL

ção e o mesmo modo profissional, dito empresarial, embora umas sejam criadas pelo Estado com afetação dos seus meios e para prossecução dos seus fins e outras por privados com o investimento dos seus capitais e para a obtenção, direta ou indireta, de lucro ou outra vantagem económica.

Atuação em mercado ou em ambiente de mercado? As empresas não deixam de o ser por agirem em monopólio, oligopólio ou em mercado protegido. Mas tipicamente a sua atuação desenvolve-se no mercado, em concorrência mais ou menos perfeita com outras congéneres. Se, no corporativismo do Estado Novo a concorrência era encarada como destruidora de valor, no atual regime de economia de mercado, ou de economia social de mercado, a concorrência é desejada, e mesmo exigida, como fator de eficiência, de progresso e de criação de riqueza. É necessário ter em atenção esta diferença de perspetivas quando se consulta doutrina antiga, designadamente portuguesa, italiana ou alemã influenciadas por valores comprometidos com ideologias diferentes. O Direito Comercial português na atualidade é Direito Comercial europeu, inserido no Mercado Único e no qual a concorrência constitui um dos principais vetores de atuação. Em princípio, a empresa privada age no mercado.

IV. A empresa é sujeito, é objeto ou é atividade? Como se disse já, não consta do artigo 230º uma definição de empresa comercial, nem sequer uma definição de empresa. A empresa pode ser entendida em três sentidos: subjetivo, funcional, e patrimonial.

Em sentido subjetivo, ou numa perspetiva subjetiva, a empresa é o próprio empresário ou o comerciante. É muito vulgar a referência à empresa neste sentido.

Em sentido funcional, empresa é uma atividade, um empreendimento que se prossegue de um modo sistemático e organizado com vista a alcançar um objetivo ou à prossecução de um fim.[44] Esta atividade, em

---

[44] É neste sentido que o próprio Camões usa o termo "empresa" nos Lusíadas. Assim, no Canto I.44 (*Vasco da Gama, o forte Capitão, / Que a tamanhas empresas se oferece*), no Canto III.21 (*Esta é a ditosa pátria minha amada, / À qual se o Céu me dá que eu sem perigo / Torne, com esta empresa já acabada /Acabe-se esta luz ali comigo.*). A referência a "empresa" como empreendimento, nos Lusíadas, surge ainda em III.41 e III.87 assim como em X.73 e X.155. Daqui ressalta com clareza que empresa, como empreendimento não é necessariamente comercial ou de cariz económico.

princípio, não tem de ser comercial nem económica. Nem todas as empresas são comerciais, como se disse já. O artigo 230º não visa a definição de empresa, cujo sentido supõe bem conhecido, mas antes a qualificação de empresas como comerciais. Só nos interessam, agora, as empresas comerciais.

Em sentido patrimonial, a empresa é o estabelecimento. Sem antecipar ainda a teoria do estabelecimento, podemos adiantar que o estabelecimento é o conjunto de bens, jurídicos e materiais, que suporta o exercício do comércio pelo comerciante. O estabelecimento pode ser muito simples ou muito complexo, mais ou menos organizado, mais ou menos valioso e mais ou menos eficiente. O exercício do comércio exige o estabelecimento.

V. A referência à empresa, tanto na linguagem corrente como na jurídica, surge em todos estes sentidos e cabe ao intérprete saber interpretá-la. Na maior parte das vezes não é difícil. A definição constante da Lei da Concorrência – «qualquer entidade que exerça uma atividade económica que consista na oferta de bens ou serviços num determinado mercado, independentemente do seu estatuto jurídico e do modo de funcionamento» – refere a empresa em duplo sentido, subjetivo e funcional; na definição que consta do CIRE – «toda a organização de capital e trabalho destinada ao exercício de qualquer atividade económica» – é dominante a conceção da empresa como organização, próxima do sentido subjetivo, mas com algo de objetivo.

Não é necessário que existam definições legais de empresa para que seja um conceito juridicamente operativo. O sentido juridicamente relevante tem de ser encontrado na linguagem corrente. Os comerciantes, hoje, designam-se a si próprios por empresários e é assim que são designados pelos outros. É daí que vêm as definições que constam da Lei da Concorrência e do CIRE. A linguagem teve uma evolução semântica que o direito não pode ignorar. Hoje fala-se de empresário no sentido em que antigamente se falava em comerciante e fala-se de empresa no sentido em que antigamente se falava em comerciante, no seu comércio, no seu estabelecimento.

Posto isto, importa trabalhar juridicamente o artigo 230º do Código Comercial numa perspetiva atualizada e atualista.

DIREITO COMERCIAL

## ii. O artigo 230º do Código Comercial

I. No artigo 230º, o Código Comercial estabelece os requisitos de comercialidade das empresas.

Formalmente, o artigo 230º contém uma enumeração de atividades que determinam a qualificação como comerciais, das empresas que se propuserem exercê-las.

Desta necessidade de qualificação se retira, em primeiro lugar, que as empresas podem ser comerciais, ou não. Há empresas comerciais e empresas não comerciais.

II. A Doutrina teve, durante muitos anos uma atitude restritiva em relação à concretização do artigo 230º e dos fatores de qualificação que nele se contêm. Transpôs para este artigo, pensamos que sem justificação, algo que se encontra no artigo 2º, quanto à qualificação dos atos de comércio objetivos. No artigo 2º, a qualificação de certos atos como objetivamente comerciais depende de "se acharem especialmente regulados" no Código. No artigo 230º nada consta que imponha – ou permita, mesmo – uma orientação restritiva na concretização.

Não há razão para manter uma atitude restritiva na concretização do artigo 230º do Código Comercial. Pelo contrário, a antiguidade do preceito – já com mais de um século de idade – pede uma atitude atualista na sua interpretação e concretização. O comércio, hoje, mantém muito do que era no século XIX, mas não deixou, também, de evoluir muito. É, pois, importante reler o artigo 230º, como manda o artigo 9º, nº 1 do Código Civil, "tendo em conta a unidade do sistema jurídico, em que a lei foi elaborada e as condições específicas do tempo em que é aplicada".

III. Consta do artigo 230º do Código Comercial:

Haver-se-ão por comerciais as empresas, singulares ou coletivas, que se propuserem:

1º Transformar, por meio de fábricas ou manufaturas, matérias-primas, empregando para isso, ou só operários, ou operários e máquinas;

2º Fornecer, em épocas diferentes, géneros, quer a particulares, quer ao Estado, mediante preço convencionado;

3º Agenciar negócios ou leilões por conta de outrem em escritório aberto ao público, e mediante salário estipulado;

4º Explorar quaisquer espetáculos públicos;

5º Editar, publicar ou vender obras científicas, literárias ou artísticas;

6º Edificar ou construir casas para outrem com materiais subministrados pelo empresário;

7º Transportar, regular e permanentemente, por água ou por terra, quaisquer pessoas, animais, alfaias ou mercadorias de outrem.

§1º Não se haverá como compreendido no nº 1 o proprietário ou o explorador rural que apenas fabrica ou manufatura os produtos do terreno que agriculta acessoriamente à sua exploração agrícola, nem o artista, industrial, mestre ou oficial de ofício mecânico que exerce diretamente a sua arte, indústria ou ofício embora empregue para isso, ou só operários, ou operários e máquinas.

§2º Não se haverá como compreendido no nº 2 o proprietário ou explorador rural que fizer fornecimento de produtos da respetiva propriedade.

§3º Não se haverá como compreendido no nº 5 o próprio autor que editar, publicar ou vender as suas obras.

O preceito pode ser dividido em três áreas: o corpo, os sete números em que são enumeradas certas atividades, e os três parágrafos em que são introduzidas delimitações a algumas delas.

IV. Começando pelo corpo do artigo 230º, dele consta que "haver-se-ão por comerciais as empresas, singulares ou coletivas, que se propuserem" exercer as atividades que constam tipificadas nos números seguintes.

O preceito está bem escrito. Foi redigido num tempo em que se legislava com cuidado. A expressão "se propuserem" é intencional e tem um sentido claro: empresa é projeto. Daí se retira, desde logo, que a empresa, em sentido dinâmico de atividade, inclui já os atos da sua própria formação. Os estudos iniciais com os quais o empresário se acautela e estuda a viabilidade do seu projeto empresarial, as aquisições de equipamentos e outro bens ou direitos, a contratação de pessoas, prévios ao início propriamente dito do exercício da atividade são já empresa. Ainda em estado de projeto a empresa já o é.

Mesmo quando suspende a sua atividade, a empresa mantém-se enquanto o seu projeto se mantiver vivo e viável. Isto é muito notório nas empresas que estão estruturadas como sociedades. Podem manter-se suspensas e reativar-se mais tarde, sem se extinguirem.

V. O artigo 230º refere ainda no seu corpo as empresas "singulares ou coletivas". Isto tem sido interpretado como referindo, por um lado, os comerciantes individuais e, por outro, as sociedades comerciais.

Não nos parece que seja assim. As sociedades comerciais, no direito português, têm sempre personalidade jurídica, o que significa que são entes jurídicos individuais. As respetivas empresas não podem, pois, ser referidas como coletivas. Mas nada impede que o comércio seja exercido coletivamente, em comunhão, em comum, por várias pessoas, sejam elas indivíduos, sociedades comerciais ou outros entes personalizados. O exercício do comércio pode ser coletivo. O corpo do artigo 230º quando se refere a empresas "individuais ou coletivas" deve ser entendido como abrangendo quer o exercício individual da empresa, quer o coletivo; quer a sua titularidade individual, quer a coletiva.

Empresas coletivas são aquelas que forem exercidas por mais de uma pessoa individual, ou por mais de uma sociedade comercial ou por mais de um ente personalizado. Nada impede que o exercício do comércio seja feito de um modo plural ou coletivo, em compropriedade – ou mais propriamente em contitularidade – por mais de uma pessoa. O exercício coletivo do comércio ocorre também com as sociedades comerciais de pessoas que não tenham personalidade jurídica como, por exemplo, a "*partnership*" inglesa, a "*Offene Handelsgesellschaft (OHG)*" alemã ou a "*società in nome collettivo*" italiana, que correspondem ao exercício coletivo do comércio e constituem estruturas jurídicas de empresas coletivas.

VI. A Doutrina costuma afadigar-se sobre o caráter aberto ou fechado da enumeração de atividades contida no artigo 230º como se de uma tipologia de empresas se tratasse. Não partilhamos este modo de ver. Não nos parece que esse preceito limite a sete os tipos de empresas comerciais.

O artigo 230º não contém uma tipologia de empresas comerciais, mas sim uma série de índices de qualificação de empresas como comerciais. Como índices de qualificação do tipo de empresas comerciais, aquelas atividades devem estar presentes nas empresas candidatas à qualificação para que possam ser tidas como mercantis.

Não têm de verificar-se exclusivamente. Pode coincidir, numa mesma empresa, por exemplo, o projeto de transformação (nº 1) com o de fornecimento (nº 2). A empresa não deixará de ser comercial nem perderá o carácter unitário. Mas bastará a prossecução de uma dessas atividades para a qualificação.

O entendimento destes índices tem suscitado dificuldades na Doutrina. Os autores mais antigos, temporalmente mais próximos da promulgação do Código e metodologicamente mais presos ao positivismo legalista, têm uma forte tendência para uma leitura restritiva dos índices de qualificação enunciados no artigo 230º. Socorrem-se, para isso, de dois argumentos: o desiderato legal de que toda a futura evolução do Código fosse nele introduzida em forma legal (artigo 4º da Carta de Lei de 28 de Junho do Código Comercial de 1888) e a necessidade de segurança na sua aplicação.[45]

Nesta perspetiva, a leitura dos números do artigo 230º deveria ser feita o mais literalmente possível, porque uma qualquer sua modificação, ampliação ou atualização estaria reservada ao Legislador, num monopólio legislativo de criação que, reduzindo o aplicador a mera "boca da lei", cumpriria um dos mais profundos preconceitos ideológicos do positivismo oitocentista. Além deste argumento e em seu desenvolvimento, era invocada a necessidade de uma aplicação certa e rigorosa que um desvio da letra da lei poria em perigo.

Estes argumentos são historicamente anacrónicos e metodologicamente ultrapassados, pelo que devem, hoje, ser desconsiderados. Admitindo que em 1888 esta era a metodologia dominante, deve reconhecer-se que já há muito deixou de o ser. Por outro lado, a intencionalidade expressa no artigo 4º da Carta de Lei que, no século XIX, introduziu o Código, foi desrespeitada desde então e não passa, hoje, de uma curiosidade histórica. Uma interpretação restritiva do artigo 230º só teria sentido se o seu texto tivesse sido mantido atualizado de acordo com a evolução do mercado e do comércio com sucessivos aditamentos de atividades mercantis que a prática fosse criando. Mas, como se sabe, não foi isso o que sucedeu.

Não há nada no artigo 230º do Código Comercial que nos permita concluir que a enumeração que dela consta seja necessariamente fechada nem exclusiva, no sentido de excluir todas as atividades ali não expressamente enumeradas.

---

[45] ADRIANO ANTERO, *Comentário do Código Comercial Português*, Porto, 1913, págs. 424 e segs.

DIREITO COMERCIAL

O artigo 230º contém uma série tipológica de atividades tipicamente mercantis. Não deve, por isto, na sua concretização, ser usada uma técnica lógico-subsuntiva, mas antes um processo de concretização tipológico.

A concretização tipológica não é feita por subsunção, mas antes por analogia[46]. O processo de concretização analógica de séries tipológicas desdobra-se em cinco passos:

- Comparação entre o caso e o tipo;
- Discernimento de semelhanças e diferenças;
- Verificação da relevância das diferenças de acordo com o critério da "ratio legis";
- Adaptação do caso ao tipo;
- Verificação dos resultados do processo.

Importa, pois, trabalhar o artigo 230º com o método tipológico.

Para operacionalizar o método tipológico, é necessário identificar índices do tipo, do tipo empresa comercial, que permita, a comparação. Estes índices devem ser discernidos no conjunto dos números e dos parágrafos do artigo 230º. A empresarialidade mercantil é indiciada pela intermediação, pela organização, pela assunção de risco especulativo, pela profissionalidade.

### iii. A indústria transformadora

O nº 1 do artigo 230º – *transformar, por meio de fábricas ou manufacturas, matérias-primas, empregando para isso, ou só operários, ou operários e máquinas* – tem um conteúdo de uma grande amplidão. Abrange, com a limitação do § 1º, a totalidade da indústria transformadora. Dividindo a economia na tradicional classificação – sector primário, secundário e terciário – engloba todo o sector secundário.

A atividade transformadora é jurídico-economicamente sofisticada. Parte da obtenção da matéria-prima que é transformada em produto.

---

[46] O processo de concretização analógica de séries tipológicas foi desenvolvido por ARTHUR KAUFMANN, em várias das suas obras, principalmente em *Analogie und 'Natur der Sache'*, 2. Aufl., Dunker & Humblot, 1982 e DETLEV LEENEN, *Typus und Rechtsfindung, Dunker & Humblot*, Berlin, 1971. Em Portugal, PAIS DE VASCONCELOS, *Contratos Atípicos*, 2ª ed., Almedina, Coimbra, 2009 e PINTO DUARTE, *Contratos Típicos e Atípicos*, Almedina, Coimbra, 2000.

Nesse sentido, está profundamente inserida na ideia de intermediação económica. Não trata já de comprar aqui e revender ali, mas antes de comprar a matéria prima, transformá-la e vender o produto. O produto de uma transformação pode, por sua vez, ser matéria-prima de uma transformação subsequente.

A transformação é diferente e mais profunda do que a "especificação", prevista nos artigos 1336º a 1338º do Código Civil. Na especificação, é dada nova forma a certa coisa, a qual, depois de modificada, continua a ser juridicamente a mesma coisa. Diversamente, na transformação as coisas que constituem a matéria-prima extinguem-se e juridicamente deixam de existir, são consumidas; as coisas que constituem o produto da transformação constituem-se originariamente. Juridicamente, a transformação corta o ligame que fisicamente continua a existir entre a matéria-prima e o produto transformado. O regime jurídico da especificação, contido nos artigos 1336º a 1338º do Código Civil, não se aplica à transformação.

Na atividade industrial, a transformação pode ser feita direta ou indiretamente. A empresa transformadora pode proceder à aquisição da matéria-prima, à sua transformação e à venda do produto (transformação direta). Sucede também com frequência que a empresa transformadora adquire a matéria-prima e contrata com outra a sua transformação (contrato de transformação), recebe dela o produto transformado e procede depois à sua venda (transformação indireta). Outras vezes ainda, uma empresa transformadora principal contrata com outra a transformação de produtos semiacabados, que depois recebe, mediante uma remuneração que, por vezes, é fixada à peça, outras à hora (hora/máquina ou hora/operário).

O contrato de transformação é comercial, por um lado porque constitui o núcleo típico de uma das atividades previstas no artigo 230º e, neste sentido, é um ato de comércio objetivo; por outro, porque é tipicamente celebrado pelos comerciantes que exercem a empresa de transformação e, nesta perspetiva, é um ato de comércio subjetivo.

O § 1º do artigo 230º restringe o âmbito material do nº 1, dispondo que:

> Não se haverá como compreendido no nº 1 o proprietário ou o explorador rural que apenas fabrica ou manufatura os produtos do terreno que agriculta acessoriamente à sua exploração agrícola, nem o artista, industrial,

DIREITO COMERCIAL

mestre ou oficial de ofício mecânico que exerce diretamente a sua arte, indústria ou ofício embora empregue para isso, ou só operários, ou operários e máquinas.

Este preceito compreende-se bem no contexto histórico em que o Código Comercial foi promulgado. Pretende excluir do comércio a agricultura e também as artes e ofícios artesanais. No grande movimento de transição do *"Ancien Régime"* protagonizado pela burguesia oitocentista não participaram nem os agricultores, nem os artistas e artesãos. Os comerciantes nunca com eles se identificaram.

Mas esta circunstância histórica não explica totalmente a limitação. Ela encontra fundamento também na ausência de intermediação mercantil especulativa naquelas atividades. "O proprietário ou explorador rural que apenas fabrica ou manufatura os produtos do terreno que agriculta" não funciona como intermediário. É ele próprio que produz, na sua atividade agrícola, a sua própria matéria-prima. A transformação que lhe imprime é acessória. A sua atividade principal é a agricultura. Também "o artista, o industrial, o mestre ou oficial mecânico que exerce diretamente a sua arte, indústria ou ofício" não intermedeiam nas trocas, agem diretamente.[47]

Não deve vislumbrar-se neste limite a exclusão de todo o setor primário da economia. A atividade mercantil situar-se-ia nos setores secundário (indústria transformadora) e terciário (serviços), excluindo o primário (agricultura, silvicultura, pecuária, caça, pesca e indústrias extrativas). Um entendimento como este não nos parece adequado. Entre a indústria transformadora e a indústria extrativa não existe, hoje, uma diferença tão importante que justifique o seu afastamento em relação à matéria mercantil. Tal excederia a letra do § 1º do artigo 230º que se limita ao "proprietário ou explorador rural que apenas fabrica ou manufatura os produtos do terreno que agriculta acessoriamente à sua exploração agrícola". Há indústrias extrativas, como por exemplo a mineira, que têm com a indústria transformadora uma semelhança tão intensa que devem ser consideradas mercantis.

---

[47] A falta de intermediação explica também as limitações contidas nos §§ 2º e 3º do artigo 230º e ainda no artigo 464º do Código Comercial.

Também a geração de eletricidade, seja a partir de barragens, de centrais térmicas, de instalações eólicas ou fotovoltaicas deve ser qualificada como atividade mercantil por aplicação analógica do artigo 230º, nº 1 do Código Comercial.[48] Na geração de eletricidade, é obtida energia elétrica a partir de outras formas de energia, seja fóssil (petróleo e gás), hídrica (gravidade), sejam eólica e solar (ambas solares). Não há razão para excluir da indústria transformadora a transformação de uma forma de energia noutra, embora sem perecimento da matéria-prima. Atentas as semelhanças, as diferenças não são suficientemente relevantes para excluir a qualificação.

O exemplo da qualificação como mercantil da atividade de geração de eletricidade é suficiente para exemplificar o modo como pode e deve ser concretizado tipologicamente o artigo 230º do Código Comercial.

A aplicação da exclusão prevista no § 1º do artigo 230º assenta na concretização da relação de acessoriedade. A relação de acessoriedade é determinante. Só é excluída a comercialidade no caso do § 1º se a transformação for acessória à atividade agrícola. Sempre que assim não for, quando a atividade agrícola for acessória da transformação, aquela atividade complexa em questão, na sua globalidade, não deixa de ser comercial, não obstante se incluir no sector primário agrícola. Devem, pois, ser qualificadas como comerciais as empresas que desenvolvam a sua atividade no setor primário em geral. Mesmo no setor agrícola uma empresa de transformação de produtos agrícolas, que os produz com o fim de os transformar, em que seja principal a atividade transformadora e acessória a de produção da matéria-prima, deve ser qualificada como mercantil.

Indubitavelmente são excluídos da empresarialidade comercial "o artista, industrial, mestre ou oficial de ofício mecânico que exerce diretamente a sua arte, indústria ou ofício", mesmo que para isso utilize "ou só operários, ou operários e máquinas". No seu caso está totalmente ausente a intermediação e a especulação mercantil.

### iv. O fornecimento

O nº 2 do artigo 230º refere como índice de qualificação mercantil a atividade que se traduz em "fornecer, em épocas diferentes, géneros, quer

---

[48] Neste sentido, com recurso à *analogia legis*, OLIVEIRA ASCENSÃO, *Direito Comercial*, I, cit., pág. 133, em relação à geração hidroelétrica.

DIREITO COMERCIAL

a particulares, quer ao Estado, mediante preço convencionado". Este índice é delimitado, no § 2º do artigo, em que é excluído "o proprietário ou explorador rural que fizer fornecimento de produtos da sua propriedade". A atividade de fornecimento insere-se no núcleo da intermediação mercantil.

O termo "géneros" deve ser entendido como abrangendo tudo o que pode ser fornecido. Não há que limitar a géneros alimentícios, nem sequer a coisas móveis. Faz parte do comércio, tal como é exercido no mercado o fornecimento, por exemplo, de energia, ou de outros bem úteis que um comerciante possa comprometer-se a prestar a outrem de modo duradouro e por preço previamente convencionado, ficando o fornecedor com o respetivo risco.

O comerciante fornecedor obriga-se a fornecer mercadorias em épocas diferentes, por um preço previamente convencionado, assumindo o risco de não as conseguir obter por aquele preço, incorrendo em perda, embora possa também conseguir obter preços vantajosos e auferir lucro. É uma atividade claramente especulativa. Tem semelhanças com a compra para revenda, objetivamente comercial, no que envolve de intermediação, mas difere dela, porque, em vez de atos isolados se traduz numa prática reiterada.

A atividade da empresa fornecedora tem como núcleo negocial o contrato de fornecimento. Este, ao contrário da compra e venda, é um contrato duradouro de execução continuada.[49] É um ato de comércio objetivo por constituir o núcleo típico da atividade mercantil prevista no artigo 230º e subjetivo por ser tipicamente celebrado por comerciantes no exercício do seu comércio de fornecimento.

O § 2º do artigo 230º restringe o âmbito material do nº 2, dispondo que:

> Não se haverá como compreendido no nº 2 o proprietário ou explorador rural que fizer fornecimento de produtos da respetiva propriedade.

Também o fornecimento que o proprietário ou explorador rural faça de produtos da sua propriedade é excluído da empresarialidade comer-

---

[49] Sobre os contratos de execução continuada, MASSIMILIANO GRANIERI, *Il tempo e il contrato*, Giuffrè, Milano, 2007, págs. 25 e segs.

cial. Mas, diversamente do § 1º, neste caso, não está já envolvido o critério da acessoriedade. Porquê, então, esta exclusão? Porque neste caso nem há intermediação, nem há assunção especulativa do respetivo risco. Diversamente do que é típico do fornecedor mercantil, neste caso, a contratação do fornecimento não é seguida da aquisição das mercadorias a fornecer, com o correspondente risco de ganho ou de perda. "O proprietário ou explorador rural que fizer fornecimento de produtos da respetiva propriedade" não tem uma atitude nem uma atividade especulativa e não corre o respetivo risco.

A referência feita a "géneros" não deve ser lida restritivamente. Abrange, sem dúvida coisas móveis definidas por género: as coisas fungíveis (artigo 207º do Código Civil). Mas só um entendimento literalista pode excluir outros bens no comércio, suscetíveis de fornecimento, como por exemplo, energia, frio, software, consultoria, informações comerciais, ou outros. Em caso de dúvida, deve proceder-se à comparação entre o caso em questão e o fornecimento de coisas fungíveis, e ao aferimento da relevância da diferença, perante o critério da "*ratio legis*". Deve ser, então, qualificado como mercantil o fornecimento de outros bens suscetíveis de serem fornecidos naqueles moldes, numa prática de intermediação especulativa, sempre que tal não seja incompatível com a razão de ser da qualificação como comercial do fornecimento de coisas fungíveis.

### v. *O agenciamento de negócios ou leilões*

O nº 3 do artigo 230º qualifica como comercial a prática de "agenciar negócios ou leilões por conta de outrem em escritório aberto ao público, mediante preço convencionado". Este número refere-se à atividade dos leiloeiros, dos mediadores, dos agentes, e de todos aqueles que promovem negócios, não para si mesmos, mas para outrem, que o fazem onerosamente, mediante uma remuneração previamente acertada e profissionalmente. É necessário que prestem os seus serviços ao público (que tenham escritório aberto ao público), isto é, que não o façam por conta apenas de certa ou certas pessoas, em exclusivo. Trata-se, aqui, de um empresário independente.

É uma atividade de pura intermediação. O leiloeiro, o mediador e o agente põem as partes em contacto, formam o mercado, promovem os negócios, mas não entram pessoalmente neles.

DIREITO COMERCIAL

O agenciamento de negócios ou leilões inclui, no seu núcleo típico vários contratos: o leilão (com as suas modalidades), a agência, a mediação, a corretagem e quaisquer outras práticas que se traduzam na procura e obtenção de negócios para outrem, em atividade aberta ao público e onerosamente mediante remuneração previamente estipulada.

O âmbito material desta atividade é muito amplo.

### vi. A exploração de espetáculos públicos

O nº 4 do artigo 230º refere a exploração de quaisquer espetáculos públicos. O empresário de espetáculos é também um intermediário entre o público e os artistas. Promove e organiza eventos como concertos, touradas, espetáculos desportivos, etc. A sua atividade é tipicamente de intermediação, assumindo o risco económico do espetáculo. Contrata os artistas e incorre nos demais custos, por um lado; por outro, recebe as receitas do espetáculo. O resultado pode ser positivo (lucro) ou negativo (perda).

É uma atividade fortemente especulativa.

### vii. A edição

O nº 5 do artigo 230º refere como índice de comercialidade das empresas a atividade consistente em "editar, publicar ou vender obras científicas, literárias ou artísticas". Também esta atividade envolve tipicamente intermediação e especulação. Intermediação entre os autores e o público. Não se limita à edição de livros ou revistas; abrange também a edição de fonogramas, videogramas e meios análogos de edição. Há especulação, pois o editor, convenciona com o autor o *quantum* de direito de autor que lhe irá pagar, investe o custo da composição, da impressão e da distribuição ou mesmo da venda das obras que edita. Conforme o êxito de cada lançamento, pode ganhar ou perder e assume profissionalmente esse risco, nunca sabendo, de antemão, se irá ganhar ou perder dinheiro.

O § 3º do artigo 230º restringe o âmbito material do nº 5 dispondo que:

> Não se haverá como compreendido no nº 5 o próprio autor que editar, publicar ou vender as suas obras.

No caso da "edição do autor" ou da publicação pelo mesmo das suas próprias obras, deixa de haver intermediação e, também, especulação.

Esta atividade – edição do autor – não pode constituir índice de comercialidade.

A referência que no preceito é feita à venda não deve ser entendida como abrangendo a compra para revenda e correspondente revenda das obras, como fazem, por exemplo, os alfarrabistas. Esta atividade é também mercantil, mas por força do artigo 463º e seguintes do Código Comercial.

### viii. A empreitada

No nº 6 do artigo 230º é referida a atividade consistente em "edificar ou construir casas para outrem com materiais subministrados pelo empresário". Está excluída, na última parte a empreitada em que os materiais são facultados na sua totalidade pelo dono da obra. Nesse caso, a empreitada constitui uma pura prestação de um serviço. A atividade que, no nº 6 do artigo 230º está referida como índice de qualificação da empresa como comercial, tem como núcleo central a empreitada de lavor e materiais, aquela em que o empreiteiro, além do trabalho propriamente dito, fornece também os materiais de construção. Não é necessário que os forneça todos. Não afasta a comercialidade da atividade o facto de o dono da obra fornecer alguns materiais, desde que não a sua totalidade.

A referência construir "para outrem" compreende-se bem: se construísse apenas para si próprio, não haveria intermediação nem especulação. Tal não obsta, porém, à comercialidade de empresas de construção que, por vezes, na falta de encomendas, constroem para si mesmas e procedem em seguida à venda do que construíram. Esse é um modo indireto de construir para outrem, cuja diferença, perante o critério da *ratio legis* não justifica a sua exclusão.

A referência à construção de "casas" também não deve suscitar dificuldades. Em primeiro lugar, nada no preceito diz que se trate de casas de habitação. A própria letra admite, a inclusão no preceito de outros tipos de construções como edifícios de escritórios, armazéns, fábricas, casas de espetáculos, museus, quartéis, hospitais, templos religiosos, etc. A *ratio legis* permite, aliás, incluir no preceito, todo o género de construções, como pontes, túneis, estradas, caminhos de ferro, desde que imóveis. A construção de bens móveis como, por exemplo, meios de transporte (automóveis, navios, comboios ou aviões), ou outros móveis, deve ser incluída na atividade transformadora.

DIREITO COMERCIAL

As empresas de construção praticam a intermediação entre os donos das obras e os fornecedores de materiais e, por vezes, também os projetistas. A sua atividade é fortemente especulativa porque nunca sabem com segurança, no início, se vão ganhar ou perder dinheiro na construção e embora usem hoje de práticas de controlo de custos e de contratação sofisticadas para reduzir os riscos de perdas, a incerteza nunca deixa de existir.

A atividade das empresas construtoras tem hoje uma importância económica relevantíssima na economia portuguesa e no seu comércio. São muito diversificados os seus campos de atuação e as suas especialidades. Embora não sejam muito tipicamente construtivas, não devem ser excluídas do seu âmbito algumas especialidades que lhes estão indissoluvelmente ligadas, como por exemplo, as empresas de sondagens de solos ou de impermeabilização, pintura ou proteção das construções ou dos seus componentes. Atuam quase sempre por subempreitada, mas podem constituir sectores não autónomos da atividade de construção. Também as atividades de projeto e de fiscalização de obras, que muitas vezes são exercidas como sectores acessórios da atividade das empresas de construção, e outras vezes o são com autonomia, estão de tal modo ligadas à "indústria da construção" que, não são em concreto de excluir por incompatibilidade com a *ratio legis* do nº 6 do artigo 230º, devem ser nele incluídas.

Já a fabricação de elementos pré-fabricados, como vigas de betão ou estruturas metálicas, ou betão pronto, como é corrente, constitui indústria transformadora, abrangida pelo nº 1 do artigo 230º.

### ix. *O transporte*

O nº 7 do artigo 230º refere a atividade consistente em "transportar, regular e permanentemente, por água ou por terra, quaisquer pessoas, animais, alfaias ou mercadorias de outrem". O transporte para outrem, empresarialmente organizado, é uma das atividades mais tipicamente comerciais. Na história do comércio avultou, desde o início, a importância do transporte marítimo, e também do transporte por rios ou canais, além do transporte terrestre. Mais recentemente, surgiu o transporte aéreo, que tem características de tal modo semelhantes, que deve ser também incluído no nº 7 do artigo 230º. Também não deve ser excluída a recente atividade de lançamento de materiais para o Espaço, designadamente satélites, em naves espaciais especializadas ou o transporte de energia elétrica.

Este preceito deve ser lido em conjunto com o artigo 366º do Código Comercial, sobre o contrato de transporte, como ato de comércio objetivo, segundo o qual:

O contrato de transporte por terra, canais ou rios considerar-se-á mercantil quando os condutores tiverem constituído empresa ou companhia regular e permanente.

§ 1º Haver-se-á por constituída empresa, para os efeitos deste artigo, logo que qualquer ou quaisquer pessoas se proponham exercer a indústria de fazer transportar por terra, canais ou rios, pessoas ou animais, alfaias ou mercadorias de outrem.

§ 2º As companhias de transportes constituir-se-ão pela forma prescrita neste Código para as sociedades comerciais, ou pela que lhes for estabelecida na lei da sua criação.

§ 3º As empresas e companhias mencionadas neste artigo serão designadas no presente Código pela denominação de transportador.

§ 4º Os transportes marítimos serão regulados pelas disposições aplicáveis do livro III deste Código.

Da sua leitura conjunta ressalta com muita clareza que o transporte, para ser mercantil, deve ser empresarial. O contrato de transporte só é objetivamente comercial quando se insira numa atividade empresarial. O transporte, como prática incidental ou isolada, não empresarial, não é mercantil.

### x. A pesca

A pesca foi qualificada como atividade ou empresa comercial mais tarde, pelo Decreto nº 20.677, de 28 de Dezembro de 1931. Consta do seu artigo 1º:

Artigo 1º. São consideradas comerciais as empresas, singulares ou coletivas, já constituídas ou que de futuro se constituam, para o exercício da pesca.

§ único. Não se haverá como compreendido neste artigo o indivíduo que exerça a pesca, direta e pessoalmente, como pescador de profissão, ainda que seja auxiliado por outros pescadores, em número não superior a vinte, e empregue barcos de tonelagem inferior a 15 toneladas.

DIREITO COMERCIAL

Este preceito não respeitou o mandamento do artigo 4º da Carta de Lei de 28 de Junho de 1888, que aprovou o Código Comercial, segundo o qual as alterações deveriam ser "inseridas no lugar próprio" do Código. Em vez de inserir um novo número na lista constante do artigo 230º, deixou num diploma autónomo a qualificação da atividade piscatória como mercantil.

Manteve, todavia, o sistema. É claro, na redação do artigo 1º do Decreto nº 20.677, o respeito pelo sistema do artigo 230º do Código Comercial. A referência a "empresas singulares ou coletivas" é paralela ao texto do corpo do artigo 230º, a expressão "já constituídas ou que de futuro se constituam" corresponde ao modo como, naquele tempo, era já interpretado o artigo 230º do Código Comercial.

Também se mantém a técnica expositiva do artigo 230º ao dualizar o artigo 1º que estabelece a qualificação e o seu § único que exclui dela a pesca não empresarial. Tanto a pesca artesanal como a pesca desportiva foram assim excluídas da qualificação como atividade empresarialmente mercantil.

### *xi. A agricultura*

I. Os §§ 1º e 2º do artigo 230º do Código Comercial excluem a agricultura das atividades que podem ser qualificadas como empresas comerciais. Esta opção de excluir a comercialidade das atividades agrícolas tinha sentido em 1888. Eram fundamentalmente de subsistência e de auto-consumo. Não envolviam nem empresarialidade nem risco especulativo. Foi-lhes dado o estatuto civil.

Hoje, esta opção é, em parte, anacrónica. Embora se mantenham em grande parte artesanal, a agricultura e a agropecuária, englobando a vitivinicultura, a silvicultura, a horticultura, etc., assumem já muitas vezes – e cada vez mais – um cariz empresarial que justificariam a sua qualificação como mercantis, desde que assumissem uma certa sofisticação e dimensão económica mínimas. Assim foi feito com a pesca, assim se justificaria que fosse feito nestes casos.

II. Vale a pena, pois, pôr em questão esta exclusão e pensar seriamente em atualizar a limitação legal. É indubitável que a intenção histórica do legislador foi a de excluir, mas essa não nos deve limitar. A concretização da lei deve acompanhar a evolução da vida. Ora, o modo como se faz agricultura em Portugal evoluiu imensamente desde 1888. O simples cultivo da terra e a colheita dos seus frutos era uma atividade de mera fruição, sem carácter empresarial. Hoje, com a agricultura de fruição coexiste já uma agricultura empresarial, organizada em moldes completamente diferentes, que se não distinguem do modo de gestão duma empresa comercial, mesmo das mais sofisticadas. Estas novas empresas agrícolas (em sentido amplo, incluindo a pecuária, a silvicultura a viticultura, a floricultura, etc.) não se limitam já à fruição da terra. Evoluíram como as empresas de pesca e mereciam um regime análogo. Seriam então consideradas comerciais as empresas já constituídas ou que de futuro se constituíssem para o exercício das atividades agrícolas, excluindo o exercício artesanal dessa atividade por agricultores individuais (ainda que em contitularidade), sem constituição de empresa.

Difícil seria formalizar na lei os requisitos da empresarialidade.[50] Como construir um critério de concretização que possa distinguir eficientemente a agricultura artesanal da agricultura empresarial? A solução está no recurso ao método tipológico atrás proposto. Perante uma exploração agrícola, ou agropecuária, ou silvícola, etc., não se deve recusar, desde logo e sem mais, a qualificação como empresa comercial por mera aplicação formal dos §§ 1º e 2º do artigo 230º do Código Comercial.

É preciso proceder a um exame analítico da atividade exercida. Se for consistente exclusivamente no cultivo da terra e colheita dos seus frutos, a conclusão será negativa. Se for exercida mais do que uma atividade, a qualificação deverá ser ainda recusada se a atividade exercida para além da fruição da terra se limitar ao fabrico ou manufatura dos frutos do cultivo da terra, ou ao seu fornecimento. Os §§ 1º e 2º do artigo 230º só recusam a qualificação como empresa comercial à atividade de mera fruição, incluindo o fabrico e manufatura dos produtos do terreno que cultiva, "acessoriamente à sua exploração agrícola" e ainda o fornecimento desses produtos.

Outras atividades que, para além delas, forem exercidas conjuntamente com o cultivo e fruição da terra poderão justificar a qualificação

---

[50] A dificuldade de fixar critérios rigorosos aplicáveis num processo jurídico-subsuntivo está claramente retratada em Coutinho de Abreu, *Da Empresarialidade*, Almedina, Coimbra, págs. 1-24.

DIREITO COMERCIAL

como empresa comercial se corresponderem mais ou menos intensamente a uma ou mais das atividades listadas nos sete números do artigo 230º. O agricultor pode exercer na sua propriedade, por exemplo, o agro-turismo, o turismo de habitação ou hotelaria; atividades turísticas e desportivas, como a caça, o golfe, o ténis, o hipismo, o montanhismo e até o simples passeio a pé. Também pode praticar atos objetivamente comerciais como a compra para revenda, por exemplo, de vitelos para engorda e revenda, ou de aves ou plantas para criação e revenda, ou a produção industrial de ovos. Há uma infinidade de atividades que o agricultor pode exercer na sua propriedade, que não são agrícolas e que lhe podem proporcionar proventos até superiores ao da atividade propriamente agrícola. Estas atividades, se não forem meramente acessórias ao cultivo e fruição da terra, podem qualificar como mercantil aquela empresa. O carácter principal ou acessório destas atividades em relação ao cultivo e fruição da terra, deve ser aferido economicamente pelo valor comparativo dos investimentos e proveitos respetivos. Não tem, aqui, muito sentido a adaptação dos índices quantitativos utilizados para a qualificação mercantil da pesca, mas o valor comparativo dos investimentos efetuados e das receitas auferidas com essas atividades constitui um bom índice de acessoriedade e pode ser adotado para a qualificação mercantil do conjunto.

É, também problemática a chamada "agricultura sem terra". É hoje possível e efetivamente praticado o cultivo de espécies vegetais e de fungos (cogumelos) em meio artificial com uso de produtos químicos, sem suporte do solo (hidroponia), assim como a criação intensiva de aves e ovos (frangos, codornizes e até perdizes), e outros animais (por exemplo, coelhos, porcos) também em viveiros estabulados fechados, sem recurso à pastorícia. Esta criação não deve ser qualificada como atividade agrícola, do mesmo modo que a piscicultura em tanques não deve ser considerada pesca.

Mas é possível ir mais longe. Entre o cultivo e fruição direta da terra, ao modo de 1888, e muitas atuais empresas com organização e métodos de gestão altamente sofisticados, vai um mundo de diferença. Poderia ser explorada uma via aberta pela empresarialidade da atividade transportadora que, em ligação com o artigo 366º do Código Comercial, exige que tenha sido constituída empresa com a estrutura de sociedade comercial. Poderia ser então qualificada como mercantil a empresa agrícola constituída como sociedade comercial. Nos dias de hoje as empresas agrícolas com estrutura e gestão sofisticadas, estão quase sempre constituídas como sociedades de tipo comercial, as mais das vezes como sociedades por quotas ou anónimas. Muitas vezes, mesmo, os proprietários da terra constituem sociedades comerciais que compram os produtos da exploração agrícola e procedem à sua comercialização, numa prática que é sem dúvida comercial; outras vezes, tomam a exploração de arrendamento. A exploração por uma sociedade de tipo comercial pode ser um índice de comercialidade suficiente para a qualificação mercantil da empresa comercial.

A principal razão que deve excluir a comercialização das explorações agrícolas artesanais, não empresariais, reside no que teria de desrazoável sujeitar o agricultor artesanal às obrigações do comerciante, principalmente a de manter contabilidade e de prestar contas. Um agricultor que tenha, no exercício da sua atividade, a sofisticação própria da empresa mercantil, fá-lo-á normalmente – tipicamente – através duma sociedade agrícola, duma sociedade de tipo comercial.

Poder-se-á contra-argumentar que se deixariam, assim, de fora as empresas agrícolas empresarialmente sofisticadas que fossem exercidas individualmente, mas esse é um pequeno preço que se pagaria por um mínimo de segurança na qualificação que o sistema do artigo 230º sem dúvida exige.

III. Com a lei que existe, não pode deixar de ser excluída a comercialidade das atividades económicas consistentes no simples cultivo e fruição da terra, eventualmente acompanhado, do fabrico ou manufatura ou do fornecimento a terceiros que acessoriamente for feito dos produtos da terra.

Mas podem ser qualificadas como mercantis as atividades em que o cultivo e fruição da terra sejam acessórios a outras atividades qualificáveis como mercantis, sendo a relação de acessoriedade determinada pela importância relativa dos respetivos investimentos e proventos.

Podem também ser qualificadas como não agrícolas, podendo ser qualificadas como comerciais outras atividades de "produção sem terra", de vegetais ou animais usualmente cultivados com terra pelo agricultor tradicional como, por exemplo, as já referidas culturas hidropónicas ou a produção industrial de ovos, fungos ou animais.

DIREITO COMERCIAL

Pode finalmente ser qualificada como comercial a atividade agrícola exercida por sociedades de tipo comercial que tenham como objeto social essa mesma prática.

## 17. A empresa e o empresário no Direito Comercial

I. A empresa é um termo com um sentido que pode ser mais amplo ou mais restrito e que importa interpretar e concretizar em cada caso. Assim sucede com muita frequência, no direito, com outros termos e expressões que nem por isso deixam de ser utilizados. Os juristas não podem ser apenas leitores ou técnicos de leis e devem saber compreender e concretizar o Direito com a linguagem na qual tem a sua vigência.

No caso específico da empresa, o mais amplo dos conceitos abrange todo o projeto prosseguido através duma atividade duradoura e finalisticamente determinada, prosseguida dum modo mais ou menos organizado e com a utilização dos meios necessários. Neste conceito amplíssimo, a empresa não tem de ter um fim económico. Pode ter um fim cultural ou científico, por exemplo, uma Universidade; um fim religioso, por exemplo, uma Igreja; um fim militar, por exemplo, um exército; um fim assistencial, por exemplo, uma Misericórdia, etc.

Num sentido muito mais restrito, a empresa com um fim económico, pode ser comercial, ou não. Numa perspetiva jurídico-formal, comerciais seriam as empresas cujos fins ou projetos corresponderiam ao exercício do comércio, através da prática de atos de comércio ou de alguma das atividades referidas no artigo 230º do Código Comercial. As demais, seriam empresas civis.

II. Na linguagem hoje corrente, no discurso político, económico e até na letra da lei, a referência às empresas e aos empresários é cada vez mais utilizada para referir os agentes económicos que atuam no mercado. Numa perspetiva objetiva, referem-se as empresas como entes, organizações ou unidades de negócio; numa perspetiva subjetiva, referem-se os empresários como os titulares desses entes, organizações ou unidades que atuam no mercado.

O Direito Comercial tem assistido a uma evolução semântica na linguagem corrente, que naturalmente veio a ter reflexos na letra da lei. Se antigamente se falava em mercador e mercância, se mais recentemente (ao tempo do Código Comercial) se falava no comerciante e no seu comércio, hoje fala-se no empresário e na sua empresa.

As referências ao empresário e à empresa que surgem no diálogo corrente e no texto da própria lei correspondem, em princípio, ao comerciante e à sua empresa (o seu comércio). Todo o comerciante, que exerce o comércio como profissão, fá-lo através duma empresa. Não há exercício profissional do comércio sem empresa, nem empresa sem empresário.

Tem sido prática, na doutrina, a partir da empresa, tentar determinar quais das empresas são comerciais. Parece-nos mais útil abordar a questão numa perspetiva inversa e determinar, antes, quais as empresas que não são comerciais.

Parte-se aqui do princípio de que são em muito maior número e relevância económica as empresas comerciais que as civis. A própria empresarialidade, com as suas características de organização interna e sofisticação de funcionamento, quadra muito melhor com a comercialidade. Quais serão, então, as empresas não comerciais, que por comodidade de expressão chamaremos empresas civis?

Com recurso às definições disponíveis na lei, verificamos que todas as referências legais à empresa são feitas a empresas com fim económico e que atuam no mercado. É assim tanto no artigo 2º da Lei da Concorrência,[51] como no artigo 5º do CIRE,[52] como ainda no artigo 1º do Anexo ao Decreto-Lei nº 372/2007, de 6 de Novembro (Certificação das Pequenas e Médias Empresas).[53]

A última definição referida contém uma explicitação em que expande o seu âmbito, para o efeito daquele diploma, a entidades que exerçam

---

[51] "Qualquer entidade que exerça uma atividade económica que consista na oferta de bens ou serviços num determinado mercado, independentemente do seu estatuto jurídico e do modo de funcionamento."

[52] "Toda a organização de capital e de trabalho destinada ao exercício de qualquer atividade económica."

[53] "Qualquer entidade que, independentemente da sua forma jurídica, exerce uma atividade económica." O âmbito material desta definição é seguidamente alargado na lei de modo a incluir também "as entidades que exercem uma atividade artesanal ou outras atividades a título individual ou familiar, as sociedades de pessoas ou associações que exerçam regularmente uma atividade económica."

DIREITO COMERCIAL

atividades artesanais, ou outras, a título individual ou familiar, sociedades de pessoas ou associações que exerçam regularmente uma atividade económica, o que abrange claramente empresas não mercantis e outras entidades que nem sequer poderiam ser qualificadas como empresas. Há neste caso uma clara intencionalidade normativa de abranger quer as empresas comerciais, quer as civis.

Já a definição constante no artigo 2º da Lei da Concorrência é particularmente relevante porquanto consagra "décadas de desenvolvimentos normativos e jurisprudenciais"[54] no direito da União Europeia[55] e corresponde ao entendimento mais representativo da empresa no direito. O conceito de empresa tem sido muito trabalhado no direito comunitário da concorrência. Este constitui um ramo do Direito Comercial que não é estanque e que deve contribuir para a concretização do conceito de empresa mercantil no Direito Comercial geral. Não deve, pois, ser entendido como específico do direito da concorrência porque corresponde ao que é o entendimento comum da empresa em sentido objetivo. Falha, porém, quando não exprime o seu sentido dinâmico, como atividade.

Na dicotomia empresa comercial / empresa civil, a classe das empresas civis, na lógica do Código Comercial, inclui todas as empresas não comerciais. Empresas não comerciais – empresas civis – são, desde logo, aquelas cujo fim não é económico e lucrativo. Na interpretação e concretização da lei deve, pois, ser verificado cuidadosamente se, ao mencionar a empresa, a lei está a referir apenas as empresas com fim económico e lucrativo, ou, além delas, ainda todas as demais. Procedendo deste modo, o intérprete chegará à conclusão que, salvo em casos muito especiais, são as empresas com fim económico lucrativo, as empresas comerciais, que estão a ser referidas. Poderá suceder, em casos especiais, que a lei queira alargar o seu âmbito de aplicação a empresas não comerciais, como sucede no caso supra referido da certificação de pequenas e médias empresas, mas essa não constituirá a regra geral. Em princípio e

---

[54] A expressão é de MIGUEL GORJÃO-HENRIQUES, *A aquisição de empresas no direito da concorrência*, Aquisição de empresas, Coimbra Editora, Coimbra, 2011, pág. 269.
[55] O nº 1 do artigo 2º da Lei de Defesa da Concorrência contém um erro de tradução onde diz "funcionamento" em vez de "financiamento", como bem assinala COUTINHO DE ABREU, *Da empresarialidade*, cit., pág. 295, e *Curso de direito comercial*, I, cit., págs. 208-213.

salva interpretação diversa, as referências legais aos empresários e às empresas devem ser tidas como correspondentes aos comerciantes e às suas empresas.

Mas a qualificação das empresas comerciais deverá assentar no seu fim económico lucrativo ou na subsunção do artigo 230º do Código Comercial. O artigo 230º contém, nos seus parágrafos 1º a 3º, normas expressas que excluem a qualificação como empresas comerciais das atividades que referem. Nestes casos, é mesmo a empresarialidade, mais do que a comercialidade, que falta.[56] Aquelas atividades são artesanais e pessoais, esgotam-se na fruição de bens ou na utilização de capacidades pessoais. Não são exercidas empresarialmente.

Os números do artigo 230º não contêm uma tipologia fechada de empresas comerciais, mas sim uma série de tipos onde é possível discernir índices de qualificação de empresas como comerciais que devem servir de base à qualificação das empresas comerciais. A sua concretização exige um processo tipológico-analógico que se traduz na comparação entre o caso e o tipo, no discernimento da semelhança e da diferença e na apreciação da respetiva relevância de acordo com a *ratio juris* que funda a distinção entre empresas comerciais e civis.

A analogia conduzirá à qualificação como mercantis das empresas cujas semelhanças com algum dos tipos enunciados no artigo 230º do Código Comercial o justifiquem, desde que as diferenças o não impeçam.

O critério de relevância das semelhanças e das diferenças encontra-se na natureza das coisas, nos *enthia physica*, concretizados nas realidades da vida económica mercantil e do mercado, e nos *enthia moralia*, correspondentes às conceções culturais e de linguagem dominantes no mercado, ao modo como aí é entendido o que sejam empresas comerciais. Este critério não está na letra da lei, e ainda bem; ele é dado pela vida e pela sociedade em que o Direito vige, numa manifestação muito clara da abertura e da mobilidade do sistema.

---

56  Neste sentido, Cassiano Santos, *Transmissão e cessação de contratos comerciais: Direito Comercial e Direito Civil nas relações comerciais*, Nos 20 anos do Código das Sociedades Comerciais, I, Almedina, Coimbra, 2007, pág. 289.

## 18. O estabelecimento comercial

> COUTINHO DE ABREU, *Da Empresarialidade –As Empresas no Direito*, Almedina, Coimbra, 1999, FERNANDO OLAVO, *A Empresa e o Estabelecimento Comercial*, Lisboa, 1963.

### *i. O estabelecimento*

I. O estabelecimento comercial é o conjunto de todos os bens e direitos que o comerciante agrega à sua atividade, à sua empresa, de modo a poder exercê-la. Como se disse, corresponde à empresa em sentido material.

O Decreto-Lei nº 462/99, de 5 de Novembro, que rege os cadastros dos estabelecimentos comerciais, contém no seu artigo 3º uma definição de estabelecimento comercial:

> "... toda a instalação, de carácter fixo e permanente, onde seja exercida, exclusiva ou principalmente, de modo habitual e profissional, uma ou mais atividades de comércio, por grosso ou a retalho..."

Esta definição vale apenas para os efeitos de delimitação do âmbito material de aplicação do regime de cadastro dos estabelecimentos comerciais, mas não deixa de corresponder, desde que bem interpretada, à noção que enunciámos. A "instalação" compreende o conjunto de todos os bens e direitos que o comerciante agrega à sua atividade, de modo a poder exercê-la.

Segundo o artigo 4º do aludido Decreto-Lei nº 462/99, devem ser inscritos no cadastro dos estabelecimentos comerciais a sua abertura e encerramento, e bem assim as alterações da respetiva atividade, do seu titular e do seu logótipo.

### *ii. Conteúdo e determinação do estabelecimento*

II. O estabelecimento que o comerciante agrega à sua empresa pode ser maior ou menor, mais simples ou mais complexo. Depende da empresa e do comerciante. Depende da empresa porque a atividade a prosseguir exige, pela sua natureza, certos, meios de organização e de atuação que é necessário ou conveniente pôr ao seu serviço. Depende da vontade do comerciante, porque é ele que decide o que precisa de incluir no seu estabelecimento, o que lhe convém, o que está ao seu alcance incluir no estabelecimento. Algumas coisas, gostaria de ter, mas não pode custear, outras entende que lhe não são necessárias. A decisão é sua.

Há casos em que a lei ou um contrato determinam alguns elementos que devem integrar o estabelecimento. Assim sucede, por exemplo, nos casos em que o comerciante explora certas atividades por contrato de concessão com o Estado ou por contrato de agência ou concessão comercial com outro comerciante, em que é juridicamente obrigado a incluir e manter o seu estabelecimento com certos bens ou direitos. Mas esta não constitui a regra.

Normalmente a composição do estabelecimento comercial é determinada pelo próprio comerciante. Ele pode decidir que a sua empresa prossiga toda uma atividade integradamente ou preferir contratar certas partes ou sectores da mesma a terceiros (*outsourcing*). Um construtor de automóveis, por exemplo, pode proceder ao fabrico da totalidade do seu produto, mas é mais frequente que adquira de fornecedores externos uma maior ou menor quantidade de componentes, conforme lhe convier. No limite, até pode contratar com terceiros o fornecimento de tudo ou quase tudo que ele oferece no mercado. É hoje frequente, no comércio eletrónico, que o comerciante não tenha mais do que um portal na internet, que funciona como loja, mostra um catálogo com produtos e preços, recebe encomendas e, sem dispor de qualquer "*stock*", ordena a terceiros, com quem contratou, a remessa aos compradores dos produtos vendidos. Há estabelecimentos enormes e muito complexos, assim como há estabelecimentos muito simples e diminutos. O próprio feirante e o vendedor ambulante têm o seu pequeno estabelecimento.

III. O estabelecimento pode ser integrado por um leque muito amplo de bens e direitos.

São bens que integram o estabelecimento as máquinas e ferramentas da fábrica, as mesas, cadeiras e computadores dos escritórios, as camas, móveis, roupas, comidas e bebidas de um hotel, um navio com tudo o que lhe pertence, etc. Os bens que integram o estabelecimento podem ser móveis ou imóveis. Os imóveis em que o estabelecimento está instalado podem ser de propriedade do comerciante ou arrendados (arrendamento comercial) ou detidos por um outro contrato, como por exemplo as lojas em centros comerciais.

DIREITO COMERCIAL

Mas o estabelecimento integra também direitos. Ao estabelecimento são afetados os contratos de trabalho dos respetivos trabalhadores, contratos com clientes e fornecedores, contratos de hotelaria com agentes de viagens, o nome do estabelecimento, e outros direitos de propriedade industrial etc. Estes direitos não estão propriamente na titularidade do estabelecimento, mas na do correspondente comerciante. Mas estão afetos ao exercício da atividade – empresa – da qual o estabelecimento constitui o suporte. A sua afetação ao estabelecimento torna-se importante quando ocorre a transmissão do estabelecimento, (ou outro negócio sobre ele), sendo então necessário determinar quais os direitos cuja titularidade é transferida com o estabelecimento.

IV. O âmbito material do estabelecimento é variável de caso para caso. Em concreto, não costuma ser difícil determiná-lo, desde que o comerciante mantenha em ordem a sua escrituração, o que é suposto acontecer. Nela se poderá ler, em princípio, com clareza, o que constitui o seu estabelecimento. Quando um comerciante tenha mais de um estabelecimento, da sua escrita deve poder discernir-se o que pertence ou está afeto a cada um. Note-se que alguns bens ou instalações podem estar afetos a mais do que um estabelecimento: a contabilidade analítica deve permitir uma imputação discriminada de custos a cada estabelecimento e daí se pode retirar conclusões quanto à afetação e à sua proporção.

Não deve ser procurada uma determinação da composição do estabelecimento comercial, de modo dedutivo, a partir de uma sua previamente assumida natureza jurídica. Também não deve tomar-se como critério uma sua composição "natural", "essencial" ou "mínima". Vimos já que o estabelecimento, em princípio, é livremente formado pelo comerciante que lhe afeta aquilo que entender necessário, conveniente ou útil, nas circunstâncias do seu comércio e de acordo com as suas possibilidades. Não há, em regra, um mínimo nem um máximo. Em concreto, compõe o estabelecimento tudo aquilo que na escrita do comerciante constar como tal.

Tal não impede, como se verá adiante, que num concreto ato de transmissão do estabelecimento, ou noutro ato negocial que o afete, seja estipulado quais dos seus elementos são incluídos ou excluídos do negócio. É matéria de autonomia privada.

### iii. O aviamento ou goodwill

V. É importante esclarecer o papel, no estabelecimento, do chamado "aviamento". Trata-se de uma expressão de radical italiano (*avviamento*), que em francês se designa "*achalandage*" e em inglês "*goodwill*". Com o crescente domínio da terminologia anglo-americana no comércio internacional, e também no nacional, o uso do termo "aviamento" tem vindo a ser progressivamente substituído pelo de "*goodwill*". Passaremos também a preferir este último.

O *goodwill* não é propriamente um elemento componente ou integrante do estabelecimento. Na linguagem contabilística é geralmente entendido como um valor não físico ou intangível que expressa o valor da empresa para além do valor contabilístico ou do valor de venda dos seus ativos líquidos e do seu passivo e que revela a capacidade ou a potencialidade da empresa para gerar lucros, a sua eficiência mercantil. Este valor pode ser positivo ou negativo conforme a empresa e o seu estabelecimento tiverem um valor global em funcionamento superior ou inferior ao valor. Um estabelecimento eficiente tem, em princípio um valor global superior ao do somatório dos seus componentes; inversamente, o valor global de um estabelecimento ineficiente é normalmente inferior ao da soma dos seus componentes.

O *goodwill* é a diferença entre o valor global do estabelecimento ou da empresa em funcionamento e o valor do somatório dos valores específicos de cada um desses componentes.

### iv. A clientela

VI. O *goodwill* surge por vezes associado à clientela. A clientela também não constitui um componente da empresa, nem do estabelecimento. A clientela não pertence ao estabelecimento nem à empresa e os clientes são livres de deixarem de o ser em qualquer momento, passando a integrar a clientela de uma outra empresa concorrente. Mas não há dúvida de que um estabelecimento "bem aclientelado" vale mais do que um que tenha pouca clientela. Quando se procede à aquisição de um estabelecimento, a clientela contribui relevantemente para a fixação do seu valor. Mas não é um elemento do seu ativo.

Ao transmitir o estabelecimento, o comerciante não pode obrigar os clientes a manterem-se. Pode, ao estipular o modo de determinação do preço, ligar o seu valor à clientela, de tal modo que a sua redução, abaixo

DIREITO COMERCIAL

de certo limite num certo período de tempo, determine uma redução do preço. Uma boa clientela está normalmente acompanhada de um *goodwill* positivo. Mas não devem ser confundidos.

Num contrato de transmissão do estabelecimento, seja transmissão definitiva da sua propriedade – *trespasse* – ou de concessão da sua utilização temporária – *locação* ou *cessão de exploração* – pode ser estipulado que se mantenha a clientela ou certa parte dela. Mas tais convenções não são, naturalmente, oponíveis aos clientes que podem livremente afastar-se. A clientela tanto pode estar fidelizada ao estabelecimento como ao comerciante que o explora. Em caso de transmissão do estabelecimento, pode até dividir-se, mantendo-se parte dela no estabelecimento e outra seguindo o comerciante que o alienou. Assim sucede frequentemente com restaurantes ou bares. Por isso, é frequente a estipulação de cláusulas de não concorrência com as quais o adquirente do estabelecimento pretende impedir o alienante de lhe levar a clientela consigo para um novo estabelecimento, do mesmo ramo de comércio, que venha a criar em concorrência com o anterior.

### v. *Natureza jurídica do estabelecimento*

VI. A natureza jurídica do estabelecimento comercial ocupou a doutrina no século passado.[57] Prisioneira da metodologia subsuntiva, procurava encontrar ou construir uma natureza jurídica do estabelecimento comercial que permitisse subsumi-lo a um conceito geral. Na sua preocupação estava o peculiar regime jurídico da transmissão e da penhora do estabelecimento, e bem assim o de hipoteca de fábrica. Nestes regimes jurídicos, o estabelecimento era – e continua a ser – tratado unitariamente como um bem.

Oscilou-se principalmente entre a sua qualificação como universalidade de facto, afastada pela inclusão no estabelecimento de imóveis e até de direitos, e a universalidade de direito, refutada pela inclusão de coisas.

---

[57] Barbosa de Magalhães, *Do Estabelecimento Comercial*, Ática, Lisboa, 1951, págs. 77 e segs., Fernando Olavo, *Direito* Comercial, I, cit., págs. 268 e segs., Ferrer Correia, *Lições de Direito Comercial*, cit., págs. 121 e segs., *Reivindicação do Estabelecimento Comercial como Unidade Jurídica*, Estudos Jurídicos, II, págs. 255 e segs. RLJ, 8. 9º (1957), págs. 264 e segs., Oliveira Ascensão, *Direito Comercial*, I, cit., pág. 138, Coutinho de Abreu, *Empresarialidade*, cit., págs. 69 e segs., *Curso de Direito Comercial*, cit., I, pág. 278 e segs., Cassiano dos Santos, *Direito Comercial Português*, I, págs. 284 e segs.

Acabou por ser formado um consenso dominante, embora não geral, na qualificação do estabelecimento comercial como "unidade jurídica".

É indubitável que a lei trata o estabelecimento comercial unitariamente, quando permite que seja objecto de trespasse e de locação, de penhora e de penhor e até de hipoteca. A reivindicação do estabelecimento, então muito discutida, acabou por ser admitida e é hoje pacífica.

O estabelecimento comercial é um conjunto organizado de bens e direitos afetados a um fim específico, que é o de suportar o exercício da empresa e que o direito trata unitariamente para certos efeitos, sem prejuízo da individualidade e autonomia dos seus componentes. Assim, no trespasse e na locação do estabelecimento, há uma transmissão global unitária, para o mesmo ramo de comércio (artigo 1112º do Código Civil), sem prejuízo de alguns dos bens que compõem o estabelecimento poderem ser excluídos da transmissão por estipulação das partes. A penhora do estabelecimento comercial (artigo 862º-A do Código de Processo Civil) abrange, em princípio, todos os bens que o integram, sem afetar a penhora dos que já o tiverem sido anteriormente.

Este tratamento do estabelecimento comercial como um bem não é difícil de compreender. Corresponde perfeitamente à noção de bens que adaptamos, como "os meios, (...) tudo aquilo que não seja pessoa e que tiver uma utilidade, isto é, que for apto a satisfazer uma necessidade, a realizar uma apetência ou a alcançar um fim".[58] O estabelecimento é um bem mercantil. Na sua globalidade funcional, é um bem "*a se*", que se distingue de cada um dos seus componentes. Neste sentido é muito próximo da noção de universalidade, embora com ela não coincida exatamente.

Entendemos, pois, o estabelecimento comercial como um bem mercantil, que engloba o complexo de bens e direitos que o comerciante afeta à exploração da sua empresa, que tem uma utilidade, uma funcionalidade e um valor próprios, distintos de cada um dos seus componentes, e que o direito trata unitariamente.

### *vi.  Nome e insígnia do estabelecimento: o logótipo (remissão)*
VII. O estabelecimento era identificado pelo "nome e insígnia do estabelecimento". O nome e insígnia do estabelecimento eram direitos pri-

---

58  Pais de Vasconcelos, *Teoria Geral do Direito Civil*, 6ª ed., Almedina, Coimbra, 2010, pág. 218.

DIREITO COMERCIAL

vativos de propriedade industrial (melhor se lhe deveria chamar propriedade comercial) e eram sujeitos a registo, beneficiando da respetiva proteção. Nem sempre o nome do estabelecimento era claramente distinguível da firma do comerciante titular ou explorador do estabelecimento, mas noutros casos a distinção era muito clara, por exemplo, em casos de bares, restaurantes, etc.

Na última reforma do Código da Propriedade Industrial, o "nome de estabelecimento" desapareceu do texto da lei e foi substituído pelo "logótipo" (artigos 304º-A a 304º-S). Esta alteração é criticável, porquanto o nome do estabelecimento é uma expressão verbal, enquanto o logótipo é uma imagem gráfica.

Esta matéria será desenvolvida noutro volume, em tema de Propriedade Industrial.

### vii. Trespasse e cessão de exploração (ou locação) do estabelecimento (remissão)

O estabelecimento pode ser transmitido onerosamente a título definitivo, por "trespasse", ou temporário, por "cessão de exploração" ou "locação do estabelecimento".

Estas matérias são tratadas a propósito da compra e venda mercantil.[59]


## 19. O estabelecimento individual de responsabilidade limitada – EIRL

I. Uma das necessidades mais prementes do comércio e do seu exercício subjetivamente e objetivamente saudável é a da limitação da responsabilidade ao negócio ou ao investimento concreto em cada caso. É demasiado punitivo e arriscado, para o comerciante, responder com todo o seu património pessoal e familiar em caso de insucesso do negócio. Não há negócio sem risco.

O comerciante foi, durante séculos, olhado com desconfiança e pouco considerado na sociedade. A expressão "tratante" significava o que hoje entendemos por comerciante e por empresário, mas também tinha o sentido depreciativo de pessoa fortemente desonesta. Mercúrio,

---

[59] *Infra* 42.vii

na mitologia romana, era considerado o deus da eloquência, do comércio, dos viajantes e dos ladrões, a personificação da inteligência. Tudo isto exprimia a desconfiança em relação aos mercadores: eram eloquentes, inteligentes, rápidos, viajantes e... ladrões.

O sistema jurídico civil, longamente dominante, nunca simpatizou com o desejo dos comerciantes de limitarem a responsabilidade ao investimento e ao negócio e sempre contrariou, tanto quanto foi podendo, as tentativas e as manobras que a fértil imaginação dos comerciantes nunca desistiu de tentar. Na moral civil, o comerciante devia responder perante os credores com todo o seu património e o da sua família, e caso lhe corresse mal o negócio, a consequência era a quebra, bancarrota e a consequente infâmia. Só se reabilitava com o pagamento integral das suas dívidas e entretanto ficava em situação de inferioridade civil. Até à crise de 1929 não era sequer mal considerado o suicídio do falido. O falido era proscrito.

Mas a economia mercantil exigia que cada autónomo negócio pudesse responder por si próprio e que, em caso de insucesso, a responsabilidade patrimonial se limitasse ao mesmo, sem se comunicar a outros negócios, de modo a evitar o mais possível as falências em cadeia e a insolvência de toda a família do mercador. Com responsabilidades tão alargadas, só os aventureiros e os imprudentes assumiam o risco inerente ao comércio. As pessoas prudentes não se atreviam a tanto. Mas o comércio e a atividade económica privada necessita de pessoas prudentes.

II. A limitação da responsabilidade tem dois inconvenientes fundamentais: o risco de fomentar a imprudência do comerciante (*moral hazard*) e o risco de insatisfação dos credores. Não são independentes e devem ser apreciados em conjunto. A obrigação de ter escrita organizada e de prestar contas, o registo comercial e a publicidade das contas permite a quem concede espera ou crédito ao comerciante a avaliação da solvência e do risco do seu crédito. Não é difícil e faz parte do mínimo de prudência que se pode esperar de quem está no mercado. Nos negócios entre comerciantes, não se justifica que cada um não proceda à prévia avaliação da solvência da contraparte de modo a evitar surpresas. Já do consumidor não pode razoavelmente ser exigido que, nas relações com o comerciante assuma tais cautelas; os seus riscos devem ser protegidos doutro modo.

DIREITO COMERCIAL

III. A limitação da responsabilidade tem uma longa história de avanços e recuos.

Começou pela constituição das velhas companhias coloniais, sob a forma de sociedades anónimas, com personalidade jurídica e a consequente autonomia patrimonial, instituídas por privilégio régio ou alvará do poder político, dados caso a caso. Já então tinha sido compreendida a necessidade das limitações da responsabilidade para permitir o investimento. A limitação da responsabilidade através da constituição de sociedades por ações, mesmo mediante autorização estatal caso a caso, deu resultados catastróficos na célebre *South Sea Buble*. Também as comanditas permitiam a limitação da responsabilidade do investidor – comanditário – mantendo ilimitada a responsabilidade do empresário direto – comanditado – embora com notórios maus resultados na célebre crise francesa das comanditas.

Não obstante, já em 1867, quase simultaneamente, foi permitida em Portugal e em França a livre constituição de sociedades anónimas, com responsabilidade limitada à perda do capital subscrito, sem necessidade de prévia autorização governamental. Seguiu-se-lhe em Portugal o Código Comercial e, mais tarde, a livre constituição das sociedades por quotas, também de responsabilidade limitada, pela Lei de 11 de Abril de 1901.

A limitação da responsabilidade foi tentada, e na prática conseguida, com a constituição de sociedades por quotas em que o comerciante subscrevia a quase totalidade do capital, tendo apenas um outro sócio com a quota mínima. Estas sociedades foram encaradas com desconfiança pela Doutrina[60] mas, não obstante, generalizaram-se na prática. Assim, teve início, o embrião do estabelecimento unipessoal de responsabilidade limitada.

IV. Por pressão dos interesses específicos do comércio, e já depois de generalizado o recurso a sociedades por quotas com dois sócios, um com a participação legalmente mínima e o outro com o restante, o Legislador acabou por ceder e admitir o Estabelecimento Individual de Responsabilidade Limitada – EIRL, pelo Decreto-Lei nº 248/86, de 5 de Agosto.

---

[60] Por todos, FERRER CORREIA, *Sociedades Fictícias e Unipessoais*, Livraria Atlântida, Coimbra, 1948.

DIREITO COMERCIAL GERAL

O seu relatório contém uma interessante exposição da problemática que conduziu à sua instituição.[61]

[61] Pelo interesse que tem, procede-se aqui à transcrição integral deste relatório:

1. Através do presente diploma cria-se e regulamenta-se um instituto até agora desconhecido entre nós: o estabelecimento mercantil individual de responsabilidade limitada.

Como é geralmente sabido, vem sendo defendida há várias décadas por importante sector da doutrina a limitação da responsabilidade do comerciante em nome individual pelas dívidas contraídas na exploração da sua empresa.

Contra essa solução têm sido, porém, invocados vários argumentos. Assim, observa-se que a concessão desse favor colocaria terceiros (credores comerciais e particulares do comerciante) sob a ameaça de graves prejuízos.

Aduz-se depois que a responsabilidade ilimitada patrimonial do comerciante é o fator que melhor o pode ajudar a obter o crédito de que necessita. Pondera-se ainda ser justo que quem detém o domínio efetivo de uma empresa responda com todo o seu património pelas dívidas contraídas na respetiva exploração.

Tais argumentos não parecem decisivos. Quanto ao primeiro, a réplica surge de imediato: tudo vai do regime a que se submeta o novo instituto. Não constitui, na verdade, dificuldade insuperável incluir nele normas adequadas a assegurar a terceiros uma tutela eficaz. E esta é justamente uma das linhas dominantes e uma das ideias força do presente diploma.

Relativamente aos outros dois argumentos, ambos são contraditados pela larga difusão que encontrou o tipo das sociedades de responsabilidade limitada (entre nós chamadas sociedades por quotas), criado pelo legislador alemão em fins do século passado como resposta a necessidades sentidas na prática. Ora, em numerosíssimos casos, os poderes de gerência na sociedade por quotas competem a todos os sócios, o que prova, como se escreveu recentemente, que a limitação da responsabilidade de quem tem nas mãos as alavancas do comando da empresa não prejudica, afinal, o recurso ao crédito, não entorpece, pois, o comércio.

«Por outra via, todos sabemos como o rigor da lei, ao denegar *ex silentio* o favor da limitação da responsabilidade ao empresário individual, é por toda a parte facilmente iludido, graças ao expediente das sociedades unipessoais», um fenómeno, como também se sabe, hoje vulgaríssimo na prática de todos os países.

2. Apontaram-se, e contraditaram-se, as principais razões que poderiam condenar a admissão do novo instituto. Enunciem-se agora os mais importantes argumentos em seu favor.

Como também já se aduziu, o exercício profissional da atividade mercantil implica pesados riscos: é a álea inerente ao comércio. Para alcançar benefícios, importa correr o risco de suportar graves prejuízos. Prejuízos que no limite podem acarretar a ruína da empresa, sendo certo que, no quadro do direito vigente, é muito difícil que a ruína da empresa não arraste consigo a do próprio empresário (individual) e virtualmente a da sua família: de facto, é princípio acolhido na generalidade dos sistemas jurídicos o de que o devedor responde com todo o seu património pelas obrigações validamente assumidas. Por outro lado, a regulamentação a que o nosso direito sujeita as dívidas comerciais dos devedores casados em regime de comunhão, associada à realidade sociológica portuguesa (são poucos entre nós os casamentos em que vigora o regime de separação de bens), torna pouco provável que a falência do comerciante não consuma o melhor do património familiar.

O juízo favorável à limitação de responsabilidade do empresário singular, que daqui emerge, não se altera se forem perspetivadas as coisas do ponto de vista do interesse da própria orga-

DIREITO COMERCIAL

O EIRL foi criado com uma notável semelhança com a sociedade por quotas. Era constituído (inicialmente) por escritura pública com o capital mínimo de quatrocentos mil escudos (que era também, ao tempo, o

nização mercantil, ou seja, da empresa. Certo é que os credores da empresa perdem agora a vantagem de poderem executar a totalidade do património do empresário e do seu casal, mas ganham em troca a de verem os bens investidos no estabelecimento rigorosamente afetados ao pagamento das dívidas contraídas na respetiva exploração. Efetivamente, qualquer que seja a opção tomada quanto ao enquadramento jurídico do novo instituto, sempre ela há-de ter por base a constituição de um património autónomo ou de afetação especial, com o regime característico (bem conhecido) desta figura.

Ponto é que, ao delinearem-se os contornos jurídicos do instituto, efetivamente se acautelem os vários interesses envolvidos, quer exigindo a destinação ao escopo mercantil de uma massa patrimonial de valor suficientemente elevado, quer instituindo os necessários mecanismos de controle da afetação desse património ao fim respetivo.

3. De resto, a inovação legislativa de que se trata não representará um salto no desconhecido por parte do legislador português, antes tal atuação alinhará com a de outras legislações que, frequentemente, têm sido fonte de inspiração da nossa. Com efeito, razões idênticas ou próximas das atrás apontadas levaram a que, recentemente, na Alemanha (GmbH-Novelle de 1980) e na França (Lei nº 185-697, de 11 de Julho de 1985) fosse dada resposta legislativa favorável à pretensão do empresário individual de afetar ao giro mercantil unicamente uma parte do seu património.

A solução adotada pelos legisladores alemão e francês – admissibilidade da criação ab initio da sociedade unipessoal de responsabilidade limitada – é, de facto, uma das duas vias possíveis para enquadrar juridicamente a situação em causa. A outra é representada pela criação de uma nova figura jurídica – a empresa (rectius: o estabelecimento) individual de responsabilidade limitada (com ou sem personalidade jurídica).

Qualquer destas soluções tem a seu favor e contra si vários argumentos.

Examine-se a primeira, que é a da sociedade unipessoal.

4. Consistirá esta na admissibilidade da constituição de uma sociedade comercial de responsabilidade limitada com um único sócio. Por ela enveredaram, como já foi dito, os legisladores alemão e francês. Certo que, tanto nos países europeus (mormente nos de cultura jurídica germânica) como em algumas nações latino-americanas, não se desconhece a específica problemática inerente à solução frontal da questão, ou seja, a admissão da figura do estabelecimento (empresa) mercantil individual de responsabilidade limitada. Pelo contrário, o assunto tem sido repetidamente objeto de profundas análises doutrinais e, até, de vários projetos legislativos.

No entanto, não foi essa a solução que prevaleceu nos referidos países. Porquê?

5. Foram duas, no essencial, as razões que levaram o legislador alemão a optar pela solução consagrada na GmbH-Novelle de 1980:

a) A grande difusão que a «Gesellsschaft mit beschrankter Haftung» unipessoal conhecia na prática: há longo tempo admitida pela doutrina e jurisprudência, o próprio legislador a tinha já reconhecido (assim, o § 15 da Umwandlungsgesetz, de 6 de Novembro de 1986). Mas há mais. A praxis não legitimava apenas a sociedade de responsabilidade limitada que em certo momento, em virtude de vicissitudes normais da sua existência jurídica, ficara reduzida a um

DIREITO COMERCIAL GERAL

capital mínimo da sociedade por quotas). Hoje, a escritura pública foi dispensada e basta o mero escrito particular, salvo se a natureza dos bens entrados exigir forma mais solene (artigo 2º, nº 1). O capital mínimo é de 5.000 euros e só recentemente deixou de corresponder ao da sociedade

único sócio: ia bastante mais longe, pois coonestava as próprias sociedades ab initio constituídas por um único sócio verdadeiro, secundado (por via das aparências) por um ou mais testas-de-ferro (Strohmanner);

b) A maior facilidade em delinear um regime jurídico para esta situação: com efeito, a admissão da sociedade de responsabilidade limitada de um único sócio (Einmann-GmbH) apenas implicaria a adaptação de algumas normas do regime da GmbH, ao passo que a outra opção – criação da empresa individual de responsabilidade limitada – levantaria muito mais graves dificuldades.

Assim se pensou e escreveu na Alemanha.

E não foram por certo diferentes das referidas as razões que pesaram no espírito do legislador francês e o levaram a admitir a constituição da sociedade de responsabilidade limitada com um único sócio (aliás, curiosamente, a lei em questão intitula-se «loi relative à l'entreprise unipersonnelle à responsabilité limitée»).

Assim procedendo, renunciou-se ao conceito tradicional da sociedade como contrato. Dogmaticamente, a sociedade é contrato e é instituição. Entretanto, as duas citadas leis pressupõem, ambas uma construção dogmática em que aquela primeira componente (a ideia de contrato) é obliterada, ficando a sociedade reduzida à sua vertente institucional. E isto porque, bem atentas as coisas, e perspetivada agora a matéria a outra luz, a sociedade passa a ser preferentemente olhada como uma técnica de organização da empresa. O número daqueles que podem tirar proveito dessa técnica passa a não interessar. A sociedade de uma única pessoa não deixa de ser sociedade.

6. Quanto, porém, ao nosso país, as coisas não se apresentam do mesmo modo: as razões apontadas no número anterior não valem aqui com a mesma intensidade.

É certo que a ideia da sociedade com um único sócio encontra hoje aceitação generalizada tanto na doutrina como na prática, e até o novo Código das Sociedades Comerciais, vencidas algumas hesitações, lhe dará consagração igual àquela que um importante sector da doutrina nacional de há muito vinha preconizando.

Mas, em contrapartida, não deixa de ser verdade que entre nós (diferentemente do que acontece na Alemanha) nunca se admitiu – entre outras razões, por fidelidade à ideia da sociedade-contrato – a unipessoalidade originária. E não menos certo é, por outro lado, que (e também ao invés do que se passa naquele país) as contribuições doutrinais portuguesas sobre a regulamentação jurídica específica das sociedades de um único sócio são escassas. A hipótese configurada no artigo 488º daquele novo Código repercute um regime excecional, que não altera esta forma de ver as coisas.

Eis porque, tudo pesado, não parece que a figura da sociedade unipessoal, nos latos termos em que passou a ser emitida no direito alemão e francês, seja em Portugal o instrumento jurídico mais apropriado para a solução do problema da limitação de responsabilidade do empresário individual. Mais lógico e mais conforme com os princípios tradicionais do nosso direito se apresenta o outro caminho apontado: a criação de um novo instituto jurídico – o estabelecimento mercantil individual de responsabilidade limitada. Esta se afigura ser a

## DIREITO COMERCIAL

por quotas e o regime da sua entrada é também semelhante ao da sociedade por quotas.

Do mesmo modo, o EIRL tem firma, sede, objeto e capital (artigo 2º, nº 2, alínea a)), está sujeito a registo comercial e a eficácia perante ter-

solução preferível, apesar da inovação que representa e das acrescidas dificuldades de regulamentação que determina.

7. Dilucidado este problema, outra questão desponta, que é a de saber se a disciplina legal da empresa individual de responsabilidade limitada deve assentar na construção desta empresa como pessoa jurídica, ou ter como ponto de referência a ideia de património autónomo ou de afetação especial.

O projeto de lei recentemente apresentado ao Parlamento Belga, que contém uma proposta de regulamentação bastante minuciosa na presente matéria, orienta-se expressamente no sentido da empresa-pessoa jurídica. Tal construção parece, em rigor, desnecessária. Sobre este assunto escreveu-se, não há muito tempo, numa revista jurídica portuguesa, o seguinte: Alguns dos autores que dão a sua adesão à ideia da criação legal da E.I.R.L. – em detrimento da administração da sociedade unipessoal (*lato sensu*) – propõem que àquela seja atribuída a personalidade jurídica, vendo no fenómeno um ato jurídico unilateral, semelhante ao ato pelo qual se institui uma fundação – com a diferença de o fim social previsto na lei ser aqui substituído pelo fim económico lucrativo.

Outros, porém, rejeitam uma tal construção, pronunciando-se antes pela solução que concebe a E.I.R.L. como um património separado ou autónomo ou, de outro ângulo de vista, como um património de afetação.

Por nossa parte, não reconhecemos a este ponto uma importância fundamental, pois qualquer das vias apontadas poderá conduzir a resultados satisfatórios. Necessário é que o legislador, optando por uma delas, consagre uma instituição estruturada de molde a servir os interesses do comerciante, sem, contudo, descurar a proteção dos interesses de terceiros (contendo normas destinadas a evitar ou reprimir abusos que a introdução dessa instituição no ordenamento jurídico poderia propiciar).

No entanto, sempre diremos que a primeira das alternativas que se depara ao legislador nos parece representar, em relação à segunda, um processo mais complicado e, simultaneamente, mais artificial. Efetivamente, se o que se pretende consagrar é um expediente técnico legal que permita ao comerciante em nome individual destacar do seu património geral uma parte dos seus bens, para a destinar à atividade mercantil, então o meio mais direto (e também o único despido de ficção) será o de conceber a E. I. R. L. como um património separado.

Esta análise parece correta, sendo aceitável, nas suas linhas gerais, a conclusão que propõe. Ela servirá, pois, de base à disciplina jurídica acolhida no presente diploma.

De resto, a limitação de responsabilidade do agente económico individual tem tradições muito antigas no direito mercantil. Referimo-nos à possibilidade desde cedo reconhecida ao armador de limitar a sua responsabilidade pelos riscos da expedição marítima à chamada «fortuna de mar», ficando a salvo deles a «fortuna da terra».

8. Certo que contra a solução adotada militaria o chamado princípio da unidade e da indivisibilidade do património, se tal princípio valesse com o carácter absoluto que por alguns autores mais antigos (como Aubry e Rau) lhe foi atribuído: cada pessoa apenas pode ter um único património, o qual não é suscetível de ser dividido – e quem se obriga tudo quanto é

DIREITO COMERCIAL GERAL

ceiro da sua constituição tem início na data da publicação do ato constitutivo (artigos 5º e 6º).

Nos atos externos, o EIRL deve indicar a firma, a sede, o capital e o registo (artigo 9º).

seu. Isto é realmente assim em princípio, mas de há muito é reconhecida pelo direito constituído a possibilidade de formação de massas patrimoniais distintas, afetas a fins especiais, dentro do património geral do titular. Basta pensar na massa falida e na herança.

É verdade que esta separação patrimonial só existe em casos contados – aqueles em que o legislador considerou dever seguir esse caminho por atenção a interesses julgados especialmente relevantes e que devem prevalecer sobre aquele de que é expressão entre nós o artigo 601º do Código Civil. Mas justamente do que se trata é de saber se o interesse que está a ser encarado não deverá ser tutelado legislativamente de modo análogo. Ora, as razões invocadas logo de início – as razões suscetíveis de justificarem a limitação da responsabilidade do comerciante singular – levam a responder afirmativamente a esta questão.

9. Isto posto, há que acentuar uma ideia que, como se evidenciou (nº 1), está no espírito de todos quantos têm aderido à tese da admissibilidade da limitação da responsabilidade do empresário individual. Trata-se do seguinte: se o interesse do comerciante leva a admitir aquela limitação, importa, por outra via, acautelar, através de medidas apropriadas, o interesse de terceiros que entram em relação com o estabelecimento. Neste sentido devem figurar no estatuto da empresa ou estabelecimento de responsabilidade limitada normas que assegurem a efetiva realização do capital com que o mesmo estabelecimento se constitui; que fixem um capital inicial mínimo suficientemente elevado para evitar o recurso à limitação de responsabilidade em empreendimentos que, pelo seu porte, a não justifiquem; que garantam a adequada publicidade dos vários atos concernentes à constituição, funcionamento e extinção da empresa ou estabelecimento de responsabilidade limitada; que consagrem a autonomia patrimonial dos bens destinados pelo comerciante à empresa, em termos de estes só virem a responder pelas dívidas contraídas na respetiva exploração e de, por outro lado, tais dívidas serem unicamente garantidas por esses bens; que assegurem a efetividade da separação patrimonial, prevendo, designadamente, que o comerciante passe a responder com a totalidade dos seus bens pelas dívidas comerciais, sempre que não respeite aquela separação; que imponham ao comerciante a obrigação de manter uma escrituração e contabilidade adequadas a revelar, ano a ano, com exatidão e verdade, os resultados da sua exploração.

10. Resta dizer uma palavra sobre a denominação do novo instituto: empresa ou estabelecimento individual de responsabilidade limitada?

Os vocábulos «empresa» e «estabelecimento» são muitas vezes tomados como sinónimos; o que está certo, desde que a palavra «empresa» surja, em determinado contexto, para aludir a um objeto de direitos, a um valor no património de alguém.

Mas a palavra «empresa» serve também para referir a própria atividade do empresário – a atividade organizada para a produção ou circulação de bens e a prestação de serviços, com vista ao mercado e à obtenção de um lucro. Coisa diversa, pois, do que usualmente se entende por estabelecimento comercial; este é o conjunto organizado de meios através dos quais o comerciante explora a sua empresa.

Vistas as coisas deste modo, o que pretende autonomizar-se em relação ao património geral do titular não é certamente a empresa – uma atividade – mas sim o estabelecimento. Daí que

DIREITO COMERCIAL

V. O EIRL não logrou ter êxito. Os comerciantes não o adotaram e continuaram a preferir a prática anterior das sociedades por quotas com um sócio mínimo.

A razão do inêxito, residiu na inabilidade legislativa que – como tantas vezes sucede na legislação portuguesa – se traduziu em contrariar na prática a utilidade que se anunciava, numa manifestação de má vontade indisfarçável. O legislador introduziu no texto legal três preceitos que levaram os comerciantes a não manifestarem interesse no novo regime.

A primeira manifestação de hostilidade ao novo instituto consistiu na limitação de um EIRL apenas por cada comerciante. Sem que se compreenda bem porquê, no artigo 1º, foi introduzido um nº 3, com o seguinte teor: «uma pessoa só pode ser titular de um único estabelecimento individual de responsabilidade limitada». Não se descortina a razão desta limitação que frustrou a utilidade do EIRL ao limitar a responsabilidade a cada estabelecimento ou negócio do comerciante. Esta utilidade assim injuntivamente negada continuava a poder ser alcançada com a prática antiga e já tradicional de constituir uma sociedade por quotas com um sócio mínimo. Nesta circunstância e com este regime, não valia a pena mudar.

Mas o Legislador não ficou por aqui e frustrou também a autonomia patrimonial perfeita do EIRL. Nos artigos 10º e 11º a pretexto de defender a segregação e separação entre o património (alegadamente) autónomo do EIRL contra a mistura com o restante património do dono, permitiu que o património pessoal do comerciante responda por dívidas

se tenha preferido para a figura que ora se cria a designação de estabelecimento individual de responsabilidade limitada.

11. Como vai disposto no lugar próprio, nenhuma pessoa física poderá ter mais do que um estabelecimento sujeito ao regime instituído por este diploma. Nada obsta, porém, a que a um mesmo estabelecimento ou organização mercantil correspondam várias unidades técnicas. Claro está que pode constituir delicado problema averiguar, em determinado caso, se se está em presença de estabelecimentos autónomos ou de simples formas de descentralização de um mesmo estabelecimento. Tornando-se extremamente arriscado formular em tal matéria critérios precisos, prefere deixar-se neste momento a solução em termos gerais do problema à doutrina e à jurisprudência. A optar-se aqui pela via da definição legislativa, a ocasião própria para o fazer será a da regulamentação global da matéria mercantil e, designadamente, do estabelecimento comercial, regulamentação que, aliás, está prevista.

do EIRL, em caso de mistura patrimonial. No artigo 11º, permitiu que o património do EIRL responda pelas dívidas comuns em caso de insolvência pessoal do dono. Com estas limitações, o EIRL não chegou a ser um verdadeiro património autónomo, a sua autonomia patrimonial ficou atenuada.

Os comerciantes compreenderam que aquela solução não lhes servia e simplesmente não a adotaram. O EIRL foi um fracasso. Perante este fracasso, o Legislador acabou por ser forçado a legislar como devia e, pelo Decreto-Lei nº 257/96, de 31 de Dezembro, introduziu no Código das Sociedades Comerciais os artigos 270º-A a 270º-G que preveem e regem a sociedade unipessoal por quotas que, essa sim, tem tido um êxito assinalável.

## 20. Relevância da qualificação como comerciante e como ato, dívida ou obrigação comercial

A qualificação como comerciante, quer de pessoas singulares, quer de pessoas coletivas, nem sempre é fácil. Não pode, porém deixar de ser feita, porquanto envolve consequências jurídicas importantes.

### i. Qualificação dos atos de comércio subjetivos
A qualidade de comerciante do autor do ato é relevante para a sua qualificação como ato de comércio subjetivo.

Não é suficiente para essa qualificação, mas é imprescindível. Recordemos que os atos de comércio subjetivos são aqueles que são praticados pelos comerciantes, que não tenham natureza exclusivamente civil e que não sejam praticados fora do seu comércio. Se não forem praticados por um comerciante não poderão ser qualificados como atos de comércio, com todas as consequências daí decorrentes.

### ii. Regras quanto à forma dos atos jurídicos
O empréstimo mercantil entre comerciantes admite qualquer prova, seja qual for o seu valor (artigo 395º, § único).

Trata-se de um desvio importante em relação ao regime civil do mútuo que exige forma especial, quer para a constituição, quer para a prova. O empréstimo de fundos (mútuo) sempre sofreu de forte descon-

DIREITO COMERCIAL

fiança no Direito Civil, que veio já da proibição canónica do juro.[62] Entre comerciantes, o dinheiro tem já valor como capital, é reprodutivo como tal, e o juro corresponde ao valor da privação da sua disponibilidade pelo mutuante durante o tempo estipulado, da cobertura do risco de não pagamento e ainda a um *"pretium"*. Como capital, o dinheiro, entre comerciantes, é mais uma mercadoria. O mútuo, entre comerciantes, é banal, é um instrumento corrente da mercância e não deve ser embaraçado com formalidades. Um dos modos de provar o mútuo é a exibição e confronto dos livros e documentos contabilísticos dos comerciantes, nos termos do artigo 44º do Código Comercial.

Também o penhor mercantil entre comerciantes beneficia de um regime de forma menos exigente. Segundo o artigo 400º do Código Comercial, o penhor mercantil entre comerciantes de valor superior a duzentos mil reis "basta que se prove por escrito".

### iii. Fiança mercantil e garantia autónoma
I. Segundo o artigo 101º do Código Comercial,

> Todo o fiador de obrigação mercantil, ainda que não seja comerciante, será solidário com o respetivo afiançado.

Este regime diverge fundamentalmente do da fiança civil no qual, segundo o artigo 638º do Código Civil, o fiador goza do benefício de excussão, isto é, pode opor-se à execução do seu património enquanto não for esgotado o património do afiançado.

A dualidade entre o regime civil e o regime comercial da fiança é expressão da dualidade do *favor debitoris* no Direito Civil e do *favor creditoris* no Direito Comercial. No Direito Comercial, protege-se o interesse do credor sobre o interesse do devedor e, por isso, faculta-se ao credor o poder de acionar conjuntamente ambos o devedor afiançado e o seu fiador, ou um deles conforme lhe convier mais, o que aumenta muito relevantemente a facilidade de cobrança do crédito.

---

[62] No pensamento cristão, o preço na compra e venda estava legitimado pela transferência da propriedade da coisa vendida e a renda, no arrendamento, pelo valor económico do uso e da fruição da coisa arrendada; no mútuo, porém, o dinheiro emprestado era tido como improdutivo (o dinheiro era tido como simples meio de pagamento e o mútuo era normalmente para consumo), pelo que o juro não corresponderia a alguma vantagem, razão pela qual seria ilícito por falta de causa.

DIREITO COMERCIAL GERAL

Note-se que a lei não exige que se verifique a qualidade de comerciante em qualquer dos intervenientes, mas tão só que a dívida seja comercial. Os créditos comerciais, quando beneficiem de uma fiança, como caução, são mais facilmente cobráveis do que se fossem civis.

Mesmo na fiança civil, era já tradição estipular negocialmente a renúncia pelo fiador ao "benefício de excussão" de tal modo que a fiança funcionava como se fosse comercial.

II. Sendo a dívida mercantil, não é necessário estipular a renúncia ao benefício de excussão porque assim vigora já tipicamente. Casos começaram a surgir, porém, em que no próprio texto da fiança surgia estipulado pelo fiador a renúncia ao *benefício de excussão e de discussão*. Esta cláusula tem uma eficácia ainda mais intensa na proteção da cobrabilidade: o fiador, neste caso, não pode exigir que seja previamente esgotado o património do devedor e não pode também discutir se há fundamento para exigir o pagamento do crédito.

Estas fianças desenvolveram-se muito rapidamente no comércio internacional e também no comércio português, com uma intensidade tal que, hoje, já praticamente só estas são aceites. Têm várias designações: *on first demand*, *à primeira solicitação* e, o que nos parece mais correto, *garantia autónoma*. Designa-se *autónoma* porque o fiador (garante) tem de pagar mediante a simples solicitação nua do beneficiário. Diz-se solicitação nua porque não necessita de ser fundamentada. O beneficiário limita-se a exigir do fiador-garante, frequentemente um Banco, o pagamento e este tem de pagar imediatamente, ainda que o afiançado ou quem lhe ordenou a prestação da garantia (o ordenante) se oponha ao pagamento. A responsabilidade do fiador, nesta modalidade é autónoma em relação à dívida garantida. O fiador-garante, ao prestar a garantia autónoma, já sabe o risco que corre e, geralmente, assegura-se com uma outra contra-garantia, frequentemente designada *colateral*.

Se o beneficiário da garantia autónoma a acionar, exigindo o pagamento injustificadamente, o garante tem de pagar, e exerce o seu direito de regresso contra o afiançado (normalmente o ordenante). Cabe, então, a este exigir do beneficiário a indemnização correspondente ao dano que lhe causou em consequência do ilícito acionamento da garantia.

Têm surgido no tráfego casos de garantias semiautónomas, em que se estipula e se faz constar do respetivo texto que o pagamento só deverá

DIREITO COMERCIAL

ser feito em certos casos ou que não deverá ser feito em outros casos, ou ainda outras estipulações. É matéria de autonomia privada em que às partes é lícito estipular. Nesses casos caberá ao garante aferir da justificação da pretensão de pagamento da garantia, podendo incorrer em responsabilidade de pagar ou deixar de o fazer injustificadamente.

### iv. Taxa de juros comerciais

I. É tradicional que o Direito Comercial tenha um regime próprio de juros, diferente do Direito Civil.[63] Na versão original, o artigo 120º do Código Comercial fixava uma taxa de 5% ao ano, para o caso em que fossem estipulados juros sem fixação de taxa ou legalmente devidos.

O surto inflacionista dos anos setenta e oitenta não permitiu que se mantivesse esta taxa que, sendo muito inferior à inflação e ao custo do crédito bancário tornava atraente a mora. Foi necessário elevar a taxa e torná-la evolutiva.

II. Hoje o artigo 102º do Código Comercial remete a concreta taxa de juro comercial para outros normativos que vão sendo atualizados regularmente. A sua atual redação é complexa, dentro da tendência recente da legislação para a prolixidade:[64]

> Há lugar ao decurso e contagem de juros em todos os atos comerciais em que for de convenção ou direito vencerem-se e nos mais casos especiais fixados no presente Código.
>
> 1º A taxa de juros comerciais só pode ser fixada por escrito.
> 2º Aplica-se aos juros comerciais o disposto nos artigos 559º-A e 1146º do Código Civil.

---

[63] Sobre esta matéria, ENGRÁCIA ANTUNES, *Contratos Comerciais – Noções Fundamentais*, Direito e Justiça, Universidade Católica Portuguesa, Lisboa, 2007, págs. 168-177, que seguimos de muito perto. Ver também ENGRÁCIA ANTUNES, *Direito dos Contratos Comerciais*, Almedina, Coimbra, 2009, pág. 232(364); PAULO OLAVO CUNHA, *Direito Comercial*, cit., págs. 162 e segs.

[64] O texto originário do artigo 102º do Código Comercial era muito mais simples:

Haverá lugar ao decurso e contagem de juros em todos os atos comerciais em que for de convenção ou de direito vencerem-se e nos mais casos especiais fixados no presente Código.
§ 1º A taxa de juros comerciais só pode ser fixada por escrito.
§ 2º Havendo estipulação de juros sem fixação de taxa, ou quando os juros são devidos por disposição legal, os juros comerciais são de cinco por cento.

3º Os juros moratórios legais e os estabelecidos sem determinação de taxa ou quantitativo, relativamente aos créditos de que sejam titulares empresas comerciais, singulares ou coletivas, são os fixados em portaria conjunta dos Ministros das Finanças e da Justiça.

4º A taxa de juro referida no parágrafo anterior não poderá ser inferior ao valor da taxa de juro aplicada pelo Banco Central Europeu à sua mais recente operação principal de refinanciamento efetuada antes do 1º dia de Janeiro ou Julho, consoante se esteja, respectivamente, no 1º ou no 2º semestre do ano civil, acrescida de 7 pontos percentuais.

A convenção das partes sobre juros só pode ser estipulada por escrito. Isto vem trazer segurança ao sistema: a estipulação de juros não pode ser provada por testemunhas, o que livra o sistema da grande insegurança inerente à prova testemunhal.

Na falta de estipulação, segundo o artigo 4º, nº 2 do Decreto-Lei 32/2003, de 17 de Fevereiro, as dívidas emergentes de *transações comerciais* vencem, em princípio, juros de mora.[65] Este regime veio da transposição da Diretiva 2000/35/CE do Parlamento Europeu e do Conselho e visa reprimir a prática, cada vez mais generalizada, de pagar tarde, mesmo quando o devedor tem meios para o fazer, o que causa embaraços e prejuízos muito avultados no comércio. A solução não é de criticar, mas não é muito eficiente dada a frequente relutância do comerciante em debitar juros de mora a um cliente com quem deseja manter as melhores relações e que, num ambiente de concorrência, receia perder.

Em segundo lugar, há uma remissão expressa para os artigos 559º-A e 1146º do Código Civil. São assim unificados os regimes civil e comercial da usura. Constitui usura a estipulação de juros que excedam os limites

---

[65] Segundo o nº 2 do artigo 4º do Decreto-Lei 32/2003, de 17 de Fevereiro, sempre que do contrato não conste a data ou o prazo de pagamento, são devidos juros, os quais se vencem automaticamente, sem necessidade de novo aviso:

a) 30 dias após a data em que o devedor tiver recebido a fatura ou o documento equivalente;

b) 30 dias após a data da receção efetiva dos bens ou da prestação dos serviços quando a data de receção da fatura ou de documento equivalente seja incerta;

c) 30 dias após a data da receção dos serviços quando o devedor receba a fatura ou documento equivalente antes do fornecimento dos bens ou da prestação dos serviços;

d) 30 dias após a data de aceitação quando esteja previsto um processo mediante o qual deva ser determinada a conformidade dos bens ou serviços e o devedor receba a fatura ou o documento equivalente antes da aceitação.

DIREITO COMERCIAL

legais em 3% ou 5%, consoante haja, ou não, garantia real. É também usurária a cláusula penal que fixe como indemnização devida pela falta de restituição do empréstimo, relativamente ao tempo da mora, mais do que 7% ou 9% acima dos juros legais, conforme exista, ou não, garantia real. As taxas usurárias são reduzidas aos limites legais "ainda que seja outra a vontade dos contraentes" o que revela a natureza de ordem pública destes limites e da redução. Não obstante o respeito pelos limites legais de taxas de juros, nem por isso deixa de ser aplicável aos contratos concretamente celebrados o regime legal da usura constante dos artigos 282º a 284º do Código Civil, com as consequentes possibilidades de modificação segundo a equidade ou a anulação dos negócios jurídicos usurários. Da remissão para o artigo 284º do Código Civil resulta ainda que, sempre que a usura constitua crime, o prazo para a invocação do seu regime de modificação ou anulação não se extingue enquanto o crime não prescrever.

Em terceiro lugar, a taxa de juro legal é fixada por portaria conjunta dos Ministros das Finanças e da Justiça e depende da taxa de refinanciamento do Banco Central Europeu. Assim se consegue evitar desajustamentos entre a taxa de juro fixada por lei e o preço do dinheiro no mercado, principalmente impedir que a taxa de juros se torne inferior ao custo do financiamento dos comerciantes no sistema financeiro.

III. Do texto do artigo 102º resulta uma diferença muito marcada no regime dos juros remuneratórios e dos juros moratórios.

Os juros remuneratórios correspondem economicamente ao preço do dinheiro, ao custo da concessão de crédito, seja pelo vendedor ao comprador seja pelo Banco ao cliente, é a contrapartida da privação temporária do uso do dinheiro.

Diversamente, os juros moratórios correspondem à indemnização dos custos induzidos pelo atraso no recebimento de quantias que deveriam ter sido recebidas em certo tempo e que o não foram.

O § 2º do artigo 102º do Código Comercial remete o regime das taxas de juros para os artigos 559º-A e 1146º do Código Civil. Daqui decorre que há limites máximos para as taxas de juro, que são diferentes para os juros remuneratórios e moratórios:

– para os juros remuneratórios, o nº 2 do artigo 1146º do Código Civil considera usurárias as taxas que excedam os juros legais acrescidos de 3%, com garantia real, ou 5%, sem garantia real;

– para os juros moratórios, o n.º 2 do artigo 1146.º do Código Civil tem como usurárias as taxas que excedam os juros legais acrescidos de 7%, com garantia real, ou 9%, sem garantia real.

O § 3.º do artigo 102.º do Código Comercial, estatui que "os juros moratórios legais e os estabelecidos sem determinação de taxa ou quantitativo, relativamente aos créditos de que sejam titulares empresas comerciais, singulares ou coletivas, são fixados em portaria conjunta dos Ministros das Finanças e da Justiça".

Mas o § 4.º do artigo 102.º do Código Comercial. determina que a taxa de juro a fixar na referida portaria conjunta dos Ministros das Finanças e da Justiça "não poderá ser inferior ao valor da taxa de juro aplicada pelo Banco Central Europeu à sua mais recente operação principal de refinanciamento efetuada antes do 1.º dia de Janeiro ou Julho, consoante se esteja, respetivamente, no 1.º ou no 2.º semestre do ano civil, acrescida de 7 pontos percentuais".

Deste complexo sistema resulta que a taxa de juros legais é fixada por portaria conjunta dos Ministros da Finanças e da Justiça, num mínimo de 7% acima da taxa de refinanciamento do BCE, e são usurárias as taxas de juro remuneratório que excedam o juro legal em mais de 3% (com garantia real) ou 5% (sem garantia real) e as taxas de juro moratório que excedam a taxa legal em mais de 7% (com garantia real) ou 9% (sem garantia real).

Segundo o n.º 3 do artigo 1146.º do Código Civil, as taxas excessivas são automaticamente reduzidas aos limites legais "ainda que seja contra a vontade dos contraentes". Esta última expressão revela a natureza de Ordem Pública que informa os limites legais de taxas de juros e, bem assim, do seu excesso.

IV. As taxas de juro dos mútuos e outras modalidades de financiamento bancário ou parabancário – *"operações ativas"* – foram durante muitos anos fixadas administrativamente[66] até que, em 1988 e 1989, o deixaram de ser.[67]

---

[66] Cfr. Decreto-Lei n.º 46.492, de 18 de Agosto de 1965, artigos 8.º a 17.º, posteriormente revogados pelo Decreto-Lei n.º 47.912, de 7 de Setembro de 1967, modificado pelo Decreto-Lei n.º 180/70, de 25 de Abril. O artigo 1.º do Decreto-Lei n.º 47.912, era do seguinte teor:

DIREITO COMERCIAL

Hoje são as próprias instituições de crédito que, em concorrência, dependendo do custo dos seus recursos e das condições vigentes no mercado, fixam as taxas de juros que aplicam nas operações ativas que praticam. Frequentemente estas taxas são indexadas, a certos "indexantes", a mais corrente das quais é a taxa *Euribor*, acrescida dum diferencial (*spread*).

O regime jurídico instituído pelo Decreto-Lei nº 32/89, de 25 de Janeiro, tem sido dominantemente interpretado no sentido de dispensar as taxas de juros bancárias dos limites máximos estabelecidos no artigo 1146º do Código Civil como usurários.[68] Os Bancos e outras instituições de crédito, poderiam, exceder aqueles limites. É duvidoso que assim seja. O sentido do regime jurídico instituído com o aludido Decreto-Lei não nos parece ter sido o de permitir que sejam excedidos os limites legais do artigo 1146º do Código Civil mas antes e apenas a cessação da fixação administrativa das taxas de juros bancárias que até então havia vigorado. Os Bancos podem, pois, fixar as taxas que melhor entenderem mas, em nossa opinião, com respeito pelos limites estabelecidos no artigo 1146º do Código Civil. O próprio artigo 559º-A do

---

Artigo 1º Compete ao Ministro das Finanças fixar, por portaria, sob parecer do Banco de Portugal, o regime das taxas de juros para as operações efetuadas pelas instituições de crédito, pelas instituições parabancárias ou por quaisquer outras entidades.

[67] Pelo Aviso nº 5/88, de 15 de Setembro, seguido depois pelo Decreto-Lei nº 32/89, de 25 de Janeiro, que permitiu a fixação pelas próprias instituições de crédito, das "taxas básicas" para a concessão de crédito, salvo quando as partes não estipulassem diversamente. Segundo o artigo 1º deste Decreto-Lei:

1. As taxas de juros estipuladas em operações de crédito ativas, com referência ou indexação à taxa máxima de tais operações, passa a determinar-se, salvo se as partes acordarem diversamente, com referência ou indexação às taxas básicas afixadas e divulgadas, para o prazo da operação em causa.

2. Excetuam-se do disposto no número anterior as operações de crédito em relação às quais continue a ser aplicável uma taxa máxima fixada por aviso do Banco de Portugal.

O Aviso nº 3/93, de 20 de Maio, do Banco de Portugal, no seu nº 2, estatui: "São livremente estabelecidas pelas instituições de crédito e sociedades financeiras as taxas de juro das suas operações, salvo nos casos em que sejam fixadas por diploma legal."

Atenta a redação do artigo 1º do Decreto-Lei nº 32/89, passou a entender-se que as taxas de juros das operações bancárias ativas ficaram liberalizadas e dependentes do mercado. Sobre o assunto, AUGUSTO DE ATHAYDE, *Curso de Direito Bancário*, Vol. I, Coimbra Editora, Coimbra, 1999, pág. 449.

[68] STJ 27.V.02. processo nº 408/02, DGSI doc. nº SJ200305270010171.

Código Civil vai nesse sentido, e não descortinamos no Decreto-Lei 32/89 algo que permita uma tão violenta modificação na ordem jurídica portuguesa.

Esta liberalização das taxas de juro do financiamento bancário – numa ampla expressão que abrange todo o prestado por instituições financeiras – quer diretamente quer como crédito ao consumo, obrigou à instituição de regimes especiais de informação e de proteção do beneficiário do financiamento contra a opacidade do custo do crédito e os abusos e excessos usurários. Esta proteção traduz-se em duas vertentes: a exigência de transparência na fixação da taxa de juro efetiva e na defesa contra a usura.

V. A defesa da transparência na fixação das taxas de juros foi construída através da instituição das taxas anuais efetivas (TAE) e das taxas anuais efetivas globais (TAEG).[69] Estas taxas correspondem à inclusão globalizada na taxa de juros de todas as outras despesas ou custos de crédito que vão ser suportados pelo mutuário além da taxa propriamente dita.

A taxa TAE (taxa anual efetiva) é "a taxa anual que para uma espécie de operações de crédito, torna equivalentes, numa base anual, os valores atualizados dum conjunto das prestações realizadas ou a realizar pela instituição de crédito e dos pagamentos realizados ou a realizar pelo cliente". É calculada de modo a incluir o reembolso do capital, os juros remuneratórios, os montantes de saldos em contas de depósito exigidos ao cliente como condição para a concessão do crédito e "todas as comissões e outras prestações que devam ser pagas pelo cliente em conexão direta com a operação de crédito, quer se apresentem como condição para a celebração do respetivo contrato, quer como consequência deste ou da sua execução desde que constituam receitas da instituição de crédito ou de outras instituições financeiras, incluindo, nomeadamente, os prémios de seguro exigidos pela instituição de crédito e as comissões ou preparos relativos à análise da operação, à preparação do processo, à constituição de garantias, à abertura de contas de crédito e cobranças".

---

[69] A taxa TAE é regida pelo Decreto-Lei nº 220/94, de 23 de Agosto, e a taxa TAEG pelo Decreto-Lei nº 133/2009, de 2 de Junho.

DIREITO COMERCIAL

Excluem-se da TAE "todos os pagamentos efetuados pelo cliente que sejam meramente eventuais, designadamente os resultantes de incumprimento do contrato, bem como os resultantes de impostos, taxas ou emolumentos notariais ou registo". A TAE não se aplica a contratos de crédito aos consumidores.

Aos contratos de crédito aos consumidores, aplica-se a taxa TAEG – "taxa anual de encargos efetiva global" – que corresponde ao "custo total do crédito para o consumidor expresso em percentagem anual do montante total do crédito" acrescido de outros custos acessórios. Inclui "o custo total do crédito para o consumidor", isto é, "todos os custos, incluindo juros, comissões, despesas, impostos e encargos de qualquer natureza ligados ao contrato de crédito que o consumidor deve pagar e que são conhecidos do credor, com exceção dos custos notariais" e ainda "os custos decorrentes de serviços acessórios relativos ao contrato de crédito, em especial os prémios de seguro se (...) forem necessários para a obtenção de todo e qualquer crédito ou para a obtenção do crédito nos termos e nas condições do mercado".

Assim se consegue que os mutuários saibam com clareza quanto têm efetivamente a pagar, qual é o custo verdadeiro e real do crédito. No contrato de crédito aos consumidores a omissão da TAEG, entre outros elementos de informação, acarreta a nulidade do contrato.[70]

VI. A defesa contra a usura está assegurada pela aplicação dos preceitos dos artigos 559º-A e 1146º do Código Civil e dos Decretos-Lei nº 334/78, de 17 de Novembro, nº 220/94, de 23 de Agosto e nº 133/2009, de 2 de Junho.

As taxas, TAE e TAEG, aplicam-se hoje à maior parte das operações de crédito e de venda financiada, celebradas entre as instituições de crédito e os seus clientes e entre comerciantes e consumidores. O artigo 28º do Decreto-Lei nº 133/2009, de 2 de Junho, que regula os contratos de crédito aos consumidores, considera usurário o contrato de crédito a consumidores cuja TAEG, "no momento da celebração do contrato, exceda em um terço a TAEG média praticada no mercado pelas instituições de crédito ou sociedades financeiras no trimestre anterior para cada tipo

---

[70] Cfr. Artigo 13º do Decreto-Lei nº 133/2009, de 2 de Junho.

de crédito ao consumo". Este limite é publicado trimestralmente por aviso do Banco e Portugal. São taxas cujos montantes e âmbitos materiais de aplicação não são fáceis de compreender e que chegam a alcançar, em certos casos, valores elevadíssimos.[71]

A fixação deste limite tem sido interpretada no sentido de não constituir usura a fixação de taxas de juros TAEG que ultrapassem tal limite. É duvidoso que seja esse o sentido correto da interpretação daquele preceito. A funcionalidade normativa do regime jurídico da taxa TAEG, tal como o da taxa TAE, é a de englobar numa taxa unitária a totalidade do custo do crédito que é efetivamente suportada pelo beneficiário do crédito, independentemente de lhe ser formalmente atribuída a qualificação de juros, de despesas, de acessórios ou outra qualquer. Exprime o custo global do crédito que tem de ser efetivamente pago pelo seu beneficiário, de modo a torná-lo transparente e compreensível, e pôr termo a práticas deletérias do passado consistentes na cobrança, para além dos juros formalmente estipulados, de outras quantias que, sob designações diversas, correspondiam economicamente a juros complementares e agravavam relevantemente o seu custo. Este limite não se aplica à taxa de juro propriamente dita, mas apenas ao seu incremento: pode ser referido como "usura incremental". Como não tem uma base de incidência fixa, não pode funcionar como um limite máximo de taxa de juro.

Este limite está nas regras gerais. O artigo 1º do Decreto-Lei nº 32/89, de 25 de Janeiro, que permitiu a fixação pelas próprias instituições de crédito, das "taxas básicas" para a concessão de crédito, salvo quando as

---

[71] A título exemplificativo, as taxas máximas TAEG fixadas pelo Banco de Portugal para os 1º e 2º trimestres de 2011, eram as seguintes (Instruções nº 29/2010 e nº 8/2011):

Crédito Pessoal
– Educação, saúde, energias renováveis e locação financeira de equipamentos – 5,8% e 6,1%
– Outros créditos pessoais – 19,2% e 19,1%
Crédito automóvel
– Locação financeira ou ALD: novos – 7,7% e 8%
– Locação financeira ou ALD: usados – 9,1% e 9,2%
– Com reserva de propriedade e outros: novos – 11,4% e 11,5%
– Com reserva de propriedade e outros: usados – 15% 15, 2%
Outros:
– Cartões de crédito, linhas de crédito, contas correntes bancárias e facilidades a descoberto – 33,2% e 34,3%

DIREITO COMERCIAL

partes não estipulassem diversamente, pôs termo ao anterior regime de fixação administrativa das operações ativas bancárias e parabancárias, permitindo que fosse o mercado a determiná-las, mas é duvidoso que, dispense a aplicação dos limites da usura.[72]

Na prática, porém, tem sido esta a interpretação adotada e na concessão de crédito ao consumo, não obstante a deficiência formal com que a lei a estabelece. Voltaremos a este assunto.

### *v. Regras especiais de prescrição*
O regime jurídico da prescrição é, em regra, igual para comerciantes e não comerciantes. Há porém regimes especiais de prescrição em prazos mais curtos, nuns casos, de prescrição presuntiva, em outros de prescrição extintiva.

I. Os artigos 316º e 317º do Código Civil estabelecem, todavia, um regime especial para a prescrição de seis meses e de dois anos certos créditos de comerciantes, no interesse dos seus clientes.

> Artigo 316º – prescrição de seis meses
> Prescrevem no prazo de seis meses os créditos de estabelecimentos de alojamento, comidas ou bebidas, pelo alojamento, comidas ou bebidas que forneçam, sem prejuízo do disposto na alínea a) do artigo seguinte.

> Artigo 317º – prescrição de dois anos
> Prescrevem no prazo de dois anos:
> a) Os créditos dos estabelecimentos que forneçam alojamento, ou alojamento e alimentação, a estudantes, bem como os créditos dos estabelecimentos de ensino, educação, assistência ou tratamento, relativamente aos serviços prestados.
> b) Os créditos dos comerciantes pelos objetos vendidos a quem não seja comerciante ou não os destine ao seu comércio, e bem assim os créditos daqueles que exerçam profissionalmente uma indústria, pelo fornecimento de mercadorias ou produtos, execução de trabalhos ou gestão de negócios

---

[72] CARLOS GABRIEL DA SILVA LOUREIRO, *Juros usurários no crédito ao consumo*, Revista de Estudos Politécnicos, 2007, V, 8, págs 265-280, objeta que a cessação do regime de fixação administrativa das taxas de juro bancários resulte na sua liberalização e defende a sua sujeição aos limites gerais do artigo 1146º do Código Civil.

DIREITO COMERCIAL GERAL

alheios, incluindo as despesas que hajam efetuado, a menos que a prestação
se destine ao exercício industrial do devedor;

    c) ...

Estes são pequenos créditos do exercício do comércio entre o comerciante e o consumidor. Estão claramente excluídos, na alínea b) do
artigo 317º, os créditos entre comerciantes no exercício do comércio.

Esta prescrição é presuntiva. Tem apenas o efeito de dispensar o
devedor da prova do pagamento, mas não o isenta de alegar que já cum-
priu. O credor não deixa de poder provar que a dívida não foi paga, caso
em que tem direito a receber o seu pagamento. Há apenas uma presunção de cumprimento, e daí a designação "prescrição presuntiva", que
não opera mais do que a inversão do ónus da prova do pagamento. Este
regime justifica-se por não ser usual guardar os recibos do pagamento de
certos bens e serviços que são banais no comércio e de valores pouco
importantes e no que teria de desrazoável onerar os adquirentes, que
não são obrigados a manter uma contabilidade, a guardar os correspondentes documentos.[73]

II. Também as dívidas emergentes da prestação de serviços públicos
essenciais beneficiam dum regime especial de prescrição de curto prazo.
O Decreto-Lei nº 23/96, de 26 de Junho, no seu artigo 6º, estabelece um
prazo de prescrição de seis meses após a sua prestação, para as dívidas
emergentes da prestação de serviços de fornecimento de água, energia
elétrica, gás canalizado, comunicações eletrónicas (incluindo telefone),
serviços postais, recolha e tratamento de águas residuais (esgotos) e resí-
duos sólidos urbanos (lixos). Além da prescrição do crédito de seis
meses após a prestação do serviço, aquele preceito estatui ainda a caducidade do direito de cobrar a diferença em caso de ter sido cobrada uma
quantia inferior àquela que deveria ter sido paga. Durante um certo
tempo, houve incerteza e controvérsia quanto ao carácter presuntivo ou
extintivo desta prescrição. A duração do prazo apontava para o carácter
presuntivo, mas a "ratio juris" justificava que fosse extintiva. Os tribunais hesitaram, mas a lei interveio (Lei nº 12/2008, de 26 de Fevereiro e

---

[73] Sobre a prescrição presuntiva, Pais de Vasconcelos, *Teoria Geral do Direito Civil*, cit., 381.

DIREITO COMERCIAL

Lei nº 24/2008 de 2 de Junho) fixando retroativamente o regime de prescrição extintiva, solução que sempre entendemos ser a correta.

Têm ainda prazos especialmente curtos de prescrição os créditos cambiários emergentes de letras, livranças e cheques, mas estes não estão ligados aos comerciantes e são objetivamente específicos dos créditos cambiários, sem qualquer ligação com a qualidade de comerciante ou não dos seus credores e devedores. Por isso se remete para a respetiva matéria.

### vi. Força probatória da escrituração entre comerciantes

I. A escrituração mercantil tem grande relevância probatória entre comerciantes.

Na versão original, o artigo 41º do Código Comercial era do seguinte teor:

> Nenhuma autoridade, juízo ou tribunal pode fazer ou ordenar varejo ou diligência alguma para examinar se o comerciante arruma ou não devidamente os seus livros de escrituração mercantil.

Este artigo foi alterado pelo artigo 8º do Decreto-Lei nº 76-A/2006, de 29 de Março, e passou a ter a seguinte redação:

> As autoridades administrativas ou judiciárias, ao analisarem se o comerciante organiza ou não devidamente a sua escrituração mercantil, devem respeitar as suas opções, realizadas nos termos do artigo 30º.

Há aqui uma clara viragem, do segredo da escrituração mercantil para a sua abertura. O artigo 30º, recorde-se, passou, na mesma reforma legislativa a permitir que o comerciante escolha o modo de organização da sua escrituração, bem como o seu suporte físico.

II. A lei distingue, depois, duas modalidades de exame à escrita do comerciante: o exame judicial por inteiro e o exame limitado.

O exame judicial por inteiro está previsto no artigo 42º do Código Comercial:

> A exibição judicial da escrituração mercantil e dos documentos a ela relativos, só pode ser ordenada a favor dos interessados, em questões de sucessão universal, comunhão ou sociedade e no caso de insolvência.

O exame judicial limitado é permitido nas condições do artigo 43º do Código Comercial:

1. Fora dos casos previstos no artigo anterior, só pode proceder-se a exame da escrituração e dos documentos dos comerciantes, a instâncias da parte ou oficiosamente, quando a pessoa a quem pertençam tenha interesse ou responsabilidade na questão em que tal apresentação for exigida.
2. O exame da escrituração e dos documentos do comerciante, ocorre no domicílio profissional ou sede deste, em sua presença, e é limitado à averiguação e extração dos elementos que tenham relação com a questão.

Ambos estes artigos foram modificados pelo aludido artigo 8º do Decreto-Lei nº 76-A/2006. A alteração, porém, limitou-se a retoques de redação, sem implicar qualquer modificação substancial de regime jurídico.

III. Entre comerciantes e em atos do seu comércio, mas apenas nesses limites, os livros de escrituração comercial podem ser admitidos como meio de prova (artigo 44º do Código Comercial):

Os livros de escrituração comercial podem ser admitidos em juízo a fazer prova entre comerciantes, em factos do seu comércio, nos termos seguintes:

1. Os assentos lançados nos livros de comércio, quando não regularmente arrumados, provam contra os comerciantes, cujos são; mas os litigantes que tais assentos quiserem ajudar-se, devem aceitar igualmente os que lhes forem prejudiciais;
2. Os assentos lançados em livros de comércio, regularmente arrumados, fazem prova em favor dos seus respetivos proprietários, não apresentando o outro litigante assentos opostos em livros arrumados nos mesmos termos ou prova em contrário;
3. Quando a combinação dos livros mercantis de um e de outro litigante, regularmente arrumados, resultar prova contraditória, o tribunal decidirá a questão pelo merecimento de quaisquer provas do processo;
4. Se entre os assentos dos livros de um e de outro comerciante houver discrepância, achando-se os de um regularmente arrumados e os do outro não, aqueles farão fé contra estes, salva a demonstração do contrário por meio de outras provas em direito admissíveis.

DIREITO COMERCIAL

§ único. Se um comerciante não tiver livros de escrituração, ou recusar a apresentá-los, farão fé contra ele os do outro litigante, devidamente arrumados, exceto sendo a falta dos livros devida a caso de força maior, e ficando sempre salva a prova contra os assentos exibidos pelos meios admissíveis em juízo.

O efeito probatório depende, em primeiro lugar, de estar ou não "regularmente arrumado". Estão bem arrumados os registos de contabilidade que estejam escriturados de acordo com as regras aplicáveis. Abolidos, na reforma de 2006, os livros de contabilidade em papel, esta referência a livros deve ser entendida como feita aos registos contabilísticos do comerciante, seja qual o seu suporte material.

Os assentos constantes dos registos de contabilidade dos comerciantes, ainda que não regularmente arrumados, fazem prova entre comerciantes contra aqueles a quem pertençam; mas os comerciantes que queiram beneficiar dos respetivos lançamentos como meio de prova devem também aceitar os lançamentos que eles contenham e que lhes sejam desfavoráveis. O comerciante que usar da escrita do outro como prova a seu favor terá de aceitar também tudo o que ela contiver em seu desfavor.

Se estiverem bem arrumados os registos de ambos os comerciantes em litígio e deles resultar prova contraditória, a questão controvertida será resolvida por outros meios de prova. Neste caso, o valor probatório dos registos de um e de outro neutralizam-se e a prova deles resultante torna-se inconclusiva. Será necessária outra prova.

Se os registos de um comerciante estiverem bem arrumados e os do outro não, e houver discrepância entre eles, prevalecem os que estiverem bem arrumados, "salva a demonstração do contrário por meios de outras provas admissíveis em direito".

Se um comerciante não tiver registos de escrituração ou recusar-se a apresentá-los, farão fé contra ele os do outro, desde que devidamente arrumados, salvo se a falta for causada por força maior (podem, por exemplo, ter sido destruídos acidentalmente ou subtraídos por um terceiro), "e ficando sempre salva a prova contra os assentos exibidos pelos meios admissíveis em juízo".

### *vii. Regime especial das dívidas comerciais dos cônjuges*
I. Depois de tratada a qualificação dos comerciantes, dos atos de comércio, das empresas comerciais, e os respetivos regimes jurídicos, importa

DIREITO COMERCIAL GERAL

abordar a matéria do regime especial de comunicabilidade, entre os cônjuges, das dívidas comerciais contraídas no exercício do comércio. A lei contém um regime especial de comunicabilidade conjugal das dívidas contraídas pelos comerciantes.

II. Na redação original do Código Civil, segundo o artigo 1696º, sempre que uma dívida fosse da titularidade exclusiva de um dos cônjuges, respondiam por ela os bens próprios do cônjuge devedor e, caso estes não fossem suficientes, apenas a sua meação nos bens comuns. Porém, segundo este mesmo preceito, a execução que tivesse que ser feita dos bens comuns era suspensa até que o casamento fosse dissolvido, declarado nulo ou anulado, ou fosse decretada a separação judicial de bens ou de pessoas e bens. Este regime visava proteger a integridade patrimonial da família do devedor contra as agressões levadas a cabo pelos credores de um dos cônjuges e era usualmente designado como "moratória forçada". Em homenagem, porém, ao princípio *favor creditoris* vigente em Direito Comercial, o artigo 10º do Código Comercial dispensava a "moratória forçada" sempre que a dívida em questão fosse comercial, isto é, emergente de um ato de comércio, ainda que o fosse "apenas em relação a uma das partes", quer dizer, que tivesse origem num ato de comércio misto. Consta pois do artigo 10º do Código Comercial:

> Não há lugar à moratória estabelecida no nº 1 do artigo 1696º do Código Civil quando for exigido de qualquer dos cônjuges o cumprimento de uma obrigação emergente de ato de comércio, ainda que o seja apenas em relação a uma das partes.

O artigo 1696º do Código Civil e o artigo 825º do Código de Processo Civil vieram a ser modificados na sua redação pelo Decreto-Lei nº 329-A/95, de 12 de Dezembro que lhe retirou o regime da chamada "moratória forçada" de tal modo que, hoje em dia, na insuficiência dos bens próprios do cônjuge devedor, a execução prossegue na sua meação dos bens comuns, sendo o outro cônjuge citado para requerer a separação de bens ou juntar certidão da pendência da respetiva ação (artigo 825º, nº 1 do Código de Processo Civil). Deixou, pois, de vigorar a célebre "moratória forçada" que havia feito correr rios de tinta e tinha suscitado uma intensa conflitualidade judicial. Tinha também dificultado a concessão de crédito ao comerciante casado e conduzido a que os cre-

DIREITO COMERCIAL

dores mais avisados tivessem passado a exigir a assinatura de ambos os cônjuges nos títulos de dívida, mormente em letras e livranças.[74]

Modificado o regime do artigo 1696º do Código Civil e afastada a "moratória forçada", o artigo 10º do Código Comercial, embora não formalmente revogado, perdeu o conteúdo útil.

III. Mantém-se ainda um regime especial de comunicabilidade das dívidas comerciais, concentrado no artigo 15º do Código Comercial e no artigo 1691º, nº 1, alínea d) do Código Civil.

O artigo 15º do Código Comercial estabelece uma presunção *juris tantum* segundo a qual, todas as dívidas comerciais do comerciante casado se consideram, salvo prova em contrário, contraídas no exercício do comércio. É este o texto do preceito:

> As dívidas comerciais do cônjuge comerciante presumem-se contraídas no exercício do seu comércio.

O comerciante individual tem a sua vida privada para além da profissão comercial. Na sua vida privada, contrai dívidas como toda a gente e, entre essas dívidas, algumas poderão ser comerciais. Assim, por exemplo, se um comerciante de diamantes comprar um veleiro para seu regalo, diretamente ao estaleiro, ou a alguém que o tenha comprado para revender, esta dívida é comercial pelo lado do vendedor, quer porque o estaleiro pertence a uma empresa comercial transformadora (artigo 230º, nº 1 do Código Comercial), quer porque se trata da revenda de coisa comprada para revenda (artigo 463º do Código Comercial). Neste caso é razoavelmente claro que esta compra foi feita fora do exercício do comércio. Mas noutros casos pode ser muito duvidoso se a compra foi feita dentro ou fora do exercício do comércio, por exemplo, quando o comerciante compra um bilhete de avião para Roterdão, principal praça mundial do comércio de diamantes. Será em turismo, será em negócio? será que o comerciante se deslocou a Roterdão para, conjuntamente, visitar ou participar numa feira de jóias e para visitar museus? Se por vezes é fácil e mesmo intuitivo, por vezes é difícil e

---

[74] Esta questão pode ser consultada em FERNANDO OLAVO, *Direito Comercial*, I, cit. págs. 217 e segs. com indicação de doutrina e jurisprudência relevantes ao tempo.

DIREITO COMERCIAL GERAL

mesmo impossível provar se a dívida foi contraída dentro ou fora do comércio. Quando se não consiga provar, a solução resultará contra aquele sobre quem impender o ónus da prova. E é nesta circunstância que se torna decisivo o regime do artigo 15º do Código Comercial, porquanto a presunção que estatui tem como consequência a inversão do ónus da prova. No caso do artigo 15º do Código Comercial, não é ao credor que incumbe provar que a dívida foi contraída pelo comerciante no exercício do comércio, como constituiria regra geral, mas ao invés, cabe ao devedor (ou a quem for acionado) provar que foi contraída fora do exercício do comércio. Nada se provando, entende-se que as dívidas comerciais do comerciante foram contraídas no exercício do comércio.

IV. A presunção que está no artigo 15º do Código Comercial é importante para a concretização do artigo 1961º, nº 1, alínea d) do Código Civil. Importa lê-lo com atenção:

1. São da responsabilidade de ambos os cônjuges:

(...)

d) As dívidas contraídas por qualquer dos cônjuges no exercício do comércio, salvo se se provar que não foram contraídas em proveito comum do casal, ou se vigorar entre os cônjuges o regime de separação de bens.

O regime matrimonial de bens prova-se pelo Registo Civil e não suscita, em princípio, controvérsias, salvo se lhe for aplicável uma lei estrangeira. O credor, ao invocar a comunicabilidade da dívida e ao acionar, em litisconsórcio, ambos os cônjuges, não precisa de provar que a dívida foi contraída pelo cônjuge comerciante no exercício do comércio (por aplicação da presunção constante do artigo 15º do Código Comercial). Também não tem de provar que a dívida foi contraída em proveito comum do casal, porque a dupla negativa utilizada na redação do preceito implica também a inversão do ónus da prova, que passa a recair sobre o devedor.

Este regime jurídico facilita imensamente a posição processual do credor na ação, o que corresponde ao princípio do *favor creditoris* que é próprio do Direito Comercial. Mas atenção: se dispensa a prova, não dispensa a alegação, pelo credor dos factos presumidos e não impede o devedor de provar o contrário. O devedor pode usar dos meios de prova comuns para convencer que a dívida foi, no caso, contraída fora do exer-

DIREITO COMERCIAL

cício do comércio e ainda que não resultou em proveito comum do casal.

V. Para a prova de a dívida ter sido, ou não, contraída no exercício do comércio pode contribuir fortemente a escrituração comercial. Se estiver registada na sua escrita, dificilmente se poderá concluir que foi contraída fora desse exercício. Para esse efeito, é muito importante o regime do artigo 44º do Código Comercial.

O proveito comum do casal é mais controverso. Pode ser visto subjetiva ou objetivamente. Numa perspetiva subjetiva procura-se saber se a dívida contraída se traduziu, no caso concreto, em bem ou mal do casal. Numa perspetiva objetiva é aferido se a situação jurídica patrimonialmente passiva, que a dívida constitui, teve como contrapartida um incremento patrimonial da esfera jurídica de ambos os membros do casal, ou apenas daquele que diretamente a contraiu.

Qual o critério decisivo? O do aproveitamento pessoal subjetivo por ambos os cônjuges ou o do incremento patrimonial objetivo nas esferas jurídicas dos cônjuges?

Fora do caso em que vigore o regime de separação de bens, em que o artigo 1691º, nº 1, alínea d) do Código Civil não se aplica, nos casos de comunhão de bens ou de comunhão de adquiridos, os atos aquisitivos praticados pelo comerciante causam em princípio sempre um incremento patrimonial igual no cônjuge. No exercício do comércio não são praticados normalmente atos gratuitos que deixem o comerciante em dívida.

O critério correto e justo é o objetivo. Sempre que à dívida corresponda um incremento patrimonial na esfera jurídica do cônjuge, é justo que ele seja também responsável pelo pagamento. O cônjuge sempre poderá, porém, provar (ou tentar provar) que não houve tal proveito patrimonial e, assim elidir a presunção de proveito comum.

VI. Foi muito discutida, para os efeitos deste regime jurídico, a natureza jurídica civil ou comercial das dívidas cambiárias. A abolição do regime de "moratória forçada" retirou utilidade à questão. No entanto, vale a pena deixar aqui uma recordação.

Discutia-se se, não obstante o carácter objetivamente comercial das dívidas emergentes de letras, não deviam ter-se como civis se civil fosse a relação subjacente. Nesse sentido acabaram por ser emitidos dois

DIREITO COMERCIAL GERAL

Assentos do Supremo Tribunal de Justiça, de 27 de Novembro de 1964 e de 20 de Julho de 1978, ambos juridicamente errados e que tivemos já a ocasião de criticar.[75]

É paradigmático do raciocínio seguido nesta infeliz jurisprudência uma frase que retiramos do assento de 27 de Novembro de 1964:

> "O aval, embora um ato comercial formal, pode garantir uma obrigação de natureza civil". "A tese do recorrente teria como consequência lamentável ficar a família desprotegida se o marido, casado em regime de comunhão geral de bens, avalizasse uma letra; privaria a mulher e os filhos dos bens do casal".

O primeiro erro está na afirmação de que o aval poderia garantir dívidas civis: é falso, porque o aval só garante a dívida cambiária e nunca a obrigação subjacente. E a dívida cambiária é mercantil mesmo que a relação subjacente seja civil. O segundo erro está em pretender defender a integridade patrimonial da família do devedor, sem atender ao facto de o credor também poder ter família e sem considerar que uma decisão como esta pode ter como consequência a insolvência pessoal do credor e privar assim a sua mulher e filhos dos bens do casal.

A questão está encerrada, e ainda bem.

Com a lei atual, a dívida cambiária é uma dívida objetivamente comercial que, se for contraída por um comerciante, se presume contraída no exercício do comércio. Caberá então ao cônjuge, que não for casado em regime de separação de bens, ilidir uma das presunções (uma é suficiente) alegando e demonstrando que não foi contraída no exercício do comércio ou que o não foi em proveito comum do casal.

---

[75] PAIS DE VASCONCELOS, *Direito Comercial – Títulos de Crédito*, AAFDL, Lisboa, págs. 38 e segs.

# Segunda Parte
## Contratos Mercantis

# III. Os contratos mercantis

## 21. Os contratos mercantis em geral

> ENGRÁCIA ANTUNES, *Direito dos Contratos Comerciais*, Almedina, Coimbra, 2009, *Contratos Comerciais – Noções fundamentais*, Direito e Justiça, Volume especial, Universidade Católica Portuguesa, Lisboa, 2007, CASSIANO SANTOS, *Transmissão e cessação de contratos comerciais: Direito Comercial e Direito Civil nas relações comerciais*, Nos 20 anos do Código das Sociedades Comerciais, I, Coimbra Editora, Coimbra, 2007, págs. 283-303.

Os contratos comerciais têm regras próprias, quer em geral, quer em especial.

Em princípio, os contratos comerciais seguem o regime geral dos contratos. Mas há diferenças que são específicas do Direito Comercial e que decorrem, quer dos usos, quer das especiais características de celeridade, de simplicidade e de celebração em massa, que lhe são próprias.

O Código Comercial contém, no Título I do Livro II (Disposições Gerais), nos artigos 96º a 103º, regras aplicáveis em geral aos contratos e obrigações comerciais.

No artigo 96º, dispõe que "os títulos comerciais serão válidos, qualquer que seja a língua em que forem exarados".

Este preceito diverge da orientação geral do Direito Civil, reconhecível no artigo 42º, nº 1, do Código do Notariado, que exige a redação dos atos notariais em língua portuguesa. Assim como nos atos legislativos, nos atos administrativos e nos atos judiciais, a lei exige que sejam prati-

DIREITO COMERCIAL

cados e expressos na língua portuguesa, o Direito Comercial, como direito cosmopolita que é, admite que os "títulos comerciais" sejam expressos em qualquer língua.

Daqui não se pode concluir que todos os atos de comércio possam ser licitamente expressos em língua estrangeira. Os atos de constituição de sociedades com sede em Portugal, as respetivas deliberações e atas, os atos notariais que titulem atos de comércio, só são válidos se escritos em língua portuguesa. Mas já as letras e livranças (artigo 1º, nº 1, da LULL), os cheques (artigo 1º, nº 1, da LUC) são títulos que podem circular expressos em qualquer língua.

A segunda regra do Título I do Livro II do Código Comercial, no artigo 97º, rege com detalhe a "admissibilidade da correspondência telegráfica". Ao tempo da entrada em vigor do Código, o telégrafo era o mais eficiente meio de telecomunicação. Os comerciantes usavam-no com frequência nos seus negócios. O preceito teve então uma grande importância. Permitiu a equivalência entre os telegramas e os documentos escritos, regulou o seu valor probatório, o mandato e a prestação de consentimento por telegrama, o regime do erro, alteração ou demora na sua expedição e ainda a determinação da sua data.

O telégrafo caiu em desuso como meio de telecomunicação. Veio a ser substituído primeiro pelo "telex" e, pouco tempo depois, por telefax, pelo correio eletrónico e pela internet. O correio eletrónico está hoje regulado pelo regime jurídico dos documentos eletrónicos, os quais têm o mesmo valor jurídico, formal e probatório, dos documentos escritos, "quando o seu conteúdo seja suscetível de representação como declaração escrita".[76]

Segundo o artigo 6º do Decreto-Lei nº 290-D/96, de 2 de Agosto e nos termos nele previstos, as comunicações por correio eletrónico têm um regime análogo ao do correio tradicional:

1. O documento eletrónico comunicado por um meio de telecomunicações considera-se enviado e recebido pelo destinatário se for transmitido para o endereço eletrónico definido por acordo das partes e neste for recebido.

[76] Decreto-Lei 290-D/99, de 2 de Agosto, artigo 3º.

140

## CONTRATOS MERCANTIS

2. São oponíveis entre as partes e a terceiros, a data e hora da criação, da expedição ou da receção de um documento eletrónico que contenha uma validação cronológica emitida por uma entidade certificadora.
3. A comunicação do documento eletrónico, ao qual seja aposta assinatura eletrónica qualificada, por meio de telecomunicações que assegurem a efetiva receção equivale à remessa postal registada e, se a receção for comprovada por mensagem de confirmação dirigida ao remetente pelo destinatário que revista idêntica forma, equivale à remessa por via postal registada com aviso de receção.
4. Os dados e documentos comunicados por meio de telecomunicações consideram-se em poder do remetente até à receção pelo destinatário.
5. Os operadores que assegurem a comunicação de documentos eletrónicos por meio de telecomunicações não podem tomar conhecimento do seu conteúdo, nem duplicá-los por qualquer meio ou ceder a terceiros qualquer informação, ainda que resumida ou por extrato, sobre a existência ou sobre o conteúdo desses documentos, salvo quando se trate de informação que, pela sua natureza ou por indicação expressa do seu remetente, se destine a ser tornada pública.

O correio eletrónico é hoje, pode dizer-se, o meio de comunicação por excelência da atividade comercial.

III. No que respeita à forma, no Direito Comercial vigora o princípio da liberdade de forma, tal como no Direito Civil.

Porém, a exigência de certeza, segurança e celeridade em certas operações comerciais obriga a uma acentuada formalização. Assim sucede no domínio dos títulos de crédito em que a falta da forma legal determina a inexistência do próprio título.[77]

IV. No que respeita à conclusão do contrato, mantêm-se os tipos de contratação do Direito Civil.[78]

Há tipos de contratação que são muito característicos do comércio e que, sem serem dele privativos, aí tiveram a sua origem histórica. O tipo da proposta-aceitação, da contratação sobre documento, do leilão, por exemplo, são usados correntemente no tráfego mercantil desde há sécu-

---

[77] *Infra 46. ii.*
[78] PAIS DE VASCONCELOS, *Teoria Geral do Direito Civil*, cit., págs. 316 e segs.

DIREITO COMERCIAL

los. Mais recentemente foi o comércio que deu origem à contratação automática, à venda por catálogo, em auto-serviço, e à contratação eletrónica.[79]

V. É muito caraterística do Direito Comercial a massificação da contratação.

O que carateriza os tipos contratuais referidos no artigo 230º do Código Comercial é a sua celebração no âmbito de uma atividade profissional organizada e reiterada. Não se trata de atos ou contratos isolados, mas antes de atividades em que aqueles contratos são celebrados em massa. Não é relevante, por exemplo, para a qualificação comercial, a celebração de um contrato isolado de empreitada, ou de edição, mas sim a sua prática profissional e sistemática. Tal não significa que os contratos de empreitada celebrados por comerciantes no exercício da sua atividade empresarial de construção tenham um regime jurídico específico: o seu regime é o típico da empreitada civil com as diferenças apenas das regras gerais aplicáveis a todos os atos e obrigações mercantis. A sua qualificação mercantil vem da celebração em massa, como atividade profissional exercida no âmbito de uma empresa de construção.

A contratação em massa induziu o uso de cláusulas contratuais gerais inserida em contratos de adesão. Os contratos de fornecimento de bens fungíveis ao público, por exemplo, de gás, de eletricidade, de água, não podem ser negociados caso a caso, têm de ser normalizados no seu clausulado. Assim sucede também com os contratos de seguro, no que respeita às condições gerais. Muitos contratos e operações bancárias são também normalizadas, embora nem todas o sejam.

VI. Ainda no âmbito da contratação mercantil, é particularmente relevante a distinção entre contratos celebrados entre comerciantes e contratos celebrados entre estes e os consumidores.

Esta diferença encontra-se no regime jurídico das cláusulas contratuais gerais e no chamado "direito do consumo". O direito do consumo integra o Direito Comercial e refere as relações dos comerciantes com

---

[79] Sobre estes tipos de contratação, PAIS DE VASCONCELOS, *Teoria Geral do Direito Civil*, cit., págs. 478 e segs.

os consumidores. Tem, no entanto, um sentido próprio, consistente na proteção dos consumidores. Os consumidores são tidos como contraentes ingénuos que carecem de proteção contra si mesmos e contra os comerciantes, estes tidos como contraentes profissionais. Este protecionismo tem algo de paternalista, mas também corresponde à natureza das coisas naquilo em que os consumidores têm tendência para cederem a um consumismo irracional, por vezes mesmo compulsivo, que não poucas vezes é aproveitado, quando não mesmo estimulado, pelos comerciantes.

Na linguagem anglo-americana, a contratação entre comerciantes é usualmente designada pelo acrónimo B2B (*business to business*) e a contratação entre comerciantes e consumidores pelo acrónimo B2C (*business to consumer*). Nesta perspetiva, o consumidor pode até ser um comerciante, desde que esteja a contratar fora do seu comércio e como um ato de consumo.

A proteção do consumidor como contraente ingénuo traduz-se em desvios ao princípio da igualdade entre as partes no contrato. Estes desvios de proteção do consumidor, no comércio, são por vezes conflituantes com as necessidades do comércio, naquilo em que fragilizam, por vezes exageradamente, a posição do comerciante na relação de consumo. Não obstante, o comércio em geral acaba por ser beneficiado com o incremento de segurança e de confiança do consumidor, que este regime potencia, além de provocar uma maior responsabilidade e profissionalização do comerciante. Após os primeiros anos da sua aplicação e a uma distância temporal suficiente, é já possível fazer um juízo positivo para o comércio do regime especial de proteção dos consumidores.

Este regime especial de proteção dos consumidores não é tradicionalmente objeto do ensino na disciplina de Direito Comercial, embora em bom rigor devesse sê-lo. Por isso, limitamo-nos a enumerar os mais importantes diplomas legais que o integram:

- Lei nº 24/96, de 31 de Julho (Lei de defesa do consumidor)
- Decreto-Lei nº 134/2009, de 2 de Junho (Prestação de serviços através de *call centres*)
- Decreto-Lei nº 383/89, de 6 de Novembro (Responsabilidade por produtos defeituosos)
- Decreto-Lei nº 67/2003, de 8 de Abril (Garantias na venda de bens de consumo)

DIREITO COMERCIAL

- Decreto-Lei nº 69/2005, de 17 de Março (Segurança geral dos produtos e serviços)
- Decreto-Lei nº 58/2000, de 18 de Abril (Informação relativa a serviços da sociedade de informação)
- Decreto-Lei nº 161/77, de 21 de Abril (Remessa de bens não encomendados)
- Decreto-Lei nº 143/2001, de 26 de Abril (Contratos celebrados à distância, ao domicílio e equiparados)
- Decreto-Lei nº 150/90, de 10 de Maio (Imitações perigosas)
- Lei nº 23/96, de 26 de Junho, (Proteção de utentes de serviços públicos essenciais)
- Decreto-Lei nº 195/99, de 8 de Junho (Caução por fornecimento de serviços públicos essenciais)
- Decreto-Lei nº 230/96, de 29 de Novembro (Direito a faturação telefónica detalhada)
- Decreto-Lei nº 156/2005, de 15 de Setembro (Livro de reclamações)
- Lei nº 25/2004, de 8 de Julho (Ações inibitórias de proteção dos consumidores)

VII. Em sentido contrário e de acordo com o princípio do *favor creditoris* que informa o Direito Comercial:

- o credor comerciante beneficia do regime de solidariedade passiva dos condevedores e do fiador (artigos 100º e 101º do Código Comercial);
- as dívidas emergentes de atos de comércio vencem juros com um regime especialmente favorável (artigo 102º do Código Comercial);
- os créditos comerciais, ao fim de um curto prazo de mora, beneficiam de um processo especialmente expedito de cobrança judicial (injunção)

VIII. O Código Comercial contém uma série de tipos de atos e contratos objetivamente comerciais. É a estes que se refere a primeira parte do artigo 2º do Código Comercial. São atos e contratos que são inerentemente comerciais, são de tal modo típicos da atividade mercantil que eles mesmos a constituem. São o núcleo duro do Código Comercial.

Alguns destes tipos que constaram da versão original do Código Comercial vieram a ser deslocados para legislação formalmente exterior ao Código. Desta deslocação não se pode concluir, porém, pela perda da sua natureza objetivamente mercantil. Sediados agora em legislação extravagante, não deixam de constituir atos de comércio objetivos tipicamente mercantis.

Como atos característicos do comércio, o seu regime e concretização são impregnados do sentido próprio do Código Comercial. Não podem ser tidos como simples especialidades ou versões especiais dos contratos civis.

## 22. As sociedades comerciais

Nos artigos 104º a 223º, o Código Comercial continha originariamente a matéria das sociedades comerciais.

Os artigo 104º a 150º eram ocupados pelas disposições gerais, que eram seguidas pelos tipos de sociedade: as sociedades em nome coletivo (artigo 151º a 161º), as sociedades anónimas (artigos 162º a 198º), as sociedades em comandita (artigos 199º a 206º) e as sociedades cooperativas (artigos 207º a 223º). As sociedades por quotas foram criadas posteriormente, pela Lei de 11 de Abril de 1901, por influência da lei alemã de 1892.

Estes preceitos do Código Comercial vieram a ser revogados e substituídos pelo Código das Sociedades Comerciais (aprovado pelo Decreto-Lei nº 262/86 de 2 de Setembro e depois modificado por legislação vária) e pelo Código Cooperativo (aprovado pela Lei nº 51/96, de 7 de Setembro, modificada por outra legislação).

A matéria das sociedades comerciais constitui o Volume II deste livro.

## 23. A associação em participação

I. Também a matéria do contrato, então designado como *conta em participação,* foi deslocada do Código Comercial para legislação extravagante. Os artigos 224º a 229º foram revogados pelo Decreto-Lei nº 231/81, de 28 de Julho, que regulou os contratos de consórcio e de associação em participação e cujo conteúdo resultou do anteprojeto de RAUL VENTURA.[80]

---

[80] RAUL VENTURA, *Associação em participação (anteprojeto e notas explicativas),* separata do BMJ 189 e 190, Lisboa, 1970.

DIREITO COMERCIAL

O que a associação em participação tem como característico é a associação, pelo comerciante (associante ou sócio ostensivo) de uma outra pessoa (associado ou sócio oculto) ao seu negócio, sendo partilhado entre ambos o correspondente resultado.[81] O associante atua em nome próprio e vincula-se pessoalmente, sem menção do associado, que se mantém oculto. O associado financia o negócio do associante, mas não o exerce, e participa no respetivo lucro, se o houver. Só participa nas perdas quando convencionado. A percentagem da participação é estipulada entre ambos e, se não o for, presume-se proporcional se os contributos de cada um forem avaliados, ou de metade para cada um, se não houver avaliação.

II. Nos artigo 224º a 229º do Código Comercial, o contrato de "conta em participação" era qualificado como um ato objetivamente comercial, pela primeira parte do artigo 2º. A revogação destes artigos do Código Comercial pelo Decreto-Lei nº 231/81 não deveria, em princípio obstar a igual qualificação do contrato de "associação em participação" previsto naquele diploma legal.

Porém, tal como regulada na lei, a associação em participação tem um âmbito mais amplo e abrange, além da versão tipicamente mercantil, também uma versão civil. Na verdade, no referido Decreto-Lei, é omitida a referência ao associante como "comerciante" e o objeto da associação passa a ser referido como "uma atividade económica" em vez de "um ou mais atos de comércio" e de "o comércio todo".

A distinção entre a associação em participação comercial e a associação em participação civil não constitui uma novidade. Já ao tempo em que vigoravam os artigos 224º a 229º do Código Comercial se distinguia entre a conta em participação comercial, correspondente àqueles artigos, e a conta em participação civil em que falta a qualidade de comerciante no associante e a natureza comercial do objeto, e que era livre-

---

[81] No artigo 224º do Código Comercial constava a seguinte definição: "Dá-se conta em participação quando o comerciante interessa uma ou mais pessoas ou sociedades nos seus ganhos e perdas, trabalhando um, alguns ou todos em seu nome individual somente". No respetivo § único, a definição era completada: "A conta em participação pode ser momentânea, relativa e determinadamente a um ou mais atos de comércio, e sucessiva, abrangendo até o comércio todo que exercer o que dá participação".

CONTRATOS MERCANTIS

mente celebrada no âmbito da autonomia privada (artigo 405º do Código Civil).

Mas cabe hoje perguntar se a associação em participação comercial, aquela em que o associante é um comerciante e o objeto é um ato ou uma atividade comercial, deve ser qualificada como objetivamente ou subjetivamente mercantil. Quer dizer, é objetivamente mercantil por corresponder a um ato que estava especialmente regulado no Código Comercial, ou é subjetivamente mercantil por ser praticada pelo comerciante no exercício do comércio? Ambas as qualificações são possíveis e já o eram ao tempo dos artigos 224º a 229º do Código Comercial. A velha conta em participação celebrada entre um comerciante que interessava uma outra pessoa nos lucros e perdas do seu negócio, se não fosse objetivamente mercantil por estar especialmente prevista no Código Comercial, sê-lo-ia também já subjetivamente por ser praticada pelo comerciante no exercício do seu comércio.

A prática de atos objetivamente mercantis por comerciantes no exercício do seu comércio é frequente e não põe em causa a sua qualificação como atos de comércio objetivos. Assim, também no caso agora em apreciação, concluímos pela qualificação como ato de comércio objetivo da associação em participação, sempre que o associante seja um comerciante e o objeto um ou mais atos de comércio ou uma atividade inserida no seu comércio. Fora destas circunstâncias a associação em participação deve ser qualificada como civil, tal como a velha conta em participação o era.

III. A associação em participação é um negócio tipicamente parciário.[82] É patrimonial, oneroso, e a contrapartida da prestação do asso-

---

[82] Não concordamos com a qualificação de contrato associativo que RAUL VENTURA, no seu anteprojeto, defendeu para a conta em participação. Vem desse anteprojeto a alteração da denominação de "conta em participação" para "associação em participação" e alguns regimes supletivos reconhecivelmente decorrentes de um pensamento que entende aquele contrato como uma associação. Entre eles avultam a avaliação das contribuições das partes ao modo das entradas nas sociedades, o regime formal correspondente ao das sociedades civis e a partilha dos resultados na proporção das contribuições. Estes regimes são supletivos e dificilmente terão aplicação, pois só em casos verdadeiramente excecionais as partes deixarão de estipular expressamente qual a contribuição e a participação do associado, e embora possam avaliar a contribuição do associado, só excecionalmente procederão à avaliação do

DIREITO COMERCIAL

ciado é uma parte do resultado do negócio. Tipicamente, o associado participa, pois, no risco do negócio embora não participe na sua gestão.

Quando a participação do associado é em dinheiro, quando este aporta capital ao negócio do associante, a associação em participação desempenha uma função de financiamento. É um caso muito característico de associação entre capital e empresa, ou entre capitalista e empresário. O contrato aproxima-se então muito do chamado *mútuo parciário*, ou confunde-se mesmo com ele.

Semelhante à associação em participação é a *associação à quota*.[83] A diferença deste contrato em relação ao anterior está na posição do associante que é tipicamente o titular de uma participação social que associa um outro àquela participação, mantendo-se a respetiva titularidade apenas no associante e oculta a posição do associado. Associações como esta podem ser contratadas, com base no princípio da autonomia privada, em relação a praticamente todas as posições jurídicas no comércio, por exemplo, a posição de empreiteiro, de transportador ou de editor. Mesmo fora do comércio, não são raros os casos, como o da *associação à lide* em que uma parte, numa ação judicial, associa a si uma outra pessoa que contribui, normalmente, com os fundos necessários ao respetivo custeio e com quem convenciona a distribuição do respetivo resultado.

A associação em participação tem origem histórica no contrato de comenda e encontra o seu correspondente tipo societário na comandita,

---

negócio ou da empresa do associante. É verdadeiramente atípico que façam depender a participação do associado da proporção daqueles valores. O regime formal, seguindo a regra geral da liberdade de forma, sempre teria de adotar a forma legalmente necessária para a contribuição do associado.

Na prática dos negócios, associante e associado acordam expressamente – embora não necessariamente por escrito – na contribuição e na participação do associado, na determinação do negócio à qual corresponde, na duração e na extinção do contrato. Um contrato em que sejam omitidas estas estipulações dificilmente poderá ser considerado um negócio completo, um negócio fechado ou um negócio sério.

Na típica associação em participação, a participação do associado é entendida como a contrapartida da sua contribuição, contrapartida esta que é negociada livremente entre as partes independentemente do valor relativo entre a contribuição do associado e o negócio ou a empresa do associante.

Natureza associativa tem a sociedade em comandita que corresponde a idêntica função económica, embora com um estrutura jurídica diversa.

[83] RAUL VENTURA, *Associação à quota (anteprojeto)*, separata do BMJ 189 e 190, Lisboa, 1970.

CONTRATOS MERCANTIS

cuja estrutura e funcionamento económico são praticamente idênticos. Entre a associação em participação e a comandita a divergência está na estrutura jurídica, que na primeira é simplesmente contratual e parciária e na segunda societária, e na personificação da segunda que falta na primeira. A diferença é fundamentalmente de grau de sofisticação de estrutura jurídica. A associação em participação tem uma estrutura jurídica menos densa do que a comandita, mas economicamente corresponde à mesma função.

IV. Nada impede que seja contratada uma pluralidade de associados (artigo 22º do Decreto-Lei nº 231/81). Neste caso, segundo o texto legal, não se presume a solidariedade entre eles, embora possa ser convencionada.

Não obstante a aparente simplicidade do preceito legal, importa distinguir situações diversas consoante o associante celebra uma só associação com uma pluralidade de associados ou uma pluralidade de associações, cada uma com um ou mais associados. No primeiro caso existe apenas um contrato com uma parte plural associada; no segundo, há uma pluralidade de contratos de associação em participação. Em concreto, só a interpretação contratual pode permitir a distinção. Na falta de estipulação, as posições jurídicas dos vários associados são independentes.

V. A associação em participação não carece de forma especial, salva a que for eventualmente exigida para a entrada do associado (artigo 23º do Decreto-Lei nº 231/81). Este regime é consentâneo com o carácter tipicamente reservado da associação em participação, cuja existência é mantida fora do conhecimento do mercado e de outras pessoas para além das partes.

VI. A contribuição do associado é feita na maior parte dos casos em dinheiro. Mas pode ser constituída por outros bens, designadamente pelo uso de máquinas ou equipamentos, de um estabelecimento, de bens incorpóreos como, por exemplo, patentes. A contribuição do associado é constituída por bens, em sentido próprio, isto é, algo que tenha utilidade para o negócio ou para o comércio do associante. O critério é este: a adequação ao negócio ou ao comércio do associante.

DIREITO COMERCIAL

Segundo o artigo 24º do Decreto-Lei nº 231/81, a contribuição do associado deve ser patrimonial e tem de ser avaliada em dinheiro. Esta avaliação deve, em princípio ter sido acordada ao tempo da contratação e pode ser objeto de avaliação judicial quando haja desentendimento entre as partes quanto ao seu valor. A lei diz ainda que a participação do associado pode ser dispensada quando este participe nas perdas ou em caso de participação recíproca simultânea entre as mesmas partes.

VII. A participação do associado é convencionada entre as partes. O artigo 25º do Decreto-Lei nº 231/81 prevê um regime supletivo aplicável apenas quando o "regime diferente resultar de convenção expressa ou das circunstâncias do contrato".

Não vemos como poderá, na prática, este regime supletivo ter aplicação. Não nos parece inverosímil que as partes contratem uma associação em participação sem convencionarem entre si, expressa ou tacitamente, qual a participação do associado, ou que tal regime não resulte das circunstâncias do contrato, designadamente, dos movimentos patrimoniais entre associante e associado ou das respetivas contas ou contabilidades. Dado o carácter informal e confidencial da associação, pode ocorrer que, em certos casos, se não consiga provar qual a convenção das partes relativamente ao regime da participação. Admitimos que em tais casos possa ser útil o regime de participação consagrado supletivamente na lei.

Os critérios supletivos de determinação da participação do associado são, em primeiro lugar a proporção nas respetivas contribuições se avaliadas e, na falta de avaliação, metade dos lucros ou das perdas, podendo todavia "o interessado" pedir judicialmente "uma redução que considere equitativa, atendendo às circunstâncias do caso"; a participação do associado nas perdas é limitada ao valor da sua contribuição; a participação é calculada sobre os lucros ou perdas "pendentes à data de início ou do termo do contrato" e reporta-se aos resultados do exercício apurados segundo os critérios da lei, ou dos usos comerciais "tendo em atenção as circunstâncias da empresa"; e dos lucros a haver pelo associado num exercício são deduzidas as perdas apuradas em exercícios anteriores "até ao limite da responsabilidade do associado".

Este critério supletivo é complexo, por vezes vago, previsivelmente gerador de conflitos e revela um tropismo para as regras das sociedades que influenciou o autor do projeto. Perante elas, é do interesse de associante e associado estipularem claramente os critérios de cálculo da participação do associado.

VIII. Além do dever de satisfazer a participação do associado, o associante está ainda vinculado ao dever de boa gestão, de diligência, de não concorrência e de informação no que respeita à gestão do negócio ou da empresa objeto a que respeita a associação (artigo 26º do Decreto-Lei nº 231/81). A violação destes deveres pelo associante constitui justa causa de resolução do contrato por parte do associado cabendo-lhe ainda a indemnização dos correspondentes prejuízos (artigo 30º do citado Decreto-Lei).

IX. A associação em participação extingue-se nos casos previstos no artigo 28º do Decreto-Lei nº 231/81. Estes casos correspondem ao esgotamento ou impossibilidade do objeto, pela confusão entre associante e associado, por resolução do contrato, pela vontade dos sucessores em caso de morte de um dos contraentes e pela extinção de um dos contraentes ou ainda pela falência ou insolvência do associante.

O contrato de associação em participação extingue-se também por resolução (artigo 30º do Decreto-Lei nº 231/81). Embora a lei não o refira, também pode ser extinta por denúncia, mediante pré-aviso, nos termos gerais, quando o contrato for celebrado sem prazo e não tenha por objeto um negócio determinado e delimitado no tempo.

X. Tem uma importância central, na associação em participação, a prestação de contas. O associante tem o dever de prestar contas ao associado com o fim de lhe permitir controlar a liquidação da sua participação (artigo 31º do Decreto-Lei nº 231/81). As contas devem ser prestadas quando convencionado. Quando a associação tiver por objeto um negócio determinado, as contas devem ser prestadas no seu termo; quando o objeto for uma atuação prolongada e de duração indeterminada, as contas costumam ser prestadas anualmente, no termo do exercício fiscal. Não vemos razão para a regra da segunda parte do nº 2 do artigo 31º e não encontramos fundamento para que seja considerada imperativa.

DIREITO COMERCIAL

## 24. Consórcio

RAUL VENTURA, *Notas sobre o Contrato de Consórcio*, ROA, ano 41, 1981, págs. 609-690.

### i. O tipo contratual

O mesmo Decreto-Lei nº 231/81, de 28 de Julho, que hoje rege a associação em participação contém também, nos seus artigos 1º a 20º um novo tipo contratual: o consórcio.

Logo no artigo 1º este Decreto-Lei contém a definição legal do contrato de consórcio:

> Consórcio é o contrato pelo qual duas ou mais pessoas, singulares ou colectivas, que exercem uma atividade económica se obrigam entre si a, de forma concertada, realizar certa atividade ou efetuar certa contribuição com o fim de prosseguir qualquer dos fins referidos no artigo seguinte.

O artigo 2º completa a definição legal com a enumeração daqueles fins:

> O consórcio terá um dos seguintes objetos:
>
> a) Realização de atos, materiais ou jurídicos, preparatórios quer de um determinado empreendimento quer de uma atividade contínua;
>
> b) Execução de determinado empreendimento;
>
> c) Fornecimento a terceiros de bens, iguais ou complementares entre si, produzidos por cada um dos membros do consórcio;
>
> d) Pesquisa ou exploração de recursos naturais;
>
> e) Produção de bens que possam ser repartidos, em espécie, entre os membros do consórcio.

Conceptualmente, o consórcio é um contrato que se caracteriza pela associação e por certo fim comum económico. Tipologicamente, o consórcio relaciona-se em série com outros tipos associativos, como a sociedade comercial, com a associação em participação e com o agrupamento complementar de empresas[84].

A introdução deste tipo legal teve indisfarçavelmente em vista dotar o tecido empresarial com um contrato que correspondesse à *unincorporated joint venture*. É muito claro, nesse sentido, o que ficou a constar do

---

[84] Sobre esta série tipológica, PAIS DE VASCONCELOS, *Contratos Atípicos*, cit., págs. 66-72.

152

relatório do Decreto-Lei nº 231/81, do qual vale a pena recordar este excerto:

> Com o presente diploma, o Governo revela mais uma vez o seu empenho em colocar à disposição dos agentes económicos instrumentos jurídicos atuais ou atualizados, simples e seguros, onde possam enquadrar-se tipos de empreendimentos que a prática criou ou pelo menos tem vindo a esboçar. Aparecem regulados neste diploma dois contratos utilizáveis na cooperação entre empresas: um, velho, que se pretende remoçar – o contrato de associação em participação; outro, novo, que se pretende consagrar – o contrato de consórcio.
>
> (...)
>
> No que se refere ao segundo – o contrato de consórcio –, sendo embora conhecido na prática portuguesa, a lei tem-no esquecido. A sua criação legislativa vem assim dar enquadramento legal a uma forma de cooperação entre empresas, que pode ser dirigida a vários objetivos, mas exige sempre simplicidade e maleabilidade.
>
> Os propósitos práticos dos interessados e a própria natureza das relações que entre si estabelecem para certos fins afastam os seus negócios, muitas vezes, dos tipos tradicionais, onde só um aberrante conservadorismo jurídico pode teimar em encerrá-los. Por exemplo, quando várias empresas se reúnem para a execução de uma importante obra pública ou privada, é tão absurdo forçá-las a constituir entre si uma sociedade, numa das espécies de sociedades comerciais, como, tendo elas afastado voluntariamente esse tipo de enquadramento, pretender que afinal foi uma sociedade e ainda por cima irregular – que elas efetivamente constituíram.
>
> Os exemplos podem multiplicar-se se pensarmos na reunião de empresas apenas para o estudo preparatório de um empreendimento a cuja execução depois elas concorram; nas associações para pesquisa e exploração de recursos naturais, em que os associados, públicos ou privados, queiram repartir os produtos extraídos e não os lucros da exploração, etc.
>
> Está internacionalmente em voga a expressão *joint venture* para designar associações momentâneas ou duradouras que não preencham os requisitos das sociedades comerciais (e até, às vezes, quando os preenchem) e, se a expressão é pelo menos no nosso sistema, desprovida de conteúdo jurídico rigoroso, a realidade existe e deve ser reconhecida.
>
> O contrato agora expressamente regulamentado no nosso direito aparece chamado de «consórcio», por ser essa denominação que a nossa prática tem consagrado e cobre grande parte das chamadas *unincorporated joint ventures*. Não se confunde com as sociedades comerciais nem com os agrupa-

DIREITO COMERCIAL

mentos complementares de empresas, pois diferentes são os seus elementos. Quanto às sociedades, basta notar que os membros do consórcio não exercem uma atividade em comum, pois cada um continua a exercer uma atividade própria, embora concertada com as atividades dos outros membros. Quanto ao agrupamento complementar de empresas, visa também fins de cooperação entre empresas, mas em campos e com estruturas muito diversas das do consórcio.

Na regulamentação do contrato de consórcio constante do presente diploma predominam preceitos supletivos. Como já acima se disse, não é intuito do Governo estancar a imaginação dos interessados, mas, sim, por um lado, criar as grandes linhas definidoras do instituto e, por outro, fornecer uma regulamentação tipo da qual os interessados possam afastar-se quando julguem conveniente e à qual eles possam introduzir os aditamentos que considerem aconselháveis.

Tal como na associação em participação, o consórcio pode ser mercantil ou não. Na grande maioria dos casos, o consórcio é celebrado entre comerciantes, quase sempre sociedades comerciais, com um fim comercial. Em tais casos será de qualificar como ato de comércio subjetivo. Mas nada impede que seja celebrado entre não comerciantes, por exemplo, duas universidades públicas, com um fim científico, caso em que deverá ser qualificado como ato civil. Diversamente da associação em participação sucede à conta em participação que estava "especialmente prevista" no Código Comercial, o consórcio foi legislado "ex novo" e não se coloca, no que lhe tange, a questão de uma possível qualificação como ato de comércio objetivo.

### ii. Consórcios internos e externos
O regime do tipo legal do consórcio estabelece uma dicotomia entre o consórcio interno e externo.

Segundo o artigo 5º do Decreto-Lei 231/81, são consórcios internos aqueles em que:

– as atividades ou os bens são fornecidos diretamente a um dos membros do consórcio e só este estabelece relações com terceiros;
– as atividades ou os bens são fornecidos directamente a terceiros por cada um dos membros do consórcio, sem que invoquem a qualidade de consorciados nem a existência do consórcio.

São consórcios externos aqueles em que as atividades ou os bens são fornecidos diretamente a terceiros por cada um dos consorciados com invocação dessa qualidade ou da existência do consórcio.

O critério distintivo, tal como resulta da lei, é no fundo o carácter oculto ou patente do consórcio. São consórcios internos aqueles em que não é revelada a existência do consórcio e externos aqueles em que essa existência é revelada. O consórcio interno é uma estrutura contratual apenas relevante internamente entre os consorciados sem eficácia externa; no consórcio externo, a estrutura contratual do consórcio não se limita às relações internas entre os consorciados e projeta-se externamente ao relacionamento com terceiros. Como bem se compreende, a estrutura jurídica do consórcio interno é mais fluída e a do consórcio externo é mais densa.

O consórcio externo, tendo uma estrutura mais densa, pode ter um "conselho de orientação e fiscalização" e um "chefe do consórcio".

O "conselho de orientação e fiscalização" (artigo 7º) é composto por todos os consorciados e tem funções internas e, salvo estipulações diversa, delibera por unanimidade. As suas deliberações vinculam o chefe do consórcio "como instruções de todos os seus mandantes, desde que se contenham no âmbito dos seus poderes que lhe são atribuídos ou lhe forem conferidos nos termos dos artigos 13º e 14º". Segundo a alínea c) do artigo 7º, "o conselho não tem poderes para deliberar a modificação ou resolução de contratos celebrados no âmbito do contrato de consórcio, nem a transação destinada quer a prevenir, quer a terminar litígios". Trata-se de um embrião de órgão coletivo deliberativo, uma espécie de assembleia de consorciados, que mal se distingue das partes do contrato.

O "chefe do consórcio" (artigos 12º a 14º) tem funções internas e externas. Internamente, cabe-lhe, na falta de estipulação diversa, "organizar a cooperação entre as partes na realização do objeto do consórcio" e "promover as medidas necessárias à execução do contrato, empregando a diligência de um gestor criterioso e ordenado". Externamente, podem ser-lhe cometidos, por procuração dos consorciados, poderes de representação para emitir e receber declaração de terceiros relativas à celebração e execução de contratos, cumprir e reclamar o cumprimento de obrigações, expedir mercadorias, contratar técnicos e consultores. Esta lista não é exaustiva. Estes poderes de representação consideram-se exercidos no interesse de todos os consorciados quando não possam ser "especificamente relacionados com algum ou alguns membros do consórcio". É o que na prática se designa como "líder" do consórcio.

O consórcio externo pode ter uma denominação própria. Segundo o artigo 15º, os consorciados podem estipular que o consórcio seja designado pelos seus nomes ou firmas antecedidos de "Consórcio de ..." ou seguido de "em consórcio". Esta denominação pode ser útil para deixar claro, quer nas relações internas quer nas externas que certos atos ou atividades são praticados no âmbito do consórcio. A adoção de uma denominação não é obrigatória e representa uma maior densidade de estrutura.

### iii. Os consórcios não têm personalidade jurídica

Os consórcios têm natureza contratual e não instituem uma pessoa jurídica diversa dos seus membros. Não têm personalidade jurídica.

Apesar de o consórcio externo alcançar alguma densidade estrutural, órgãos embrionários e até uma denominação própria, todas as posições e relações jurídicas que lhe respeitem são da titularidade dos consorciados.

A responsabilidade civil é dos consorciados a quem os atos ilícitos sejam imputáveis (artigo 19º, nº 3). Também as receitas e despesas lhes pertencem e são distribuídas de acordo com o que for convencionado no contrato, embora a lei cuide de estabelecer regras supletivas (artigos 16º a 18º). Nas relações com terceiros não se presume a solidariedade ativa ou passiva dos consorciados (artigo 19º, nºs 1 e 2).

A lei proíbe, no artigo 20º, a constituição de fundos comuns. Esta proibição visa claramente dificultar a institucionalização dos consórcios e evitar partilhas finais. Não tem muito sentido, e nada impede que os consorciados estipulem a constituição destes fundos, designadamente de fundos de maneio ou de caixa, com a consequência apenas da qualificação do contrato como de consórcio legalmente atípico. Aliás, nada impediria que os consorciados, no âmbito da autonomia privada e da sua liberdade económica constituíssem um fundo comum paralelo ou abrissem no Banco uma conta comum.

### iv. O consórcio e a autonomia privada

O Decreto-Lei nº 231/81 é muito característico da época em que foi legislado. Estava-se num tempo em que, extinta a fogueira revolucioná-

CONTRATOS MERCANTIS

ria e arrefecidos os seus ímpetos, com a economia arruinada, uma grave crise social e uma situação equívoca em que a Constituição continuava a anunciar o caminho para o socialismo e uma sociedade sem classes, mas a sociedade caminhava a passos largos para o Estado social de mercado. Esta lei revela um binómio político-social muito característico daquele tempo em que se procurava criar um sistema misto de socialismo social e capitalismo económico. Com um dirigismo intenso, próprio da conceção então dominante do Direito como ferramenta de engenharia social, tentava-se salvar o socialismo económico através de introdução de maquinismos capitalistas que dessem à economia a eficiência do capitalismo, com a justiça social do socialismo. Tentou, assim, fazer-se a importação da *joint venture*, mas com um âmbito limitado e uma liberdade reduzida.

Mas o consórcio já era utilizado, no âmbito da autonomia privada, quer com estrutura simplesmente contratual, correspondente à *unincorporated joint venture*, quer com estrutura societária, normalmente com recurso à sociedade por quotas, o que correspondia à *incorporated joint venture*. O Decreto-Lei 231/81, não veio pois introduzir o que já se fazia no mercado.[85] Foi mais uma tentativa de limitar, de controlar, de permitir em certos moldes o consórcio. Portugal não seguiu o caminho do socialismo, nem caminhou para uma sociedade sem classes; integrou-se na União Europeia. São hoje anacrónicos o dirigismo e o regulamentarismo do Decreto-Lei 231/81. A sua interpretação e aplicação deve ser feita em moldes atuais, desligados das concretas circunstâncias que o viram nascer. Os seus preceitos devem ser entendidos como meramente supletivos sempre que não exista fundamento de ordem pública para a injuntividade.

Estamos no âmbito da autonomia privada e, por isso, a consequência da estipulação desconforme com o texto legal não pode ser a invalidade. O consórcio celebrado para fim diverso do previsto no artigo 2º do Decreto-Lei nº 231/81 só pode ter consequências em tema de qualifica-

---

[85] Sobre a criação do tipo legal e a sua estruturação no direito português, RAUL VENTURA, *Primeiras Notas sobre o Contrato de Consórcio*, Revista da Ordem dos Advogados, ano 41, 1981, págs. 631 e segs. Sobre o consórcio, v. também LUÍS FERREIRA LEITE, *Novos agrupamentos de empresas*, Athena, Porto, 1982, PAULO DE VASCONCELOS, *O Contrato de Consórcio*, Studia Iuridica, 36, Universidade de Coimbra, Coimbra Editora, Coimbra, EDGAR VALES, *Consórcio, ACE e Outras Figuras*, Almedina, Coimbra, 2007.

DIREITO COMERCIAL

ção legal. Atento o efeito da definição legal como delimitadora do âmbito material de aplicação do regime jurídico contido naquele Decreto-Lei[86], só pode concluir-se que tal contrato fica fora do seu âmbito de aplicação direta. Tratar-se-á, então, de um consórcio legalmente atípico, mas nem por isso menos válido.

RAUL VENTURA[87] opina que esta enumeração é taxativa. Apoia-se em duas ordens de argumentos: uma formal e outra substancial. Formalmente, invoca a letra da parte final do artigo 1º e do artigo 2º e a ausência na lei de "alguma espécie de critério genérico que servisse de guia para as hipóteses não expressas"; substancialmente, argumenta que "a razão da injuntividade em ter o legislador entendido que a estrutura jurídica que oferece aos interessados no contrato de consórcio é apenas adequada e por isso só deve ser utilizada, quando ocorrerem as circunstâncias subjacentes à enumeração legal".

Estes argumentos não colhem. Os argumentos formais são simplesmente literais. Do texto da lei não consta que a enumeração seja exemplificativa, mas também não consta que seja taxativa. Dele nada se pode concluir. Também nada se pode concluir da omissão da enunciação de um critério genérico que servisse de guia para as hipóteses não expressas, porque um tal critério não é necessário. Basta a autonomia privada. Se os argumentos formais são inermes, ainda mais fraco é o argumento substancial, porque simplesmente não é verdade que o consórcio só seja adequado para aqueles fins. É de todos os dias a celebração de consórcios fora daquela tipologia de objetos. A pesquisa científica é frequentemente consorciada entre universidades assim como a prestação ou o fornecimento de serviços, por exemplo de *software*, de contabilidade, de estudo e promoção de mercados. A qualificação daquela enumeração como taxativa conduziria à nulidade de todos os consórcios que fossem contratados para além dela, o que constituiria uma violência sem qualquer justificação substancial. A qualificação da enumeração do artigo 2º como taxativa é absurda.[88]

---

[86] Sobre a natureza e eficácia jurídicas das definições legais, seguimos aqui a nossa posição expressa em *Contratos Atípicos*, cit., págs. 174-185.

[87] RAUL VENTURA, *Primeiras Notas sobre o Contrato de Consórcio*, cit., pág. 644.

[88] A taxatividade da enumeração do artigo 2º é afastada também por OLIVEIRA ASCENSÃO, *Direito Comercial*, I, Lisboa, 1994, págs. 331-332, PAULO DE VASCONCELOS, *O Contrato de Con-*

CONTRATOS MERCANTIS

A limitação a certos fins que ficou a constar no artigo 2º do Decreto-Lei nº 231/81 não pode ser entendida como injuntiva, mas apenas como simplesmente indicativa. O nº 1 do seu artigo 4º, não deve ser interpretado no sentido da proibição imperativa de consórcios diferentes, mas apenas como limitação material do âmbito do tipo legal de consórcio. Só um fundamento de ordem pública, que se não vislumbra, poderia justificar que fosse cominada com nulidade a contratação de consórcios fora do quadro deste regime legal. Os consórcios que tenham por objeto atividades diferentes das enumeradas nas alíneas do artigo 2º do Decreto-Lei 231/81 nem por isso deixam de ser válidos, salvo se porventura se tratar de atividades que sejam proibidas em si mesmas. Para concretizar justa e adequadamente nesta matéria, é necessário evitar os perigos das inferências meramente lógico-formais.

Também a orgânica estabelecida na lei para o consórcio externo e a sua omissão no consórcio interno, devem ser interpretadas como supletivas, assim como os modos de designação, a composição, e as competências e funções. Não se vislumbra razão para vedar às partes outras soluções que tenham por mais convenientes.

E o mesmo se opina para o modo de distribuição de despesas e receitas, para os regimes de solidariedade ou não.

Finalmente, também a proibição do fundo comum, deve ser entendida, como meramente supletiva. Embora a letra da lei seja clara na sua letra, o seu sentido, hoje, integrada no sistema jurídico hodiernamente vigente, não pode ser aceite como de imposição da proibição às próprias partes.

Se alguém sentir muita dificuldade em admitir esta interpretação corretiva atualista, de acordo com o sistema e com as necessidades do tráfego, restará considerar que os contratos de consórcio que colidam com os preceitos imperativos ou injuntivos, como se prefira, da lei, são legalmente atípicos, mas nem por isso ilícitos ou inválidos, fundados na autonomia privada e no princípio da livre iniciativa económica. Não vislumbramos um fundamento de ordem pública para proscrever absolutamente o fundo comum.

---

*sórcio*, cit., págs. 41-44. Sustentam a taxatividade, MANUEL ANTÓNIO PITA, *O Contrato de Consórcio – Notas e Comentários*, Revista de Direito e Estudos Sociais, 1988, pág. 189 e EDGAR VALLES, *Consórcio, ACE e outras figuras*, Almedina, Coimbra, 2007, pág. 25, sem justificar.

DIREITO COMERCIAL

## 25. Agrupamento complementar de empresas (ACE)

### i. O tipo contratual

O Agrupamento Complementar de Empresas (ACE) foi instituído pela Lei nº 4/73, de 4 de Junho, complementada pelo Decreto-Lei nº 430/73, de 25 de Agosto. Tem como função a cooperação entre empresas, tal como o consórcio, mas com personalidade coletiva.[89]

O tipo do ACE foi instituído antes do consórcio, em 1973, mas com a mesma finalidade de criar uma estrutura empresarial correspondente à *joint venture*, neste caso, a uma *incorporated joint venture*. Naquele tempo, constituía já uma prática banal a de várias sociedades comerciais constituírem entre si sociedades por quotas com o fim de cooperação em certos projetos ou atividades comuns. Tal sucedia vulgarmente em grandes obras públicas que envolviam do lado do empreiteiro várias empresas que executavam partes distintas de uma mesma obra, publicidade e promoção comercial comum, investigação, etc. Com o ACE pretende-se aproveitar sinergias de cooperação entre empresas ou de uma atuação concertada.

Segundo a Base I, nº 1 da Lei nº 4/73, o ACE tem o fim de "melhorar as condições de exercício ou de resultado das suas atividades económicas".

### ii. Personalidade jurídica

Diversamente do consórcio, o ACE tem personalidade jurídica. A lei é expressa nesta matéria. A Base IV da Lei nº 4/73 determina que "o agrupamento adquire personalidade jurídica com a inscrição do seu ato constitutivo no registo comercial". Para fins de registo, o ACE é equiparado às sociedades comerciais (artigo 4º do Decreto-Lei 430/73).

O ACE tem uma firma, sob a qual atua perante terceiros e que deve conter o aditamento da expressão "agrupamento complementar de empresas" ou do acrónimo ACE (Base III, nº 2 da Lei nº 4/73).

### iii. Capacidade, capital, património e lucro

Tendo personalidade jurídica coletiva, o ACE tem capacidade jurídica. A sua capacidade compreende todos os direitos e deveres compatíveis

---

[89] PINTO RIBEIRO e PINTO DUARTE, *Dos Agrupamentos Complementares de Empresas*, Cadernos de Ciência e Técnica Fiscal, nº 118, 1980, Lisboa.

com a sua natureza (artigo 12º, nº 2 da Constituição da República), com a limitação apenas da propriedade, ou outros direitos reais, sobre imóveis, salvo se destinados para a instalação da sede, delegação ou serviço próprio, da participação em sociedades civis ou comerciais ou em outros ACEs e do exercício de cargos sociais em quaisquer sociedades, associações ou ACEs. (artigo 5º do Decreto-Lei nº 430/73).

O ACE pode ter ou não ter capital. O nº 2 da Base II da Lei nº 4/73 alude ao capital em termos permissivos, referindo que as partes podem estipular, no contrato constitutivo do ACE as contribuições dos agrupados para o capital, "se o houver". A estipulação do capital significa uma maior densidade do ACE como estrutura jurídica de cooperação. O ACE sem capital tem uma estrutura mais contratual; e o que tiver capital tem uma estrutura mais institucional.

O ACE é uma estrutura acessória de cooperação que visa potenciar a realização de lucros no património dos seus membros – agrupados – mas não no seu próprio património. Como tem personalidade jurídica coletiva, tem uma esfera jurídica patrimonial, tem um património. Este património comporta a titularidade de ativos e passivos, com a limitação apenas da propriedade de imóveis, salvo para a instalação da sede, delegação ou outro serviço próprio (artigo 5º, alínea a) do Decreto-Lei nº 430/73).

O ACE não tem como fim principal a obtenção e distribuição de lucro. Segundo o artigo 1º do Decreto-Lei nº 430/73, "pode ter por fim acessório a realização e partilha de lucros apenas quando autorizado expressamente no contrato constitutivo".

Ainda que não tenha sido autorizada, no contrato, a realização de partilha de lucro, pode suceder que, no termo do exercício, seja apurado um saldo positivo que corresponde a um lucro. Em tal caso, esse lucro poderá ser mantido como reserva ou distribuído aos agrupados. Trata-se então, não de um lucro acessório, mas de um lucro acidental.

### iv. *Funcionamento interno do ACE*

O contrato constitutivo do ACE pode estipular os poderes e deveres dos agrupados, as suas contribuições para as despesas ou para o capital.

O ACE pode ter uma administração ou gerência, designada no contrato ou posteriormente. Pode também ser instituído um sistema de fiscalização. As deliberações dos agrupados são tomadas em assembleia

DIREITO COMERCIAL

geral. O voto é, em princípio, por cabeça mas pode ser estipulado diversamente.

São aplicáveis subsidiariamente as regras da sociedade em nome coletivo.

### v. *Representação externa*

A representação externa do ACE está regulada no nº 4 da Base III da Lei nº 4/73.

Nas relações com terceiros, o ACE fica obrigado por qualquer dos seus gerentes ou administradores, agindo nessa qualidade.

Numa linha muito avançada para a época, mas que corresponde ao regime atualmente estabelecido para as sociedades pela Primeira Diretiva sobre as Sociedades[90], são inoponíveis a terceiros de boa fé as limitações ao poder de representação dos administradores ou gerentes do ACE que forem estabelecidas no contrato.

### vi. *Admissão, exoneração e exclusão de membros*

Os membros do ACE podem ter participado no contrato de constituição – fundadores – ou ingressar nele subsequentemente. A sua admissão só pode ocorrer nos termos do contrato ou, na falta de estipulação, por unanimidade dos agrupados (artigo 10º do Decreto-Lei nº 430/73).

Os agrupados podem exonerar-se nos termos estipulados no contrato; podem ainda exonerar-se no caso de o contrato ter sido subsequentemente alterado, não obstante a sua oposição e ainda quando tiverem decorridos dez anos sobre a sua admissão, desde que estejam cumpridas as suas obrigações (artigo 12º do Decreto-Lei nº 430/73).

A exclusão de agrupados carece de deliberação da assembleia geral e só pode ocorrer quando (artigo 13º do Decreto-Lei nº 430/73):

- o agrupado deixar de exercer a atividade para a qual o ACE serve de complemento;
- for declarado insolvente;
- estiver em mora na sua contribuição, após ter sido interpelado para cumprir em prazo não inferior a trinta dias.

---

[90] Diretiva 68/151/CEE do Conselho, de 9 de Março de 1968.

Embora a lei não o refira não se vê razão que impeça a estipulação, no contrato, de outras causas de exclusão.

A parte do agrupado exonerado ou excluído é liquidada nos termos do artigo 1021º do Código Civil.

## 26. AEIE – agrupamento europeu de interesse económico

### i. O tipo contratual

O agrupamento europeu de interesse económico (AEIE) tem raiz comunitária e foi introduzido na ordem jurídica portuguesa pelo Regulamento (CEE) nº 2137/85 do Conselho, de 25 de Julho de 1985).[91] É semelhante ao agrupamento complementar de empresas (ACE), com

---

[91] Pelo interesse hermenêutico que tem, são aqui transcritos os considerandos que constam do preâmbulo do Regulamento:

Considerando que um desenvolvimento harmonioso das atividades económicas e uma expansão contínua e equilibrada no conjunto da Comunidade dependem do estabelecimento e bom funcionamento de um mercado comum capaz de oferecer condições análogas às de um mercado nacional; que a realização deste mercado único e o reforço da sua unidade tornam desejável, nomeadamente, a criação, no interesse das pessoas singulares, sociedades e outras entidades jurídicas, de um quadro jurídico que facilite a adaptação das suas atividades às condições económicas da Comunidade; que, para este fim, é necessário que estas pessoas singulares, sociedades e outras entidades jurídicas possam efetivamente cooperar sem fronteiras;

Considerando que tal cooperação pode encontrar dificuldades de natureza jurídica, fiscal ou psicológica, que a criação de um instrumento jurídico adequado a nível comunitário sob a forma de um Agrupamento Europeu de Interesse Económico contribui para a realização dos objetivos referidos e é, portanto, necessária;

Considerando que o Tratado não previu poderes de ação específicos para a criação de tal instrumento jurídico;

Considerando que a capacidade de adaptação do agrupamento às condições económicas deve ser garantida pela grande liberdade dos seus membros na organização das suas relações contratuais e no funcionamento interno do agrupamento;

Considerando que um agrupamento se distingue de uma sociedade principalmente pelo seu objectivo, que é apenas o de facilitar ou desenvolver a atividade económica dos seus membros, para lhes permitir melhorar os seus próprios resultados; que em consequência deste carácter auxiliar, a atividade de um agrupamento deve estar relacionada com a atividade económica dos seus membros e não se substituir a esta e que, nesta medida, por exemplo, o agrupamento não pode exercer por si próprio, em relação a terceiros, uma profissão liberal, devendo a noção de atividade económica ser interpretada no sentido mais lato;

DIREITO COMERCIAL

a principal diferença de serem constituídas por, pelo menos, duas sociedades, ou entidades semelhantes (no sentido do nº 1 do artigo 4º do
Regulamento) que tenham a sua administração central em Estados

Considerando que o acesso ao agrupamento deve estar aberto tão amplamente quanto possível às pessoas singulares, sociedades e outras entidades jurídicas, no respeito pelos objetivos do presente regulamento; que este não prejudica, contudo, a aplicação, a nível nacional,
das regras legais e/ou deontológicas relativas às condições de exercício de uma atividade ou
de uma profissão;

Considerando que o presente regulamento, por si só, não confere a ninguém o direito a participar num agrupamento, mesmo que estejam preenchidas as condições por ele previstas;

Considerando que a faculdade, prevista no presente regulamento, de proibir ou limitar, por
razões de interesse público, a participação em agrupamentos, não prejudica a legislação dos
Estados-membros relativa ao exercício de atividades, a qual pode prever outras proibições
ou limitações, ou controlar ou fiscalizar por qualquer forma a participação num agrupamento de uma pessoa singular, de uma sociedade ou outra entidade jurídica, ou de qualquer
categoria destas;

Considerando que, para permitir ao agrupamento atingir o seu objetivo, convém dotá-lo de
capacidade jurídica própria e prever a sua representação perante terceiros por um órgão juridicamente distinto dos seus membros;

Considerando que a proteção dos terceiros exige que seja assegurada uma ampla publicidade
e que os membros do agrupamento respondam ilimitada e solidariamente pelas dívidas deste,
incluindo as dívidas fiscais e de segurança social, sem que, contudo, este princípio afete a
liberdade de excluir ou restringir, por contrato específico entre o agrupamento e um terceiro,
a responsabilidade de um ou de vários dos seus membros por uma dívida determinada;

Considerando que as questões relativas ao estado e à capacidade das pessoas singulares e à
capacidade das pessoas coletivas são reguladas pela lei nacional;

Considerando que convém regular as causas de dissolução próprias do agrupamento, reme-
tendo para o direito nacional quanto à liquidação e encerramento desta;

Considerando que o agrupamento está submetido às disposições de direito nacional que
regulam a insolvência e a cessação dos pagamentos e que este direito pode prever outras causas de dissolução do agrupamento;

Considerando que o presente regulamento estabelece que o resultado das atividades do agrupamento só é tributável a nível dos seus membros; que se entende que, quanto a outros aspetos, se aplica o direito fiscal nacional, nomeadamente no que se refere à repartição dos lucros,
aos processos fiscais e a todas as obrigações impostas pelas legislações fiscais nacionais;

Considerando que, nos domínios não abrangidos pelo presente regulamento, são aplicáveis
as disposições do direito dos Estados-membros e do direito comunitário, por exemplo no
que se refere:

– ao domínio do direito social e do direito do trabalho;
– ao domínio do direito da concorrência;
– ao domínio do direito da propriedade intelectual;

Considerando que a atividade do agrupamento está sujeita às disposições do direito dos
Estados-membros relativas ao exercício de uma atividade e ao controlo desta; que em caso de

CONTRATOS MERCANTIS

Membros diferentes, ou por duas ou mais pessoas singulares (na aceção do mesmo preceito) que exerçam a sua atividade principal em Estados Membros diferentes da União Europeia.

Tal como o ACE, o AEIE tem por finalidade típica "facilitar ou desenvolver a atividade económica dos seus membros, melhorar ou aumentar os resultados desta atividade" não tendo por objetivo realizar lucros para si próprio (artigo 3º do Regulamento).

### ii. Regime jurídico

O Agrupamento deve usar na sua firma a expressão "agrupamento europeu de interesse económico" ou o acrónimo AEIE.

O AEIE é uma estrutura contratual de cooperação entre empresas e não de direção nem de controlo. Não lhe cabe dirigi-las nem geri-las, nem deter participações em sociedades, conceder-lhes crédito, ser membro de outro AEIE ou ter mais de 500 empregados. O artigo 3º do Regulamento é claro no sentido de não permitir que o AEIE seja um elemento estruturante de um grupo societário. Os membros do AEIE devem manter bem clara a sua autonomia, limitando-se a cooperar através desta estrutura.

A orgânica do AEIE é simples. Segundo o artigo 16º, "os órgãos dos agrupamentos são os membros agindo colegialmente e ou os gerentes". Cada membro tem, em regra, um voto; mas o contrato pode atribuir vários votos a certos membros, "desde que nenhum deles detenha a maioria". É exigida a unanimidade para as deliberações estruturais (artigo 17º), como nas sociedades de pessoas.

---

abuso ou contorno, por um agrupamento ou pelos seus membros, da lei de um Estado-membro, este pode adotar as sanções apropriadas;

Considerando que os Estados-membros são livres de aplicar ou adotar qualquer medida legislativa, regulamentar ou administrativa que não esteja em contradição com o alcance e os objetivos do presente regulamento;

Considerando que o presente regulamento deve entrar em vigor imediatamente em todos os seus elementos; que a aplicação de algumas das suas disposições deve, no entanto, ser diferida, a fim de permitir o estabelecimento prévio, por parte dos Estados-membros, dos mecanismos necessários ao registo dos agrupamentos no seu território e à publicidade dos seus atos; que, a partir da data da aplicação do presente regulamento, os agrupamentos constituídos podem operar sem qualquer restrição territorial.

DIREITO COMERCIAL

O AEIE obriga-se perante terceiros através dos seus gerentes, ou cada um deles que se apresente a agir em nome do agrupamento. De acordo com o que é característico do Direito Comercial, o agrupamento só pode opor a terceiros a falta ou o abuso dos poderes do gerente desde que prove que eles sabiam ou não podiam desconhecê-lo, nas circunstâncias.

A cessão de posição de cada membro do AEIE depende do consentimento dos demais (artigo 22º).

Os lucros que se apurarem na atividade do Agrupamento são considerados lucros dos seus membros.


## 27. O mandato mercantil em geral

I. Nos artigos 231º a 277º, o Código Comercial contém as regras relativas ao mandato mercantil.

Segundo o artigo 231º "dá-se mandato comercial quando alguma pessoa se encarrega de praticar um ou mais atos de comércio por mandato de outrem".

O mandato mercantil é um ato objetivamente comercial por conexão objetiva: é comercial quando se destina à prática de atos de comércio. Como se sabe, o contrato de mandato tem tipicamente por objeto a prática de atos jurídicos; a sua comercialidade vem da qualidade comercial dos atos que constituam o seu objeto.

O mandato mercantil difere acentuadamente do mandato civil.[92]

II. O mandato mercantil tem um regime de conclusão mais sofisticado do que o mandato civil. No Código Civil (artigos 1157º e segs.), o mandato é configurado como um contrato obrigacional celebrado entre mandante e mandatário, pelo qual o mandatário se vincula perante o mandante a praticar certos atos por ordem (mandato); esses atos podem ser praticados com ou sem representação.

Diversamente, o mandato mercantil pode decorrer de um negócio jurídico unilateral (declaração unilateral receptícia) pelo qual o mandante ordene ao mandatário a prática de certos atos mercantis.

---

[92] Pais de Vasconcelos, *Mandato Bancário*, págs. 131-155, Estudos em homenagem ao Professor Doutor Inocêncio Galvão Telles, vol. 2, págs. 131-155, Almedina, Coimbra, 2002.

CONTRATOS MERCANTIS

Recebido o mandato, o mandatário pode recusá-lo, mas fica obrigado a comunicar ao mandante essa recusa pelo modo mais rápido que lhe for possível e a praticar todas as diligências de indispensável necessidade para a conservação de quaisquer mercadorias que lhe hajam sido remetidas, até que o mandante proveja sobre elas (artigo 234º do Código Comercial).

Este regime jurídico é característico dos negócios jurídicos unilaterais. Não há nele um prévio contrato e o mandante dá ao mandatário uma ordem unilateral, receptícia e potestativa; embora este possa recusar o mandato, deve comunicar a recusa o mais depressa possível e, entretanto, cuidar das mercadorias que o mandante lhe tenha enviado, até que este possa prover acerca delas. O mandatário, neste caso, fica vinculado a estes deveres logo que recebe o mandato sem que o tenha acordado ou que tenha celebrado previamente um contrato de mandato. Se não recusar e nada disser, o mandatário fica obrigado a executar o mandato.

Além do mandato unilateral, o mandato mercantil pode ser também concluído pela celebração prévia de um contrato. Ambas as modalidades são admissíveis.

O Código Comercial, ao reger sobre o mandato, não exige que o mandatário tenha a qualidade de comerciante ou que atue no exercício do comércio. O mandatário pode ser ou não ser comerciante e, em caso afirmativo, pode atuar dentro ou fora do exercício do seu comércio.

O mandato unilateral pressupõe uma prévia posição jurídica do mandatário que o constitua numa sujeição (em sentido técnico). Esta sujeição pode decorrer do *status* de comerciante e de uma relação de clientela.

Se o mandatário for um não comerciante, que não tenha com o mandante qualquer prévia relação jurídica, a constituição do mandato pressupõe a prévia celebração do respetivo contrato. Antes de celebrado o contrato, o mandatário a nada estava obrigado perante o mandante. Por isso, não tem muito sentido que lhe seja aplicável o regime do artigo 234º do Código Comercial. Parece excessivo sujeitar toda e qualquer pessoa a receber mandatos mercantis unilaterais e a ter de os recusar sem demora no caso de os não querer exercer, com o dever adicional de cuidar das mercadorias que o mandante lhe tenha enviado, até que este proveja sobre as mesmas. Esta vinculação pode revelar-se pesada e mesmo difícil de cumprir para uma pessoa comum.

DIREITO COMERCIAL

O regime do artigo 234º do Código Comercial torna-se natural – harmónico com a natureza das coisas – se aquele que recebe o mandato unilateral for um comerciante, principalmente se o objeto do mandato se inserir no âmbito do seu comércio. Ao comerciante que receba mandato para a prática de atos que se insiram no seu comércio nada custa cumprir o preceito do artigo 234º do Código Comercial.

É, pois, pertinente a pergunta: dever-se-á, então, concluir que só os comerciantes estão sujeitos ao mandato mercantil unilateral?

A letra da lei contém contributos para a resolução desta questão. Importa comparar os artigos 231º e 234º do Código Comercial. O artigo 231º refere o mandatário como "alguma pessoa", o que não permite limitar essa posição jurídica a comerciantes. Mas o artigo 234º fala expressamente do "comerciante que quiser recusar o mandato comercial" e repete a referência ao "comerciante" respetivo no § 1º, o que claramente limita a sua aplicação aos comerciantes. No mesmo sentido, o § 2º do artigo 232º refere o comerciante ao tratar da recusa do mandato, enquanto o demais texto do artigo, ao reger sobre a remuneração do mandatário, omite essa limitação. Daqui podemos concluir que, embora o regime do mandato mercantil não pressuponha nem exija a qualidade de comerciante do mandatário (e também não do mandante), só o mandatário que seja comerciante fica vinculado ao regime do artigo 234º. Só, pois, os mandatários que sejam comerciantes ficam sujeitos ao regime do mandato unilateral; só eles ficam sujeitos a ter de o recusar expressamente, assumindo a qualidade de mandatários se o não fizerem; só eles ficam vinculados a comunicar ao mandante a recusa "pelo modo mais rápido que lhe(s) for possível" e "a praticar todas as diligências de indispensável necessidade para a conservação de quaisquer mercadorias que lhe(s) tenham sido remetidas, até que o mandante proveja". Os não comerciantes só ficam vinculados ao mandato mercantil após assim terem contratado.

Decorre da letra da lei que o mandato unilateral pode ser conferido a comerciantes. Mas a lei não distingue consoante o objeto do mandato se insira, ou não, no âmbito do comércio do mandatário.

Não será, também, desrazoável, sujeitar um comerciante a receber mandato unilateral para a prática de atos fora do seu comércio? Será razoável sujeitar um comerciante de joias a receber mandato unilateral para vender uma manada de gado e, caso recusar o mandato, obrigá-lo a

CONTRATOS MERCANTIS

cuidar dos animais até que o mandante providencie sobre os mesmos. O mesmo se pode questionar da situação inversa em que o comerciante de gado receba mandato para vender jóias ou obras de arte muito valiosas, ou porventura lotes de ações, carregamentos de crude, explosivos ou armas de guerra. De acordo com a natureza das coisas, o mandato mercantil só deveria ser conferido unilateralmente a comerciantes no âmbito do seu comércio. A sujeição inerente ao mandato mercantil unilateral insere-se no *status* profissional do comerciante daquele comércio. Na falta de tal *status* a constituição do mandato unilateral violaria de um modo inadmissível a autonomia privada do destinatário da ordem (mandato).

O comerciante é um profissional experiente e competente. Se o mandato estiver fora do seu comércio, pode recusá-lo ou não. Se o fizer, tem de fazer com que o mandante o saiba o mais rapidamente possível. Este dever de informação não tem para o comerciante qualquer dificuldade e o seu custo é negligenciável. O dever de cuidar das mercadorias recebidas do mandante pode ser de cumprimento mais ou menos dificultoso ou custoso, dependendo das mercadorias de que se trate. Mas um comerciante normalmente capaz não encontrará dificuldade de maior em armazená-las com os cuidados necessários. Tratando-se de animais vivos ou outros bens perecíveis, o seu engenho permitir-lhe-á encontrar a solução adequada. Note-se que o custo do seu desempenho corre pelo mandante e o mandatário pode ressarcir-se dele, se necessário, procedendo à venda das mercadorias, com privilégio creditório (artigo 247º).

III. O mandante pode constituir um ou mais mandatários. Se constituir uma pluralidade de mandatários, pode estipular que atuem conjuntamente. Se nada estipular, entende-se que devem agir cada um na falta de outros, pela ordem de nomeação. Estipulada a atuação conjunta, se nem todos aceitarem o mandato, este mantém-se nos que aceitem, desde que constituam a maioria (artigo 244º).

IV. Ao contrário do mandato civil, que é em princípio gratuito, o mandato mercantil é tipicamente oneroso.

A lei diz que "não se presume gratuito, tendo todo o mandatário direito a uma remuneração pelo seu trabalho"(artigo 232º). O valor da remuneração é fixado por acordo das partes ou, na falta dele, "pelos usos da praça onde for executado o mandato"(artigo 232º, § 1º).

DIREITO COMERCIAL

Havendo recusa do mandato, nem por isso o mandatário deixa de ter direito a uma remuneração, desde que tenha praticado as diligências previstas no artigo 234º. A remuneração será, então, proporcional ao trabalho que tiver tido (artigo 232º, § 2º).

Se o mandato cessar antes do seu termo, por morte ou interdição de um dos contraentes, o mandatário, seus herdeiros ou representantes legais terão direito a uma compensação proporcional ao que teriam a receber no caso de execução completa (artigo 246º).O mandante tem ainda a obrigação de facultar ao mandatário todos os meios necessários à execução do mandato (artigo 243º). O mandatário pode pedir provisão de fundos, caso em que pode sustar a execução do mandato enquanto a não receber. Pode ainda pedir o reforço da provisão e suspender a execução do mandato enquanto não for satisfeita. Se, porém, for convencionado o adiantamento de fundos pelo mandatário, este fica obrigado a supri-los, salvo em caso de cessação de pagamentos ou falência do mandante.

Para segurança dos seus créditos sobre o mandante, o mandatário goza de privilégios creditórios mobiliários especiais (artigo 247º):

1º Pelos adiantamentos e despesas que tiverem sido feitas, pelos juros das quantias desembolsadas, e pela sua remuneração, nas mercadorias que lhe houverem sido remetidas de praça diversa para serem vendidas por conta do mandante e que estiverem à sua disposição em seus armazéns ou em depósito público e sobre as mercadorias que provar com a guia de transporte terem-lhe sido expedidas e a que tais créditos respeitarem;

2º Pelo preço das mercadorias compradas por conta do mandante, sobre essas mesmas mercadorias, enquanto se acharem à sua disposição nos seus armazéns ou em depósito público;

3º Pelos créditos constantes dos números anteriores, sobre o preço das mercadorias pertencentes ao mandante, quando estas tenham sido vendidas.

4º Os créditos referidos no nº 1º, preferem a todos os créditos sobre o mandante, salvo os provenientes de despesas de transporte ou seguro, quer anteriores quer posteriores ao tempo em que as mercadorias chegarem ao poder do mandatário.

O mandatário é obrigado a pagar juros pelas quantias pertencentes ao mandante a contar do dia em que, conforme a ordem, as devia ter entregue ou expedido (artigo 241º).

V. No que respeita ao âmbito material e ao exercício do mandato, o regime tem alguma elasticidade.

Sempre que lhe for exigido, o mandatário deve exibir o mandato por escrito e não pode opor-lhe quaisquer instruções que tenha recebido do mandante em separado, salvo quando prove que os terceiros as conheciam (artigo 242º).

Se o mandato for conferido para um ato determinado, o mandatário tem poderes para a prática de "todos os atos necessários à sua execução", ainda que não expressamente mencionados, e se contiver instruções para certas particularidades do negócio, presume-se amplo para as outras (artigo 233º).

O mandatário está obrigado a cumprir o mandato em conformidade com as instruções recebidas ou, na falta ou insuficiência de instruções do mandante, de acordo com os usos do comércio (artigo 238º). Se o não fizer, responde perante o mandante pelas perdas e danos que forem consequência da inexecução.

Recebidas as mercadorias expedidas pelo mandante, o mandatário é responsável pela sua guarda e conservação, pelos prejuízos não resultantes do decurso do tempo, de caso fortuito, de força maior ou de vício inerente à natureza da coisa (artigo 236º). Se as mercadorias recebidas apresentarem sinais visíveis de danificações, sofridas durante o transporte, o mandatário deve praticar os atos necessários à salvaguarda dos direitos do mandante e, se não o fizer, ficará responsável pelas mesmas mercadorias no estado em que constarem dos respetivos documentos. Se as deteriorações forem tais que exijam providências urgentes, o mandatário poderá vender as mercadorias por corretor ou judicialmente (artigo 235º). Seja qual for a causa dos prejuízos sofridos pelas mercadorias, o mandatário é obrigado a fazer verificar a sua alteração em forma legal e a avisar dela o mandante (artigo 237º).

O mandatário é obrigado a participar ao mandante todos os factos que possam levá-lo a modificar ou revogar o mandato (artigo 239º). Deve também avisá-lo do cumprimento do mandato; quando o mandante não responder imediatamente, presume-se que o ratificou (artigo 240º).

VI. O mandato extingue-se pela sua completa execução. Pode também haver revogação do mandato por parte do mandante ou renúncia ao mesmo por parte do mandatário. A revogação e a renúncia quando feitas sem justa causa dão lugar a responsabilidade civil (artigo 245º).

## 28. O mandato dos gerentes, auxiliares e caixeiros

I. Nos artigos 248º a 265º o Código Comercial trata dos "gerentes, caixeiros e auxiliares" do comerciante. Trata-se de mandato com representação.

A doutrina dominante entende estes auxiliares dos comerciantes como seus empregados, com quem o comerciante tem uma relação jurídica laboral.[93] A qualidade de "patrão" do comerciante não se lhes comunica e, por isso, não são qualificados como tais.

Em nosso entender o regime jurídico contido no Capítulo II do Título V do Livro II do Código Comercial não tem por função a qualificação dos "gerentes, caixeiros e auxiliares" como laboral ou não laboral, como autónoma ou subordinada. A sua função é outra: reger sobre a relação de representação inerente às respetivas posições jurídicas.

A letra da lei refere-os como mandatários e trata-os como mandatários com representação. A doutrina dominante desvaloriza esta qualificação como mandatários, com o argumento de não estarem ainda, ao tempo, suficientemente autonomizadas a representação e o mandato. Para que houvesse representação teria de haver mandato e daí a qualificação legal. Hoje, já claramente separadas a representação e o mandato, seria mais correto qualificar a relação entre os "gerentes, caixeiros e auxiliares" e o comerciante como laboral, embora com representação. No direito do trabalho é, hoje, banal o reconhecimento de poderes de representação no seio da relação jurídica laboral (cfr. artigo 115º, nº 3, do Código do Trabalho).

---

[93] COUTINHO DE ABREU, *Curso de Direito Comercial*, I, 7ª ed., Almedina, Coimbra, 2009, pág. 139-141, afasta a qualificação de mandato constante do Código Comercial, e prefere qualificar estas relações como de natureza laboral. MENEZES CORDEIRO, *Manual de Direito Comercial*, Almedina, Coimbra, 2007, págs. 248 e 581, admite a natureza laboral, embora apenas nas relações internas.

Do texto da lei nada permite descortinar, na relação entre os comerciantes e os seus gerentes, auxiliares ou caixeiros, os índices típicos da relação jurídica laboral. A posição jurídica dos gerentes, auxiliares ou caixeiros tanto pode assentar num mandato como num contrato de trabalho. A qualificação, no caso concreto, de um gerente, de um auxiliar ou de um caixeiro como trabalhador ou como mandatário pode ser controversa, mas não interessa ao Direito Comercial, é própria do Direito do Trabalho. Para o Código Comercial importa principalmente o regime da representação inerente àquelas posições jurídicas, quer na relação interna com o comerciante proponente, quer na relação externa com os terceiros. Esse regime está plasmado nos artigos 248º e seguintes do Código Comercial.

Os gerentes de comércio não podem praticar por conta própria um comércio concorrente com o do seu proponente, salvo quando devidamente autorizados (artigo 243º do Código Comercial).

II. Embora todos sejam mandatários com representação, o gerente, os auxiliares e os caixeiros desempenham funções diversas e têm estatutos jurídicos diferentes.

O gerente de comércio também é designado na prática como "proposto", num binómio "proponente" – "proposto". O que caracteriza o gerente de comércio é a amplitude do seu mandato. Enquanto o mandato a que se refere o artigo 231º do Código Comercial tem por objeto "a prática de um ou mais atos de comércio", é um mandato específico e objetivamente limitado, o gerente de comércio tem um mandato amplo que "presume-se geral e compreensivo de todos os atos pertencentes e necessários ao exercício do comércio para que houvesse sido dado, sem que o proponente possa opor a terceiros limitação alguma dos respetivos poderes, salvo provando que tinham conhecimento dela ao tempo em que contrataram". Os limites do mandato são uma questão interna, entre proponente (mandante) e gerente (mandatário) e não são, em princípio oponíveis nas relações externas, isto é, contra terceiros. Estes limites só são oponíveis a terceiros que os conheçam, como é característico do Código Comercial. Na qualidade de mandatário com representação, o gerente atua ostensivamente em nome do proponente, deixando claro que o faz. Quando atue em nome próprio, fica pessoalmente responsável, perante os terceiros, pelos atos que praticar (artigo 252º do Código Comercial). O gerente tem legitimidade processual ativa e pas-

DIREITO COMERCIAL

siva; tem poderes para agir em juízo em representação do proponente e também para ser acionado (artigo 254º).

Diversamente dos gerentes de comércio, os auxiliares tratam apenas do desempenho de negócios de que são especialmente encarregados. O seu mandato é específico, mas não se resume a atos individualmente designados. O artigo 256º do Código Comercial fala do "desempenho constante, em seu nome e por sua conta, de algum dos ramos do tráfico a que se dedicam". O âmbito material do seu mandato não abrange todo o âmbito do comércio do proponente, mas apenas um ou mais dos seus ramos. Os auxiliares devem também agir ostensivamente em nome e por conta do proponente, mencionando à outra parte que assim sucede.

Os caixeiros, segundo o artigo 257º do Código Comercial, são empregados que o comerciante envia a outros lugares "autorizando-o(s) por meio de cartas ou avisos, circulares ou quaisquer documentos análogos, a fazer operações do seu comércio". São os vulgarmente chamados "caixeiros-viajantes". É dos usos que os caixeiros-viajantes percorram diversas localidades do país ou no estrangeiro, oferecendo os produtos ou mercadorias do proponente e contratando em seu nome, no âmbito dos poderes que lhes forem conferidos.

Os atos praticados pelos auxiliares e caixeiros só obrigam o proponente no âmbito do mandato que lhes tiver sido conferido, como diz a lei, "não obrigam o mandante senão com respeito à obrigação do negócio de que este os houver encarregado" (artigo 258º do Código Comercial), o que revela o carácter específico do seu mandato.

Os auxiliares, quando exercem a sua função no estabelecimento do proponente estão com ele ligados, na maior parte das vezes, por contrato de trabalho e auferem usualmente de uma remuneração, embora nada obrigue a que assim seja; já os caixeiros-viajantes mais frequentemente são remunerados por percentagem dos negócios que praticam ou que angariam, com ou sem uma remuneração de base fixa e, embora possam agir no quadro do contrato de trabalho, muitas vezes atuam sem ele, numa simples relação de mandato, como *free lancers*.

## 29. O mandato sem representação: a comissão

I. Nos artigos 266º a 277º, o Código Comercial trata do contrato de comissão. Estes preceitos devem ser aplicados com integração do regime geral

## CONTRATOS MERCANTIS

do mandato, em relação ao qual constituem especialidade (artigo 267º). O mandante designa-se "comitente" e o mandatário "comissário"[94].

A comissão permite ocultar a intervenção do comitente no negócio. Esta ocultação pode ser-lhe vantajosa pelas mais variadas razões. Assim, ele evita que no mercado se saiba da sua intervenção, quer como comprador quer como vendedor, quer ainda noutra qualquer posição.

II. A comissão é um mandato sem representação. O comissário contrata em nome próprio e fica como tal vinculado, "sem menção ou alusão alguma ao mandante, (...) como principal e único contraente" (artigo 266º). A parte com quem o mandatário contrata não fica constituída em qualquer relação jurídica com o comitente por cuja conta o comissário agiu (artigo 268º Código Comercial). O comitente fica juridicamente relacionado com o comissário e este com o terceiro com quem contratar. No exercício da comissão estabelecem-se duas relações claramente separadas: a relação interna, entre comitente e comissário e a relação externa entre o comissário e o terceiro.

Em regra, o comissário não garante ao comitente o cumprimento do contrato pelo terceiro com quem contrata, e não fica por ele responsável. Mas pode ser convencionado entre ambos que o comissário garanta ou responda perante o comitente pelo cumprimento do terceiro. Designa-se esta estipulação por "convenção *del credere*".

O desvio do comissário, na execução do mandato, ou o desrespeito das instruções do comitente não é oponível ao terceiro e encerra-se nas relações internas "embora o contrato surta os seus efeitos" (artigo 270º).

Assim, o comissário que vender por preço inferior ao convencionado ou ao preço de mercado "abonará ao comitente a diferença do preço", salvo se demonstrar que foi impossível cumprir as instruções do comitente e se conseguiu assim evitar o seu prejuízo; se o comissário comprar por preço superior ao que lhe for fixado, o comitente pode escolher entre "aceitar o contrato, ou deixá-lo de conta do comissário, salvo se

---

[94] Costuma-se designar "consignatário" o comissário mandatado para vender mercadorias; a venda de mercadorias por comissário costuma designar-se "venda à consignação" ou "em consignação". A venda em consignação ou à consignação é muito frequente nas livrarias. Estas recebem do editor os livros que vendem em nome próprio mas por conta daquele, sem terem de os adquirir previamente e poupando assim investimentos vultuosos.

DIREITO COMERCIAL

este concordar em receber somente o preço acordado". Se, porém, a mercadoria comprada pelo comissário for de qualidade inferior à encomendada, "o comitente não é obrigado a recebê-la" (artigo 270º, nºs 1 a 3).

Se o comissário, sem autorização do comitente, fizer vendas a prazo, corre o risco do pagamento das quantias emprestadas, adiantadas ou fiadas, "podendo o comitente exigi-las à vista", caso em que ficará prejudicado no comissário "todo o interesse, vantagem ou benefício que resultar do crédito" por ele concedido com desaprovação do comitente (artigo 271º).

III. O comitente pode autorizar o comissário a fazer vendas a prazo. Neste caso, porém, e não obstante a autorização do comitente, o comissário não poderá vender a prazo a pessoas "conhecidamente insolventes, nem expor os interesses do comitente a risco manifesto e notório, sob pena de responsabilidade pessoal" (artigo 272º).

Quando proceder a vendas a prazo, o comissário deve mencionar os nomes dos compradores nas contas e aviso, salvo se houver convenção de *del credere*; se o não fizer, a venda conta como tendo sido feita "a dinheiro de contado" (artigo 273º). Esta obrigação de mencionar os nomes dos compradores vigora também em todas a vendas que fizer "de conta alheia", desde que os interessados assim o exijam.

IV. Quando negoceie sobre títulos ou outras mercadorias cotadas em bolsa, o comissário pode fazer negócios consigo mesmo.

Assim e segundo o artigo 274º, quando comprar ou vender, por conta do comitente, "letras, fundos públicos ou títulos de crédito que tenham curso em comércio", ou "quaisquer mercadorias e géneros que tenham preço de bolsa ou de mercado", o comissário pode, salva estipulação em contrário, fornecer ele próprio as coisas que tinha de comprar ou adquirir para si próprio as coisas que tinha de vender, "salvo sempre o seu direito à remuneração". Nestes casos, se não mencionar os nomes das pessoas a quem comprou ou vendeu, o comitente tem o poder de considerar as compras ou vendas do comissário como feitas por conta própria e de lhe exigir que cumpra a comissão.

V. O comissário tem o dever de não confundir mercadorias, de as discriminar nas faturas e separar os créditos.

Não pode ter mercadorias da mesma espécie pertencentes a diversos donos com uma mesma marca (artigo 275º); deve discriminar, nas faturas, as mercadorias de comitentes diversos "ou do mesmo comissário com o de algum comitente", com indicação das marcas e contra-marcas que designem a procedência de cada volume, anotando nos competentes livros, "em artigos separados, o que a cada proprietário respeita" (artigo 276º); e deve fazer nos seus livros expressa imputação de todos os créditos e entregas relativos às mesmas pessoas por comitentes diversos ou por conta própria ou alheia, sob pena de serem os mesmos rateados entre todos (artigo 277º).

VI. O comissário, como mandatário sem representação, fica obrigado a transferir para o comitente as situações ou posições jurídicas, os direitos e obrigações em que for investido, por conta daquele no exercício do mandato.

Embora os preceitos do Código Comercial não contenham uma regra expressa, como as dos artigos 1181º, 1182º e 1184º do Código Civil, este dever de investir o comissário nas posições jurídicas, ativas ou passivas, que adquirir no exercício da comissão, decorre da natureza das coisas, e denota-se com clareza, por exemplo, no nº 3 do artigo 270º, quando refere que o comitente não é obrigado a receber do comissário a coisa encomendada se não tiver a qualidade estipulada.

Não existe, no Código Comercial e não tem vigência no regime da comissão uma regra como a constante de parte do artigo 1184º do Código Civil, que protege da execução dos credores pessoais do mandatário os bens que estejam no seu património por execução do mandato e devam ser transferidos para a titularidade do mandante "desde que o mandato conste de documento anterior à data da penhora desses bens e não tenha sido feito o registo da aquisição, quando esta esteja sujeita a registo".

VII. A comissão, como mandato mercantil, presume-se onerosa. O comissário tem direito a uma remuneração, usualmente designada "comissão". Esta comissão, pode consistir numa percentagem ou numa quantia liquidada de outro modo.

Segundo o artigo 232º, esta comissão poderá ser estipulada entre as partes ou decorrer dos usos da praça. Pelo pagamento da comissão,

DIREITO COMERCIAL

como das despesas que tenha feito na execução do mandato, o comissário tem privilégio creditório sobre as mercadorias que tiver em seu poder e que corresponderem àqueles créditos (artigo 247º).

## 30. O contrato de agência

> CAROLINA CUNHA, *A Indemnização de Clientela do Agente Comercial*, Studia Juridica, Coimbra, 2003; Luís Menezes Leitão, A Indemnização de Clientela no Contrato de Agência, Coimbra, 2006; ANTÓNIO PINTO MONTEIRO, *Contrato de Agência, Anotação ao DL 178/86*, 5ª ed., Coimbra, 2005; *Contratos de Distribuição Comercial*, Almedina, Coimbra, 2004; *Sobre a Proteção do Agente Comercial no Direito Português e Europeu*, BFDUC, 1995; *Contrato de Agência, de Concessão e de Franquia ("Franchising")*, Estudos em Homenagem ao Prof. Doutor Eduardo Correia, III, BFDUC, 1984.

### i. O tipo contratual

I. O contrato de agência é definido no artigo 1º do Decreto-Lei nº 178/86, de 3 de Julho[95]:

> A agência é o contrato pelo qual uma das partes se obriga a promover por conta da outra a celebração de contratos, de modo autónomo e estável e mediante retribuição, podendo ser-lhe atribuída certa zona ou determinado círculo de clientes.

Trata-se de uma definição legal que encabeça um regime legal específico. O contrato de agência, é, pois, um tipo contratual legal. O regime jurídico do Decreto-Lei nº 178/86 veio a ser modificado pela transposição da Diretiva 86/653/CEE do Conselho, de 18 de Dezembro de 1986.[96]

---

[95] Esta redação não é a original e foi introduzida pelo Decreto-Lei nº 118/93 de 13 de Abril que transpôs a diretiva 86/653/CEE do Conselho, de 18 de Dezembro de 1986. Na redação originária, a agência era definida do seguinte modo: "Agência é o contrato pelo qual uma das partes se obriga a promover por conta da outra a celebração de contratos em certa zona ou determinado círculo de clientes, de modo autónomo e estável e mediante retribuição."

[96] Que se transcreve:

**Diretiva 86/653/CEE do Conselho de 18 de Dezembro de 1986 relativa à coordenação do direito dos Estados-membros sobre os agentes comerciais**
*Jornal Oficial nº L 382 de 31/12/1986 p. 0017-0021*

No contrato intervêm tipicamente duas partes: o "principal" e o "agente".

*Edição especial finlandesa: Capítulo 6 Fascículo 2 p. 0150*
*Edição especial sueca: Capítulo 6 Fascículo 2 p. 0150*
O CONSELHO DAS COMUNIDADES EUROPEIAS,
Tendo em conta o Tratado que institui a Comunidade Económica Europeia e, nomeadamente, o nº 2 do seu artigo 57º e o seu artigo 100º,
Tendo em conta a proposta da Comissão,
Tendo em conta o parecer do Parlamento Europeu,
Tendo em conta o parecer do Comité Económico e Social;
Considerando que as restrições à liberdade de estabelecimento e à livre prestação de serviços para as atividades dos intermediários do comércio, da indústria e do artesanato foram suprimidas pela diretiva 64/224/CEE;
Considerando que as diferenças entre as legislações nacionais em matéria de representação comercial afetam sensivelmente, no interior da Comunidade, as condições de concorrência e o exercício da profissão e diminuem o nível de proteção dos agentes comerciais nas relações com os seus comitentes, assim como a segurança das operações comerciais; que, por outro lado, essas diferenças são suscetíveis de dificultar sensivelmente o estabelecimento e o funcionamento dos contratos de representação comercial entre um comitente e um agente comercial estabelecidos em Estados-membros diferentes;
Considerando que as trocas de mercadorias entre Estados-membros se devem efetuar em condições análogas às de um mercado único, o que impõe a aproximação dos sistemas jurídicos dos Estados-membros na medida do necessário para o bom funcionamento deste mercado comum; que, a este respeito, as regras de conflitos de leis, mesmo unificadas, não eliminam, no domínio da representação comercial, os inconvenientes atrás apontados e não dispensam portanto a harmonização proposta;
Considerando, a este propósito, que as relações jurídicas entre o agente comercial e o comitente devem ser prioritariamente tomadas em consideração;
Considerando que é, portanto, necessário ter em conta os princípios do artigo 117º do Tratado ao proceder a uma harmonização progressiva da legislação dos Estados membros sobre os agentes comerciais;
Considerando que devem ser concedidos prazos suplementares a certos Estados membros sujeitos a esforços especiais para adaptarem as suas regulamentações às exigências da presente diretiva, nomeadamente em relação à indemnização após a cessação do contrato entre o comitente e o agente comercial,
ADOTOU A PRESENTE DIRETIVA:

**CAPÍTULO I: Âmbito de aplicação**

**Artigo 1º**

1. As medidas de harmonização previstas na presente diretiva aplicam-se às disposições legislativas, regulamentares e administrativas dos Estados-membros que regem as relações entre os agentes comerciais e os seus comitentes.
2. Para efeitos da presente diretiva, o agente comercial é a pessoa que, como intermediário independente, é encarregada a título permanente, quer de negociar a venda ou a compra de

DIREITO COMERCIAL

O agente obriga-se perante o principal a promover a celebração de negócios entre o principal e um terceiro. O agente atua do lado do principal e no seu interesse. A sua atividade promocional pode ser muito

mercadorias para uma outra pessoa, adiante designada «comitente», quer de negociar e concluir tais operações em nome e por conta do comitente.

3. Um agente comercial para efeitos da presente diretiva não pode ser, nomeadamente:

– uma pessoa que, na qualidade de órgão social, tenha poderes para vincular uma sociedade ou associação,
– um sócio que esteja legalmente habilitado a vincular outros sócios,
– um administrador judicial, um liquidatário ou um síndico de falências.

**Artigo 2º**

1. A presente diretiva não se aplica:

– aos agentes comerciais cuja atividade não seja remunerada,
– aos agentes comerciais que operem nas bolsas de comércio ou nos mercados de matérias-primas,
– ao organismo conhecido sob o nome de Crown Agents for Oversea Governments and Administrations, tal como foi instituído no Reino Unido por força da lei de 1979 relativa aos Crown Agents, ou às suas filiais.

2. Os Estados-membros têm a faculdade de determinar que a diretiva não se aplique às pessoas que exerçam atividades de agente comercial consideradas como acessórias segundo a lei desses Estados-membros.

**CAPÍTULO II: Direitos e obrigações**

**Artigo 3º**

1. O agente comercial deve, no exercício das suas atividades, zelar pelos interesses do comitente e agir lealmente e de boa fé.

2. O agente comercial deve, em especial:

a) Aplicar-se devidamente na negociação e, se for caso disso, na conclusão das operações de que esteja encarregado;
b) Comunicar ao comitente todas as informações necessárias de que disponha;
c) Respeitar as instruções razoáveis dadas pelo comitente.

**Artigo 4º**

1. Nas suas relações com o agente comercial, o comitente deve agir lealmente e de boa fé.

2. O comitente deve, em especial:

a) Pôr à disposição do agente comercial a documentação necessária relacionada com as mercadorias em causa;
b) Fornecer ao agente comercial as informações necessárias à execução do contrato de agência, nomeadamente, avisar o agente comercial num prazo razoável sempre que preveja que o volume das operações comerciais será significativamente inferior ao que o agente comercial poderia normalmente esperar.

variada, mais simples ou mais complexa, consoante o negócio que é promovido.

3.O comitente deve, por outro lado, informar o agente comercial, num prazo razoável, da sua aceitação, da sua recusa, ou da não execução de uma operação comercial que este lhe tenha proposto.

**Artigo 5º**

As partes não podem derrogar o disposto nos artigos 3º e 4º.

**CAPÍTULO III: Remuneração**

**Artigo 6º**

1. Na falta de acordo entre as partes e sem prejuízo da aplicação das disposições obrigatórias dos Estados-membros sobre o nível das remunerações, o agente comercial tem direito a uma remuneração segundo os usos em vigor na área em que exerce a sua atividade e para a representação das mercadorias que são objeto do contrato de agência. Na falta de tais usos, o agente comercial tem direito a uma remuneração razoável que tenha em conta todos os elementos relacionados com a operação.
2. Os elementos da remuneração que variem com o número ou o valor dos negócios serão considerados como constituindo uma comissão para efeitos da presente diretiva.
3. Não se aplicam os artigos 7º a 12º, se o agente comercial não for total ou parcialmente remunerado por comissão.

**Artigo 7º**

1. Pelas operações comerciais concluídas durante a vigência do contrato de agência, o agente comercial tem direito à comissão:
a) Se a operação tiver sido concluída em consequência da sua intervenção, ou
b) Se a operação tiver sido concluída com um terceiro já seu anterior cliente para operações do mesmo género.
2. O agente comercial tem igualmente direito à comissão por operações concluídas durante a vigência do contrato de agência:
– se estiver encarregado de um sector geográfico ou de um grupo de pessoas determinadas,
– ou se gozar de um direito de exclusividade para um sector geográfico ou um grupo de pessoas determinadas, e a operação tiver sido concluída com um cliente pertencente a esse sector ou a esse grupo.
Os Estados-membros devem inserir na sua lei uma ou outra das possibilidades previstas nos dois travessões anteriores.

**Artigo 8º**

Para operações comerciais concluídas após a cessação do contrato de agência, o agente comercial tem direito à comissão:
a) Se a operação se dever principalmente à atividade por ele desenvolvida ao longo do contrato de agência e se a operação for concluída num prazo razoável após a cessação desse contrato, ou

DIREITO COMERCIAL

A atuação do agente pode ser limitada a uma certa zona geográfica ou a um certo grupo de pessoas.

b) Se, de acordo com as condições referidas no artigo 7º, a encomenda do terceiro tiver sido recebida pelo comitente ou pelo agente comercial antes da cessação do contrato de agência.

**Artigo 9º**

O agente comercial não tem direito à comissão referida no artigo 7º, se esta for devida, por força do artigo 8º, ao agente comercial anterior, a não ser que, dadas as circunstâncias, se verifique ser equitativo partilhar a comissão entre os agentes comerciais.

**Artigo 10º**

1. O direito à comissão adquire-se logo que e na medida em que se verifique uma das seguintes circunstâncias:
a) O comitente ter executado a operação;
b) O comitente dever ter executado a operação por força do acordo concluído com o terceiro;
c) O terceiro ter executado a operação.
2. O direito à comissão adquire-se o mais tardar no momento em que o terceiro executa a sua parte na operação ou no momento em que devesse tê-la executado, se o comitente tiver executado a sua parte na operação.
3. A comissão será paga o mais tardar no último dia do mês seguinte ao trimestre em que o direito tiver sido adquirido.
4. Não pode ser derrogado por acordo o disposto nos nºs. 2 e 3 em prejuízo do agente comercial.

**Artigo 11º**

1. O direito à comissão só se extingue se e na medida em que:
– o contrato entre o terceiro e o comitente não for executado, e
– a não execução não for devida a circunstâncias imputáveis ao comitente.
2. As comissões que o agente comercial já tiver recebido serão reembolsadas, se se extinguir o respectivo direito.
3. O disposto no nº 1 não pode ser derrogado por acordo em prejuízo do agente comercial.

**Artigo 12º**

1. O comitente enviará ao agente comercial uma lista das comissões devidas o mais tardar no último dia do mês seguinte ao trimestre em que o respetivo direito tiver sido adquirido. Essa lista indicará todos os elementos essenciais que serviram de base ao cálculo do montante das comissões.
2. O agente comercial tem o direito de exigir que lhe sejam fornecidas todas as informações, nomeadamente um extrato dos livros de contabilidade, que estejam à disposição do comitente e que sejam necessárias ao agente para verificar o montante das comissões devidas.
3. Não pode ser derrogado por acordo o disposto nos nºs 1 e 2 em prejuízo do agente comercial.
4. Esta diretiva não colide com as disposições internas dos Estados-membros que reconheçam ao agente comercial o direito de consulta dos livros de contabilidade do comitente.

A referência da definição legal ao exercício da agência de "modo autónomo" visa distinguir este tipo contratual do contrato de trabalho. É uma distinção que pode não ser fácil, em concreto, no caso dos cha-

### CAPÍTULO IV: Celebração e fim do contrato de agência

#### Artigo 13º

1. Cada uma das partes tem o direito de, a seu pedido, obter da outra parte um documento escrito assinado que indique o conteúdo do contrato, incluindo o de posteriores aditamentos. Este direito é irrenunciável.
2. Sem prejuízo do nº 1, um Estado-membro pode determinar que um contrato de agência só é válido, se revestir a forma escrita.

#### Artigo 14º

Considera-se transformado em contrato de agência por tempo indeterminado o contrato por prazo determinado que continue a ser executado pelas duas partes após o seu termo.

#### Artigo 15º

1. Quando o contrato de agência for celebrado por tempo indeterminado, cada uma das partes poderá pôr-lhe termo mediante pré-aviso.
2. O prazo de pré-aviso é de um mês para o primeiro ano do contrato, de dois meses para o segundo ano iniciado e de três meses para o terceiro ano iniciado e anos seguintes. As partes não podem convencionar prazos de pré-aviso mais curtos.
3. Os Estados-membros podem fixar o prazo de pré-aviso em quatro meses para o quarto ano do contrato, em cinco meses para o quinto ano e em seis meses para o sexto ano e anos seguintes. Podem determinar que as partes não possam convencionar prazos de pré-aviso mais curtos.
4. Se as partes convencionarem prazos mais longos que os previstos nos nºs 2 e 3, o prazo de pré-aviso a respeitar pelo comitente não deve ser mais curto do que o prazo a observar pelo agente comercial.
5. Salvo convenção das partes em contrário, o fim do prazo de pré-aviso deve coincidir com o fim de um mês civil.
6. O presente artigo aplica-se aos contratos por prazo determinado transformados, nos termos do artigo 14º, em contratos por tempo indeterminado, entendendo-se que, para o cálculo do prazo de pré-aviso, se deve ter em conta o prazo determinado anterior.

#### Artigo 16º

A presente diretiva não pode colidir com a aplicação do direito dos Estados Membros sempre que este preveja o termo do contrato sem prazo:

a) No caso de uma das partes não cumprir total ou parcialmente as suas obrigações;
b) No caso de surgirem circunstâncias excecionais.

#### Artigo 17º

1. Os Estados-membros tomarão as medidas necessárias para assegurar ao agente comercial, após a cessação do contrato, uma indemnização, nos termos do nº 2, ou uma reparação por danos, nos termos do nº 3.

DIREITO COMERCIAL

mados "vendedores". A atividade do agente é remunerada, como é, aliás, típico do Direito Comercial.

2.

a) O agente comercial tem direito a uma indemnização se e na medida em que:

– tiver angariado novos clientes para o comitente ou tiver desenvolvido significativamente as operações com a clientela existente e ainda se resultarem vantagens substanciais para o comitente das operações com esses clientes, e

– o pagamento dessa indemnização for equitativo, tendo em conta todas as circunstâncias, nomeadamente as comissões que o agente comercial perca e que resultem das operações com esses clientes. Os Estados-membros podem prever que essas circunstâncias incluam também a aplicação ou não de uma cláusula de não concorrência na aceção do artigo 20º.

b) O montante da indemnização não pode exceder um valor equivalente a uma indemnização anual calculada a partir da média anual das remunerações recebidas pelo agente comercial durante os últimos cinco anos, e, se o contrato tiver menos de cinco anos, a indemnização é calculada com base na média do período.

c) A concessão desta indemnização não impede o agente comercial de reclamar uma indemnização por perdas e danos.

3. O agente comercial tem direito à reparação por danos causados pela cessação das suas relações com o comitente.

Esses danos decorrem, nomeadamente, da cessação em condições:

– que privem o agente comercial das comissões que receberia pela execução normal do contrato, e que simultaneamente proporcionem ao comitente vantagens substanciais ligadas à atividade do agente comercial;

– e/ou que não permitam ao agente comercial amortizar os custos e despesas que ele tenha suportado para a execução do contrato mediante recomendação do comitente.

4. O direito à indemnização referido no nº 2 ou a reparação por danos referida no nº 3 existe igualmente quando a cessação do contrato ficar a dever-se à morte do agente comercial.

5. O agente comercial perde o direito à indemnização nos casos referidos no nº 2 ou reparação por danos nos casos referidos no nº 3, se, no prazo de um ano a contar da cessação do contrato, não notificar o comitente de que pretende receber a indemnização.

6. A Comissão apresentará ao Conselho, no prazo de oito anos a contar da notificação da presente diretiva, um relatório sobre a aplicação do presente artigo, submetendo-lhe eventualmente propostas de alteração.

**Artigo 18º**

Não é devida a indemnização ou a reparação referida no artigo 17º:

a) Quando o comitente tiver posto termo ao contrato por um incumprimento imputável ao agente comercial e que, nos termos da legislação nacional, seja fundamento da cessação do contrato sem prazo;

b) Quando o agente comercial tiver posto termo ao contrato, a não ser que essa cessação seja devida a circunstâncias imputáveis ao comitente ou à idade, enfermidade ou doença do agente comercial que justifiquem razoavelmente a não exigibilidade do prosseguimento das suas atividades;

## CONTRATOS MERCANTIS

A referência à estabilidade afasta os atos isolados. A agência, muito mais do que um contrato, é uma atividade mercantil que é exercida profissionalmente, empresarialmente. O agente tem uma organização, mais

c) Quando, por acordo com o comitente, o agente comercial ceder a terceiros os direitos e obrigações que para ele decorrem do contrato de agência.

**Artigo 19º**

As partes não podem, antes da cessação do contrato, derrogar o disposto nos artigos 17º e 18º em prejuízo do agente comercial.

**Artigo 20º**

1. Para efeitos da presente diretiva, a convenção que preveja a restrição das atividades profissionais do agente comercial após a cessação do contrato é designada por cláusula de não concorrência.

2. A cláusula de não concorrência só é válida se e na medida em que:

a) Revestir a forma escrita; e

b) Disser respeito ao sector geográfico ou ao grupo de pessoas e ao sector geográfico confiados ao agente comercial bem como ao tipo de mercadorias de que, nos termos do contrato, ele tinha a representação.

3. A cláusula de não concorrência só é válida por um período máximo de dois anos após a cessação do contrato.

4. O presente artigo não prejudica as disposições de direito nacional que introduzam outras restrições à validade ou à aplicabilidade das cláusulas de não concorrência ou que estabeleçam que os tribunais podem diminuir as obrigações das partes resultantes de tal acordo.

### CAPÍTULO V: Disposições gerais e finais

**Artigo 21º**

Nenhuma disposição da presente diretiva pode obrigar um Estado-membro a determinar a divulgação de dados, nos casos em que essa divulgação seja contrária à ordem pública.

**Artigo 22º**

1. Até 1 de Janeiro de 1990, o mais tardar, os Estados-membros porão em vigor as disposições necessárias para dar cumprimento à presente diretiva e do facto informarão imediatamente a Comissão. As referidas disposições aplicar-se-ão, pelo menos, aos contratos celebrados após a sua entrada em vigor.

As referidas disposições aplicar-se-ão aos contratos em curso, em 1 de Janeiro de 1994, o mais tardar.

2. A partir da notificação da presente diretiva, os Estados-membros comunicarão à Comissão o texto das disposições essenciais de ordem legislativa, regulamentar ou administrativa que adoptaram no domínio regulado pela presente diretiva.

3. Todavia, no que diz respeito à Irlanda e ao Reino-Unido, a data de 1 de Janeiro de 1990 referida no nº 1 será substituída pela de 1 de Janeiro de 1994.

No que diz respeito à Itália, esta data será substituída pela de 1 de Janeiro de 1993 relativamente às obrigações decorrentes do artigo 17º.

DIREITO COMERCIAL

simples ou mais sofisticada, que apoia a sua atividade. O agente é um empresário que age no comércio.

Em princípio, o agente não intervém nos contratos de agência. Limita-se a promover a sua formação e deixar a sua celebração ao principal. Mas pode praticá-los em nome do principal, se este lhe conferir os necessários poderes de representação. Por razões de certeza e de segurança, a lei exige que sejam conferidos por escrito.

Por estipulação das partes, pode também o agente ficar com poderes para cobrar créditos do principal, emergentes do contrato em cuja promoção tenha participado, sendo estes poderes presumidos sempre que o agente tiver poderes de representação do principal (artigo 3º). Em princípio, o agente não garante o cumprimento por parte dos terceiros com quem agencia contratos para o principal. Mas pode fazê-lo, se assim o convencionar expressamente e especificamente em relação a certo contrato; é o que se chama a convenção "del credere" (artigo 10º).

A agência pode ser exercida em regime de exclusivo, mediante estipulação expressa, (artigo 4º) e pode ser subcontratada, salvo convenção em contrário (artigo 5º).

II. O conceito de agência adotado e definido pela lei é muitíssimo mais restrito que o de *"agency"* do direito inglês, que abrange praticamente toda a representação, em que o *"agent"*, ao atuar por conta do "principal", o vincula juridicamente.[97] Ao contrário, o conceito da lei portuguesa abrange só uma parcela restrita daquilo que, nos sistemas anglo-saxónicos se chama *"agency"*. A diferença é mesmo profunda, pois a "agência" da lei portuguesa, em princípio, não envolve representação.

---

**Artigo 23º**
Os Estados-membros são destinatários da presente diretiva.
Feito em Bruxelles, em 18 de Dezembro de 1986.
Pelo Conselho
O Presidente
M. JOPLING
[97] G. H. L. FRIDMAN, *The Law of Agency*, Butterworths, London, 1996, pág. 11: *Agency is the relationship that exists between two persons when one, called the agent, is considered in law to represent the other, called the principal, in such a way as to be able to affect the principal's legal position in respect of stranger to the relationship by the making of contracts or the disposition of property.*

CONTRATOS MERCANTIS

Esta diversidade de amplitude ou de compreensão, do conceito tem suscitado – e continuará a suscitar – não poucos equívocos no comércio entre comerciantes portugueses e ingleses que, como se sabe, é muito intenso, e também com outros comerciantes que usam inglês como "língua franca", como sucede em quase todo o mundo. O que está na lei portuguesa corresponde apenas a uma modalidade especial da *"agency"* inglesa, ao subtipo por vezes designado *"comission agent"* ou *"comission merchant"* cuja atuação não vincula representativamente o "principal" com o terceiro contratante.[98]

### ii. Regime jurídico

I. O Decreto-Lei nº 178/86, nos artigos 6º a 20º, contém uma listagem muito detalhada de direitos e obrigações das partes que integram o conteúdo típico do contrato de agência. Numa técnica legislativa muito própria do tempo em que foi promulgado, excedeu-se no detalhe e incluiu até matérias verdadeiramente supérfluas, de teoria geral, que sempre teriam vigência independentemente de serem especialmente incluídas nesta lei. Com isto afastou-se do princípio de prudência legislativa de confiar a legislação civil a professores e a comercial aos mercadores. É uma lei professoral mas pouco mercantil. Não vale a pena mencionar o que é comum a todos os contratos e importa apenas concentrar a atenção no que é específico (típico) do contrato de agência.

II. O contrato de agência, como é próprio do direito comercial, é oneroso. O agente tem direito a uma remuneração, designada "comissão", que pode e costuma ser expressamente estipulada no contrato. Nos casos, sem dúvida raros, em que não seja estipulado o seu valor, é calculada segundo os usos, se os houver, ou a equidade. No que respeita aos usos, devem ser tidos em conta o ramo do comércio e a praça em que a agência se exerce. Muitas vezes variam. Quando haja que recorrer à equidade, é sempre bom enfatizar que equidade não é arbítrio; é mesmo o contrário do arbítrio. Como escrevemos já, " a equidade não pode ser um campo aberto de ausência de critério e de arbitrariedade. Isso seria

---

[98] FRIDMAN, *Law of Agency*, cit., pág. 30, duvida que esta modalidade ainda possa ser corretamente qualificada como de *"agency"*, embora seja correntemente utilizada no comércio, e considera-a *"compounded of the relationship involved in agency and sale of goods"*.

DIREITO COMERCIAL

contrário ao Direito".[99] A concretização da equidade exige a apreensão do sentido do concreto contrato de agência e do sector de atividade, território ou grupo de pessoas a que se refere, e as consequências concretas que determine, e "carece de ser controlado" através da explicitação das razões que fundaram aquela conclusão e não outra, de modo a demonstrar e persuadir que a decisão não foi arbitrária nem parcial, que não foi iníqua.[100]

A comissão incide sobre os contratos que angariou e que tenham sido concluídos durante a vigência do contrato, ou mesmo depois, quando prove que foi ele a negociá-los ou que a sua conclusão lhe foi devida "contanto que (...) sejam celebrados num prazo razoável subsequente ao termo da agência".

III. O agente tem direito a ser indemnizado nos termos gerais se a outra parte incumprir o contrato.

Mas tem ainda direito a uma "indemnização de clientela" (artigos 33º e 34º) sempre que sejam preenchidos cumulativamente os seguintes requisitos:

- o agente tenha angariado novos clientes para a outra parte ou aumentado substancialmente o volume dos seus negócios com a clientela já existente;
- a parte venha a beneficiar consideravelmente, após a cessação do contrato, da atividade desenvolvida pelo agente;
- o agente não receba qualquer retribuição por contratos negociados ou concluídos, após a cessação do contrato, da atividade desenvolvida pelo agente.

Não há lugar a indemnização de clientela se a cessação do contrato for devida a causa imputável ao agente ou se este, por acordo com a outra parte, tiver cedido a sua posição contratual.

A ação de indemnização de clientela deve ser exigida no prazo de um ano a contar da cessação do contrato, e a ação proposta no ano subsequente à interpelação.

---

[99] PAIS DE VASCONCELOS, *Contratos Atípicos*, cit., págs. 435-436.
[100] PAIS DE VASCONCELOS, *Contratos Atípicos*, cit., págs. 440-441.

Tem havido uma tendência, embora controversa, para aplicar analogicamente o regime da indemnização de clientela aos contratos de concessão e de franquia.[101] Esta matéria será tratada a propósito desses contratos.

## 31. O contrato de concessão comercial

> José Alberto Vieira, *O Contrato de Concessão Comercial*, Coimbra Editora, 2006; António Pinto Monteiro, *Contratos de Distribuição Comercial*, Almedina, Coimbra, 2004; *Contrato de Agência, de Concessão e de Franquia ("Franchising")*, Estudos em Homenagem ao Prof. Doutor Eduardo Correia, III, BFDUC, 1984; Maria Helena Brito, *O Contrato de Concessão Comercial*, Almedina, Coimbra, 1990.

### *i. O tipo contratual da concessão comercial.*

O contrato de concessão comercial não está expressamente regulado na lei. Não tem um tipo legal próprio, mas antes um tipo social, muito conhecido e divulgado, embora com contornos fluidos, como é próprio dos tipos sociais de contratos.

A concessão comercial caracteriza-se pela intermediação de um comerciante – o concessionário – que intervém na cadeia de distribuição de um modo típico: compra mercadorias, geralmente por grosso, e revende-as no mercado a retalho.

A concessão distingue-se com clareza da agência. O agente celebra contratos em nome e por conta do principal e não adquire juridicamente posição jurídica nesses contratos, que ficam celebrados diretamente entre o principal e o cliente; diversamente, o concessionário compra as mercadorias e adquire a sua propriedade, e procede depois à sua comercialização e venda. Ambos o agente e o concessionário procedem à comercialização da mercadoria (produtos ou serviços), mas enquanto o agente não chega a tornar-se seu proprietário, o concessionário adquire a sua propriedade.

---

[101] Por todos, António Pinto Monteiro, *Contratos de Distribuição Comercial*, cit., págs. 161 e segs.

DIREITO COMERCIAL

No âmago da concessão está a compra para revenda e a subsequente revenda. A concessão comercial não se confunde, contudo, com o tipo contratual legal da compra e venda objetivamente mercantil previsto nos artigos 463º e seguintes do Código Comercial. A compra e venda objetivamente mercantil, contida nos artigos 463º e seguintes do Código Comercial, é um ato isolado, enquanto a concessão comercial é uma atividade, em princípio, permanente ou, pelo menos, duradoura, exercida a título profissional.

É esta a distinção entre a compra e venda objetivamente mercantil e a concessão comercial: aquela que existe entre um ato e uma atividade. Por isso, a compra e venda prevista no artigo 463º do Código Comercial é objetivamente mercantil e, como tal, mantém a qualificação, mesmo quando celebrada entre não comerciantes e mesmo fora do comércio; diversamente, a atividade do concessionário é comercial apenas quando exercida a título profissional, como modo de vida. Concessionário comercial é, pois, um comerciante cujo comércio consiste na prática da compra e venda objetivamente mercantil como meio de vida, isto é, a título profissional.

### ii. Regime jurídico

A concessão comercial encontra o seu regime jurídico no tipo legal da compra mercantil, constante dos artigos 463º e seguintes do Código Comercial, e no que for estipulado entre as partes. Do tipo da compra e venda mercantil recebe tudo o que respeita propriamente à compra da mercadoria, na relação entre o concedente e o concessionário, e à sua subsequente revenda, na relação entre o concessionário e o seu cliente final. Em tudo o que nesta regulação tiver natureza dispositiva e ainda no que tange à relação profissional e duradoura entre o concedente e o concessionário valem as estipulações das partes.

Há algumas características que pertencem ao tipo social da concessão comercial e que estão normalmente presentes nos contratos concretamente celebrados, embora não necessariamente: o carácter duradouro, o exercício profissional, a ligação à marca, territorialidade e o exclusivo. Apreciemo-las uma por uma:

– *Carácter duradouro.* Não tem sentido uma concessão comercial instantânea, nem sequer de curto prazo. O que é característico da con-

CONTRATOS MERCANTIS

cessão comercial, quer dizer, típico, é que tenha uma duração mais ou menos prolongada no tempo, embora não se possa estabelecer limites máximos nem mínimos. É inusual a estipulação de uma duração inferior a um ano ou a um exercício. Sucede com frequência a não estipulação de prazo, caso em que qualquer das partes pode, nos termos gerais, denunciar o contrato a qualquer tempo, mediante pré-aviso. Também é vulgar ser estipulado um tempo de pré-aviso sem estipulação de termo final, assim como cláusulas de renovação automática, salva prévia denúncia com certa antecedência. Surge ainda com frequência a estipulação de termo fixo, com previsão de renovação mediante novo acordo.

– *Exercício profissional*. A concessão comercial é exercida profissionalmente por um comerciante, individual ou societário, de um modo empresarial, com a utilização de organização e meios adequados. Não se exerce a mediação comercial como entretenimento, como *hobby*, nem desportivamente. O exercício profissional envolve competências e conhecimentos específicos e também vocação comercial. O concessionário investe os seus capitais na compra da mercadoria e tem que a revender, em princípio, com lucro. O lucro não tem de se verificar em todos os casos e pode até ser prescindido, uma vez ou outra, a título de promoção, mas a lucratividade é imprescindível, pois o exercício persistentemente em perda acaba por acarretar a insolvência do concessionário. Deve, todavia, entender-se que só com autorização, expressa ou tácita dos concedentes em questão, poderá o mesmo concessionário comercializar, num mesmo estabelecimento, produtos de marcas concorrentes; é uma questão de conflito de interesses.

– *Ligação à marca*. Os concessionários não estão necessariamente limitados a uma marca, mas estão-no frequentemente. No caso paradigmático dos concessionários de veículos automóveis, estão quase sempre limitados a apenas uma marca, salvo quando há várias marcas dum mesmo fabricante; mas é verdadeiramente inusual encontrar um concessionário a comercializar produtos de marcas concorrentes. Já noutros casos, como por exemplo, no comércio de equipamentos médicos, é vulgar encontrar concentradas num mesmo concessionário várias marcas que estão no mercado em situação de forte concorrência.

DIREITO COMERCIAL

– *Territorialidade*. As concessões comerciais estão normalmente (tipi-camente) limitadas a certa área territorial, nacional ou mesmo regional. Embora seja socialmente típica a delimitação do território dentro do qual se exerce a atividade do concessionário, a falta de uma estipulação específica nesse sentido não é suscetível de impe-dir a qualificação do contrato como tal.[102] Dentro dessa área, o con-cessionário pode ter ou não o exclusivo, mas não deve entrar em concorrência com outros concessionários das mesmas marcas.

– *Exclusivo*. Muito ligado à territorialidade, mas sem com ela se con-fundir, é aludido o exclusivo como característica ou regime típicos do contrato de concessão comercial. O exclusivo pode ser visto em duas perspetivas: como a exclusividade do concessionário que exerce a única concessão, daquele que é comercializado pelo con-cessionário. São realidades diferentes, que se podem cumular: o concessionário exclusivo de certa marca ou produtos, ou o conces-sionário que comercializa exclusivamente aqueles produtos ou exclusivamente aquela marca. Os regimes de exclusivo, em ligação com a territorialidade, têm sido fortemente contrariados pelos regi-mes de defesa da concorrência do direito comunitário europeu.[103]

Para além destas matérias, é ainda corrente a estipulação de práticas de cooperações entre o concedente e o concessionário, no que respeita a assistência técnica e garantias relativamente aos produtos comercializa-dos, de preços e volumes mínimos, de pagamentos, cláusulas penais, etc.

Tem havido uma certa tendência para a aplicação ao contrato de con-cessão comercial do regime jurídico do contrato de agência, principal-mente no que respeita à *indemnização de clientela*, com invocação de ana-logia. Esta analogia assentaria na construção duma categoria jurídica

---

[102] Há decisões judiciais em que a delimitação territorial é mencionada como fator de qua-lificação. Assim, STJ 14.I.2010, www.dgsi.pt, doc. nº SJ201001140038762 e STJ 9.X.2008, ww.dgsi.pt, doc. nº SJ200810090026332.

[103] O artigo 101º, nº 1, alíneas b) e c), do Tratado sobre o Funcionamento da União Europeia cominam com nulidade os atos e proíbem as práticas que limitem ou controlem a distribui-ção ou repartam os mercados, o que não pode deixar de ser seriamente tido em conta nas estipulações sobre o âmbito territorial e sobre os regimes de exclusivo no contrato de con-cessão comercial.

CONTRATOS MERCANTIS

denominada "contratos de distribuição" da qual o contrato de agência constituiria a "figura matriz" e o "regime modelo".[104]

A aplicação analógica do regime da indemnização de clientela, próprio do contrato de agência, ao contrato de concessão não pode ser decidida só por semelhança das situações e exige que seja tida em conta a correspondente *ratio juris*. É preciso avaliar as semelhanças e diferenças e discernir, perante o critério da *ratio juris*, o que pode ser aplicado transtipicamente e com que modificações ou adaptações. No caso dos contratos de concessão, não em abstrato, mas em concreto, cada um, pode ter, na sua execução, aspetos que justifiquem a indemnização de clientela. Para isso, é necessário compreender que da extinção do contrato resulta uma *relação de liquidação*, como a que é configurada por BATISTA MACHADO[105], a qual resulta, para o equilíbrio do sinalagma funcional, que o agente beneficie do valor económico da clientela que criou e entregou ao principal.

Pode bem acontecer o mesmo na extinção do contrato de concessão, assim como também pode bem não suceder. Por isso não se pode dizer, em geral, se o regime da indemnização de clientela se aplica ou não analogicamente à concessão. Nunca pode haver uma decisão genérica porque depende do caso concreto. Se o concessionário, com a sua atividade, tiver "angariado novos clientes para a outra parte, ou aumentado substancialmente o volume dos seus negócios", se o concedente vier a beneficiar consideravelmente, após a extinção do contrato, da atividade desenvolvida pelo concessionário, e se o concessionário não receber, após o fim da concessão, qualquer retribuição específica pelo benefício proporcionado ao concedente com esse acréscimo de clientela; caso a extinção da concessão não for causada por causa imputável ao concessionário ou se este não tiver cedido a sua posição contratual por acordo com o concedente; nestas circunstâncias poderá ser aplicado, *"mutatis*

---

[104] STJ 14.I.2010 (www.dgsi.pt, SJ201001140038762): «E manifesta-se de igual modo incontornável que, como mencionado no acórdão sob recurso, o contrato de agência tem o estatuto de "regime-modelo" aplicável por analogia aos contratos de distribuição». No sentido de aplicar o regime da indemnização de clientela próprio do contrato de agência ao contrato de concessão comercial, STJ 1.II.2000, www.dgsi.pt, doc nº SJ200002010011191, STJ 10.VII.2001, www.dgsi.pt doc nº SJ200107100022026, STJ 23.IX.97, www.dgsi.pt doc. nº SJ199709230004582 e STJ 5.VI.97, www.dgsi.pt, doc nº SJ199706050008172.

[105] BATISTA MACHADO, *A Resolução por Incumprimento e a Indemnização*, Obra Dispersa, I, Scientia Iuridica, Braga, 1991, págs- 202 e segs.

DIREITO COMERCIAL

*mutandis*" com as adaptações que vieram a mostrar-se necessárias, o regime da indemnização de clientela, típico do contrato de agência, ao contrato de concessão.

## 32. O contrato de franquia

> Luis Miguel Pestana de Vasconcelos, *O Contrato de Franquia (Franchising)*, 2ª ed., Almedina, Coimbra, 2010; Maria de Fátima Ribeiro, *O Contrato de Franquia ("Franchising")*, Coimbra, 2001; Miguel Gorjão-Henriques, *Da Restrição da concorrência na Comunidade Europeia: A Franquia de Distribuição*, Coimbra, 1998; Alexandre Dias Pereira, *Da Franquia de Empresa ("Franchising")*, BFDUC, 1997; Ana Paula Ribeiro, *O Contrato de Franquia (Franchising) – No Direito Interno e Internacional*, Lisboa, 1992; Carlos Olavo, *O Contrato de Franchising, Novas Perspetivas do Direito Comercial*, Coimbra, 1988.

### i. O tipo contratual

O contrato de franquia foi introduzido no ordenamento jurídico português a partir do tipo do *franchising* americano. Não foi tipificado na lei e, por isso, é um contrato legalmente atípico, embora socialmente típico. O seu conteúdo típico encontra-se nos usos do comércio e na literatura jurídica e comercial.

Pelo contrato de franquia, uma das partes, o *franquiador*, convenciona com a outra, o *franquiado*, que este venda ou ofereça no mercado os produtos ou serviços daquele, no seu estabelecimento (normalmente uma loja), utilizando o logótipo, a marca e até os processos e caraterísticas típicas que individualizam e caraterizam o primeiro, de modo a criar no mercado a convicção ou a aparência de ser o próprio franquiador o dono daquele estabelecimento e o fornecedor daquelas mercadorias ou serviços.

O franquiado aproveita a imagem e a reputação no mercado que são do franquiador. Não precisa de criar uma marca de produto ou de serviços, conforme os casos, nem de construir uma imagem de qualidade, beneficia da notoriedade que aproveita do franquiador. Beneficia ainda da sua experiência e *know-how*, dos seus fornecedores, dos seus produtos e serviços e até, por vezes, dos seus métodos de gestão e de comerciali-

CONTRATOS MERCANTIS

zação. O franquiado só tem mesmo que vender, num mercado e a uma clientela que já foram construídos pelo franquiador, produtos e serviços que aquele já afinou e testou no mercado, usando os métodos dele.

O franquiador aproveita a capacidade de investimento do franquiado que faz todo o investimento da loja e consegue expandir o seu negócio geograficamente, sem o custo nem o risco que teria de assumir se o fizesse diretamente e que, assim, recaem sobre o franquiado.

A franquia tem uma enorme importância económica na construção do mercado permitindo ao fornecedor das mercadorias ou serviços expandir a sua rede sem grandes investimentos e sem grandes riscos, permitindo aos distribuidores, franquiados, entrar num mercado com uma posição, reputação, *know-how*, marcas e procedimentos já existentes, testados e eficientes e, até por vezes, mesmo, com uma clientela, que não teve de construir. Permite reduzir o investimento e o risco de ambas as partes e aumentar, assim, a eficiência do comércio.

## ii. Regime jurídico

Os contratos de franquia não são todos iguais e variam de franquiador em franquiador. O fundamental do seu regime jurídico está no contrato celebrado entre as partes.

Pelo contrato de franquia, o franquiador autoriza o franquiado a montar e operar, no mercado, um estabelecimento igual ao estabelecimento típico do franquiador, de tal modo que o consumidor não distinga se está perante o franquiador ou o franquiado. Este caráter indistinto é fundamental para a construção da rede de franquia e para o exercício da atividade pelo franquiado. Para alcançar este objetivo e em conformidade com o que for convencionado, o franquiador deve facultar tudo o necessário. Desde a autorização para o uso de marcas, logótipos, licenças, patentes, direitos de autor ou outros direitos de propriedade comercial, *know how*, produtos e mercadorias, estudo de mercado, e até *software* e programas de computador. O franquiador deve também proporcionar ao franquiado o apoio técnico, administrativo e de gestão que se mostrarem razoavelmente necessários.

É típico do contrato de franquia que o franquiador tenha o controlo do exercício da franquia. Em alguns contratos, o franquiador assume um papel mais dominante do que noutros, em que o franquiado tem maior autonomia. De qualquer modo, há sempre um maior ou menor controlo

DIREITO COMERCIAL

do franquiador sobre o modo como o franquiado exerce a franquia, porque tudo o que ele fizer de mal terá repercussões negativas sobre o franquiador e o conjunto da sua operação, a qual, normalmente, envolve um número, por vezes, muito importante de franquias. Há franquias mais rígidas e mais livres. Tudo depende do que se convenciona. É típico que o franquiador tenha acesso à contabilidade e escrituração do franquiado, por um lado para que possa controlar a liquidação do valor da sua retribuição e, por outro, para que possa controlar eficazmente o modo do exercício da franquia.

A franquia é onerosa como é típico nos contratos mercantis. O franquiado deve pagar ao franquiador uma remuneração que é normalmente composta por uma quantia fixa e uma variável. Esta corresponde usualmente a uma percentagem do volume bruto de vendas, mais raramente da receita líquida que é de apuramento mais difícil e controverso.

É típico da franquia a configuração em rede. Normalmente o franquiador celebra várias, por vezes mesmo muitas, franquias que constituem no seu conjunto a sua, ou uma parte importante, da sua rede de distribuição. A rede pode ter configurações variadas. É corrente estender-se para além das fronteiras do país de origem do franquiador, é tipicamente *cross border*. Quando entra num outro país, o franquiador pode constituir vários franquiados diretos, mas também é frequente que constitua um franquiado principal – *master franchising* – que depois subcontrata outros franquiados.

Há franquias de produtos e de serviços. Desde roupas até serviços de auditoria e consultoria, a franquia tem servido para a expansão do comércio do franquiador. Nos moldes mais usuais, a franquia pode ter como conteúdo a distribuição de mercadorias (franquia de distribuição), a prestação de serviços (franquia de serviços) ou o fabrico de mercadorias (franquia de produção).

É ainda usual a estipulação de cláusulas de resolução por incumprimento e a sujeição a arbitragem dos litígios emergentes do contrato.

O contrato de franquia não foi objeto de tipificação legal em Portugal e ainda bem. Assim se evitou a sua cristalização num tipo contratual legal rígido que iria dificultar a sua evolução. A lei não é necessária para a sua concretização. Naquilo que não estiver estipulado pelas partes, vale o recurso ao tipo social como portador dos usos mercantis. O tipo social é facilmente acessível na numerosa literatura sobre o *franchising*.

Por mimetismo com o contrato de concessão, também no caso da franquia foi posta a hipótese de aplicação analógica do regime jurídico da indemnização de clientela, que está legalmente consagrada no Decreto-Lei nº 178/86, de 3 de Julho, para o contrato de agência. A este propósito pensamos o mesmo que expressámos sobre a sua aplicação analógica aos contratos de concessão. Pensamos, porém, que na franquia será normalmente mais rara a aplicabilidade, atento o facto de, tipicamente, no contrato de franquia, ser o franquiado que beneficia da clientela do franquiador, pelo menos, potencial, e não a inversa.

## 33. O contrato de mediação e corretagem

> Engrácia Antunes, *Direito dos Contratos Comerciais*, Almedina, Coimbra, 2009, págs. 458-463; António Pinto Monteiro, *Contratos de Distribuição Comercial*, Almedina, Coimbra, 2004; Carlos Barata, *O Contrato de Mediação*, Estudos do Instituto de Direito do Consumo, I, Almedina, Coimbra, 2002, págs. 185-231; Manuel Salvador, *Contrato de Mediação*, Petrony, Lisboa, 1964.

### i. O tipo contratual

A mediação caracteriza-se pela intermediação entre o comprador e o vendedor, ou entre as partes num outro negócio que não a compra e venda, em que o intermediário – o mediador – aproxima as partes no negócio, põe-nas em presença, por vezes até intervém na negociação para o promover, mas não participa no negócio. O mediador é um facilitador.

Na sua versão mais típica – no cerne do tipo – o mediador não atua por conta de nenhuma das partes embora seja contratado por uma delas, por instrução de quem procura e encontra a outra; sucede também que atue por conta de ambas as partes. Mas o mediador nunca representa qualquer delas e não intervém no negócio que vem a ser celebrado.

### ii. Regime jurídico

O contrato de mediação ou corretagem é tipicamente oneroso. O mediador negoceia com a parte que o contratou uma chamada «comissão»

DIREITO COMERCIAL

que é devida tipicamente se e quando o negócio for concluído. Se o negócio se não concluir, não haverá comissão a receber pelo mediador.

A comissão é devida pela parte que contratou o mediador ou por ambas quando tenha sido por ambas contratado. Nas relações internas entre as partes pode ser convencionado qual delas custeia a mediação ou a partilha entre ambas de tal custo, mas o crédito do mediador tem, em princípio, como devedor a parte que o contratou.

Sucede por vezes que as partes no negócio, após terem chegado a acordo se conluiam para não pagar a comissão ao mediador, cujo valor tentam reduzir ao preço ou partilhar entre si. Os artifícios mais comuns, nesta tentativa, são a dilação temporal do negócio que só vêm a concluir formalmente mais tarde, após ter sido posto termo ao contrato de mediação. Esta prática nem sempre é fácil de ocultar porque frequentemente o mediador acaba por se aperceber de que as partes vieram a concluir o negócio e exige o pagamento da comissão.

A mediação é correntemente exercida em vários sectores do comércio. Em cada um deles apresenta especificidades próprias daquelas atividades.

A mediação financeira está prevista nos artigos 289º e segs. do CVM; a mediação de emprego, no Decreto-Lei nº 124/89, de 14 de Abril; a mediação monetária, no Decreto-Lei nº 110/94 de 28 de Abril; a mediação imobiliária, no Decreto-Lei nº 211/2004, de 20 de Agosto; a mediação de seguros no Decreto-Lei 144/2006, de 31 de Julho.


## 34. O contrato de conta corrente

> MÁRIO DE FIGUEIREDO, *Contrato de Conta Corrente*, Coimbra Editora, Coimbra, 1923; STRECHT RIBEIRO, *Código Comercial Português*, II, Lisboa, 1935; Cunha Gonçalves, *Comentário ao Código Comercial Português*, II, Lisboa, 1916; ADRIANO ANTERO, *Comentário ao Código Comercial Português*, II, Porto, 1913-1915; FERREIRA BORGES, *Dicionário Jurídico-Comercial*, 2ª ed., Porto 1856.

### i. O tipo contratual
O contrato de conta corrente é um contrato objetivamente comercial que está tipificado unicamente no Código Comercial. Diversamente de

outros, como a compra e venda, o mandato ou o empréstimo, a conta corrente, como tipo contratual legal existe apenas neste Código.

O artigo 344º contém a definição legal da conta corrente:

> Dá-se contrato de conta corrente todas as vezes que duas pessoas tendo de entregar valores uma é outra, se obrigam a transformar os créditos em artigos de «deve» e «há-de haver», de sorte que só o saldo final resultante da sua liquidação dela exigível.

### ii. O tipo contratual da conta corrente

Tem sido repetidamente afirmado pelos tribunais que, para que haja contrato de conta corrente, não basta que as partes tenham procedido à escrituração das suas operações recíprocas sob a forma contabilística da conta corrente. É necessário que tenha sido estipulado entre as partes que os créditos e débitos recíprocos sejam reduzidos a artigos de «deve» e «há-de haver» de tal modo que apenas o saldo seja exigível.[106]

Esta orientação jurisprudencial, apesar de sólida, tem de ser entendida com cautela. O contrato de conta corrente não é formal e pode ser estipulado sob qualquer forma, incluindo a oral. Nada impede também que tenha sido convencionado de um modo tácito (artigo 217º do Código Civil). Ora, a celebração do contrato de conta corrente pode resultar "com toda a probabilidade" da prática, adotada pelas partes, de escriturar os seus débitos e créditos recíprocos em conta corrente, apenas procedendo à cobrança e ao pagamento do respetivo saldo.

Importa, no entanto, ter em atenção que o simples facto da contabilização em conta corrente, só por si, não implica a celebração de contrato de conta corrente. Tem de haver a estipulação, expressa ou tácita.

---

[106] Os tribunais têm-se pronunciado sistematicamente no sentido de não ser suficiente a contabilização em conta corrente para qualificar um contrato de conta corrente. É necessário que seja estipulado que as partes se obriguem a levar os seus créditos e débitos recíprocos a verbas de «deve» e «há-de haver» e que só o saldo seja exigível. Muito claro neste sentido, STJ4.III.08: *Não se pode confundir duas coisas distintas: contrato de conta corrente, tal como está definido no artigo 344º do Código Comercial ("dá-se contrato de conta corrente todas as vezes que duas pessoas, tendo de entregar valores uma à outra, se obrigam a transformar os seus créditos em artigos de «deve» e «há-de haver», de sorte que só o saldo final resultante da sua liquidação seja exigível") e processo de escrituração ou forma contabilística designada por conta-corrente.*xto **Integral:**

DIREITO COMERCIAL

### iii. Conteúdo típico

Na conta podem ser debitados ou creditados "quaisquer valores transmissíveis em propriedade" (artigo 345º do Código Comercial). Pode tratar-se de mercadorias, títulos de crédito ou outros bens ou valores no comércio. Quando um correntista remete ao outro uma mercadoria, é-lhe creditado, no momento da entrega, o respetivo valor nos livros de contabilidade do adquirente, a quem esse valor é simultaneamente debitado; o mesmo é feito nos livros do alienante, que debita o adquirente e se credita a si próprio. O mesmo sucede com pagamentos ou entregas de títulos de crédito. O valor dos títulos só entra em conta "salvo boa cobrança", o que significa, no valor em que forem cobrados. A propriedade – ou, talvez mais exatamente a titularidade – dos bens levados em conta transfere-se com a entrega, o que dá simultaneamente lugar ao crédito ou débito em conta.

O artigo 344º do Código Comercial enumera os "efeitos" do contrato de conta corrente. Esta referência a "efeitos típicos" do contrato corresponde a uma técnica conceptual-subsuntiva em que, sob tal designação, são enunciados os respetivos "elementos essenciais" e os "elementos naturais". Esta técnica conceptual-subsuntiva, própria do tempo em que o Código Comercial foi legislado, está hoje ultrapassada, embora seja ainda muito utilizada nos meios forenses e práticos. Numa metodologia tipológica, mas atual, este conjunto de "efeitos típicos" do contrato corresponde ao modelo regulativo do tipo contratual, isto é, ao seu conteúdo normal.

Regressando à letra do artigo 346º do Código Comercial, temos como conteúdo típico do contrato de conta corrente:

1º A transferência da propriedade do crédito indicado em conta corrente para a pessoa por que por ele se debita;

2º A novação entre o creditado e o debitado da obrigação anterior, de que resultou o crédito em conta corrente;

3º A compensação recíproca entre os contraentes até à concorrência dos respetivos crédito e débito ao termo do encerramento da conta corrente;

4º A exigibilidade só do saldo da conta corrente;

5º O vencimento de juros das quantias creditadas em conta corrente a cargo do debitado desde o dia do efetivo recebimento.

§ único. O lançamento em conta corrente de mercadorias ou títulos de crédito presume-se sempre feito com a cláusula «salva boa cobrança».

CONTRATOS MERCANTIS

A vetustez da letra do Código pode suscitar, hoje, dificuldades de interpretação. São, pois, úteis alguns esclarecimentos.

Segundo o nº 1 do artigo 346º, um típico contrato de conta corrente envolve a transferência da propriedade – melhor se diria da titularidade – da mercadoria ou outro bem adquirido pelo correntista com o lançamento do seu preço – ou valor – a débito do adquirente, nos seus próprios livros. O mecanismo é simples: um dos correntistas adquire ao outro certas mercadorias e, em vez de proceder ao seu pagamento, lança nos seus livros esse valor a seu débito e a crédito do alienante. Note-se que este assento contabilístico faz prova contra ele, segundo o artigo 44º, nº 1 do Código Comercial. Ao lançar esse valor a seu próprio débito e a crédito do vendedor, o comprador constitui-se devedor do vendedor.

Simultaneamente com esse lançamento, a propriedade das ditas mercadorias transfere-se para o comprador cuja conta é debitada. Essa transmissão opera por efeito do contrato de conta corrente e independentemente da entrega ou de outra formalidade. A conta corrente pressupõe sempre um ou mais outros contratos cujos débitos e créditos são objecto da conta corrente. O lançamento do débito e do crédito em conta corrente vem operar a novação das obrigações emergentes do contrato subjacente, que deixa de vigorar. Por isso, o nº 2 do artigo 346º, refere, em seguida, a novação como típica do conteúdo do contrato.

O nº 2 do artigo 346º do Código Comercial refere o efeito novativo típico da conta corrente. Os efeitos jurídicos do contrato subjacente extinguem-se com o lançamento em conta corrente e em sua substituição constituem-se os efeitos deste contrato. A novação é particularmente importante porque faz cessar todas as vicissitudes emergentes do contrato subjacente. Assim deixam de ser invocáveis, por exemplo, os vícios da mercadoria ou outras exceções. A invocabilidade destas exceções, típica do Direito Civil, seria imensamente perniciosa para o tráfego mercantil que se quer expedito e seguro. Uma vez lançada em conta corrente a compra de certa mercadoria, esta torna-se firme e segura e deixa de ser suscetível de discussão. Em consequência da novação "desaparecem as garantias do crédito anterior, como o penhor, os privilégios e hipotecas, se os contratantes não fizerem especial reserva dessas garantias" e "não podem opor-se as exceções relativas ao primeiro contrato, como, por exemplo, a prescrição, ou, na compra e venda, a avaria das

DIREITO COMERCIAL

fazendas".[107] A novação provoca a abstração dos débitos e créditos lançados na conta, em relação aos contratos que lhe estão na origem. Esta abstração, à qual o Direito Civil é hostil,[108] é natural do Direito Comercial, principalmente nas relações entre comerciantes, que são profissionais experimentados e não necessitam dos regimes de proteção típicos do Direito Civil, necessitando antes de celeridade e certeza nas suas transações.

No nºs 3 e 4 do artigo 346º segue-se, como "efeito típico" da conta corrente, "a compensação recíproca entre os contraentes até à concorrência dos respetivos créditos e débitos ao termo do encerramento da conta corrente", e "a exigibilidade só do saldo da conta corrente". Por efeito do contrato de conta corrente, extinguem-se os créditos e débitos recíprocos, os quais são compensados e de cuja compensação resulta um saldo, a favor de um ou de outro dos "correntistas". Esse saldo é novo, o que significa que se extinguem os créditos e débitos anteriores, passando a existir apenas o saldo, que constitui um novo crédito/débito que substitui os anteriores. A compensação, todavia, só se produz ao tempo do encerramento da conta.

No nº 5 do artigo 346º consta como última característica típica do contrato de conta corrente "o vencimento de juros das quantias creditadas em conta corrente a cargo do debitado desde o dia do efetivo recebimento". Recordemos que o contrato de conta corrente dispensa o devedor por compra de mercadorias ou por aquisição de outro bem ou serviço de proceder ao seu imediato pagamento, o que implica uma espera de pagamento, isto é, uma concessão de crédito pelo alienante ao adquirente. Esta concessão de crédito é muito importante no comércio porquanto reduz a mobilização imediata de fundos e melhora francamente a liquidez no mercado. Mas a concessão de crédito no comércio não é, em princípio gratuita e dá lugar ao vencimento de juros. Estes juros, no contrato de conta corrente vencem-se a partir da data do "efetivo recebimento" da mercadoria pelo adquirente, data em que é lançada a seu débito o respetivo preço. O juro incide sobre esse preço. Este juro designa-se "juro por dentro da conta" e não se deve confundir com

---

[107] ADRIANO ANTERO, *Comentário ao Código Comercial Português*, cit., II, pág. 290.
[108] PAIS DE VASCONCELOS, *Teoria Geral do Direito Civil*, cit., pág. 315-318.

CONTRATOS MERCANTIS

o "juro por fora da conta" que incide sobre o saldo apurado no encerramento e a partir da data do encerramento.

### iv. *Encerramento e liquidação da conta corrente*

A conta encerra-se no prazo convencionado ou no fim do ano civil (artigo 348º). É então que se liquida o saldo. Antes do encerramento nenhum dos correntistas pode ser considerado credor ou devedor do outro; só com o encerramento se apura o saldo e com ele a qualidade de credor ou devedor de cada correntista (artigo 350º).

Como se viu já, o contrato de conta corrente permite a concessão mútua de crédito entre comerciantes que fazem fornecimentos recíprocos, melhorando a liquidez no mercado e facilitando as trocas.

Mas a conta corrente não deve prolongar-se indefinidamente, nem sequer longamente. Em princípio, a conta encerra-se no termo do ano civil, mas as partes podem estipular diversamente (artigo 348º). A conta encerra-se também por morte (decesso) ou interdição de uma das partes (artigo 349º) e, por identidade de razão, por dissolução ou falência.

Apurado o saldo no encerramento, fica determinado o credor e o devedor, e sobre esse saldo vencem-se juros "por fora". Nada impede que a conta se encerre equilibrada (a zero), caso em que não haverá credor nem devedor, nem vencimento de juros por fora.

Chegado o tempo do encerramento, qualquer dos correntistas pode enviar ao outro a conta, com todos os lançamentos, tal como a tem nos seus livros, para que o outro a verifique e a aceite ou reclame. Se aceitar, o saldo torna-se imediatamente exigível e o correntista credor pode exigir o seu pagamento, ou inscrever esse saldo a seu favor numa nova conta corrente que então tenha o seu início. Não havendo acordo quanto à conta ou ao seu saldo, torna-se necessário recorrer a tribunal. Pergunta-se, então, qual o processo próprio?

A questão foi discutida. No tempo em que vigorava ainda o Código de Processo Comercial, as opiniões dividiam-se entre o processo comum e o processo especial de prestação de contas. Em favor do processo especial de prestação de contas, argumentava-se que com o artigo 63º do Código Comercial que obriga os comerciantes a prestar contas «nas negociações, no fim de cada uma; nas transações comerciais de curso seguido, no fim de cada ano; e, no contrato de conta corrente, ao tempo do encerramento». No sentido da aplicação do processo comum, invo-

DIREITO COMERCIAL

cava-se a natureza «moral» da obrigação de prestar contas contida no artigo 63º do Código Comercial e ainda na não aplicabilidade dos processos especiais do Código de Processo Civil a questões de natureza mercantil para as quais vigorava o Código de Processo Comercial.[109]

O Código de Processo Civil de Alberto dos Reis, atualmente em vigor, com muitas alterações, veio unificar as jurisdições e o processo. Por isto, deixaram de ser atendíveis as razões antes invocadas. Na sua redação original, o artigo 1014º do Código de Processo Civil de Alberto dos Reis permitia o recurso ao processo especial de prestação de contas e esse processo era bem adequado a essa matéria. Na verdade, segundo o artigo 1016º, nº 2, exigida pelo autor ao réu a prestação de contas, se as contas prestadas pelo réu apresentarem um saldo a favor do autor, este pode exigir que o réu pague esse saldo no prazo de dez dias, sem prejuízo de o processo poder prosseguir se o autor entender que o saldo é superior. Além disto, segundo o nº 5 do artigo 1017º, "o juiz ordenará a realização de todas as diligências indispensáveis, decidindo segundo o seu prudente arbítrio e as regras da experiência, podendo considerar justificadas sem documentos as verbas de receita ou de despesa em que não é costume exigi-los". Este regime processual é muito melhor para a liquidação da conta do que o do processo comum de condenação.

Porém, na última reforma deste Código, foi introduzido um novo artigo 1014º e o anterior passou a ser o atual artigo 1014º-A.

Artigo 1014º – Objeto da ação

A ação de prestação de contas pode ser proposta por quem tenha o direito de exigi-las ou por quem tenha o dever de prestá-las e tem por objeto o apuramento e aprovação das receitas obtidas e das despesas realizadas por quem administra bens alheios e a eventual condenação no pagamento do saldo que venha a apurar-se.

Artigo 1014º-A – Citação para a prestação provocada de contas

1. Aquele que pretenda exigir a prestação de contas requererá a citação do réu para, no prazo de 30 dias, as apresentar ou contestar a ação, sob cominação de não poder deduzir oposição às contas que o autor apresente; as provas são oferecidas com os articulados.

---

[109] MÁRIO DE FIGUEIREDO, *Contrato de Conta Corrente*, Coimbra Editora, Coimbra, 1923, págs.131-132, inclina-se neste último sentido.

2. Se o réu não quiser contestar a obrigação de prestação de contas, pode pedir a concessão de um prazo mais longo para as apresentar, justificando a necessidade da prorrogação.
3. Se o réu contestar a obrigação de prestar contas, o autor pode responder e, produzidas as provas necessárias, o juiz profere imediatamente decisão, aplicando-se o disposto no artigo 304º. Se, porém, findos os articulados, o juiz verificar que a questão não pode ser sumariamente decidida, mandará seguir os termos subsequentes do processo comum adequados ao valor da causa.
4. Da decisão proferida sobre a existência ou inexistência da obrigação de prestar contas cabe apelação, que subirá imediatamente, nos próprios autos e com efeito suspensivo.
5. Decidindo-se que o réu está obrigado a prestar contas, é notificado para as apresentar dentro de 20 dias, sob pena de lhe não ser permitido contestar as que o autor apresente.

O novo texto do artigo 1014º do Código de Processo Civil, na sua letra, parece limitar o âmbito material da ação especial de prestação de contas a casos de administração de bens alheios. Porém, uma tal interpretação não encontra suporte na *ratio legis*. Nada na reforma que introduziu o novo artigo 1014º permite concluir no sentido de uma restrição do âmbito material de aplicação deste processo especial e, pelo contrário, mantêm-se todas as razões para a inclusão da liquidação da conta no seu âmbito.

No Direito Comercial, como dissemos já, a adequação e pragmaticidade das soluções deve prevalecer sobre a correção das inferências lógico-formais em que se fundem. Por isto, entendemos que para a liquidação da conta, no contrato de conta corrente, é próprio o processo especial de prestação de contas, previsto nos artigos 1014º e seguintes do Código de Processo Civil.


## 35. Operações de bolsa

Ruy Ulrich, *Da Bolsa e suas Operações*, Coimbra, 1906; Paulo Câmara, *Manual de Direito dos Valores Mobiliários*, Almedina, Coimbra, 2009, págs. 464 e segs., *Operações de Futuros e Opções*, Lex, Lisboa, 1997, *Valores Mobiliários Escri-*

DIREITO COMERCIAL

*turais*, Almedina, Coimbra, 1997, *Ordem de Bolsa*, ROA, II, 1992; PAULA COSTA E SILVA, *As Operações de Venda a Descoberto de Valores Mobiliários*, Coimbra Editora, Coimbra, 2009, *Efeitos do Registo e Valores Mobiliários*, ROA, ano 58, II, 1998; OLIVEIRA ASCENSÃO, *Celebração de Negócios em Bolsa*, Direito dos Valores Mobiliários, I; MIGUEL GALVÃO TELLES, *Fungibilidade de Valores Mobiliários e Situações Jurídicas Meramente Categoriais*, Estudos em Homenagem ao Professor Doutor Inocêncio Galvão Telles, I, Almedina, Coimbra, 2003; MARIA CLARA CALHEIROS, *O Contrato de Swap*, Studia Iuridica, 51, Universidade de Coimbra.

### *i. Evolução legislativa*

As operações de bolsa estavam previstas nos artigos 351º a 361º do Código Comercial, hoje revogados pelo Código dos Valores Mobiliários. As operações de bolsa evoluíram tanto desde 1888 que não se justifica já manterem-se em vigor aqueles preceitos.

A Bolsa é uma instituição comercial antiga.[110] Desde 1758 que foi instituída em Portugal e a sua regulamentação legal vem já do Código Comercial de 1833. No Código Comercial de 1888 as bolsas eram consideradas "locais destinados ao comércio".

O regime do Código Comercial do 1888 foi modificado em 1974 (Decreto-Lei nº 8/74 de 14 de Janeiro) e depois com o Código dos Mercados de Valores Mobiliários e novamente com o Código dos Valores Mobiliários (CVM). A partir da transposição da Diretiva nº 2004/39/CE (Diretiva dos Mercados de Instrumentos Financeiros), a Bolsa deixou de ser vista como o local do mercado e passou a ser entendida como organização e "sistema" do mercado, muito por efeito da computorização e da celebração eletrónica das operações e também por influência da legislação comunitária subsequente.[111]

---

[110] Para a história da Bolsa portuguesa, RUY ULRICH, *Da Bolsa e suas Operações*, Coimbra, 1906, FIGUEIREDO MARCOS, *As Companhias Pombalinas*, cit., págs. 629 e segs., DAVID JUSTINO, *História da Bolsa de Lisboa*, Bolsa de Valores de Lisboa, Lisboa, 1994, PAULO CÂMARA, *Manual de Direito dos Valores Mobiliários*, Almedina, Coimbra, 2009, págs. 464 e segs.
[111] Principalmente da Diretiva nº 2004/39/CE, do Parlamento Europeu e do Conselho, de 21 de Abril de 2004, sobre os mercados financeiros. Sobre o assunto, com detalhe, PAULO CÂMARA, *Manual de Direito dos Valores Mobiliários*, cit., pág. 468 e segs.

CONTRATOS MERCANTIS

Hoje, a Bolsa é um estabelecimento comercial constituído por "uma organização de coisas corpóreas e incorpóreas para a negociação de valores mobiliários e a prestação de serviços acessórios"; as suas entidades gestoras são empresas comerciais estruturadas em sociedades anónimas.[112] A Bolsa procede à negociação multilateral simultânea de valores mobiliários com indiferença subjetiva, objetiva e de vicissitudes relativas à posição jurídica dos ordenantes. A recente Diretiva dos Mercados Financeiros[113] concentrou-se sobre a expressão "mercados regulamentados". Mas tal não deve conduzir ao abandono do velho conceito de Bolsa como mercado multilateral e simultâneo de emissão (primário) e de negociação (secundário) de títulos (valores mobiliários) com um sistema próprio de execução e de liquidação de ordens. Este conceito é cultural e próprio do Direito Comercial. Mantemos, pois, o uso tradicional da referência à Bolsa, designadamente quanto a sociedades e ações cotadas em bolsa, mesmo quando a lei refira verbalmente "mercado regulamentado", salvo quando assim seja exigido pela clareza ou precisão na expressão. Trata-se de um conceito alargado e comum de Bolsa de Valores.

O mercado bolsista é fortemente regulamentado. A sua regulamentação está sediada, a título principal, no Código dos Valores Mobiliários (CVM).[114]

### ii. Mercado primário e mercado secundário
O mercado bolsista divide-se em primário e secundário. É uma dicotomia tradicional que, embora tenha desaparecido da lei, não deixa de se manter culturalmente vigente e pragmaticamente útil. É utilizada em geral nos mercados financeiros sem necessidade de consagração legal.

O mercado primário é próprio para as emissões de instrumentos financeiros. É no mercado primário que são emitidas ações ou obrigações ou outros títulos ou valores.

O mercado secundário é aquele em que os títulos ou valores já admitidos no mercado são comprados e vendidos. A bolsa funciona princi-

---

112  Paulo Câmara, *Manual de Direito dos Valores Mobiliários*, cit., pág. 470.
113  Diretiva nº 2004/39/CE, de 21 de Abril.
114  Aprovado pelo Decreto-Lei nº 486/99, de 13 de Novembro, com inúmeras alterações.

palmente no mercado secundário. É nele que se vai comprando e vendendo permanentemente, e se vai formando a cotação.

### iii. Os corretores e os intermediários financeiros

A Bolsa é um mercado muito sofisticado que não permite o acesso direto a quem não seja especializado e sujeito a controlo exigente. Só são admitidos a intervir diretamente neste mercado os hoje chamados "intermediários financeiros", designação recente dos tradicionais corretores de Bolsa. Na linguagem hodierna, os corretores são designados como "intermediários financeiros". É mais uma transposição por tradução literal da expressão inglesa *financial intermediaries* que, no mercado bolsista corresponde funcionalmente aos antigos corretores de bolsa. Na linha do que fazemos em relação aos mercados regulamentados e à Bolsa, continuaremos a usar a designação tradicional de corretores para os atualmente designados na lei por Intermediários Financeiros. Os corretores são intermediários financeiros.

A lei já não admite corretores de bolsa individuais, como nos tempos antigos do Regimento do Ofício do Corretor, de 10 de Outubro de 1901, em que eram considerados oficiais públicos.[115] Hodiernamente, o artigo 293º do CVM limita a função de corretor a pessoas coletivas:

- As instituições de crédito e as empresas de investimento que estejam autorizadas a exercer atividades de intermediação financeira em Portugal;
- As entidades gestoras de instituições de investimento coletivo autorizadas a exercer essa atividade em Portugal;
- As instituições com funções correspondentes às referidas nas alíneas anteriores que estejam autorizadas a exercer em Portugal qualquer atividade de intermediação financeira.
- As sociedades de investimento mobiliário e as sociedades de investimento imobiliário.

São hoje 123 os intermediários financeiros registados na CMVM.

Os corretores são mandatários dos seus clientes. São mandatários sem representação, isto é, são comissários. Atuam em nome próprio, por

---

[115] FERNANDO OLAVO, *Direito Comercial*, I, cit. pág. 196.

conta dos seus clientes ou mesmo por conta própria. Os corretores, nas operações que executam não revelam a identidade do cliente. O mandato que recebem pressupõe uma relação de clientela e constitui-se por negócio jurídico unilateral, como é próprio do mandato mercantil.[116] O cliente emite uma ordem, de compra ou de venda, que o corretor deve executar.

### iv. As ordens de bolsa

Os corretores recebem as ordens de bolsa dos seus clientes e executam-nas. As "ordens de bolsa" são mandatos mercantis que correspondem, em termos gerais, ao mandato previsto nos artigos 231º e seguintes do Código Comercial, pelos quais os clientes ordenam aos seus corretores que comprem ou vendam por este ou aquele preço, ou "ao melhor", ou que pratiquem outra operação. São atos objetivamente comerciais.

Como sucede nos mandatos, há que distinguir no domínio das ordens de bolsa a relação interna da relação externa. A relação jurídica que se estabelece entre o cliente ordenador e o corretor mantém-se distinta da que liga o corretor e o chamado "sistema". A violação da ordem pelo corretor, ou outras exceções emergentes da ordem, são inoponíveis ao "sistema", porque constituem *"res inter alios acta"*. Tal não exime o corretor de, na sua relação com o cliente, ser responsabilizado pela execução ou inexecução da ordem. Se, por exemplo, lhe foi ordenado que vendesse por certo preço e vendeu por preço inferior, o corretor deverá entregar ao cliente o preço que lhe foi ordenado. Se vender por preço superior, também não haverá razão para se apropriar da diferença.

### v. A venda e a compra em bolsa

É discutida a natureza jurídica da venda de valores mobiliários em bolsa. PAULA COSTA E SILVA,[117] suscitou a questão: na compra e venda em bolsa

---

[116] Supra III. 25. II.
[117] PAULA COSTA E SILVA, COMPRA, *Venda e Troca de Valores Mobiliários*, cit., págs. 243-266, e *Efeitos do Registo e Valores Mobiliários*, ROA, ano 58, II, 1998, págs. 859-847. No mesmo sentido, com novos argumentos, OLIVEIRA ASCENSÃO, *Celebração de Negócios em Bolsa*, Direito dos Valores Mobiliários, I, págs. 177-199, e MIGUEL GALVÃO TELLES, *Fungibilidade de Valores Mobiliários e Situações Jurídicas Meramente Categoriais*, Estudo em Homenagem ao Professor Doutor Inocêncio Galvão Telles, I, Almedina, Coimbra, 2003, págs. 579-628.

DIREITO COMERCIAL

não há um contrato, mas antes dois negócios jurídicos unilaterais, um de venda e outro de compra. Com razão.[118]

A compra e venda em bolsa está expressamente prevista nos nºs 2 e 5 do artigo 463º do Código Comercial e as operações de bolsa estão no seu Título VII, cujos artigos 351º a 361º foram revogados e estão hoje substituídos pelo Código dos Valores Mobiliários. São atos objetivamente mercantis. Não deve ser pensada nos quadros dogmáticos da compra e venda civil.

Na Bolsa, no mercado secundário, o vendedor, através do seu corretor (intermediário financeiro), vende a quem? Ao "sistema"? Não, porque o "sistema" não tem personalidade jurídica e não compra. Então, vende a quem? E o comprador compra de quem? Também não compra do sistema.

No mercado secundário, verificam-se três características principais:

– *Indiferença pessoal*: para o vendedor é indiferente a pessoa do comprador e para o comprador é indiferente a pessoa do vendedor. Não lhes interessa quem seja, não sabem quem é e não têm normalmente sequer a possibilidade de saber.

– *Indiferença real*: os valores mobiliários são fungíveis no mercado. Tal como as notas de banco, não se sabe nem interessa saber, no mercado, quais são ou não são concretamente, entre os valores que foram vendidos quais foram comprados por este ou aquele investidor.

– *Indiferença das vicissitudes de negociação e de emissão*: os vícios que tenham ocorrido na emissão ou na negociação, do lado do emitente, do vendedor ou do comprador, são inoponíveis e não afetam o outro lado da operação. A eventual emissão de títulos em excesso não inquina a sua subscrição, assim como o eventual vício na alienação não afeta a aquisição e, vice-versa, o eventual vício da aquisição não afeta a alienação. Se, por exemplo, forem emitidos, vendidos ou comprados títulos a mais, o vício é sanado pela sua recompra por parte do intermediário financeiro que introduzir a ordem irregular no sistema.

---

[118] Não acompanhamos PAULO CÂMARA, *Manual de Direito dos Valores Mobiliários*, cit., págs. 347 e segs. A questão não se limita ao conhecimento ou desconhecimento que vendedor e comprador têm da identidade um do outro, nem também à terminologia legal.

CONTRATOS MERCANTIS

Os vícios da venda não afetam o comprador porque não se sabe quem ele seja (*indiferença pessoal*) nem se sabe quais são os valores que ele comprou (*indiferença real*). Se o vendedor vendeu movido por erro, coação, etc., tal vício fica consigo e não pode anular a venda; se o comprador comprou por erro, coação ou outro vício, também a venda não é afetada. Pode mesmo suceder que o corretor do vendedor tenha introduzido no sistema uma ordem de venda de mais valores do que lhe foi mandado pelo vendedor, que os compradores não deixam de comprar os que tiverem sido comprados; fica o intermediário financeiro do vendedor, que introduzir a ordem de venda no sistema, obrigado a comprar, por conta própria, os valores necessários para a liquidação. Também se o corretor do comprador tiver inserido no sistema uma ordem de compra em quantidade superior ao que lhe foi mandado, será ele obrigado a proceder à venda, por conta própria, dos excessivos.

Mesmo que, por exemplo, numa emissão de ações duma sociedade anónima proveniente dum aumento do capital, sejam introduzidas no sistema ordens em quantidade superior à totalidade das ações emitidas, nem por isso os subscritores deixam de as adquirir, ficando o intermediário financeiro obrigado a recomprar, por conta própria, aquelas que tiver colocado em excesso.

A aquisição de valores mobiliários em mercado regulamentado é originária, como é próprio do regime de *autonomia* na circulação dos títulos de crédito.[119] Este regime de circulação é necessário à segurança e celeridade do comércio. Sem ele ninguém se atreveria a comprar valores mobiliários na Bolsa, tão alto seria o risco de posterior anulação ou declaração de nulidade do negócio por vício da venda; e também, vice-versa, ninguém se atreveria a vender, perante o risco de invalidade emergente de vício da compra.

A compra e venda de valores mobiliários em mercado secundário não constitui, pois, nem pode constituir um contrato. Há negócios jurídicos unilaterais de venda e negócios jurídicos unilaterais de compra. Só em bolsas com um funcionamento muito simples e pouco sofisticado, poderá haver contratos bilaterais de compra e venda, em que os próprios vendedores e compradores se entendam diretamente ou por intermédio

---

[119] Sobre a *autonomia* na circulação dos títulos de crédito, *infra*, 46.iv.

DIREITO COMERCIAL

de corretores que os representem. As bolsas de valores mobiliários que funcionam de modo não presencial. Vendedores e compradores dão ordens de venda ou de compra, a intermediários financeiros (corretores) que agem sem representação e que introduzem todas essas ordens no sistema. É o sistema que informaticamente encontra a correspondência entre vendas e compras.

O contrato de compra e venda tem duas partes que se entendem entre si quanto ao seu conteúdo e à sua celebração. É um negócio jurídico plural. Ambas as partes são relevantes e a ligação entre elas é o próprio conteúdo e a própria existência do contrato. Diversamente, em bolsa, o vendedor não vende a um comprador desconhecido ou indeterminado; vende simplesmente e entrega, recebendo o preço. O mesmo sucede com o comprador, que não compra dum vendedor desconhecido ou indeterminado. Não se trata de fungibilidade da outra parte, mas sim de não haver outra parte. Na interpretação e na integração destes negócios jurídicos não há declaratário nem outra parte. Se houver erro, não há um declaratário que permita operar o regime dos artigos 251º e 247º do Código Civil; não é concebível o dolo, nem a usura. Não há bilateralidade.

Sem bilateralidade (ou plurilateralidade) não há contrato. O contrato é um ato negocial plural, da autoria conjunta de duas ou mais partes. O contrato de compra e venda exige um acordo entre comprador e vendedor, pelo menos, quanto à coisa e quanto ao preço. Na compra e na venda em bolsa (em mercado secundário organizado), tal acordo não existe. Não pode ser mais do que uma ficção.

O regime dos vícios próprios de cada interveniente não pode ser comunicado ao outro. Vale a pena exemplificar. Se, numa sessão de bolsa, entre muitos vendedores e compradores de ações de certa sociedade anónima cotada, um dos vendedores for um pai com vários filhos e um dos compradores for um dos filhos desse pai, na construção contratual e de acordo com o artigo 877º do Código Civil, na falta de autorização prestada pelos outros filhos, a compra e venda seria, ou não, anulável conforme as ações vendidas pelo pai fossem compradas pelo filho; ou parcialmente anulável se algumas delas o fossem; ou totalmente válida se todas as ações vendidas pelo pai fossem compradas por outros que não o filho e todas as ações compradas pelo filho fossem vendidas por outros que não o seu pai. Na construção contratual, a validade e anulabilidade, total ou parcial, das operações ficaria dependente de puro acaso. É um risco incomportável por este mercado. No Direito Comercial a pragmaticidade é dominante e a técnica jurídica tem de se adaptar. A solução consistiu em separar a compra da venda, construindo-as como negócios unilaterais.

Tal não sucede já nas operações de balcão (*over the counter, "otc"*) em que, aí sim, o negócio é feito diretamente entre comprador e vendedor e, como tal, tem natureza contratual.

### vi. *Operações de conta própria e de conta alheia*
O corretor pode praticar operações de conta própria ou de conta alheia. Nas operações de conta própria, o corretor vende valores dos quais é o titular ou compra para a sua própria titularidade.

Em princípio, o corretor deveria atuar de conta alheia. Mas tem de atuar de conta própria sempre que se torna necessário corrigir anomalias, por exemplo ordens erradas por ele introduzidas no sistema. Se, por lapso, introduzir no sistema uma ordem de venda de um número de valores superior àquela que lhe foi ordenado, esses valores terão sido comprados por alguém e a sua aquisição não pode ser posta em causa. Resta ao corretor, entrar no mercado e proceder à compra dos valores em excesso, por sua conta própria, de modo a repor o equilíbrio do sistema. Também se por lapso introduzir no sistema uma ordem de compra de valores em excesso, terá de proceder à venda do excesso e fá-lo-á de conta própria. Nem o cliente do corretor – ordenador – nem outros intervenientes no mercado são afetados pelos lapsos cometidos pelo corretor. Tais lapsos são por ele corrigidos através de operação de conta própria.

As operações do corretor são normalmente executadas de conta alheia, de conta do seu cliente – ordenante. Mas a lei permite que atue no mercado também por conta própria, comprando e vendendo para si mesmo, e até vendendo aos seus próprios clientes. Esta atuação por conta própria envolve riscos graves de conflito de interesses com os seus clientes e simplesmente não deveria ser permitida. O CVM, nos seus artigos 309º a 309º-F, estabelece um regime jurídico com o qual pretende assegurar que, em situações de conflito de interesses entre o corretor e o cliente, este último seja sempre protegido. Não é uma boa solução. Melhor seria limitar as operações de conta própria a casos

DIREITO COMERCIAL

necessários para a regularização de operações irregulares. A prática tem demonstrado que é perversa a concorrência entre o mandante e o mandatário, no mercado financeiro, e não há *"chinese walls"* que evitem o aproveitamento pelos agentes profissionais da assimetria de informação que os beneficia. Esta prática tem contribuído para a crescente desconfiança das pessoas comuns no mercado financeiro em geral e no mercado bolsista em particular.

### vii. *Operações a contado e a prazo*
As operação de bolsa distinguem-se em operações "a contado" ou "a prazo".

As operações a contado são executadas e liquidadas imediatamente. Não são executadas propriamente com "dinheiro à vista" mas mediante um curtíssimo lapso de tempo que não deve exceder três ou, no máximo, quatro dias. As operações a contado são tidas como tendencialmente liquidadas na data da sua execução e a dilação que se verifica é simplesmente técnica, não correspondendo a uma concessão de prazo.

Nas operações a prazo há uma dilação temporal que faz parte da própria operação e que lhe é essencial. As operações a prazo mais comuns são as operações de "derivados". Entre elas, assumem um estatuto paradigmático, como tipo social de frequência, os reportes de bolsa, os futuros, as opções e os *swaps*.

O reporte de bolsa é tratado adiante.[120]

Os *futuros*[121] são contratos a prazo, negociados em mercado organizado, que conferem posições de compra e de venda sobre determinado ativo subjacente por preço e em data futura previamente fixados, a executar mediante liquidação física ou financeira.[122] Os futuros são contratos com conteúdo pré estabelecido pela entidade gestora do respetivo mercado e são celebrados sempre entre o intermediário financeiro e a entidade gestora do mercado. Não há contacto contratual entre o que seriam as duas partes do contrato porque há sempre necessariamente a intermediação da entidade gestora. Assim, cada operação implica dois contratos: um de uma das partes com a entidade gestora e outro de outra

---

[120] *Infra*, 43.
[121] Miguel Cunha, *Os Futuros de Bolsa*, Direito dos Valores Mobiliários, I, págs. 63-132.
[122] Engrácia Antunes, *Os Instrumentos Financeiros*, Almedina, Coimbra, 2009, pág. 132.

das partes com a mesma entidade gestora. Em cada operação de futuros, a entidade gestora assume duas posições contratuais, uma ativa e outra passiva, ficando numa posição financeiramente neutra. Diversamente do que é costume dizer em linguagem do mercado, os futuros não são transmitidos de A a B: extingue-se a posição jurídica de A e constitui-se uma nova com B. A posição jurídica de A extingue-se através da contratação por A com a entidade gestora dum novo contrato contrário ao anterior que com ele é compensado. Finalmente, os futuros não admitem a contratação direta entre as suas partes económicas, mas podem ser celebrados fora de bolsa contratos semelhantes, diretamente entre as partes e com o conteúdo negociado "*ad hoc*" que se designam, então, "*forwards*".

As *opções* são contratos a prazo que atribuem a uma das partes um poder potestativo de compra ou de venda de certo ativo subjacente e em, ou até, data pré determinados, a executar mediante liquidação física ou financeira, contra a obrigação de pagamento dum prémio.[123]

Os *futuros* e as *opções* são semelhantes, com a diferença de, nos futuros a compra ou a venda futuras terem de ser executadas no prazo convencionado,[124] enquanto nas opções, a parte titular da opção pode executar ou não, potestativamente, consoante lhe interessar, podendo licitamente deixar de o fazer.

Os *swaps*[125] são operações que consistem, no seu essencial na troca (daí o nome) entre o risco duma parte e o da outra, de modo a que se equilibrem. Num exemplo simples e clássico, a empresa europeia A tem de pagar à empresa americana X um milhão de dólares em 31 de Dezembro e a empresa europeia B tem a receber da empresa americana Y, no mesmo dia 31 de Dezembro a mesma quantia de um milhão de dólares. Pretendem cobrir o risco de flutuação do câmbio Euro/Dólar. Convencionam então entre si trocar os respetivos riscos de câmbio, de tal modo que, o que uma ganhar na variação do câmbio será compensado com o que a outra perder. Há aqui um embrião de mutualização do risco. Neste modelo o equilíbrio era perfeito e ambas cobrem os respetivos riscos.

---

[123] ENGRÁCIA ANTUNES, *Os Instrumentos Financeiros*, cit., pág. 159.

[124] As opções americanas têm de ser exercidas até ao fim do prazo enquanto as europeias têm de o ser no último dia do prazo.

[125] MARIA CLARA CALHEIROS, *O Contrato de Swap*, Studia Iuridica, 51, Universidade de Coimbra.

DIREITO COMERCIAL

É um negócio de saldo zero em que ambas as partes saem a ganhar. Um negócio *win/win*.

Nesta versão simples seria sempre necessário encontrar duas empresas que pretendessem cobrir riscos simétricos, o que nem sempre era fácil. Para tanto, passaram a ser incumbidas instituições financeiras de o fazerem, mediante uma remuneração. Com o evoluir do tempo e como nem sempre era fácil emparelhar riscos simétricos, as instituições financeiras passaram a constituir *pooles* de riscos, assumindo para si os riscos não compensados, riscos estes que cobriam com as remunerações recebidas. O *swap* perdeu, assim, a configuração original e passou a configurar-se economicamente como uma operação em que uma instituição financeira assume para si um risco mediante uma remuneração previamente convencionada.

Há *swaps* muito variados. De câmbio (como o exemplo acima), de taxas de juros, de preços de mercadorias, etc. Nos últimos tempos ficou tristemente célebre o chamado CDS (*credit default swap*) em que é coberto o risco de incumprimento de uma dívida.[126] Assim configurado, o *swap* torna-se difícil de distinguir da garantia bancária autónoma e do seguro de crédito. É hoje comum a cobertura dos riscos de incumprimento (*default*) por instituições financeiras, de todo o género de financiamentos, quer comerciais quer mesmo de dívidas soberanas.

### viii. *Operações a descoberto (short selling)*

As operações a descoberto, universalmente designadas "*short selling*" caracterizam-se por uma dilação temporal entre o momento em que a ordem de venda é introduzida no sistema e o momento, posterior, em que é liquidada. Quando a cotação de certo título está em queda, é possível ganhar dinheiro através duma prática extremamente especulativa em que o vendedor (*shorter*) dá ordem de venda de títulos que não tem e vai posteriormente adquiri-los, por um preço inferior, para os entregar

---

[126] No mercado financeiro, por défice de supervisão da *FED*, as instituições de crédito americanas assumiam riscos de incumprimento através de *CDS* sem constituírem as correspondentes reservas o que, se numa primeira fase lhes facultou lucros enormes, lhes veio em seguida a criar gravíssimas dificuldades de solvência. As instituições financeiras europeias e do resto do mundo secundaram as suas congéneres americanas nesta prática com as mesmas consequências.

na liquidação. O *shorter* aposta em que, tendo vendido por um certo preço da cotação ao tempo da venda, a cotação venha ainda a baixar de tal modo que ele consiga adquirir, mais tarde, por um preço inferior, os títulos que tem de entregar.[127]

Há duas modalidades de venda a descoberto. A venda a descoberto "nua" (*naked short selling*) em que o vendedor (*shorter*) vende títulos que simplesmente não tem; e a venda coberta (*covered short selling*) em que vende ações que obteve por empréstimo ou outro título temporário.

A venda a descoberto nua necessita de um lapso de tempo entre a data do fecho da venda e a data da liquidação da operação. O vendedor só vai comprar os títulos (usualmente ações) quando tem de os entregar para liquidar a operação de venda e, se as cotações estiverem a cair, acaba por comprá-las por um preço inferior àquela por que as vendeu, ganhando assim um lucro. Não obstante este lapso de tempo ser muito curto, ele não deixa de ganhar, desde que a operação seja avultada, porquanto o tempo do seu investimento é também curtíssimo. A venda a descoberto nua é uma operação altamente especulativa que permite ao especulador ganhar dinheiro sobre títulos em queda de cotação, mas em contrapartida pode fazer-lhe perder, se a tendência se inverter para a subida. É uma operação hoje muito criticada, que muitos pretendem ver proibida e cuja permissão chegou a ser suspensa no auge da crise de 2008 por induzir ainda mais a queda dos títulos sobre os quais é exercida, suspensão que ainda não foi levantada em todos os mercados.

A venda a descoberto "coberta" envolve um desenho económico diferente. O vendedor (*shorter*) obtém um lote de títulos por empréstimo ou outro título temporário, por exemplo, de um fundo que só os utilize para receber os respetivos dividendos ou juros periódicos. Esse fundo mantém os títulos inativos durante o ano e pode auferir proveitos do seu empréstimo por algum tempo. O vendedor (*shorter*) obtém esses títulos por empréstimo[128] e vende-os na Bolsa por certo preço correspondente

---

[127] Sobre esta matéria, Paula Costa e Silva, *As operações de venda a descoberto de valores mobiliários*, Coimbra Editora, Coimbra, 2009.

[128] O empréstimo confere-lhe, salvo estipulação em contrário, a titularidade dos valores mobiliários emprestados (artigo 350º, nº 1 do CVM). O beneficiário do empréstimo pode usar os valores mobiliários emprestados como se fossem seus. Só isso permite a venda a descoberto coberta (*covered short selling*).

DIREITO COMERCIAL

à cotação de então. Só mais tarde vai ter de recomprar títulos do mesmo género para os restituir no fim do prazo do empréstimo. Espera vir a comprá-los, então, por um preço mais baixo e realizar um lucro. Se, em vez de baixarem os títulos em questão vierem a subir de cotação, o *shorter* sofrerá prejuízo.

A venda a descoberto é lícita. A compra e venda de títulos é objetivamente mercantil (artigo 463º, nºs 2 e 5 do Código Comercial).[129] Como tal, admite sem dificuldade a venda de coisa alheia (artigo 467º do Código Comercial). O vendedor não tem de ser proprietário da coisa vendida no momento da venda, mas tem de a obter em tempo de a entregar. É isto que se passa na venda a descoberto.

## 36. Operações de banco

> JOSÉ GABRIEL PINTO COELHO, *Operações de Banco*, I, *Depósito Bancário*, Coimbra Editora, Coimbra, 1949; FERNANDO OLAVO, *Desconto Bancário*, Lisboa, 1955; MENEZES CORDEIRO, *Manual de Direito Bancário*, Almedina, Coimbra, 1998, *O «Contrato Bancário Geral»*, Estudos de Direito Bancário, Coimbra Editora, Coimbra, 1999, e *Das Cartas de Conforto no Direito Bancário*, Lex, Lisboa, 1993; AUGUSTO DE ATHAYDE, *Curso de Direito Bancário*, Coimbra Editora, Coimbra, 1999, SARAIVA MATIAS, *Direito Bancário*, Coimbra Editora, Coimbra, 1998; ALBERTO LUÍS, *Direito Bancário*, Almedina, Coimbra, 1985; PAULA PONCES CAMANHO, *Do Contrato de Depósito Bancário*, Almedina, Coimbra, 2005; INOCÊNCIO GALVÃO TELLES, *Garantia Bancária Autónoma*, Cosmos, Lisboa, 1991.

### i. O tipo contratual

As operações de banco estão previstas nos artigos 362º a 365º do Código Comercial. Estes preceitos não contêm um tipo contratual, mas antes uma classe[130] de operações jurídicas que, segundo o artigo 362º são pra-

---

[129] Sobre a compra e venda objetivamente comercial, *infra* 41.
[130] Sobre a diferença entre classe e tipo, PAIS DE VASCONCELOS, *Contratos Atípicos*, cit., págs. 167 e segs.

ticadas por banco e que são "tendentes a realizar lucros sobre numerário, fundos públicos ou títulos negociáveis e em especial as de câmbio, os arbítrios, empréstimos, descontos, cobranças, aberturas de créditos, emissão e circulação de notas ou títulos fiduciários pagáveis à vista e ao portador".

Este enunciado do artigo 362º está compreensivelmente desatualizado, passados quase cento e trinta anos, mas mantém incólume o sentido económico-jurídico do que são ainda hoje as operações bancárias.

O âmbito das operações bancárias é, como ressalta do texto legal, marcado por dois vetores: um subjetivo, serem da autoria de instituições financeiras; e outro objetivo, serem tendentes à realização de lucros sobre numerário.

A realização de lucros sobre o numerário tem uma longa história de incompreensão, hostilidade e mesmo proibição. Na antiguidade, era praticamente desconhecido o mútuo que não fosse para consumo. O dinheiro, por sua vez, era entendido como medida de valor e intermediário nas trocas, mas não lhe era reconhecido, em geral, que tivesse valor produtivo. Era desconhecido o capital. Não se encontrava então um fundamento lícito (causa) para que a restituição da quantia mutuada fosse acrescentada de uma outra quantia porque, ao contrário do arrendamento fundiário, a coisa (dinheiro) não era produtiva. Na compra e venda, o preço justificava-se porque o vendedor era despojado da coisa, no arrendamento fundiário, a renda justificava-se no valor de produção potenciado pela terra; no mútuo para consumo, considerado o dinheiro como bem que se não desgastava com o uso e não era, em si, produtivo, o juro era tido como ilícito. Embora não houvesse unanimidade em volta desta consideração da ilicitude do juro, esta era a opinião dominante, principalmente no seio da Igreja Cristã.[131] A admissão da ilicitude do juro não foi conseguida sem aceso debate, cujo detalhe omitimos aqui.

A obtenção de lucros sobre o numerário implica utilização do dinheiro como bem produtivo, quer dizer, como "capital", cuja privação pelo mutuante e acesso pelo mutuário tem um valor e, portanto, um preço legítimo. Quem deposita dinheiro num Banco, priva-se da sua utilidade, durante o tempo do depósito, e recebe uma remuneração justifi-

---

131 Ainda hoje a lei muçulmana da Sharia continua a proibir o juro no mútuo.

DIREITO COMERCIAL

cada como contrapartida dessa privação. O Banco mobiliza parte desse dinheiro na concessão de crédito. Uma parte dos depósitos, variável segundo as sucessivas regulamentações, é mantida como reservas. Ao conceder crédito, o Banco é remunerado em certo juro, que é justificado pela utilidade que aquele crédito proporciona ao cliente, como modo de obtenção de receitas necessárias para custear os depósitos que recebeu e cujos juros tem de pagar, para suportar os demais custos do seu funcionamento e ainda para a obtenção do lucro.

O valor dos juros pagos e cobrados pelo Banco é variável. Houve tempo em que era fixado administrativamente pelo Governo, mas hoje é determinado pela lei de oferta e procura, pelo mercado, pelos riscos próprios de cada operação e de cada cliente.

Há muito que não se justifica a proibição do juro. Historicamente assentou numa conceção restritiva que apenas tinha em atenção o mútuo para consumo e que entendia o dinheiro como bem não produtivo, ignorando o seu valor como capital. A disponibilização de capital, quer na captação de poupanças, quer na sua disponibilização para investimento, é naturalmente onerosa e não envolve usura.

Mas a Banca pratica outros e inúmeros serviços, para além do seu "*core business*" de receber depósitos e emprestar fundos. Pratica outras operações financeiras sofisticadas, e presta serviços mais banais, como câmbios, pagamentos, cobranças, alugueres de cofres, etc.

Importa distinguir na atividade bancária a banca geral, também chamada de retalho e a banca de investimento, por um lado, e a prática de operações bancárias por conta própria e por conta de clientes.

Nos últimos anos a atividade bancária – os hoje chamados "serviços financeiros" (*financial services*) tem sido fortemente desregulada e insuficientemente supervisionada o que acabou por conduzir a uma crise profundíssima, cujo desfecho está longe de poder ser previsto. Talvez seja importante reconduzir a atividade bancária às operações bancárias por conta dos clientes, desagregá-la dos seguros (*bancassurance*) e reforçar-lhe os níveis de solvência. O tempo é de mudança, não se sabe ainda exatamente em que sentido.

Vamos tratar agora das operações bancárias mais correntes nos chamados serviços financeiros.

## ii. *A abertura de conta*

Normalmente, o estabelecimento de uma relação de clientela entre o Banco e o cliente tem início com a abertura de conta. Com ele, o Banco abre uma conta, nos seus livros, em nome do cliente. Esta conta, na maior parte dos casos, é uma conta de depósito, na qual é creditado o valor dos depósitos efetuados pelo cliente ou por terceiros, ou financiado pelo Banco, e debitado o valor de levantamentos feitos pelo cliente ou de pagamentos ou transferências efetuadas por sua ordem.

A conta pode assumir várias modalidades. Pode ser uma conta de depósito, à ordem, a prazo, com pré-aviso; pode ser uma conta de títulos, de valores... Em todos os casos, é uma conta corrente estabelecida entre o banqueiro e o seu cliente.

O cliente pode a todo o tempo pedir extratos da conta, a discriminação e a justificação de todos ou parte dos seus movimentos a crédito ou a débito, e bem assim a sua justificação.

O cliente pode ter, e frequentemente tem, mais do que uma conta aberta no Banco, mas dificilmente poderá ter com ele uma relação de clientela sem o suporte de, pelo menos, uma conta.

A abertura da conta é feita usualmente pelo preenchimento dum impresso e pelo lançamento de uma quantia, a crédito da conta. O impresso é previamente elaborado pelo Banco e contém cláusulas contratuais gerais que ficam sujeitas ao seu regime legal específico. Do impresso constam os dados de identificação do cliente, cada vez mais detalhados por necessidades de controlo de práticas de branqueamento de capitais e para permitir que o Banco possa conhecer tanto quanto possível o seu cliente (*know your client*). Do impresso ficam normalmente também a constar as regras de movimentação da conta, o regime dos descobertos, o uso de cartões de débito ou de crédito e outras matérias que o Banco e o cliente entendam por bem estipular entre si.

Usualmente, mas não necessariamente, é celebrado em simultâneo com a abertura da conta um "contrato de cheque", pelo qual é estipulado que a conta possa ser movimentada a débito pelo cliente através do saque de cheques e o modo como pode sê-lo, designadamente no que respeita às assinaturas e à faculdade e limites de sacar a descoberto. O cheque é um título de crédito.[132] Também é quase sempre, mas não

---

[132] V. *infra* 46.

DIREITO COMERCIAL

necessariamente então celebrado com o cliente um contrato de emissão de cartão de débito ou de crédito.

### iii. Depósito bancário

Pelo depósito bancário o cliente ou um terceiro entregam ao Banco uma quantia para crédito duma conta. Não corresponde ao típico contrato de depósito, porque transfere para o Banco a propriedade da quantia depositada, ficando o titular da conta com apenas um direito de crédito sobre o Banco. É um negócio indireto usualmente designado como "depósito irregular" que se traduz numa manipulação do tipo do depósito para fins que lhe não são típicos, mas que permite alcançar. O objeto do depósito bancário é fungível (artigo 1205º do Código Civil).

Além de dinheiro, o depósito pode ter por objeto também títulos ou valores.

Não deve confundir-se o depósito de uma quantia num Banco com a guarda (custódia) dessa mesma quantia num cofre no Banco. Em caso de depósito, os fundos depositados tornam-se propriedade do Banco que pode utilizá-los como bem entender, dentro dos limites impostos pelas regras de solvência, ficando o titular da conta a ter contra o Banco apenas um direito de crédito à restituição daquela quantia. O mesmo se passa com o depósito de valores. O regime é de fungibilidade: o Banco não tem de restituir as mesmas notas e moedas, mas tão só o mesmo valor.

O depósito bancário é, pois, muito diferente do depósito típico, tanto do depósito civil, regido pelos artigos 1185º e segs. do Código Civil como do depósito mercantil de mercadorias cujo tipo está plasmado nos artigos 403º e segs. do Código Comercial. O depósito bancário é hoje regulado, em geral, pelo Decreto-Lei nº 430/91, de 2 de Novembro (alterado pelo Decreto-Lei nº 88/2008, de 29 de Maio).

### iv. A concessão de crédito

O papel económico da banca no mercado consiste fundamentalmente em captar os recursos inertes e mobilizá-los para o investimento. Permite otimizar os meios disponíveis. Os que não têm a capacidade ou a apetência para o investimento direto devem abster-se de o fazer porque dificilmente teriam êxito; é melhor que confiem à Banca os seus recursos disponíveis para que esta os faculte a quem tenha a necessária compe-

CONTRATOS MERCANTIS

tência e apetência para o investimento mas não tenha os fundos necessários. A Banca desempenha assim um papel intermediário entre a poupança e o investimento, que constitui a essência da sua comercialidade. Conforme a maior ou menor parte dos fundos captados que direciona para a atividade diretamente económica, maior a multiplicação de recursos (alavancagem, *leverage*).[133]

A concessão de crédito é a mais importante atividade da Banca. Pode ser feita em modalidades cada vez mais diversificadas e sofisticadas. Os mútuos bancários podem provar-se por escrito particular, ainda que a outra parte não seja comerciante (Decreto-Lei nº 32.765 de 29 de Abril de 1943). As operações de financiamento são operações ativas, aquelas em que o Banco se constitui numa posição credora; são *passivas* as operações em que se constitui numa posição devedora. As operações ativas mais frequentes são as seguintes:

– Financiamento bancário puro: o Banco concede crédito através da celebração de contratos de mútuo com os seus clientes.

– Abertura de crédito e descoberto em conta. Neste caso o Banco obriga-se perante o cliente a facultar-lhe até certos limites e, nalguns casos, sob certos pressupostos. Dentro desses limites e verificados os pressupostos que tiverem sido estipulados, o cliente pode sacar sobre o Banco quantias ou ordenar-lhe que faça pagamentos a débito da sua conta. O juros incidem sobre o saldo em débito. É de costume o cliente ser debitado por uma reduzida comissão de imobilização sobre o valor não utilizado do crédito aberto, como compensação pela reserva de fundos que o Banco tem de manter. É uma modalidade de mútuo com utilização potestativa pelo cliente e, em nossa opinião, não chega a constituir um contrato promessa de mútuo, mas antes um contrato de mútuo de utilização diferida e

---

[133] A prática mais ou menos recente, pelos Bancos, de operações financeiras no seu próprio interesse, permitida pelo movimento de *"deregulation"*, além de suscitar conflitos de interesses com os clientes – que ao contrário do apregoado não foram evitados nem minimizados pelas célebres *"chinese walls"* – vieram a provocar gravíssimas dificuldades financeiras e mesmo a insolvência de alguns Bancos. É urgente regressar ao paradigma clássico da atividade bancária, saído da crise de 1929, em que os Bancos se limitem a recolher depósitos e conceder crédito, mantendo sempre uma proporção segura entre o valor global dos depósitos e do crédito concedido.

potestativa por parte do mutuário. O poder do mutuário é potestativo e o Banco fica numa situação técnico-jurídica de sujeição. Muito semelhante é o descoberto em conta permitido pelo Banco ou mesmo convencionado com o seu cliente.

– <u>Crédito documentário</u>. Trata-se do financiamento concedido sobre títulos de transporte representativos de mercadorias. Serve para financiar o vendedor (frequentemente exportador) e para lhe garantir o recebimento do preço (valor) das mercadorias vendidas (exportadas). O Banco adianta ao vendedor (exportador) o valor das mercadorias, contra o endosso a seu favor do título (guia) de transporte, a qual endossa a outro Banco (seu correspondente) na praça de destino das mercadorias, contra o pagamento desse valor; e este último Banco endossa os documentos ao comprador (importador) contra esse valor. Assim se assegura o vendedor de que o comprador não poderá receber as mercadorias sem pagar o seu preço, e se adianta (financia) ao vendedor o valor do preço, descontado da remuneração do Banco emitente e do seu correspondente. É uma modalidade de crédito imensamente usada no comércio internacional, principalmente quando a mercadoria é enviada pelo vendedor ao comprador por transporte marítimo.

– <u>Desconto bancário</u>. É uma modalidade de financiamento em que o Banco adianta o valor de uma letra sacada pelo seu cliente sobre alguém a quem vendeu mercadorias a prazo. Nesta operação, o Banco designa-se *descontador* e o cliente *descontário*. O cliente do Banco, vendedor da mercadoria com espera de preço, a quem o comprador aceitou uma letra a certo prazo (ou uma série de letras com vencimentos sucessivos, na venda a prestações), não tem, assim, de esperar pelo vencimento da letra para a cobrar (manter a letra em carteira), e recebe logo antecipadamente o valor do seu crédito, descontado (daí o nome) da comissão do Banco e do juro correspondente ao tempo que medeia entre o desconto e o vencimento da letra (*interusurium*). Para executar o desconto, a letra é endossada ao Banco descontador que fica seu portador endossatário. Chegado o vencimento da letra, o Banco apresenta-a a pagamento ao aceitante e, se este não a pagar, debita o seu valor na conta do seu cliente (*descontário*), na qualidade de endossante; ou procede à sua cobrança judicial contra ambos ou qualquer um deles. O desconto de letras tem perdido importância na prática bancária concomitantemente com a recente redução do uso das letras nas vendas a prazo e a prestações. Semelhante é o aceite bancário, em que o Banco aceita uma letra sacada pelo seu cliente e depois procede ao seu desconto financiado-lhe o valor da letra que lhe é endossada, descontado da comissão e dos juros; diversamente do caso anterior, no aceite bancário, o Banco, quando procede à cobrança do seu crédito, fá-lo na qualidade de descontador e não na de portador da letra. No desconto bancário, a ação proposta pelo Banco é uma ação cambiária, enquanto no aceite bancário é uma ação comum.

– *Factoring.* É uma modalidade de financiamento economicamente semelhante ao desconto, mas já de influência anglo-saxónica. Neste caso o comerciante cede a uma sociedade parabancária especializada (não é feito por bancos) uma pluralidade (por vezes mesmo a totalidade) dos créditos que faturou aos seus clientes, recebendo a antecipação do seu valor, deduzido da sua remuneração. A sociedade de *factoring* (o *factor*) procede depois à cobrança dos créditos. Pode ser estipulado que o risco dos incobráveis corra pelo *factor* ou pelo cliente. É uma atividade parabancária.

– Locação financeira *(leasing)*. É uma atividade parabancária de origem anglo-saxónica, que não é praticada por bancos, mas por sociedades especializadas. Consiste no financiamento da aquisição de bens móveis ou imóveis através da sua aquisição ao produtor ou vendedor pela sociedade de locação financeira, seguida da sua locação ao cliente. Economicamente é semelhante ao financiamento da compra e venda a prestações (operação mais antiga na prática bancária), do seguinte modo: a sociedade de locação financeira torna-se formalmente proprietária, o que a garante melhor que a hipoteca ou o penhor; o preço pago ao vendedor corresponde ao financiamento; as rendas correspondem ao somatório financeiramente integrado do pagamento do capital e juros. É característica do *leasing* a "tripla opção": esgotado o prazo convencionado, o cliente (locatário financeiro) pode escolher prorrogar o contrato por um novo período, restituir o bem, extinguindo o contrato; ou adquiri-lo, pagando o valor residual. Semelhante ao *leasing* é o aluguer de

DIREITO COMERCIAL

longa duração (ALD), que será tratado a propósito do tipo do aluguer. O contrato de locação financeira é regido pelo Decreto-Lei nº 149/95, de 24 de Junho (com várias alterações).[134]

## vi. Garantias bancárias

A garantia bancária é uma fiança prestada por um Banco. Trata-se duma fiança subjetivamente mercantil, porque prestada por um comerciante (o Banco é tipicamente comerciante) no exercício do seu comércio. Se tiver por objeto caucionar uma dívida comercial, seguirá o regime da responsabilidade solidária, como decorre do artigo 101º do Código Comercial: "todo o fiador de obrigação mercantil, ainda que não seja comerciante, será solidário com o afiançado". Fica tipicamente estipulado no texto da garantia que o Banco se constitui "fiador e principal pagador" o que significa que deixa de beneficiar do benefício de prévia excussão do património do afiançado, como é próprio das fianças mercantis.

O Banco cobra uma comissão pela prestação da garantia bancária e, conforme a relação que tem com o seu cliente e a situação patrimonial deste, exige, ou não, a prestação de contra-garantias que caucionem o seu direito de regresso.

É hoje frequente a prestação de "garantias bancárias autónomas", também designadas garantias bancárias à primeira solicitação (*on first demand*). Estas garantias são abstratas e o Banco garante deve proceder ao pagamento logo que para tanto for solicitado pelo beneficiário da garantia, sem discutir nem pôr em causa a sua pretensão, salvo com base no que conste do próprio texto da garantia. Não admite exceções fundadas na relação subjacente. Se o beneficiário da garantia autónoma solicitar o seu pagamento ao Banco sem ter fundamento para o fazer, será responsável perante aquele que solicitou ao Banco a sua prestação (ordenador), mas o Banco não poderá deixar de a pagar imediatamente e sem demora.

No mercado português têm surgido fenómenos anómalos de recusa (ou protelamento) do pagamento de garantias autónomas com invocação de dúvidas por parte do Banco garante; tal constitui um comporta-

---

[134] Alterado pelos Decreto-Lei nº 265/97, de 2 de Outubro, Decreto-Lei nº 285/2001, de 3 de Novembro, e Decreto-Lei nº 30/2008, de 25 de Fevereiro.

mento ilícito e o beneficiário poderá executar o Banco utilizando a garantia como título executivo, e exigir a indemnização do dano sofrido em consequência. A confiança na garantia bancária autónoma tem sido também perturbada por providências cautelares (cujo decretamento só pode ser revelador de deficiência grave de conhecimento do Direito Comercial por parte do julgador). A garantia bancária autónoma é um instrumento imprescindível para o saudável funcionamento do comércio e deve ser paga mediante mera solicitação do beneficiário. O risco da solicitação indevida foi já previamente assumido pelo ordenante a quem resta reagir contra o beneficiário por violação da relação subjacente, não devendo tentar bloquear o pagamento da garantia autónoma, nem devendo o Banco aproveitar-se para protelar o seu pagamento.[135]

### v. Serviços bancários

Os bancos prestam ainda inúmeros serviços financeiros aos seus clientes e cobram por eles comissões e remunerações que contribuem, relevantemente para os seus resultados. As operações bancárias ditas clássicas (captação de depósitos e concessão de crédito) não constituem já há muito o exclusivo ou o quase exclusivo da sua atividade.

De entre os serviços prestados pelos bancos aos seus clientes, que constituem operações bancárias, avultam pela sua importância e frequência as transferências de fundos, a execução de pagamentos (mediante ordens de execução permanente ou caso a caso), cobranças, emissão de cartões de débito ou de crédito, gestão de carteiras de títulos, aluguer de cofres fortes, avaliação de empresas e até de simples aconselhamento em negócios.

Perante a atual crise bancária nota-se uma certa pressão, pelas entidades de supervisão, no sentido do regresso dos bancos às suas atividades clássicas.

---

[135] Divergimos assim da doutrina que admite, embora em termos muito limitados, que o Banco recuse o pagamento com fundamento externo ao texto da garantia. É o caso, entre outros, de Inocêncio Galvão Telles, *Garantia Bancária Autónoma*, cit., pág. 32, que admite a recusa do Banco quando haja manifesta má-fé do beneficiário comprovada documentalmente. O Banco não pode apreciar estas matérias.

## 37. Transporte

> ENGRÁCIA ANTUNES, *Direito dos Contratos Comerciais*, cit., págs. 725-758, *O Contrato de Transporte*, O Direito, 2009, III, págs. 539-566; MENEZES CORDEIRO, *Introdução ao Direito dos Transportes*, ROA, 2008, págs. 139-172; NUNO CASTELLO--BRANCO BASTOS, *Direito dos Transportes*, Almedina, Coimbra, 2004, *Da Disciplina do Contrato de Transporte Internacional de Mercadorias por Mar*, Almedina, Coimbra, 2004; COSTEIRA ROCHA, *O Contrato de Transporte de Mercadorias*, Almedina, Coimbra, 2000; ALFREDO PROENÇA / J. ESPANHA PROENÇA, *Transporte de Mercadorias*, Almedina, Coimbra, 2004; ADRIANO ANTERO, *Comentário ao Código Comercial Português*, 2ª ed., Companhia Portuguesa Editora, Porto, 1913; CARLOS ALBERTO NEVES ALMEIDA, *Do Contrato de Transporte Aéreo e da Responsabilidade do Transportador Aéreo*, Almedina, Coimbra, 2010.

### i. O tipo contratual

Pelo contrato de transporte, o transportador obriga-se, mediante remuneração, a deslocar ou fazer deslocar pessoas ou mercadorias alheias de um lugar para outro.

O transporte é uma das práticas mercantis mais antigas e mais relevantes para a formação histórica do Direito Comercial. O comércio nem sempre era feito completamente numa só praça e, em grande parte das vezes, talvez com maior parte de valor, era feito entre praças diferentes a distâncias mais ou menos longas. Nem sempre o comerciante transportava as suas próprias mercadorias e a prática consagrou a entrega de mercadorias a profissionais especializados numa atividade consistente em transportar mercadorias entre praças diferentes. Por terra, por mar, por canais e finalmente pelo ar, o transporte consagrou-se como um suporte imprescindível do comércio, donde uma ligação de tal modo íntima que conduziu à inserção do transporte no âmbito material do Direito Comercial e à qualificação do contrato de transporte como objetivamente comercial.

Como é característico das atividades mercantis exercidas profissional e empresarialmente, o contrato de transporte objetivamente comercial é oneroso. O transportador cobra pelo transporte um preço, uma contrapartida económica em princípio pecuniária, que assume denominações diversas consoante o subtipo de transporte. Assim, por exemplo, no transporte de mercadorias, o preço do transporte designa-se por "frete" (Decreto-Lei nº 352/86 de 21 de Outubro); no transporte de passageiros, "tarifa" ou "preço" (art. 25º da Lei nº 10/90 de 17 de Março).

## ii. Qualificação comercial

No art. 366º do Código Comercial o contrato de transporte é qualificado como comercial "quando os condutores tiverem constituído empresa ou companhia regular e permanente".

Daqui decorre que é só objetivamente comercial o transporte que seja feito empresarial e profissionalmente. Não deixa de ser juridicamente válido, mas tem natureza civil, o contrato de transporte que seja ocasional, e que não se insira no exercício profissional do transportador para o qual este tenha especialmente constituído uma empresa. O transporte é uma atividade mercantil expressamente prevista no nº 7 do artigo 230º do Código Comercial. Assim, são comerciais, tanto a atividade (empresa) transportadora como o contrato de transporte.

Não há, pois, transporte objetivamente mercantil sem que haja uma empresa transportadora, ou uma empresa de transportes. As empresas de transportes terrestres, estão sujeitas a inscrição obrigatória num registo de âmbito nacional[136], o que permite segurança e clareza na qualificação do transportador como empresa de transportes.

## iii. Modalidades de transportes

Há várias modalidades de transportes consoante o seu objeto e o meio utilizado.

Conforme o objeto, o transporte pode ser de pessoas (de passageiros ou passageiros e bagagem) ou de mercadorias (incluindo outras coisas que não são propriamente mercadorias).

Conforme o meio utilizado e onde ocorre, o transporte distingue-se em terrestre, marítimo, fluvial (ou por canais) e aéreo. Os transportes terrestres incluem os transportes rodoviários e ferroviários.

---

[136] Decreto-Lei 2/2000 de 29 de Janeiro.

DIREITO COMERCIAL

Distinguem-se ainda em internos e internacionais consoante se limitem ao território nacional ou ultrapassem as fronteiras do país onde se iniciam.

O transporte por navio entre portos de diversos países denomina-se "transporte marítimo"; entre portos no país, chama-se "cabotagem".

### iv. Regulamentação geral e específica

O contrato de transporte de mercadorias encontra a sua regulamentação geral nos artigos 366º a 393º do Código Comercial que se mantêm em vigor sem prejuízo de vária legislação especial. Estes preceitos contêm o fundamental do tipo contratual do transporte. Existe ainda uma grande pluralidade de regimes jurídicos especiais em vigor para modalidades específicas de transportes.

Os transportes terrestres são regidos, ao nível nacional, pela Lei nº 10/90, de 17 de Março, que constitui a Lei de Bases do Sistema de Transportes Terrestres.

O transporte interno rodoviário de mercadorias, tem o seu regime jurídico no Decreto-Lei nº 293/2003, de 4 de Outubro, modificado pelo Decreto-Lei nº 145/2008, de 28 de Julho. O transporte internacional rodoviário (TIR) é regido pela Convenção CMR[137]. O transporte rodoviário de passageiros em táxi é regido pelo Decreto-Lei nº 251/98, de 11 de Agosto, o transporte rodoviário interno de passageiros é regido pelo Decreto-Lei nº 3/2001, de 10 de Janeiro, e o transporte internacional de passageiros por estrada pela Convenção de Genebra de 1974 relativa ao transporte internacional de passageiros por estrada (CVR).

O transporte marítimo internacional é regido pela Convenção de Bruxelas de 25 de Agosto de 1924[138] e pelo Decreto-Lei nº 352/86 de 21 de Outubro[139]. O transporte marítimo entre portos nacionais (cabotagem) rege-se pelo Decreto-Lei nº 194/98 de 10 de Julho.

---

[137] *Convention de Transport International de Marchandises par Route*, assinada em Genebra em 19 de Maio de 1956, aprovada pelo Decreto-Lei nº 24.235 de 18 de Março de 1965.

[138] Não foi ainda ratificada por Portugal a Convenção de Hamburgo (Regras de Hamburgo) de 31 de Março de 1978.

[139] A Convenção de Bruxelas não se aplica a transportes que não sejam titulados por um "conhecimento" emitido num Estado Contratante, nem a carga de animais vivos, nem a carga carregada sobre o convés.

O transporte aéreo internacional é regido pela Convenção de Varsóvia de 12 de Outubro de 1929, posteriormente modificada por vários outros instrumentos[140], e pela Convenção de Montreal de 28 de Maio de 1999[141]; o transporte aéreo interno de passageiros regular pelo Decreto-Lei nº 239/89, de 25 de Julho, e não regular pelo Decreto-Lei nº 19/82, de 29 de Janeiro. Estes instrumentos abrangem o transporte de mercadorias e também o transporte de pessoas e bagagens.

O transporte ferroviário interno de passageiros e bagagens é regido pelo Decreto-Lei nº 58/2008, de 26 de Março, que se aplica também ao transporte ferroviário internacional de passageiros e bagagens internacional, na parte em que ocorra em território nacional em tudo o que não contrarie as disposições aplicáveis das regras uniformes relativas ao contrato de transporte internacional ferroviário de passageiros e bagagens (CIV), que é regido pela Convenção relativa aos Transportes Internacionais Ferroviários (COTIF).

Os artigos 366º a 393º do Código Comercial foram revogados, no que respeita ao transporte rodoviário de mercadorias, pelo artigo 26º do Decreto-Lei nº 239/2003, de 4 de Outubro, que estabelece o regime jurídico do contrato de transporte rodoviário nacional de mercadorias.

### v. *Transporte de mercadorias*

O transporte de mercadorias é celebrado entre o expedidor e o transportador, ou mais raramente entre o transportador e o destinatário. O expedidor entrega as mercadorias ao transportador e este verifica-as e elabora um documento de embarque (guia de transporte, carta de porte, CRM), onde consta a identificação do expedidor e o destinatário, da mercadoria e o seu estado, e o preço do transporte, documento que entrega ao expedidor, datado e assinado, mantendo em seu poder um duplicado. No transporte rodoviário, é emitido mais um duplicado que acompanha a mercadoria e pode ainda ser emitido mais um documento por cada veículo que executa o transporte, quando mais do que um, ou por cada volume. Depois de transportadas, as mercadorias são entregues ao "destinatário" (o destinatário pode ser o próprio expedidor).

---

[140] Protocolo da Haia de 28 de Setembro de 1956, Protocolo da Guatemala de 8 de Março de 1971 e Protocolo de Montreal de 25 de Setembro de 1975.
[141] Aprovada pelo Decreto-Lei nº 39/2002 de 27 de Novembro.

DIREITO COMERCIAL

Este mecanismo jurídico de circulação da guia, como título de cré-dito, facilita muito a circulação das próprias mercadorias e é imprescin-dível para o comércio. O transporte das mercadorias, entre o ponto de partida e a chegada ao seu destino pode ser longo e demorado. Enquanto as mercadorias estão em viagem podem ser vendidas, com-pradas ou empenhadas. O seu valor pode manter-se estável, mas pode também evoluir, subir ou descer, e as próprias expectativas sobre a sua valorização podem ser variadas. Se o valor ou a expectativa de valor da mercadoria subir, o proprietário pode decidir vender e realizar desde logo o seu valor, assim como pode ter necessidades de liquidez e ver-se forçado a vender as mercadorias, mesmo em perda. Se este regime não existisse o tempo de transporte seria um tempo morto para o comércio. Assim, não é. Mesmo durante o trajeto das mercadorias em viagem e durante o tempo do seu transporte, as mercadorias continuam no comércio, no mercado. Assim se enriquece o mercado com valor, com possibilidade de escolha e de concorrência, e se mantém a especulação mercantil durante um tempo que, de outro modo, seria um tempo morto.

Independentemente de circular ou não, a guia tem um importantís-simo efeito probatório relativamente à identificação da mercadoria, do estado em que foi carregada, e outras matérias do conteúdo do contrato de transporte. Não obstante, segundo a Convenção CRM, o contrato não deixa de ser válido se não for emitida a "declaração de expedição" (cfr. artigo 4º da Convenção).

O expedidor pode contratar o transporte das mercadorias para si pró-prio ou para outrem. O destinatário pode ser um terceiro ou ser o pró-prio expedidor. Seja como for, o transportador só vem a entregar as mer-cadorias transportadas a quem se apresentar com a guia de transporte, para as receber, ou na qualidade de destinatário ou na de portador legi-timado. Por isso, o transportador, só no termo da viagem quando as mer-cadorias chegam ao seu destino, fica a saber a quem as vai entregar. E vai entregá-las a quem lhe aparecer a cobrá-las, legitimado com a guia de embarque, seja ele o destinatário originariamente indicado, seja outra pessoa a quem a guia tenha sido endossada.

Do mesmo modo e na mesma lógica dos títulos de crédito, o portador da guia, devidamente legitimado, só tem o direito de reclamar a entrega das mercadorias que constem da guia, no estado e no modo de embalagem em que ali estejam indicados. O transportador também só tem a obrigação de entregar o que constar da guia.

Por isso, é muito importante o correto preenchimento da guia, documento que desempenha um papel crucial no mecanismo económico-jurídico do transporte.

### vi. O transporte de pessoas

No contrato de transporte de pessoas, o transportador obriga-se a levar, a transportar pessoas de um lugar para o outro. Com as pessoas transporta também as respetivas bagagens sem que o contrato perca a sua natureza de transporte de pessoas. Tem grandes semelhanças com o transporte de mercadorias, mas também diferenças importantes que decorrem do facto de as pessoas terem de ser tratadas de um modo completamente diferente das mercadorias. As pessoas não podem ser transportadas como carga nem como animais e devem sê-lo com segurança e conforto.

O contrato de transporte de pessoas, quando feito por um transportador comercial, isto é, com um transportador que tenha constituído uma empresa especificamente com o fim de exercer a atividade transportadora, é em princípio oneroso.

Mas não deve ser confundido o transporte mercantil de pessoas que é feito empresarialmente e com intuito lucrativo, com o transporte obsequioso, que não é comercial é civil e é gratuito.

O transporte de pessoas assume muitas modalidades, consoante o meio de transporte. São várias as modalidades de transporte de pessoas:

– Transporte rodoviário:

   – Em táxi, regido pelo Decreto-Lei nº 251/98, de 11 de Agosto, republicado pela Lei nº 106/2001, de 13 de Agosto.
   – Em autocarro: o transporte internacional de passageiros por estrada (CVR) é regido pela Convenção de Genebra de 1964;

– Transporte ferroviário:

   – O transporte de passageiros e bagagens por caminho de ferro é regido pelo Decreto-Lei nº 58/2008, de 26 de Março.

– Transporte marítimo:

   – o transporte marítimo de passageiros é regido pelo Decreto-Lei nº349/86, de 17 de Outubro;

DIREITO COMERCIAL

– Transporte aéreo:

– o transporte aéreo é regido pela Convenção de Varsóvia de 12 de Outubro de 1929, pela Convenção da Montreal de 28 de Maio de 1999 e pelo Decreto-Lei 39/2002, de 27 de Novembro.
– O Contrato de viagem organizada é regido pela Diretiva nº 90/314/CE do Conselho, de 23 de Junho de 1990.[142]

### vii. O título de transporte

É característico do contrato de transporte a emissão, pelo transportador, dum documento onde fica a constar o fundamental do contrato. O título não é constitutivo do contrato de transporte , mas serve para a prova da sua existência, do seu objeto e do seu conteúdo e regime. No Código Comercial, o título surge designado como "guia de transporte".

A guia de transporte (com esta ou outra designação, por exemplo, documento de embarque, carta de porte) tem a natureza jurídica de título de crédito (título representativo de mercadorias) e deve conter escrito o seguinte (na redação do Código Comercial):

– Nomes e domicílios do expedidor, do transportador e do destinatário;
– Designação da natureza, peso, medida ou número de objetos a transportar ou, achando-se estes enfardados ou emalados, da quantidade dos fardos ou malas e dos números, sinais ou marcas dos invólucros;
– Indicação do lugar onde deve fazer-se a entrega;
– Enunciação da importância do frete, com a declaração de se achar ou não satisfeito, bem como de quaisquer verbas de adiantamentos a que o transportador se houver obrigado;
– Determinação do prazo dentro do qual deve efetuar-se a entrega e também, havendo o transporte de fazer-se por caminho de ferro, declaração de o dever ser pela pequena ou grande velocidade;

---

[142] Segundo o artigo 1º desta diretiva, considera-se viagem organizada "a combinação prévia de pelo menos dois dos elementos seguintes, quando seja vendida ou proposta para venda a um preço com tudo incluído e quando essa prestação exceda vinte e quatro horas ou inclua uma dormida: (a) Transporte; (b) Alojamento; e (c) Outros serviços turísticos não subsidiários do transporte ou do alojamento que representem uma parte significativa da viagem organizada".

– Fixação da indemnização por que responde o transportador, se a tal respeito tiver havido convenção;
– Tudo o mais que se houver ajustado entre o expedidor e o transportador.

A guia de transporte tem regime de literalidade e constitui a base única de solução de divergências sobre o transporte, "não sendo contra a mesma admissíveis exceções algumas, salvo de falsidade ou de erro involuntário de redação"; na falta de guia, essas questões são resolvidas "pelo usos do comércio e, na falta destes, nos termos gerais de direito" (art. 372º do Código Comercial). As estipulações que não constem da guia (convenções extracartulares) "serão de nenhum efeito para com o destinatário e para com aqueles a quem a mesma houver sido transferida".

Como título de crédito, a guia pode circular. Pode ser emitida "nominativa" (no transporte rodoviário interno e internacional, caso em que não circula), "à ordem" ou "ao portador". Nos dois últimos casos, a sua transmissão implica a da propriedade ou, nos entendimentos mais recentes, o direito de disposição das mercadorias transportadas (art. 374º do Código Comercial). É um título de crédito representativo de mercadorias.

A referência à "propriedade" no texto do artigo 374º não deve suscitar dificuldades. Se o expedidor, por exemplo, for apenas usufrutuário da coisa, ou beneficiário dum *leasing*, o endosso da guia de transporte irá investir o endossatário nesse mesmo direito e não na propriedade. O conceito de propriedade no século XIX e no ambiente jurídico-metodológico do Código Comercial era diferente do que é hoje e tal diferença não deve ser desconsiderada. Neste contexto, a referência à "propriedade", neste preceito, tem mais o sentido de titularidade do que de conteúdo do direito. Assim, deve entender-se que o endosso da guia de transporte investe o endossatário na titularidade da mercadoria, seja qual for o seu conteúdo, e lhe confere legitimidade para exercer contra o transportador todos os direitos emergentes do contrato de transporte, sem que este lhe possa opor quaisquer exceções que não constem do título, designadamente, sem que lhe possa opor que não é o proprietário (artigo 387º). Na metodologia oitocentista que impregna o Código Comercial, a propriedade é a forma mais plena de titularidade. Isto é

DIREITO COMERCIAL

tanto assim, que o portador da guia, para receber a mercadoria, deve entregá-la ao transportador endossada em branco; e esse endosso não torna o transportador proprietário da mercadoria.

Como título de crédito, o documento goza de literalidade, autonomia, incorporação e legitimação, como é próprio dos títulos de crédito. Alguns documentos de transporte, devem ser qualificados como títulos de crédito impróprios. Assim, o bilhete de transportes coletivos urbanos, que não tem por função circular, mas pode efetivamente circular, é um título de legitimação; o bilhete de passagem de avião, que não tem por função circular e não pode mesmo circular, é um comprovante de legitimação.

Tem literalidade porque o transportador tem de transportar e entregar no destino as pessoas ou mercadorias que constam do título, no tempo, pelo preço e nas condições aí expressas e, assim, o artigo 375º determina que "quaisquer estipulações particulares, não constantes da guia de transporte, serão de nenhum efeito para com o destinatário e para com aqueles a quem a mesma houver sido transferida" e porque "todas as questões acerca do transporte se decidirão pela guia de transporte, não sendo contra a mesma admissíveis exceções algumas, salvo a falsidade ou o erro involuntário de redação" (artigo 373º do Código Comercial).

Tem autonomia porque na falta da guia ou de alguma das condições exigidas no artigo 373º, "as questões acerca do transporte serão resolvidas pelos usos do comércio e, na falta destes, nos termos gerais de direito".[143]

E tem eficácia de legitimação do seu portador, quer para ser transportado (no contrato de transporte de pessoas) quer para reclamar e receber a mercadoria (no contrato de transporte de mercadorias).

O título goza de incorporação. O Código Comercial prevê que possa ser emitida "à ordem" ou "ao portador" (artigo 374º) e determina que a tradição da guia "transferirá a propriedade dos objetos transportados". A qualificação do direito incorporado no título como de propriedade das mercadorias tem sido contestado com o argumento de poder ser

---

[143] Também o artigo 4º da Convenção CMR e o artigo 3º do Decreto Lei nº 239/2003, de 4 de Outubro contêm regimes semelhantes.

outro o direito incorporado no título. Com se disse já supra, esta referência à propriedade não deve ser entendida como referida ao conceito hodierno de propriedade, muito mais restrito que ao tempo em que entrou em vigor o Código Comercial. Em relação ao transporte de mercadorias, diz-se que o documento é um "título representativo de mercadorias". No transporte de mercadorias, é um título de crédito representativo de mercadorias; no transporte de pessoas, não tem as características de título de crédito próprio, mas antes de título de crédito impróprio (título ou simplesmente comprovante de legitimação).

Este documento tem designações e regimes jurídicos próprios nas diversas modalidades de transporte, mas, independentemente das diferenças, desempenha um papel fundamental.

No transporte de mercadorias funciona como prova do recebimento das mercadorias pelo transportador, do estado em que se encontravam, e de definição das obrigações do transportador ao tempo de as entregar ao destinatário. O transportador, em princípio só é responsável pela entrega das mercadorias tal como identificadas no documento, no estado e nos moldes que aí constar.

Dada a importância do título de transporte, o transportador, ao receber a carga, deve verificá-la, compará-la com o que consta do documento, de lançar nele as reservas que forem adequadas, as quais devem ser aceites pelo expedidor. Ao serem entregues as mercadorias, o destinatário pode também lançar no documento reservas relativas às divergências entre as mercadorias que lhe são entregues e o que consta no documento.

No transporte de pessoas, além da prova do contrato e do respetivo conteúdo, o título de transporte legitima o seu portador a exigir o transporte e a ser transportado entre os locais e nas condições que dele constam.

Atentas as diferenças entre os diversos regimes, concentramos o nosso estudo nas regras ainda em vigor do Código Comercial que, embora limitadas ao transporte de mercadorias, contêm ainda o que é fundamental e revelador do tipo contratual, sem deixar, no entanto, de fazer algumas alusões, não exaustivas, aos regimes especiais, sempre que for conveniente.

Embora o contrato de transporte seja consensual e não tenha de ser escrito, segundo o artigo 375º do Código Comercial, "quaisquer estipu-

## DIREITO COMERCIAL

lações particulares, não constantes da guia de transporte, serão de nenhum efeito para com o destinatário e para com aqueles a quem a mesma houver sido transferida".[144] Não existe contradição nem desarmonia entre o carácter não escrito do contrato de transporte e o documento que materializa o título de transporte. Este documento é um "título de crédito representativo de mercadorias", que goza de literalidade em sentido próprio: só pode ser invocado o que ali estiver escrito. Têm sido feitas tentativas de substituir os títulos em papel por documentos eletrónicos que, nem por isso perdem a qualidade de títulos de crédito.

### viii. *O falso carácter trilateral do contrato de transporte*

No transporte de mercadorias, sempre que tenham sido emitidos os títulos de transporte, a posição jurídica do destinatário é construída juridicamente sem dificuldade: ele é o portador legitimado do direito cartular incorporado no título que tem como conteúdo o poder de exigir e receber do transportador a mercadoria, nas condições que dele literalmente constam.

Mas o transporte rodoviário de mercadorias, interno e internacional, pode funcionar sem título de transporte (como se disse já a propósito do transporte rodoviário de mercadorias), o que tem suscitado a necessidade de construir o contrato de transporte como "triangular", ou como contrato a favor de terceiro, ou ainda como delegação. A doutrina e a jurisprudência portuguesas têm-se inclinado mais no sentido do contrato a favor de terceiro (*stipulatio alteri*), mas esta construção é desnecessária desde que seja emitido o título de transporte e se compreenda

---

[144] O Decreto-Lei nº 239/2003, de 4 de Outubro, no seu artigo 26º, revogou expressamente os artigos 366º a 393º do Código Comercial, mas só "a parte aplicável ao contrato de transporte rodoviário de mercadorias" interno, e regulou nos seus artigos 3º e seguintes o regime da "guia de transporte". Nos nºs 1 e 2 deste artigo 3º estatui que a guia "faz prova da celebração, termos e condições do contrato", mas a sua falta, irregularidade ou perda "não prejudicam a existência nem a validade do contrato de transporte". A Convenção CMR, que rege o transporte rodoviário de mercadorias internacional, designa o documento por "declaração de expedição", com o mesmo regime. No transporte aéreo, a Convenção de Montreal, fala de "título de transporte", para passageiros, e de "carta de porte" para a carga. No transporte marítimo internacional, a Convenção de Bruxelas refere o "conhecimento de carga" (*Bill of Lading*).

bem e se aplique como deve ser o regime jurídico dos títulos de crédito representativos de mercadorias.

A não emissão de título de transporte constitui algo de anómalo, mas não invalida necessariamente o contrato, como ressalta da redação do artigo 369º do Código Comercial, do artigo 4º da Convenção CMR e do artigo 3º do Decreto-Lei nº 239/2003, de 4 de Outubro. Mas, mesmo na inexistência do título de transporte, a necessidade de "triangular" o contrato deixa de se verificar quando o expedidor seja também o beneficiário, como sucede com muita frequência. Só na falta do título e quando o beneficiário seja outra pessoa que não o expedidor é que se torna necessário construir a posição de legitimidade do destinatário.

O contrato de transporte é tipicamente bilateral. Pode ser celebrado pelo transportador com o expedidor ou com o destinatário. Sempre que seja celebrado pelo transportador com o expedidor e for emitido um título à ordem ou ao portador, a legitimidade do destinatário decorrerá da qualidade de portador legitimado do título; quando não for emitido título mas se estipular que o destinatário é uma outra pessoa, a legitimidade desta decorre do contrato, não enquanto parte.

No contrato de transporte de pessoas não se coloca a questão da trilateralidade. Embora possa ser celebrado a favor de terceiro, o credor do transporte é o portador do título de transporte.

### ix. Litigiosidade do contrato de transporte
O transportador tem o dever de deslocar a mercadoria ou a pessoa, para o local convencionado, no tempo e nas condições contratadas.

Embora haja particularidades em cada modalidade de contrato (sem entrar em detalhe), o regime geral de responsabilidade do transportador assente em duas ideias-força:

– a obrigação do transportador é uma obrigação de resultado e
– a sua responsabilidade é objetiva.

Este regime é característico da responsabilidade contratual: o transportador tem de entregar a mercadoria no tempo, no lugar e no estado convencionado e de transportar as pessoas para o local de destino no tempo e nos termos convencionados. Se não o fizer, cabe-lhe demonstrar qual a causa e que não lhe foi imputável.

DIREITO COMERCIAL

Embora o transportador tenha o dever de zelar pelo cumprimento do contrato em tempo, no local e sem dano nem perdas nas mercadorias transportadas, sem atrasos, nem desconfortos, nem perdas de bagagens dos seus passageiros, não lhe é suficiente provar o zelo. Ele é responsável mesmo pelas avarias cuja causa se não consiga descortinar. Por isso, o transportador costuma recorrer ao seguro para se proteger.

Por esta razão é tão importante o papel do título do transporte, quer na definição do conteúdo do contrato, que no do seu objeto. Ao receber as mercadorias, o transportador dever verificar cuidadosamente a sua quantidade, volume, peso e estado e, se não coincidirem com o título, lançar aí as reservas que couberem, assim como ao receber os passageiros, deve verificar a sua identidade e que não transportam materiais perigosos. Também no termo do transporte, o destinatário deve proceder à verificação e lançar as reservas correspondentes às desconformidades que encontrar. Ao chegar ao destino, a mercadoria deve ser entregue ao destinatário, que se deve apresentar para a receber munido do título. O destinatário deve então proceder à verificação cuidadosa da conformidade da mercadoria com o que consta do título e, em caso de divergência, lançar as reservas que couberem. É assim no transporte rodoviário internacional (CMR, artigos 8º e 30º) ou nacional (Decreto-Lei 239/03, artigos 9º e 12º), assim como no transporte marítimo (Convenção de Bruxelas, artigo 3º e Decreto-Lei 352/86, artigo 25º) e assim como no transporte aéreo de passageiros, bagagens e mercadorias (Convenção de Montreal de 1999, artigos 3º e segs.).

O transportador tem privilégio creditório sobre as mercadorias, que pode reter para assegurar os seus direitos, designadamente o direito ao pagamento do frete (artigos 390º e 391º). Pode ainda proceder ao depósito judicial das mercadorias ou mesmo à sua venda, se o destinatário se não apresentar a recebê-las ou recusar o seu recebimento e não lhe convier retê-las (artigos 388º e 390º).

O expedidor, para defesa do seu direito sobre a mercadoria, tem direito de retenção sobre os "instrumentos principais e acessórios que o condutor empregar no transporte" (artigo 393º) e o destinatário, esgotado o prazo em que lhe deviam ser entregues as mercadorias, fica "com todos os direitos resultantes do contrato de transporte, podendo exigir a entrega dos objetos e da guia de transporte" (artigo 389º).

CONTRATOS MERCANTIS

É característico do contrato de transporte o estabelecimento, em termos variáveis consoante a modalidade, de causas de exclusão e de limites ao valor da responsabilidade do transportador.

Os litígios emergentes do contrato de transporte situam-se nalgumas áreas que se podem dizer típicas. No transporte de mercadorias, os litígios incidem geralmente sobre as perdas e avarias nas mercadorias transportadas, a sua quantidade (volume, peso) e qualidade, e sobre atrasos; e ainda sobre o não pagamento do frete e o não levantamento das mercadorias. No transporte de pessoas, as questões suscitam-se geralmente em cancelamentos ou atrasos no transporte, extravio de bagagens ou acidentes.

Para manter equilibradas as posições entre o transportador, de um lado, e o expedidor ou o destinatário, do outro lado, são estabelecidas tipicamente causas de exoneração do transportador, cada vez em maior número. Assim sucede, a título exemplificativo, nos artigos 18º do Decreto-Lei nº 239/2003, de 4 de Outubro, e no artigo 17º, nº 4 da Convenção CRM, sobre o contrato de transporte rodoviário de mercadorias, no artigo 4º da Convenção de Bruxelas e no artigo 31º do Decreto-Lei 352/86, de 21 de Outubro, sobre o transporte marítimo, e no artigo 22º da Convenção de Varsóvia e nos artigos 17º e seguintes da Convenção de Montreal, sobre o transporte aéreo.

## 38. Empréstimo

### i. *O tipo contratual*
O empréstimo objetivamente mercantil caracteriza-se por a coisa emprestada se destinar " a qualquer ato mercantil" (artigo 394º do Código Comercial). Trata-se de empréstimo de dinheiro ou de coisa fungível que deverá ser restituída por equivalente em género e qualidade, ou seja, um mútuo. É importante atender a que o empréstimo mercantil não tem o seu objeto limitado a dinheiro; pode ter como objeto coisas fungíveis que possam ser restituídas em género e qualidade.

Diversamente das operações de banco, o empréstimo mercantil é qualificado como tal por conexão com o carácter comercial do ato que destina a financiar, mas já não pela qualidade de comerciante do mutuante.

DIREITO COMERCIAL

### ii. Regime típico

O Código Comercial contém poucos preceitos sobre o empréstimo mercantil, que é regido fundamentalmente pelas estipulações das partes.

O Código Comercial impõe que o empréstimo mercantil seja sempre remunerado. Se nada for estipulado quanto à sua remuneração o mutuário deverá pagar ao mutuante a taxa legal de juro, calculada sobre o valor do seu objeto (artigo 395º). Este regime é diferente do mútuo civil que, segundo o artigo 1145º do Código Civil se presume oneroso em caso de dúvida, mas que em relação ao qual pode ser estipulada a gratuidade. A onerosidade do empréstimo mercantil é imposta por lei e não apenas presumida, pelo que não pode ser validamente estipulada. Uma vez que admite qualquer meio de prova, inclusivamente a testemunhal, importa que não possa ser dada como provada a gratuidade, num mútuo não documentado ou meramente oral. Tal não obsta, porém, a que, após o vencimento do juro, o credor aceite perdoá-lo, a título de liberalidade ou transacionalmente, como é frequente, como modo de reduzir o valor do crédito para obter mais facilmente o seu pagamento.

O empréstimo mercantil admite qualquer tipo de prova, seja qual for o seu valor (artigo 396º), diversamente do mútuo civil que exige para a sua validade a celebração por escritura pública ou documento autenticado, quando seja de valor superior a € 25.000, ou por documento assinado pelo mutuário, quando for de valor superior a € 2.500 (artigo 1143º do Código Civil). Esta liberdade de forma é, aliás, típica do Direito Comercial.

## 39. Penhor

### i. O tipo contratual

O penhor mercantil qualifica-se como tal por caucionar uma dívida que "proceda de ato comercial". Trata-se, pois, do penhor que garante dívidas comerciais e que não podia funcionar no comércio com as regras rígidas do penhor civil.

Anos após a entrada em vigor do Código Comercial, veio a ser regulado, por via legislativa uma modalidade de penhor mercantil ainda mais dúctil, o penhor para garantia de dívidas bancárias, pelo Decreto-

-Lei 29.933, de 17 de Agosto de 1939, e pelo Decreto-Lei nº 32.032, de 22 de Maio de 1942. Mais recentemente ainda, veio a ser promulgado o Decreto-Lei 105/2004, de 8 de Maio (para transposição da Diretiva nº 2002/47/CE do Parlamento Europeu e do Conselho de 6 de Junho) que instituiu o penhor financeiro e a alienação fiduciária em garantia.

### ii. Regime jurídico

O penhor mercantil, em todas estas modalidades ou subtipos, diverge do penhor civil por dispensar a entrega real da coisa empenhada ao credor pignoratício. Esta entrega seria muito inconveniente para o comércio, porque impediria o devedor, beneficiário do crédito de usar a coisa e beneficiar da sua utilidade económica.

Segundo o artigo 398º do Código Comercial pode ser convencionado que a coisa empenhada seja entregue a um terceiro, que não o credor pignoratício, e, o que é muito mais importante, que seja meramente "simbólica", por declarações ou verbas nos livros de quaisquer estações públicas onde se encontrarem as coisas, por entrega do título de transporte ou por endosso da cautela de penhor dos géneros e mercadorias depositados em armazéns gerais. Para prova do penhor mercantil entre comerciantes "por quantia excedente a duzentos mil reis" basta o simples escrito. Para a execução por falta de pagamento, pode o credor pignoratício proceder à venda da coisa por meio de corretor, desde que seja notificado o devedor. O penhor sobre letras ou títulos de crédito à ordem pode ser feito por endosso "com a correspondente declaração segundo os usos da praça" e o penhor sobre ações, obrigações ou outros títulos nominativos é feito por averbamento no competente registo.

O regime de penhor bancário (Decretos-Lei nºs 29.933 e 32.032) veio permitir uma ainda maior maleabilidade do penhor, permitindo que o objeto empenhado ficasse em poder do seu dono (sem desapossamento), que passa a detê-lo na qualidade de possuidor em nome alheio e fica sujeito às penas do furto se "alienar, modificar, destruir ou desencaminhar o objeto sem autorização escrita do credor, e bem assim se o empenhar novamente sem que no novo contrato se mencione de modo expresso a existência do penhor ou penhores anteriores que, em qualquer caso, prevalecem por ordem de datas". Este subtipo de penhor deve

DIREITO COMERCIAL

ser constituído por documento autêntico ou autenticado no qual devem ser transcritos os dizeres dos §§ 1º e 2º do artigo 1º do Decreto-Lei nº 29.933, de modo a evitar que possa ser alegado o desconhecimento deste regime jurídico muito gravoso.

Os contratos de garantia financeira, que abrangem o penhor financeiro e a alienação fiduciária em garantia, regidos pelo Decreto-Lei nº 105/2004, de 8 de Maio, funcionam no mercado financeiro e garantem obrigações em numerário ou em instrumentos financeiros. Só podem ser celebrados entre agentes do mercado financeiro e implicam o desapossamento para o beneficiário da garantia e permitem que este faça sua a coisa objeto da garantia. O regime legal, como é típico das regulamentações comunitárias, é excessivamente detalhado para ser aqui descrito. O seu sentido geral é o de regressar à forma clássica da *"fiducia com creditore"*, com toda a sua eficiência e tentando atenuar os riscos inerentes. O facto de serem celebrados entre profissionais extremamente controlados, permite reduzir a quase nada o risco de infidelidade envolvido e agilizar o penhor de modo a torná-lo compatível com a rapidez das operações dos atuais mercados financeiros. Dá-se assim um regresso aos negócios fiduciários de garantia que estão historicamente na origem do tipo contratual do penhor.

## 40. Depósito

### i. O tipo contratual
Pelo depósito mercantil, o depositante entrega ao depositário (deposita), géneros ou mercadorias "destinados a qualquer ato de comércio". Trata-se dum ato de comércio por conexão objetiva. Não importa que as partes tenham a qualidade de comerciantes, mas sim que a coisa depositada se destina à prática dum ato de comércio. A qualidade de comerciante de uma ou ambas as partes poderá apenas qualificar como subjetivamente comercial o depósito.

O depósito mercantil tem o seu tipo principal nos artigos 403º a 407º e o subtipo de depósito em armazéns gerais nos artigos 408º a 424º.

## ii. *Regime jurídico*

No depósito mercantil, tal como no depósito civil, e diversamente do depósito irregular, a coisa depositada mantém-se na propriedade (ou outro direito real) do depositante que pode exigir a restituição da própria coisa depositada. O depositário deve cuidar da coisa e, quando se trate de papéis de crédito que vença juros, deve proceder à sua cobrança e só pode servir-se dela quando expressamente autorizado pelo depositante.

O depósito em armazéns gerais dá lugar à emissão pelo depositário de um título de crédito – o "conhecimento de depósito" – que é entregue ao depositante e onde consta (artigo 408º):

- O nome, estado e domicílio do depositante;
- O lugar do depósito;
- A natureza e quantidade da coisa depositada, com todas as circunstâncias necessárias à sua identificação e avaliação;
- A declaração de haverem ou não sido satisfeitos quaisquer impostos devidos e de se ter ou não feito o seguro dos objetos depositados.

Este conhecimento é extraído de um livro de talão arquivado no estabelecimento do armazém e que atesta a genuinidade do conhecimento. Anexo ao conhecimento, mas dele destacável, é emitida uma "cautela de penhor" onde constam as mesmas referências do conhecimento, que é separada e entregue ao credor pignoratício, no caso de ser constituído um penhor sobre os bens objeto do depósito. O conhecimento de depósito em armazéns gerais é um título representativo das mercadorias depositadas e a cautela e penhor incorpora o direito de crédito pignoratício sobre as mesmas.

O conhecimento de depósito em armazéns gerais e a cautela de penhor que lhe corresponde são títulos de crédito causais, que podem circular conjunta ou separadamente.

A circulação do conhecimento conjuntamente com a cautela de penhor transmite a propriedade dos bens depositados neles descritos. A circulação separada da cautela de penhor transmite apenas o crédito pignoratício sobre aqueles bens. A circulação separada do conhecimento de depósito transmite a propriedade dos bens depositados onerados pelo penhor (artigo 411º).

DIREITO COMERCIAL

Pode fazer-se circular parte das coisas depositadas procedendo à emissão de novos títulos representativos dessas partes, com a correspondente anulação do título inicial (artigo 410º).

## 41. Seguro

> PEDRO DE SANTARÉM *Tratado de Seguros,* editado por Moses Bensabat Amzalak, Lisboa, 1955, MOITINHO DE ALMEIDA, *Contrato de Seguro – Estudos,* Almedina, Coimbra, 2009, *O Novo Regime Jurídico do Contrato de Seguro: Breves Considerações sobre a Proteção dos Segurados,* Cadernos de Direito Privado, 26, Braga, 2009, *O Contrato de Seguro no Direito Português e Comparado,* Sá da Costa, Lisboa, 1971; JOSÉ VASQUES, *Direito dos Seguros,* Coimbra Editora, Coimbra, 2005, *Contrato de Seguro,* Coimbra Editora, Coimbra, 1999; ROMANO MARTINEZ, *Direito dos Seguros – Apontamentos,* Principia, Cascais, 2006; MARGARIDA LIMA REGO, *Contrato de Seguro e Terceiros-Estudo de Direito Civil,* Coimbra Editora, Coimbra, 2010.

### i. O tipo contratual

O contrato de seguro tem uma história longa e o seu tipo contratual atual corresponde ao termo duma longa evolução.

O que o caracteriza tipicamente é a transferência dum risco para o segurador, ou a assunção dum risco por um segurador, contra o pagamento duma remuneração denominada "prémio". É um contrato tipicamente celebrado em massa, de modo empresarial. O segurador é necessariamente uma sociedade anónima tendo por objeto exclusivo a atividade seguradora ou a "indústria de seguros".[145]

O risco é imprescindível para a qualificação do contrato de seguro. Sem risco não há seguro. Por isso o contrato de seguro é tipicamente aleatório.[146]

---

[145] Artigo 1º da Lei do Contrato de Seguro (LCS) aprovada pelo Decreto-Lei nº 72/2008, de 16 de Abril.

[146] ETTI BARANOFF, *Risk Manegement and Insurance,* Wiley, 2004.

O contrato de seguro é titulado pela apólice (artigos 32º a 38º da LCS), documento escrito ou eletrónico, assinado pelo segurador e entregue ao tomador, onde consta todo o conteúdo do contrato de seguro estipulado pelas partes. A apólice pode ser emitida nominativa, à ordem ou ao portador.

No contrato de seguro intervêm, em diversas posições jurídicas:

- o <u>segurador</u>, que é a parte que assume o risco, ou para quem o risco é transferido;
- o <u>tomador</u>, que é quem celebra o contrato com o segurador; o tomador pode ser também segurado nos seguros de danos ou a pessoa segura nos seguros de pessoas;
- o <u>segurado</u>, que pode ser tomador, é, nos seguros de bens, o titular do interesse seguro e a pessoa que está exposta ao risco coberto pelo contrato de seguro;
- a <u>pessoa segura</u>, que também pode ser tomadora, é, nos seguros de pessoas, aquela cuja vida, saúde ou acidente pessoal são cobertos;
- o <u>beneficiário</u>, é um terceiro a quem, por estipulação no contrato (estipulação beneficiária), o segurador deve pagar a quantia, nos seguros de vida e de acidentes; o beneficiário não é, em princípio, parte no contrato de seguro, mas adquire um direito subjetivo dele emergente no momento em que aceita a sua posição de beneficiário;
- o <u>terceiro prejudicado</u> ou <u>sinistrado</u>, que é a pessoa que não é parte no contrato de seguro e cujo dano deve ser indemnizado no seguro de responsabilidade civil.


O contrato de seguro é celebrado entre o segurador, que assume o risco, e o tomador do seguro, que assume a obrigação de pagar o prémio ao segurador. O contrato de seguro é celebrado no interesse do segurado. Também é imprescindível na qualificação o interesse, sem o qual o contrato não pode ser qualificado como de seguros, mas sim como de jogo ou aposta.

Frequentemente o tomador é também segurado, i.e, o titular do interesse seguro. Mas o tomador pode ser uma outra pessoa que não o segurado, caso em que se denomina apenas como tomador. Quando o tomador é também segurado, o contrato diz-se celebrado por conta própria;

DIREITO COMERCIAL

quando o segurado é diferente do tomador, diz-se contrato celebrado por conta alheia.

Quando a prestação a pagar pelo segurador reverte a favor de outra pessoa que não o segurado, especialmente designada no contrato, essa pessoa designa-se "beneficiário".

Nos seguros de responsabilidade civil, a pessoa que não é parte no contrato e cujo dano é coberto pelo seguro, designa-se sinistrado.

Numa visão dinâmica, o tomador pode contratar (tomar) um seguro em seu próprio favor, caso em que é tomador-segurado; pode também contratar o seguro a favor dum ou mais terceiros, segurados, que são os titulares do interesse e sujeitos ao risco coberto pelo seguro; e pode ainda, no seguro de vida, designar um terceiro a quem o segurador deverá pagar o capital seguro, o beneficiário. No seguro de responsabilidade civil, por exemplo, de responsabilidade civil automóvel, o segurador paga a indemnização ao sinistrado, que é vítima do dano cujo risco é assumido através do contrato de seguro. Nos seguros de pessoas, seguros de vida, de saúde e de acidentes pessoais, em vez do segurado, a LCS refere a "pessoa segura", aquela de cuja vida, saúde ou acidentes se trata.

Tanto nos seguros de bens como nos de pessoas, o seguro pode ser contratado a favor de um terceiro, que na maior parte das vezes é o cônjuge ou outro familiar do segurado, mas que muitas vezes é um Banco ou outra Instituição Financeira que tendo concedido crédito ao segurado ou à pessoa segura, tenha interesse na integridade dos bens que suportam patrimonialmente o seu crédito ou na vida, saúde ou integridade física do devedor.

No artigo 1º da nova Lei do Contrato de Seguro (LCS), aprovada pelo Decreto-Lei nº 72/2008, de 16 de Abril, não consta uma definição formal do contrato de seguros, mas tão só uma sua descrição, sob a epígrafe "conteúdo típico" do seguinte teor:

> Por efeito do contrato de seguro, o segurador cobre um risco determinado do tomador do seguro ou de outrem, obrigando-se a realizar a prestação convencionada em caso de ocorrência do evento aleatório previsto no contrato, e o tomador do seguro obriga-se a pagar o prémio correspondente.

O seguro é um contrato tipicamente aleatório. Quer isto dizer que não envolve necessariamente um equilíbrio de prestações entre as partes, que tem inerente um risco de uma ou outra das partes perder dinheiro. Na verdade, se não ocorrer sinistro, o segurador ganha e o tomador perde; mas se houver sinistro acontece o contrário. O seguro é mesmo tomado frequentemente como um paradigma do contrato aleatório.

Deve, porém, ter-se em atenção que os contratos de seguro são tipicamente celebrados em massa. Se considerados individualmente cada um dos contratos de seguro celebrados há necessariamente uma álea, um risco inerente de desequilíbrio patrimonial. Na massa dos seguros contratados por um segurador, deve haver um equilíbrio tendencial ou aproximado entre o somatório dos prémios recebidos e o somatório das quantias pagas. Sem este equilíbrio, ou a própria atividade seguradora é economicamente insustentável, ou a concorrência não deixará de erodir a sua clientela o que reduzirá a dispersão do risco, pondo também em causa a sustentabilidade da atividade seguradora. Esta consideração é importante para tornar claro que, em matéria de seguros, todo o aumento de exposição do segurador se traduz, ou deve traduzir, em aumento do montante dos prémios, assim como a inversa também é verdadeira.

### ii. A apólice de seguro

A apólice é o documento que titula o seguro. Segundo o artigo 32º da LCS, a validade do contrato de seguro não depende da observância de forma especial, mas "o segurador é obrigado a formalizar o contrato num instrumento escrito, que se designa por apólice de seguro, e a entregá-la ao tomador do seguro"; "a apólice deve estar datada e assinada pelo segurador".

Na apólice, deve constar "todo o conteúdo do acordado pelas partes, nomeadamente as condições gerais, especiais e particulares aplicáveis" e ainda outras menções com relevância para a concretização da disciplina do contrato (artigo 37º).

O seu texto deve conter, no mínimo, o seguinte:

a) A designação de «apólice» e a identificação completa dos documentos que a compõem;

b) A identificação, incluindo o número de identificação fiscal, e o domicílio das partes, bem como, justificando-se, os dados do segurado, do beneficiário e do representante do segurador para efeito de sinistros;

DIREITO COMERCIAL

c) A natureza do seguro;
d) Os riscos cobertos;
e) O âmbito territorial e temporal do contrato;
f) Os direitos e obrigações das partes, assim como do segurado e do beneficiário;
g) O capital seguro ou o modo da sua determinação;
h) O prémio ou a fórmula do respetivo cálculo;
i) O início de vigência do contrato, com indicação de dia e hora, e a sua duração;
j) O conteúdo da prestação do segurador em caso de sinistro ou o modo de o determinar;
k) A lei aplicável ao contrato e as condições de arbitragem.

Devem ainda constar da apólice "escritas em caracteres destacados e de maior dimensão que os restantes:

a) As cláusulas que estabeleçam causas de invalidade, de prorrogação, de suspensão ou de cessação do contrato por iniciativa de qualquer das partes;
b) As cláusulas que estabeleçam o âmbito das coberturas, designadamente a sua exclusão ou limitação;
c) As cláusulas que imponham ao tomador do seguro ou ao beneficiário deveres de aviso dependentes de prazo.

A apólice não é constitutiva do contrato de seguro que se fecha com o consenso das partes. Se, porém, o tomador nada disser no prazo de trinta dias sobre a receção da apólice, o contrato consolida-se e, em caso de desconformidade entre o acordado e o conteúdo da apólice, só podem ser invocadas divergências que resultem da apólice ou de outro documento escrito.

### iii. A circulação da apólice
A apólice pode ser nominativa, à ordem ou ao portador, como os títulos de crédito. As apólices nominativas não circulam, mas podem ser entregues pelo tomador a quem lhe suceda "em caso de cessão da posição contratual"; as apólices à ordem circulam por endosso e as apólices ao portador, por tradição manual.

Embora não seja frequente, a apólice pode circular. O endosso da apólice à ordem e a entrega da apólice ao portador transferem os direitos do tomador ou do segurado, conforme o caso (artigo 38º, nºs 2 e 3). É diferente o que se passa com a apólice nominativa, que deve ser entregue pelo tomador "a quem lhe suceda em caso de cessão da posição contratual (artigo 38º, nº 4).

### iv. A apólice como título de crédito

Como resulta do seu regime legal, a apólice goza de literalidade, pois todo o regime do seguro consta do seu texto; tem função de legitimar o tomador (ou segurado) a exercer os direitos respetivos; e circula como um título de crédito.

A doutrina está dividida quanto à qualificação da apólice como um título de crédito. Há quem a considere um título de crédito impróprio com o fundamento de a apólice não ser constitutiva do seguro[147], mas este argumento não colhe, porque também a ação da sociedade anónima e a guia de transporte, tal como o estrato de fatura não são constitutivos e não deixam de ter a natureza de títulos de crédito causais. Este regime jurídico é mesmo característico dos títulos de crédito causais.

Não é corrente a circulação das apólices, salvo nas que estão ligadas aos seguros de vida de capitalização e nalguns casos de seguro ligado ao contrato de transporte.

### v. O interesse no seguro

No contrato de seguro desempenha um papel crucial o "interesse". É tipicamente necessário que à cobertura do risco corresponda um interesse do tomador. Caso o risco coberto (transferido para o segurador) não corresponda a um interesse do segurado, seja ele ou não o tomador, o contrato não pode ser qualificado como de seguro, mas antes como de jogo ou aposta. É o interesse que distingue o contrato de seguro do contrato de jogo ou aposta. A distinção entre seguro, por um lado, e jogo ou aposta, pelo outro, desempenhou historicamente um papel fundamental na autonomização do tipo contratual do seguro e ainda hoje suscita

---

[147] SÁNCHEZ CALERO, *Ley de Contrato de Seguro*, 3ª ed., Aranzadi, Navarra, 2005, págs. 219 e segs.

DIREITO COMERCIAL

alguma controvérsia em certas operações financeiras de qualificação duvidosa, como, por exemplo, os chamados CDS (*credit default swaps*).

A falta de interesse atendível por parte do tomador do seguro ou do segurado não tem como consequência a invalidade, mas antes a recusa da qualificação. Se certo pianista segura as suas mãos, o seu interesse é manifesto; se um clube de futebol segurar as pernas dum seu jogador, também há interesse; mas se certa pessoa segurar a vida dum navegador solitário numa regata à volta do mundo, sem ter com ele qualquer relação familiar, patrimonial ou outra, não se verifica o requisito do interesse e o contrato deve manter-se válido como aposta. Não se tratará de segurar a vida do dito navegador, mas antes de apostar na sua sobrevivência ou na sua morte. Se, porém, este contrato for celebrado por um segurador, sofrerá as consequências jurídicas decorrentes de aos seguradores não ser permitido contratar apostas.

Esta questão não é meramente académica nem bizantina.

### vi. Principais obrigações do tomador

O tomador tem, perante o segurador, duas obrigações principais, além de outras acessórias:

– A obrigação de correta declaração do risco;
– A obrigação de pagar o prémio.

A declaração do risco tem uma importância fundamental no seguro. É através dela que o segurador compreende qual a exposição que vai assumir e, assim, vai poder calcular o prémio.

Para isto é fundamental que o tomador cumpra com verdade e boa fé o seu dever de informação (artigos 24º a 26º da LCS). No caso de violação dolosa do dever de informação que impende sobre o tomador (e sobre o segurado), o contrato é anulável; se a violação for meramente negligente, pode o segurador propor uma alteração do contrato correspondente à correta informação ou fazê-lo cessar "demonstrando que, em caso algum celebra contratos para cobertura de riscos relacionados com o facto omitido ou declarado inexatamente".

O prémio é o preço do seguro. O tomador tem o dever de pagar o prémio. Sem pagamento do prémio não há seguro. A falta de pagamento tempestivo do prémio tem consequências importantes. No regime geral[148], "a cobertura dos riscos depende do prévio pagamento do prémio" (artigo 59º da LCS). A falta do pagamento do prémio inicial (ou da sua primeira fração), na data do vencimento, determina a resolução automática do contrato desde a data da sua celebração; a falta do pagamento, na data do vencimento, das anuidades subsequentes impede a sua prorrogação. A falta do pagamento determina a resolução automática do contrato na data do vencimento de:

a) Uma fração do prémio no decurso de uma anuidade;
b) Um prémio de acerto ou parte de um prémio de montante variável;
c) Um prémio adicional resultante de uma modificação do contrato fundada num agravamento superveniente do risco.
d) O não pagamento no vencimento do prémio adicional resultante duma alteração do contrato impede o início da vigência dessa alteração, Neste caso, o contrato manter-se-á como antes da alteração, salvo se tal se revelar impossível, caso em que se considera o contrato automaticamente resolvido na sua totalidade desde a data do vencimento do prémio adicional não pago.

### vii. Principais obrigações do segurador

O segurador tem perante o tomador, o segurado ou o beneficiário, consoante o caso, duas obrigações principais:

– A obrigação de assumir o risco coberto;
– A obrigação de pagar a prestação contratada

O núcleo típico do contrato de seguro consiste na assunção pelo segurador de um certo risco. É essa assunção do risco que tem como contrapartida sinalagmática a obrigação de pagar o prémio. É devida ao jurista português Pedro de Santarém esta conceção do sinalagma – *facio ut des* – que libertou o contrato de seguro da cominação canónica da

---

[148] Segundo o artigo 58º da LCS as regras gerais sobre o não pagamento do prémio não se aplicam "aos seguros e operações regulados no capítulo respeitante ao seguro de vida, aos seguros de colheitas e pecuário, aos seguros mútuos em que o prémio seja pago com o produto de receitas e aos seguros de cobertura de grandes riscos".

DIREITO COMERCIAL

usura.[149] Esta obrigação de assumir o risco distingue-se da obrigação de pagar a prestação contratada embora esta decorra daquela, porque são feitas de modo diferente. A assunção do risco faz-se pela sua inscrição na escrituração do segurador como uma exposição e pela constituição das correspondentes reservas de acordo com as regras prudenciais. O segurador assume o risco nos seus livros de tal modo que em cada momento é possível aferir quais são os riscos, todos e cada um, assumidos por cada segurador e quais as reservas constituídas para os cobrir. No momento da contratação do seguro, o segurador deve assumi-lo formalmente e com clareza. O facto desta obrigação ser imposta pelo direito legal objetivo não significa que o segurador não tenha também perante o tomador (ou segurado) uma obrigação emergente da celebração do contrato de seguros de conformar a sua gestão e de agir de modo a manter o suporte financeiro necessário ao seu cumprimento.

Ocorrido o evento previsto no contrato, o segurador tem a obrigação de proceder ao pagamento da prestação contratada. Esta prestação pode ser uma indemnização, nos casos do seguro de responsabilidade civil, uma quantia variável correspondente a um dano, num seguro de coisas ou de danos pessoais, ou um valor convencionado, normalmente no caso do seguro de pessoas (vida, saúde). Esse pagamento deve ser feito tão prontamente quanto possível, dependendo por vezes de procedimentos de liquidação ou até de litígios que o retarda inevitavelmente. A obrigação do segurador pode ter natureza pecuniária ou não e vence-se no prazo de trinta dias a contar da confirmação do sinistro e das suas causas, circunstâncias e consequências" (artigos 102º e 104º da LCS). Há normas do Instituto de Seguros de Portugal que regulam detalhadamente os deveres acessórios dos seguradores nesta matéria.

---

[149] PEDRO DE SANTARÉM, *Tratado*, cit., I. 7:

"Portanto, assim como nos contratos inominados, de que tratam os mencionados direitos, a aceitação de um risco não faz ilícita a convenção, + assim também não, neste contrato de seguro, que é inominado, no pensar de Baldo, visto se formular assim «Aceito o risco, para que dês dinheiro». E, como se assemelha à compra, venda e locação, devido ao preço dado em razão do risco (dita lei *Periculi*, e lei final do tít. *De praediis curialibus*), deve regular-se segundo a natureza do contrato nominado, de cujas características mais participa (lei *Si gratuitam*, § 1; lei *Naturalis*, § *Sed si facio*, com as respetivas anotações de Bártolo; lei *Actio*, § final; lei *Depositum*, § *Si quis fundum*; e lei *Eum qui*, e semelhantes)".

## viii. O sinistro

"O sinistro", segundo o artigo 99º da LCS "corresponde à verificação, total ou parcial, do evento que desencadeia o acionamento da cobertura do risco no contrato". O sinistro pode ser um acidente de viação, um acidente pessoal, uma doença, etc., conforme o seguro de que se tratar, segundo o contrato.

O sinistro deve ser brevemente participado ao segurador. O prazo de participação, na falta de estipulação no contrato, é de oito dias (artigo 100º, nº 1 da LCS). Se não for respeitado este prazo, o segurador pode exigir a indemnização do dano que o atraso na participação lhe causar, mas não pode, em princípio, recusar a cobertura. A participação deve indicar as circunstâncias e as causas do sinistro e as suas consequências.

Durante ou após a ocorrência do sinistro, e mesmo antes, quando se torne aparente que ele irá acontecer, o tomador, o segurado ou o beneficiário devem fazer o que estiver razoavelmente ao seu alcance para mitigar, isto é, reduzir as consequências do sinistro não lhe sendo lícito adotar uma atitude passiva assente na segurança do seguro.

A obrigação de o segurador pagar a prestação contratada pode ser desencadeada por simples vontade do segurado, no seguro de vida, quando procede ao "resgate", recebendo antecipadamente a prestação contratada, calculada no seu montante de acordo com os prémios entretanto pagos e da provisão matemática constituída para o seguro (artigo 194º da LCS). O resgate deve ser estipulado no contrato e constar da apólice. Esta possibilidade de resgatar o seguro de vida antes do evento (morte) veio abrir as portas à utilização indireta deste subtipo como um produto financeiro de poupança, em que o retorno do capital se dá a prazo por desinvestimento do titular. Este caso é marginal em relação ao contrato de seguro, sendo duvidoso que ainda se possa, em rigor, qualificar como tal. A própria LCS, no artigo 207º estende a sua disciplina às "operações" de capitalização construídas com recurso ao tipo contratual do contrato de seguro de vida, "desde que compatíveis com a sua natureza".

## ix. Principais modalidades de seguros

A indústria dos seguros distingue tradicionalmente dois grandes ramos: *vida* e *não vida*. O próprio direito institucional dos seguros impede que uma mesma companhia de seguros pratique ambos estes ramos. Daí

DIREITO COMERCIAL

existirem frequentemente duas sociedades do mesmo grupo. com denominação comum, distintas apenas pela adição numa delas da expressão "vida".

A nova LCS desprezou esta dicotomia tradicional e distingue os seguros em duas classes principais:

– Os <u>seguros de danos</u> (artigos 123º a 174º) que cobrem riscos relativos a coisas, bem imateriais, créditos e quaisquer outros direitos patrimoniais. Cobrem desde a perda, a destruição, o furto ou roubo e outras vicissitudes que podem afetar as coisas seguras. A lei estabelece, depois especialidades para:
  – O seguro de responsabilidade civil (artigos 137º a 148º);
  – O seguro de incêndio (artigos 149º a 151º);
  – O seguro de colheitas e pecuários (artigos 152º a 154º);
  – O seguro de transporte de coisas (artigos 155º a 160º);
  – O seguro financeiro (artigos 161º a 166º);
  – O seguro de proteção jurídica (artigos 167º a 172º);
  – O seguro de assistência (artigos 173º e 174º).

– Os <u>seguros de pessoas</u> (artigos 175º a 217º) que cobrem riscos relativos à vida, à saúde e à integridade física duma pessoa ou grupo de pessoas. A LCS distingue várias modalidades de seguro de pessoas:
  – O seguro de vida (artigos 183º a 206º);
  – As operações da capitalização (artigos 207º a 209º);
  – Os seguros de acidentes pessoais (artigos 210º a 212º);
  – Os seguros de saúde (artigos 213º a 217º).

Excede o âmbito material deste livro a explicitação destes seguros bem como dos problemas jurídicos que envolvem.

### x. O princípio indemnizatório

O seguro deve, em princípio, cobrir apenas o risco assumido pelo seguro, sem o exceder; o segurado deve ficar indemne, mas não enriquecido. Este é o "princípio indemnizatório". Este princípio visa evitar que o segurado, ou o beneficiário (se for o caso), venham a enriquecer com o funcionamento do seguro recebendo uma quantia superior ao dano que sofreu e cujo risco o seguro foi contratado para cobrir.

CONTRATOS MERCANTIS

O princípio indemnizatório está formalmente consagrado nos artigos 128º e seguintes da LCS, a propósito dos seguros de danos:

A prestação devida pelo segurador está limitada ao dano decorrente do sinistro, até ao montante do capital seguro.

O princípio indemnizatório não é de ordem pública e relaciona-se com o da autonomia privada. A sua influência é mais intensa no seguro de danos do que no seguro de pessoas, mas não se deve entender, nem que este princípio tenha valor injuntivo no seguro de danos, nem que se não aplique no seguro de pessoas.

Pode ser estipulada entre as partes a fixação prévia do valor da indemnização (artigo 131º). Em caso, por exemplo, de dano, destruição, perda ou furto de coisas valiosas infungíveis, como são as obras de arte, que sejam de difícil avaliação, pode ser muito útil, tanto para o segurador como para o segurado, que o valor seja de antemão acertado e conhecido, evitando futuras dificuldades e litígios. Também em relação a coisas com valor estimativo, se deve admitir a fixação prévia do valor da indemnização. Sabido o valor da exposição e avalizado o risco, o segurador fixará o prémio correspondente.

O seguro de pessoas pode dar lugar ao pagamento duma indemnização ou duma prestação convencionada cujo montante seja independente do valor do dano. No seguro de vida é usual convencionar um valor que, aquando da morte, será pago pelo segurador ao beneficiário designado no contrato. Nos seguros de vida que correspondem a aplicações de poupança, a fixação prévia da prestação é mesmo a solução adequada, atenta a dificuldade em descortinar, nessa modalidade, um sinistro e um dano indemnizável.

O princípio indemnizatório não obsta à fixação de limites máximos, assim como não impede a estipulação de franquias, abaixo das quais o risco é suportado pelo segurado.

O princípio indemnizatório não é mais do que um princípio, isto é, uma orientação geral que pode ter uma maior ou menor ponderação face à autonomia privada que funda as estipulações das partes.

## 42. A compra e venda mercantil

> José Engrácia Antunes, *Direito dos Contratos Comerciais*, Almedina, Coimbra, 2009, págs. 345 e segs., Luís da Cunha Gonçalves, *Da Compra e Venda no Direito Comercial Português*, 2ª ed., Coimbra Editora, Coimbra, 1924, Adriano Antero, *Comentário ao Código Comercial Português*, Companhia Portuguesa Editora, Porto, sem data, III Vol., págs. 5 e segs; Canaris, *Handelsrecht, 23. Aufl.*, Beck, 2000, págs. 525 e segs; Roy Goode, *Commercial Law*, 3rd Ed., Penguin Books.

### i. O tipo contratual

O Código Comercial prevê, nos artigos 463º a 476º, o tipo legal da compra e venda mercantil.

A compra e venda desempenha um papel central na atividade mercantil. A intermediação nas trocas não é necessariamente feita através da compra e venda, mas é-o muito frequentemente. Assim sucede desde tempos imemoriais.

O artigo 436º delimita positivamente o âmbito material do tipo da compra e venda mercantil do seguinte modo:

1. As compras de cousas móveis para revender, em bruto ou trabalhadas, ou simplesmente para lhes alugar o uso;
2. As compras, para revenda, de fundos públicos ou de quaisquer títulos de crédito negociáveis;
3. A venda de coisas móveis, em bruto ou trabalhadas, e as de fundos públicos e de quaisquer títulos de crédito negociáveis, quando a aquisição houvesse sido feita no intuito de as revender;
4. As compras e revendas de bens imóveis ou de direitos a eles inerentes, quando aquelas, para estas houverem sido feitas;
5. As compras e vendas de partes ou de ações de sociedades comerciais.

No seguinte artigo 464º, delimita negativamente o tipo, enumerando quais as compras e vendas que nele se não incluem:

1. As compras de quaisquer cousas móveis destinadas ao uso ou consumo do comprador ou da sua família, e as revendas que porventura desses objetos se venham a fazer;

CONTRATOS MERCANTIS

2. As vendas que o proprietário ou explorador rural faça dos produtos de propriedade sua ou por ele explorada, e dos géneros em que lhe houverem sido pagas quaisquer rendas;

3. As compras que os artistas, industriais, mestres e oficiais de ofícios mecânicos que exercerem diretamente a sua arte, indústria ou ofício, fizerem de objetos para transformarem ou aperfeiçoarem nos seus estabelecimentos, e as vendas de tais objetos que fizerem depois de assim transformados ou aperfeiçoados;

4. As compras e vendas de animais feitas pelos criadores ou engordadores.

Destes dois artigos ressalta com clareza que a compra e venda objetivamente mercantil abrange a compra para revenda e a revenda do que for comprado para revenda, a compra para alugar e ainda as compras e vendas de ações ou partes sociais de sociedades comerciais.

Não se exige a qualidade de comerciante por parte do agente nem uma particular ligação ou destinação ao comércio ou a certo ato de comércio; a qualificação é puramente objetiva. Trata-se dum ato de comércio objetivo, puro.

Na configuração económica da compra e venda mercantil ressalta o seu carácter especulativo. O comerciante compra certa mercadoria para a revender com lucro. Mas a lei não exige o intuito lucrativo, nem o lucro como resultado. O lucro é o móbil geral do comércio e está aqui de certo modo pressuposto, mas não é exigido como índice de qualificação. Não é, pois, necessário apurar se, no caso concreto, houve intuito lucrativo, que constituiria um fator subjetivo de qualificação, nem se do negócio efetivamente resultou um lucro.

O carácter especulativo torna-se ainda mais patente quando se permite, no artigo 467º, nº 2, a venda de coisa alheia. São frequentíssimos e mesmo banais os casos em que o comerciante vende primeiro uma mercadoria que não tem e vai depois adquiri-la para a entregar ao comprador. Isto permite-lhe evitar os custos elevadíssimos que decorreriam de ter de manter um *stock* das mercadorias que vende. Como exemplo basta mencionar as vendas de livros na internet – em livrarias *online* – em que o vendedor obviamente não tem em *stock* tudo o que vende e, quando realiza uma venda, ordena ao editor que remeta ao comprador. Esta prática onera o vendedor com o risco do preço de aquisição. Pode suceder que, após ter vendido por um certo preço, só consiga adquirir por um preço superior, sofrendo uma perda. Mas o comerciante competente só atua

DIREITO COMERCIAL

deste modo quando está já suficientemente seguro do preço pelo qual conseguirá adquirir a mercadoria, o que consegue basicamente de dois modos: ou tendo já contratado antecipadamente um contrato de fornecimento daquela mercadoria, ou conhecendo bem o mercado. Mas há também no mercado práticas especulativas de alto risco que assentam na venda de coisa alheia, como por exemplo o *"short selling"* nu em que o «*shorter*» vende ações que não tem e vai depois adquiri-las a um preço mais baixo para entregar, quando as ações estão a cair no mercado, mas correndo o risco de só as conseguir adquirir a preço mais alto, incorrendo em perdas.[150]

A compra e venda mercantil pode ter por objeto coisas móveis ou imóveis e até direitos, fundos públicos ou títulos de crédito. Todas as coisas no comércio podem ser objeto de compra e venda mercantil.

No seu último número, o artigo 463º inclui no tipo as compras e vendas de partes sociais ou ações de sociedades comerciais. Neste caso, já não é exigido que a compra seja feita para revenda ou que se trate de revenda do que tiver sido comprado com esse fim. A simples compra e a simples venda, independentemente de revenda, são suficientes para a qualificação mercantil. As compras e vendas de participações sociais em sociedades comerciais não podem deixar de fazer parte do Direito Comercial, do Direito das Sociedades Comerciais e, assim, não podem deixar de ser objetivamente comerciais.

São excluídas da qualificação mercantil as compras para consumo, próprio ou da família do comprador, e as revendas que delas venham a ser feitas. A razão de ser da exclusão é clara: não há especulação mercantil nestes casos. Também na revenda de coisas que tenham sido compradas para consumo não há especulação.

São também excluídas as vendas que o proprietário ou explorador rural faça dos seus produtos e também daqueles em que lhe sejam pagas as rendas. Esta exclusão tem a mesma razão de ser da anterior, a falta de especulação, e vai ainda no mesmo sentido do § único do artigo 230º na exclusão do agricultor e da agricultura da cadeia mercantil de especulação. Note-se que, se as vendas feitas pelo agricultor ou explorador rural de produtos da sua exploração não é objetivamente comercial, a compra que desses mesmos produtos seja feita por outra pessoa (normalmente

---

[150] Sobre o *short selling*, supra, 35.viii.

um comerciante) para revenda já é objetivamente mercantil por força do nº 1 do artigo 463º. Este caso é muito frequente. Sucede, por exemplo, sempre que um agricultor ou um explorador agrícola (por exemplo, rendeiro ou arrendatário rural) vender os seus produtos a um marchante (intermediário) que os vai revender no mercado ou, diretamente, a uma sociedade exploradora de uma loja aberta ao público ou de um supermercado. Essa compra e venda é mista, civil para o agricultor e comercial para o comprador.

Também na linha de orientação do artigo 230º do Código Comercial, mas agora do seu § 2º, são excluídas do tipo da compra e venda mercantil as compras feitas pelos «artistas, industriais, mestres ou oficiais de ofícios mecânicos» dos produtos sobre os quais vão exercer a sua arte e as posteriores vendas que delas façam, já depois de transformados. Assim sucede com as telas e tintas compradas pelos pintores, ou a pedra ou barro comprado pelos escultores, assim como as vendas dos quadros já pintados ou das estátuas já esculpidas. Também aqui não há especulação mercantil, mas antes arte. Note-se que também aqui, os artistas podem ter comprado de um comerciante que lhas revendeu, ou vender a um outro que as comprou para revender, casos em que haverá contratos mistos civis e objetivamente comerciais.

São finalmente excluídas as compras e vendas de animais feitas pelos criadores ou engordadores. Este é um caso de fronteira em que já existe, pelo menos, alguma especulação. Há uma compra do animal ainda jovem, o seu cuidado e alimentação até se tornar adulto, seguida da revenda com lucro. É uma atividade que era frequente ao tempo em que o Código Comercial entrou em vigor e que continua a sê-lo. A sua exclusão representa um maior ênfase dado à atividade pecuária, que o Código sempre exclui do âmbito material do comércio, sobre a especulação que também lá está presente.

A exclusão das atividades agrícolas, pecuárias e agropecuárias, no Código Comercial, compreendia-se no último quartel do século XIX, em que pertenciam fundamentalmente a uma agricultura de subsistência e não empresarial, mas é hoje francamente anacrónica, nos casos em que estas atividades são exercidas de modo empresarialmente sofisticado. Importa revê-las.[151]

---

[151] Supra 16.xi.

DIREITO COMERCIAL

## ii. Compra e venda objetiva e subjetivamente comercial

Ficou já dito que um mesmo contrato pode ser misto de civil e objetivamente comercial. Segundo o regime dos atos mistos (artigo 99º), deve
ser-lhe aplicado o regime dos artigos 463º e seguintes quanto a ambos os
contratantes. Mas o contrato pode ser também misto de objetiva e subjetivamente comercial. Isto sucede com imensa frequência e talvez, até,
na maioria dos casos, sempre que a compra para revenda, ou a revenda,
ou a compra ou venda de ações ou partes sociais de sociedades comerciais for celebrada por um comerciante no exercício do seu comércio.
Neste caso, o contrato é objetivamente mercantil por força do artigo
463º do Código Comercial e também subjetivamente por aplicação da
segunda parte do artigo 2º do mesmo Código.

As compras e vendas objetivamente ou subjetivamente mercantis são
diferentes e não têm o mesmo regime. A compra e venda objetivamente
mercantil tem o regime dos artigos 463º a 476º do Código Comercial; a
compra e venda subjetivamente comercial tem o regime do Código Civil
com as especialidades que são aplicáveis aos atos subjetivamente comerciais, que estão nos artigos 96º a 102º do Código Comercial. São diferentes.

Qual, então, o regime dos atos mistos objetiva e subjetivamente
comerciais? À compra e venda objetivamente comercial aplicam-se os
preceitos dos artigos 463º a 476º, consoante o estipulado; à compra e
venda que apenas é subjetivamente comercial aplica-se o regime comum
civil daquele tipo contratual, acrescido dos preceitos dos artigos 96º
(liberdade de língua), 97º (admissibilidade e regime da correspondência
telegráfica), 99º (regime dos atos mistos) 100º e 101º (solidariedade) e
102º (juros); não são de aplicar o artigo 98º, que é privativo dos corretores. Segundo o artigo 99º, não se aplicam ao contraente não comerciante os preceitos «que só forem aplicáveis àquele ou àqueles por cujo
respeito o ato é mercantil», isto é, aquela das partes que, ao praticá-lo no
exercício do seu comércio, determinou a sua qualificação como subjetivamente comercial; a parte não comerciante, se a houver, não fica sujeita
a regimes jurídicos de aplicação restrita subjetivamente a comerciantes,
como é o caso da obrigação de adotar firma ou de manter uma contabilidade organizada.

A compra e venda pode cumular as qualificações subjetiva e objetiva
sempre que, preenchendo os requisitos do artigo 463º, seja celebrada

por um comerciante ou entre comerciantes no exercício do seu comércio. Este caso é banal e não suscita quaisquer dificuldades: rege-se cumulativamente pelos preceitos dos artigos 96º a 102º e 463º a 476º do Código Comercial.

### iii. Natureza jurídica real e obrigacional da compra e venda mercantil

A construção jurídica da venda mercantil, principalmente da venda de coisa alheia, suscita dificuldades nos quadros do Direito Civil português.[152]

O Código Civil é claro no artigo 879º, quando enuncia à cabeça dos "efeitos da compra e venda" a transmissão da propriedade. Prevê a venda de coisa alheia, no artigo 892º, que a comina com nulidade "sempre que o vendedor careça de legitimidade para a realizar". Em Direito Civil, a compra e venda tem, em princípio, eficácia real e opera a transferência da propriedade com a conclusão do contrato (cfr. artigo 798º alínea a) do Código Civil). É um regime relativamente recente no Direito Civil, iniciado no Código Civil de Napoleão, em 1808. O regime da venda com eficácia real não é geral e não vigora em sistemas relevantes, como, por exemplo, nos direitos alemão[153], espanhol, brasileiro.[154] Para o Código Civil a venda de coisa alheia «é nula» (artigo 892º), mas «o contrato torna-se válido» «logo que o vendedor adquira a propriedade da coisa ou direito vendido», transferindo-se então de imediato a propriedade dela para o comprador (artigo 895º).

O Código Comercial trata da matéria doutro modo. A compra e venda objetivamente mercantil tanto pode ter eficácia real como obrigacional. É real quando a coisa vendida tenha individualidade determinada no momento do contrato, por exemplo, um imóvel, cuja propriedade se transfere com a conclusão do contrato. É obrigacional, e com o

---

[152] Cunha Gonçalves, no *Comentário ao Código Comercial Português*, vol. III, Empresa Editora José Bastos, Lisboa, 1914, pág. 22 (686) e, mais claramente em *Da Compra e Venda no Direito Português*, 2ª ed., Coimbra Editora, Coimbra, 1925, pág. 225 e segs, principalmente pág. 229, acaba por admitir que a venda de coisa alheia, no Direito Comercial, é válida, mas pode ser resolúvel por inexecução da obrigação do vendedor.

[153] Fikentscher, *Schuldrecht*, 7. Afl., Walter de Gruyter, Berlin, 1985, pág. 405.

[154] Sílvio Rodrigues, *Direito Civil,*. vol. 3, *Dos Contratos e das Declarações Unilaterais da Vontade*, Saraiva, São Paulo, 1999, pág. 128; Maria Helena Dinis, *Curso de Direito Civil Brasileiro*, 3º vol, 14ª ed. *Teoria das Obrigações Contratuais e Extracontratuais*, Saraiva, São Paulo, 1999, p. 153-154.

DIREITO COMERCIAL

fecho do contrato não transfere a propriedade, mas cria no vendedor uma obrigação de a transferir, no caso da venda de coisas genéricas, de coisas futuras, de coisas alheias e na venda com reserva de propriedade.[155]

Nesse mesmo sentido, ADRIANO ANTERO,[156] em comentário ao artigo 463º do Código Comercial, define a compra e venda objetivamente mercantil do seguinte modo: "É um contrato bilateral, em que uma das partes (o vendedor) transfere, desde logo, ou se obriga a transferir mais tarde, para outra (o comprador) a propriedade de uma cousa; e este, por seu lado, se obriga a pagar o preço em dinheiro". Já neste Autor, a compra e venda objetivamente mercantil podia ter eficácia real (*quoad effectum*) ou meramente obrigacional. O direito inglês atual não é muito diferente, admitindo a «*sale*» de coisas determinadas e em posse do vendedor, em que o efeito translativo se dá logo, do «*agreement to sell*», de coisas indeterminadas, futuras ou alheias, em que o efeito translativo só ocorre com a entrega ou com a determinação.

Como é próprio do Direito Comercial, a praticabilidade e a utilidade prevalecem sobre a dogmaticidade.

### iv. O regime jurídico próprio da compra e venda objetivamente comercial

O articulado do Código Comercial contém vários preceitos com as especificidades de regime da compra e venda mercantil.

*– Compra e venda a pronto em feira ou mercado* (art. 475º)

Muitas vezes as compras e vendas mercantis são feitas a pronto, mas nem sempre o são. Esta é a forma mais simples de mercadejar. O comprador vê a mercadoria, interessa-o, agrada-lhe o preço e compra ali mesmo. O artigo 475º prevê que "os contratos de compra e venda celebrados a contado em feira ou mercado cumprir-se-ão no mesmo dia da sua celebração, ou, o mais tarde, no dia seguinte". E acrescenta no § único que, uma vez esgotado aquele prazo sem que nenhuma das partes tenha

---

[155] Neste sentido, no direito italiano, GIUSEPPE AULETTA e NICCOLÒ SALANITRO, *Diritto commerciale*, 15ª ed., Giuffré, Milano, 2006, pág. 404-408. No direito inglês, é importante ver ROY GOODE, *Commercial Law*, 3rd. Ed., Penguin Books, págs. 199 e segs.

[156] ADRIANO ANTERO, *Comentário ao Código Comercial Português* cit., pág. 7.

exigido o seu cumprimento, o contrato considerar-se-á sem efeito «e qualquer sinal passado ficará pertencendo a quem o tiver recebido.

Esta é uma compra e venda entre presentes que, em princípio se consuma no momento ou no dia seguinte. Mas nem sempre a compra e venda mercantil é assim tão simples.

*– Contrato para pessoa a nomear* (artigo 465º).

Não é necessário que ambas as partes sejam imediatamente determinadas logo no ato da contratação. É vulgar (típico) no comércio que uma ou ambas as partes se apresentem a contratar para pessoa a nomear. A parte a nomear pode ser já conhecida e tem com o contratante um mandato sem representação (comissão) ou ainda não ser sequer conhecida pelo contratante que, após a celebração do contrato a vai eleger e nomear. No primeiro caso há interesse por parte daquele que virá a ser nomeado em permanecer oculto antes da celebração do contrato e mesmo durante, porque não quer revelar-se ainda. Essa revelação pode trazer dificuldades à contratação ou até modificações inconvenientes do preço. No segundo caso, o contratante não está mandatado, mas sabe que poderá obter um ou mais interessados na designação e, já com o contrato celebrado (com o contrato na mão) vai então procurar, contactar e obter um destinatário final que só depois virá a nomear.

*– Contrato por preço a determinar* (artigo 466º)

Também o preço pode ser ainda indeterminado ao tempo do fecho do contrato. Pode vir a ser fixado mais tarde «por qualquer meio», desde que tal meio fique logo estipulado, e pode a sua fixação ser confiada a um terceiro, cuja identidade deve ficar indicada no contrato. Neste último caso, se o terceiro não proceder à determinação do preço ou se recusar a fixá-lo, «o contrato ficará sem efeito, se outra cousa não for acordada». A fixação posterior do preço é também típica no comércio.

*– Contrato sobre coisa incerta ou inexistente* (artigo 467º, nº 1)

É também típica no comércio a dilação para mais tarde da determinação da coisa objeto da compra e venda. As coisas incertas são coisas que não se sabe ainda se existem e as esperanças são coisas futuras que se sabe já que não existem, mas que se compram ou vendem na expectativa

DIREITO COMERCIAL

de que venham a existir. Nada impede que sejam objeto de compra e venda, no comércio e é vulgar e frequente (típico) que assim suceda. É o caso, por exemplo da compra antecipada de uma colheita futura, ou de uma tira de cortiça, ou até de uma pescaria que ainda não ocorreu. Fixado inicialmente o preço, há um risco de ganho ou de perda que pode correr por qualquer das partes, consoante for estipulado. O preço pode também ser fixado posteriormente, como previsto no artigo 466º.

*– Contrato sobre coisa alheia* (artigo 467º, nº 2)

A venda de coisa alheia também é típica no mercado. Causa algum incómodo conceptual aos civilistas, mas os comerciantes vivem bem com ela. Dispensa-os do custoso investimento em *stocks* de mercadorias. Em termos práticos o processo é simples: o comerciante começa por vender a mercadoria que não tem mas que sabe onde, como e por que preço poderá obter; depois, vai adquiri-la para a entregar ao comprador ou, ao adquiri-la, fá-lo para o comprador ou ordena que lhe seja diretamente entregue. É claro que o vendedor corre um certo risco: o risco de não conseguir obter a mercadoria, ou de só a conseguir obter por um preço mais custoso. No primeiro caso, não conseguirá cumprir o contrato; no segundo, cumpri-lo-á com prejuízo. Mas o comerciante é um profissional, em princípio competente e conhecedor do mercado, o que lhe permite minimizar o risco a um nível aceitável.

*– Compra e venda à consignação – o contrato estimatório*

É muito frequente no mercado a compra e venda "à consignação", também denominada "contrato estimatório", designadamente no comércio livreiro, de confeções e roupas, *boutiques*, obras de artes e joias, embora não esteja tipificado na lei.[157]

No contrato estimatório, um comerciante (*tradens*), entrega os seus produtos a outro (*accipiens*), para que este os comercialize. Ao celebrá-lo, estipulam um preço «estimado», que o *accipiens* se obriga a pagar ao *tradens* pelos bens que, findo determinado prazo, não lhe devolva. O con-

---

[157] O contrato estimatório está tipificado, por exemplo, no *Codice Civile* italiano, nos artigos 1556 a 1558.

trato estimatório importa uma autorização do *tradens* a favor do *accipiens* para vender os bens por sua conta, mas em nome próprio. O *accipiens* enquanto os bens lhe estão consignados, pode fazer deles o que quiser. Findo o prazo de consignação, deve pagar ao *tradens* o preço «estimado» dos bens que não lhe devolva, independentemente da causa da não devolução.

Este subtipo da compra e venda facilita a colocação dos produtos no mercado. Não se trata propriamente da relação entre grossista e retalhista, embora tenha certos aspetos dela, mas o *tradens* não tem de ser um grossista, pode ser o próprio produtor e muito frequentemente é. No comércio livreiro, por exemplo, costuma ser celebrado entre o editor e o livreiro, facilitando ao editor o escoamento do seu produto (livros por ele editados) e poupa ao livreiro o investimento e risco que implicaria a compra dos livros para revenda; assim, o editor coloca os livros nas livrarias para venda e o livreiro vende só o que conseguir e devolve ao editor os que não lograr vender, sem ter de constituir *stocks* e sem ficar com os que se não venderem (*monos*). O mesmo sucede – frequentemente embora nem sempre – com os fabricantes de confeções têxteis, que colocam os seus produtos para venda em lojas e *boutiques*.

Juridicamente, este contrato tem alguma sofisticação. Os produtos continuam em propriedade do consignante, que autoriza o consignatário a vendê-los em nome próprio. Trata-se de venda de coisa alheia como própria autorizada pelo proprietário.

Por outro lado, o preço estimado apenas é relevante nas relações entre o consignante e o consignatário. Este pode vender os bens pelo preço que quiser, pode ficar com os bens e pode mesmo destruir os bens. Em qualquer caso, não os devolvendo, pagará o preço «estimado». No caso da restituição da coisa, não haverá nenhum preço a pagar.

*– Falência do comprador antes da entrega* (artigo 468º)

É muito frequente que o vendedor conceda ao comprador crédito ou espera de preço. O crédito desempenha um papel importantíssimo no comércio, ligado à fé e à reputação e probidade do mercador (ou de uma parte não comerciante). É o caso em que se confia, na linguagem mais corrente, se «fia». O vendedor pode ter procedido logo à entrega da mercadoria, mas pode também ter convencionado entregá-la mais tarde, mas antes da data estipulada para o pagamento. Neste caso, se o com-

## DIREITO COMERCIAL

prador falir (na última linguagem legal) se se tiver tornado insolvente antes da entrega, fica o vendedor «exonerado de tal obrigação», salvo se for caucionado o pagamento do preço.

### v. Distinção do tipo contratual civil da compra e venda

O tipo contratual da compra e venda mercantil, que consta dos artigos 463º a 476º do Código Comercial não se confunde com o tipo contratual da compra e venda civil, que está nos artigos 874º a 938º do Código Civil. São dois tipos contratuais diferentes, com regimes e sentidos próprios.

Existem obviamente semelhanças entre ambos, semelhanças que fundam a comum qualificação como compra e venda. Mas há diferenças, que não são de pormenor e que não podem ser menosprezadas, que são inerentes à diferente natureza e sentido dos dois tipos.

A compra e venda mercantil, diversamente da compra e venda civil, é especulativa, envolve um risco típico de lucro ou perda que é próprio da mercância e que não existe na compra e venda civil, em que deve dominar o princípio da equivalência objetiva de valor entre o preço e a coisa. O comerciante, quando procede à compra e venda objetivamente mercantil pode ganhar ou perder e esse risco é inerente ao contrato.

A mais clara das diferenças está na eficácia meramente obrigacional da compra e venda objetivamente mercantil, da qual resulta para o vendedor apenas a obrigação de proceder à entrega da coisa vendida, nas condições e com as qualidade convencionadas. Diversamente da compra e venda civil, a propriedade só se transfere com a «traditio», com a entrega da coisa e, naturalmente, a aceitação dessa entrega pelo comprador.

Esta diferença torna-se particularmente aparente na venda de coisa alheia. No Direito Civil, a venda de coisa alheia é em princípio inválida, embora possa ser convalidada com uma pós-legitimação. No Direito Comercial, diversamente, é admitida com naturalidade e praticada com frequência. No comércio, a venda de coisa alheia dispensa o vendedor do investimento em *stock* de mercadorias que só compra depois de ter vendido.[158] Claro que corre o risco de só as vir a conseguir comprar mais

---

[158] Esta vantagem é muito clara nas vendas feitas em lojas virtuais na *internet* ou nas vendas por catálogo em que o vendedor não tem – nem pode ter – em *stock* aquilo que vende. Pri-

caras do que as vendeu e perder dinheiro; mas o comerciante arguto conhece o mercado, tem uma boa rede de contactos e de fornecedores e sabe de antemão que vai conseguir comprar mais barato, ou julga saber e conta com isso.

A estrutura jurídica da venda de coisa alheia mercantil revela que o contrato de compra a venda mercantil, diversamente do civil, é – ou pode ser – meramente obrigacional: a transmissão da propriedade não opera com o simples fecho do contrato, mas com a entrega ou a determinação da coisa vendida. O § único do artigo 467º revela que o vendedor fica «obrigado» a adquirir e entregar a coisa. É uma mera obrigação. Se não o fizer responde por perdas e danos, em responsabilidade civil contratual por incumprimento. Mas a transferência da propriedade não se dá.

É isto que explica também o regime do artigo 468º. Antes da entrega não houve transferência da propriedade, pelo que a propriedade da coisa não chega a entrar na massa insolvente (ou falida, como se costumava dizer) e o vendedor fica «exonerado» da obrigação de entrega, se o comprador falir antes de pagar o preço.

Também nas vendas sobre amostra ou mediante determinação de uma qualidade (artigo 469º) a propriedade só se transmite com a entrega e desde que a entrega seja aceite pelo comprador e o mesmo sucede no caso do artigo 470º. O risco só se transfere com a propriedade da coisa, o que se torna perfeitamente claro com o regime do artigo 472º. O § 2 deste artigo mostra como tradição está ligada à determinação, porque esta só pode ser feita a partir da entrega. E também o regime dos artigos 473º a 475º confirma a importância da entrega, da *traditio* na compra e venda mercantil: antes de ocorrer, ou se não chegar a ocorrer, o comprador não adquire a propriedade da coisa.

Esta é a principal diferença entre os tipos civil e mercantil da compra e venda: a compra e venda civil tem eficácia real e a propriedade opera com o fecho do contrato (consenso) na tradição napoleónica; a compra e venda mercantil, ao invés, é obrigacional, ficando o vendedor obrigado apenas a entregar a coisa nas condições e com as qualidades convencio-

---

meiro vende e, depois, ordena ao proprietário – que não é ele – que entregue a coisa ao comprador – por vezes mesmo diretamente – e o comprador só adquire a propriedade da coisa quando a recebe e aceita.

DIREITO COMERCIAL

nadas e sendo a transferência da propriedade operada pela entrega e aceitação da coisa (*traditio*), ao modo costumeiro anterior ao Código Civil de Napoleão. A estrutura da venda obrigacional é mais eficiente para o comércio e manteve-se em vários sistemas, como o alemão, o brasileiro ou o espanhol e, como se vê, também no Código Comercial português.

### *vi.  A compra e venda do estabelecimento comercial: o trespasse e a cessão de exploração*

I. A compra e venda do estabelecimento comercial tem tradicionalmente a designação de trespasse.[159] É um contrato atípico[160] fora do âmbito da compra e venda objetivamente comercial. Na maior parte dos casos é um contrato subjetivamente comercial, sempre que seja celebrado por um comerciante ou entre comerciantes no exercício do comércio, e assim sucede quando tenha por objeto um estabelecimento comercial. Mas nada impede, dentro do âmbito da autonomia privada – artigo 405º do Código Civil – que sejam trespassados estabelecimentos não mercantis entre não comerciantes ou fora do exercício do comércio, caso em que o trespasse será civil.

O trespasse tem poucas referências na lei. Surge no Código Civil, no artigo 1112º, a propósito do seu efeito sobre o contrato de arrendamento do local onde está instalado; nos artigos 285º a 287º do Código do Trabalho, para reger dos seus efeitos sobre os contratos de trabalho.[161] Não se encontra na lei um seu regime típico, pelo que se deve concluir pela sua atipicidade legal. Mas é um contrato socialmente típico, de celebração muito frequente e muito conhecido da generalidade dos comerciantes. Existe, pois, um tipo social do trespasse.

O tipo social do trespasse encontra-se nos usos e costumes do tráfego. É direito consuetudinário. As características socialmente típicas do trespasse não são muitas:

---

[159] Ricardo Costa, *O novo regime do arrendamento urbano e os negócios sobre a empresa*, Nos 20 anos do Código das Sociedades Comerciais, I, Coimbra Editora, Coimbra, 2007, págs. 479-523.

[160] Pais de Vasconcelos, *Contratos Atípicos*, cit., pág. 214.

[161] Sobre a problemática jus laboral do trespasse e da cessão de exploração ou locação do estabelecimento comercial, ver por todos, Maria do Rosário Palma Ramalho, *Direito do Trabalho*, II, 3ª ed., Almedina, Coimbra, 2010, págs. 761 e segs.

CONTRATOS MERCANTIS

– No cerne do tipo está a transmissão onerosa e definitiva da titularidade do estabelecimento.
– Em princípio a transmissão deve ser global ou total, mas não tem de o ser; podem ser excluídos elementos do estabelecimento. No artigo 1112º, nº 2, alínea b) do Código Civil está explícito que deve ser transmitido «o conjunto das instalações, utensílios, mercadorias ou outros elementos que integram o estabelecimento». Não tem de ser transmitido tudo e algo poderá ser excluído, mas não haverá trespasse se não for abrangido, do estabelecimento, o necessário para que, pelo menos, continue a funcionar no mesmo ramo de negócio. Não há trespasse de estabelecimentos vazios, porque se assim for não existe estabelecimento.
– Também não há trespasse se o estabelecimento não for transmitido para o mesmo ramo de negócio. Isto revela a ligação entre o estabelecimento, como suporte instrumental da empresa e a empresa como atividade para cuja prossecução o estabelecimento foi instalado e existe.
– O estabelecimento pode não estar no momento em funcionamento, mas tem de ter apetência para funcionar, para iniciar a sua atividade, mesmo que não esteja completo e que nunca tenha iniciado a sua atividade.
– Pode incluir a posição contratual no contrato de arrendamento e tal é muito frequente, mas pode não suceder, ou porque não há arrendamento ou porque as partes o excluíram. O que não pode é limitar-se à transmissão da posição contratual de locatário. Se o estabelecimento estiver instalado em local que seja de propriedade do comerciante, o trespasse pode incluir a transmissão dessa propriedade.
– Decorre do artigo 1112º, nº 2, alínea b) do Código Civil que o trespasse deve ser para o mesmo ramo de negócio. Aliás, na modalidade mais típica deve ter por objeto um estabelecimento a funcionar, sem que esse funcionamento sofra interrupção por causa do trespasse.
– O trespasse é tipicamente oneroso, tem um preço. Nada impede, porém, que seja contratado um trespasse gratuito, donatório.
– O trespasse abrange em princípio, todos os elementos do estabelecimento (artigo 1112º, nº 2, alínea a) do Código Civil), salvo estipulação diversa. Não é difícil apurar qual o âmbito material do tres-

DIREITO COMERCIAL

passe através de contabilidade do trespassante. Todos os comerciantes são obrigados a ter contabilidade e dessa contabilidade resulta com toda a facilidade tudo aquilo que o compõe, desde máquinas e equipamentos, bens incorpóreos, direitos, obrigações e outras posições jurídicas. Essa prova pode facilmente ser feita nos termos previstos no artigo 44º do Código Comercial. No mais, trata-se duma questão de interpretação do contrato de trespasse.

– As partes podem estipular em matéria de limitação de concorrência. O adquirente pode ter interesse em que o alienante, após alienar a sua empresa, não venha a fazer-lhe concorrência. Este tipo de estipulação é frequente e tem validade, desde que a sua duração seja razoavelmente limitada e tenha uma contrapartida económica. Caso nada seja estipulado, expressa ou tacitamente, deve entender-se que não há limitações de concorrência. A razão é clara: no âmbito da União Europeia, a concorrência é protegida, é criadora de valor e de eficiência. Diversamente do que sucedia no regime corporativo do Estado Novo, em que a concorrência era considerada destruidora de valor e, como tal, pouco valiosa, nos dias de hoje, deve considerar-se a liberdade de concorrência como regra e a sua limitação como exceção.[162] Se a parte adquirente considerar importante para

---

[162] Neste sentido, NUNO AURELIANO, *A obrigação de não concorrência do trespassante de estabelecimento comercial no direito português*, Estudos em Homenagem ao Prof. Doutor Inocêncio Galvão Telles, 4, Almedina, Coimbra, 2003, págs. 717-815, que argumenta, justificadamente, com os regimes jurídicos do contrato de agência (artigo 9º do Decreto-Lei nº 78/86, de 3 de Julho), com o regime jurídico do contrato de trabalho (hoje artigo 136º do Código do Trabalho), que apenas permitem a estipulação da limitação da concorrência, em circunstâncias análogas, por estipulação expressa, por tempo limitado e mediante remuneração específica, e ainda com o princípio constitucional de liberdade de iniciativa económica (artigo 61º, nº 1, da Constituição da República).

Na jurisprudência e na doutrina é defendida a solução tradicional contrária, mas hoje anacrónica, segundo a qual, na falta de estipulação entre as partes, vigora uma "obrigação implícita de não concorrência" que vigoraria na falta de estipulação em contrário, cfr. por todos, STJ 13.III.2007, disponível em www.dgsi.pt (SJ200703130045236), que adota a seguinte argumentação: "o fundamento jurídico desta obrigação de não concorrência encontra-se no art. 879º, b), do CC, que refere ser efeito essencial da compra e venda a obrigação de entregar a coisa, sendo certo que da conjugação deste preceito com o do art. 762º, nº 2, (princípio geral da boa fé) resulta que o vendedor a deve entregar de modo a permitir a sua plena utilização e gozo por parte do adquirente; quando o não faça comete, logicamente, um <u>ilícito contratual,</u> tornando-se responsável pelos danos ocasionados ao credor e devendo presu-

si a limitação da concorrência por parte da alienante, deve, em boa fé suscitar a questão logo na negociação (artigo 227º do Código Civil); se não o tiver feito, não pode vir, depois, a fazê-lo após o fecho do contrato e muito menos após a sua execução.

II. Além do trespasse, que corresponde à compra e venda do estabelecimento comercial, as partes podem também ceder a título temporário a exploração do estabelecimento comercial. Este contrato designava-se usualmente "cessão de exploração" e, nas mais recentes formulações do Código Civil passou a surgir designado como "locação do estabelecimento". À mudança de designação não corresponde qualquer diversidade jurídica. Esta está para a locação como o trespasse para a compra e venda. Está especialmente previsto no artigo 1109º do Código Civil tão somente para regular o seu efeito sobre o arrendamento, caso a instalação do estabelecimento seja arrendada. A cessão de exploração é muito frequente no sector da hotelaria e, sendo um contrato legalmente atípico, rege-se pelo que for convencionado entre as partes. Diverge do trespasse por ser temporária e pelo carácter cíclico do seu pagamento, mensal ou anual. A renda a pagar pela cessão ou locação do estabelecimento tem por vezes uma parte fixa e outra variável, mas não necessariamente. A parte variável incide normalmente sobre a receita bruta ou sobre a receita líquida do estabelecimento.

III. O trespasse e a locação do estabelecimento, estavam sujeitos à forma legal da escritura pública, que veio a ser dispensada por força da Lei nº 6/2006, de 27 de Fevereiro, que alterou a redação do artigo 1112º, nº 3 do Código Civil. Passou a ser suficiente a forma escrita.

---

mir-se a sua culpa, nos termos gerais (art.s 798º e 799º do mesmo diploma)." COUTINHO DE ABREU, *Direito Comercial*, I, cit., pág. 308, segue esta linha de argumentação e acrescenta que "normalmente o alienante (ou os seus representantes) conhece as caraterísticas organizativas da empresa e mantinha relações pessoais com financiadores, fornecedores e clientes" pelo que seria "particularmente perigosa a concorrência por ele exercida", a qual "poria em risco a subsistência da empresa alienada, impediria uma efetiva entrega da mesma ao adquirente". Estas razões são aquelas que normalmente conduzem as partes a estipular cláusulas expressas de não concorrência e podem justificar a licitude da limitação da concorrência, desde que a sua vigência seja limitada a um tempo razoável e que tenham uma contrapartida económica (que pode estar compreendida no preço do trespasse). Pensamos que esta opinião, que vem do tempo do Estado Novo, se mantém por inércia.

DIREITO COMERCIAL

Quando, porém, o trespasse implique a transmissão da propriedade do imóvel onde está instalado o estabelecimento, mantém-se a dispensa da escritura pública mas é necessária o averbamento à inscrição do prédio no Registo Predial (artigo 101º, nº 1, alínea g) do Código do Registo Predial).

### vii. A compra e venda da empresa através da aquisição de partes sociais

É muito frequente a aquisição e alienação de empresas comerciais através da compra e venda de participações sociais dominantes nas sociedades que as detêm. As compras e vendas da ações, as cessões de quotas e a transmissão de outras partes sociais envolvidas são objetivamente comerciais por força do nº 5 do artigo 463º do Código Comercial.[163]

Regem-se, pois, pelos artigos 463º e seguintes do Código Comercial.

Tem havido uma forte tendência na prática para aplicar à compra e venda de empresas feita através de compra e venda de partes sociais nas sociedades comerciais que as detêm, pelas regras da compra e venda civil. Não deve ser assim. O recurso a parcelas de regime do Código Civil só é lícito através do filtro do artigo 3º do Código Comercial e nunca por aplicação direta. Só é lícito recorrer, por analogia, a preceitos do Código Civil sobre o tipo contratual da compra e venda depois de terem sido esgotados os recursos propiciados pelo texto da lei comercial, na falta deste, pelo seu espírito, se ainda assim não for encontrada uma solução justa e adequada, e ainda pelos casos análogos. O recurso direto ao Código Civil viola o artigo 3º do Código Comercial.

A compra e venda de empresas em resultado da transmissão de participações sociais tem sido utilizada com frequência, por ser mais simples e menos onerosa que o trespasse do respetivo estabelecimento. Durante muito tempo era fiscalmente menos dispendioso transmitir a sociedade dona de um prédio em vez do prédio propriamente dito (embora hoje a lei fiscal tenha já anulado essa vantagem). Mas mantêm-se muitas outras vantagens práticas em adquirir as participações sociais de controlo – quando não mesmo a totalidade – como modo de adquirir as empresas que são detidas pela sociedade. Tudo fica adquirido em bloco: situações e posições jurídicas ativas e passivas, relativas a relações laborais, com a

---

[163] ALEXANDRE SOVERAL MARTINS, *Transmissão da empresa societária: algumas notas*, Nos 20 anos do Código das Sociedades Comerciais, I, Coimbra Editora, Coimbra, 2007, págs. 415-438.

CONTRATOS MERCANTIS

clientela, de propriedade e de titularidade de bens móveis e imóveis, corpóreos e incorpóreos, patentes, licenças, e até de reputação e posição no mercado. É e continuará a ser frequente esta prática.

Porém, este modo de aquisição de empresas, ou de partes delas, envolve riscos. Os ativos e passivos na titularidade da sociedade adquirida podem não corresponder ao esperado e podem também surgir mais tarde. Para se defenderem destes riscos é costume proceder a auditorias (muitas vezes designadas incorretamente pela expressão "*due diligence*").[164] Estas auditorias podem ser gerais ou sectoriais – jurídicas, financeiras, fiscais, de existências. A designação "*due diligence*" vem do princípio "*caveat emptor*" vigente no direito inglês da compra e venda, segundo o qual deve ser o comprador a suportar os riscos da coisa comprada pelo que lhe cabe acautelar-se previamente com a "diligência devida". Não tem sentido e é incorreto falar em "*due diligence*" no direito português; a expressão correta é «auditoria».

A compra e venda de empresas através da aquisição de partes sociais assume configurações muito variadas na prática. Por vezes, resume-se à transmissão das partes sociais; outras vezes, envolve negociações complexas e sofisticadas.

Na sua versão mais simples, o adquirente vai comprando, ou compra duma vez, o controlo, total ou parcial, da sociedade titular da empresa, sem nada negociar previamente. Neste caso, o adquirente assume o risco das surpresas que vier a encontrar na sociedade que comprou. Nesta modalidade, há apenas uma compra e venda de partes sociais.

Mas muitas vezes o adquirente pretende precaver-se contra surpresas e o alienante não quer ser acusado de ter omitido o que quer que seja. É então negociado, mais formal ou informalmente, o modo de tornar claro o conjunto de situações e posições jurídicas da mais diversa ordem que se pretende alienar e adquirir. Com esse fim, o alienante obriga-se a revelar e a permitir o acesso do adquirente a dados e informações sobre a sociedade. Não é uniforme o âmbito de tais dados e informações. É sempre delicado para o proposto alienante, antes de ter a certeza de que o negócio se vai concretizar, revelar e desvendar os segredos da sua empresa, os seus pontos fortes e fracos. Corre um risco importante ao

---

[164] Sobre a «*due diligence*» LAJOUX / ELSON, *The Art of M&A Due Diligence*, McGraw-Hill, 2000.

DIREITO COMERCIAL

revelar. Mas também o proposto adquirente corre riscos importantes se não obtiver esses dados e informações.

### viii. Os Incoterms

A Câmara de Comércio Internacional (CCI ou ICC) edita uma compilação de usos uniformes do comércio internacional designada pela sigla INCOTERMS, abreviatura de *"international commercial terms"*.

Trata-se de regras usuais, que são seguidas em geral, no comércio internacional e que são designadas por acrónimos curtos cujo significado é do conhecimento comum.

Diversamente das tentativas de unificação convencional sob o âmbito de organizações internacionais, que são negociadas entre Estados soberanos, os INCOTERMS são criados pelos próprios comerciantes e editados por uma organização não governamental imensamente prestigiada como é a CCI.

Na sua última edição, de 2010 – *Incoterms® 2010* – as regras foram reduzidas de treze para onze e adaptadas ao facto de serem cada vez mais utilizadas tanto no comércio nacional, como no internacional. Estas regras são estipuladas no contrato de compra e venda e contêm apenas a regulamentação de algumas matérias, não de todo o contrato. Não vão aqui ser descritas na sua totalidade, mas apenas nos aspetos mais significativos da entrega e da transferência do risco, acrescidos de matérias específicas de cada uma, como o custo do transporte ou do seguro, quando for o caso.

As regras dividem-se em dois grupos conforme admitem um qualquer meio de transporte do vendedor para o comprador, ou se referem ao transporte marítimo e por vias navegáveis interiores. Devem especificar tão precisamente quanto possível o local de entrega antes da sigla, por exemplo, "FCA, Faculdade de Direito, Alameda da Universidade, Cidade Universitária, Lisboa, Portugal".

Em termos sumários, as regras são as seguintes:

1º grupo de regras, que admite um qualquer meio de transporte:

**EXW – na fábrica** (*ex works*): o vendedor entrega a mercadoria na fábrica ou noutro local designado (por exemplo, armazém); o transporte e o seguro são por conta do comprador; o risco transfere-se no local e no momento da entrega.

**FCA – franco transportador** (*free carrier*): o vendedor entrega a mercadoria ao transportador, ou a qualquer outra pessoa indicada pelo comprador, nas instalações do vendedor ou noutro local indicado; o transporte é por conta do comprador; o risco transfere-se no local e no momento da entrega.

**CPT – porte pago até** (*carriage paid to*) o vendedor deve entregar a mercadoria no local de destino; o transporte é por conta do vendedor (que pode fazê-lo repercutir no preço); o risco transfere-se na entrega no local de destino indicado.

**CIP – porte e seguro pagos até** (*carriage and insurance paid to*): o vendedor deve entregar a mercadoria ao transportador que a conduzirá ao local de destino e contratar o respetivo seguro que cobre o risco do comprador durante o transporte; a obrigação do vendedor é cumprida ao entregar ao transportador e o risco transfere-se aí e então.

**DAT – entregue no terminal** (*delivered at terminal*): o vendedor deve transportar a mercadoria (ou contratar o seu transporte) e entregá-la ao comprador num terminal, que pode ser portuário ou outro; o risco é suportado pelo vendedor até à entrega no terminal e pelo comprador após esta entrega; vendedor e comprador podem contratar seguros que cubram os seus riscos mas não são obrigados a fazê-lo.

**DAP – entregue no local** (*delivered at place*): o vendedor deve transportar a mercadoria (ou contratar o seu transporte) e entregá-la ao comprador no local designado; o risco é suportado pelo vendedor até à entrega no local designado e pelo comprador após esta entrega; o risco é suportado pelo vendedor até à entrega e pelo comprador após esta entrega; vendedor e comprador podem contratar seguros que cubram os seus riscos mas não são obrigados a fazê-lo.

**DDP – entregue com direitos pagos** (*delivered duty paid*): o vendedor deve transportar a mercadoria (ou contratar o seu transporte) e entregá-la no local designado, desalfandegada e com os direitos alfandegários pagos; o risco é suportado pelo vendedor até à entrega e pelo comprador após esta entrega; vendedor e comprador podem contratar seguros que cubram os seus riscos mas não são obrigados a fazê-lo.

2º grupo de regras, para transporte marítimo e por vias internas navegáveis:

**FAS – franco ao longo do navio** (*free alongside ship*): o vendedor deve transportar a mercadoria (ou contratar o seu transporte) e entregá-la no porto designado para ser embarcada; o risco é suportado pelo vendedor até

# DIREITO COMERCIAL

à entrega e pelo comprador após esta entrega; vendedor e comprador podem contratar seguros que cubram os seus riscos mas não são obrigados a fazê-lo.

**FOB – franco a bordo** (*free on bord*): o vendedor deve transportar a mercadoria (ou contratar o seu transporte) e entregá-la a bordo do navio e no porto designado; o risco é suportado pelo vendedor até à entrega e pelo comprador após esta entrega; vendedor e comprador podem contratar seguros que cubram os seus riscos mas não são obrigados a fazê-lo.

**CFR – custo e frete** (*cost and freight*): o vendedor deve colocar a mercadoria a bordo e transportá-la (ou contratar o seu transporte) até ao porto designado; o transporte marítimo ou por outras vias navegáveis é contratado e custeado pelo vendedor; o risco é suportado pelo vendedor até à entrega no porto de destino designado, e pelo comprador após a entrega neste porto; vendedor e comprador podem contratar seguros que cubram os seus riscos mas não são obrigados a fazê-lo.

**CIF – custo, seguro e frete** (*cost insurance and freight*): o vendedor deve colocar a mercadoria a bordo e transportá-la (ou contratar o seu transporte) até ao porto designado; o transporte marítimo ou por outras vias navegáveis é contratado e custeado pelo vendedor assim como o seguro que cubra o risco da mercadoria durante o transporte; o risco é suportado pelo vendedor até à entrega no porto de destino designado, e pelo comprador após a entrega neste porto; vendedor e comprador podem contratar seguros que cubram os seus riscos mas não são obrigados a fazê-lo.

## 43. Reporte

> CUNHA GONÇALVES, *Código Comercial Português*, cit., III, págs. 52-57 e *Da Compra e Venda no Direito Comercial Português*, 2ª ed., Coimbra Editora, Coimbra, 1924, págs. 518-535; DOMINGOS PINTO COELHO, *Das operações de bolsa a prazo e do reporte: segundo o Código Comercial*, Companhia Nacional, Lisboa, 1893; RUY ULRICH, *Do Reporte no Direito Comercial Português*, Imprensa da Universidade, Coimbra, 1906; MENEZES CORDEIRO, *Do Reporte: subsídios para o regime jurídico do mercado de capitais e da concessão de crédito*, Banca, Bolsa e Crédito, I, Almedina, Coimbra, 1990, págs. 167-183; LUÍS MIGUEL PESTANA DE VASCONCELOS, *Do reporte com função de crédito e garantia*, Nos 20 anos do Código das Sociedades Comerciais, vol. 3, págs. 9-60.

CONTRATOS MERCANTIS

### i. O tipo contratual

O reporte é uma modalidade muito sofisticada da compra e venda mercantil. Pode dizer-se mesmo que se trata de um seu subtipo.

O Código Comercial trata do reporte em três artigos:

Artigo 477º – O reporte é constituído pela compra, a dinheiro de contado, de títulos de crédito negociáveis e pela revenda simultânea de títulos da mesma espécie, a termo, mas por preço determinado, sendo a compra e a revenda feitas à mesma pessoa.

§ único. É condição essencial à validade do reporte a entrega real dos títulos.

Artigo 478º – A propriedade dos títulos que fizerem objeto do reporte transmite-se para o comprador revendedor, sendo, porém, lícito às partes estipular que os prémios, amortizações e juros que couberem aos títulos durante o prazo da convenção corram a favor do primitivo vendedor.

Artigo 479º – As partes poderão promulgar o prazo do reporte por um ou mais termos sucessivos.

§ único. Se, expirado o prazo do reporte, as partes liquidarem as diferenças, para delas efetuarem pagamentos separados, e renovarem o reporte com respeito a títulos de quantidade ou espécies diferentes ou por diverso preço, haver-se-á a renovação como um novo contrato.

O reporte é um tipo contratual unitário que tem origem numa união de contratos de compra e venda: uma venda a pronto e a contado com outra compra a prazo e por preço já determinado. As compras e vendas são simultâneas. O comprador e o vendedor alternam-se nas duas fases da operação: aquele que vende na primeira fase compra na segunda e vice-versa.

Aquele que vende a pronto designa-se "reportado" e o que compra a pronto "reportador". O reportado vende a pronto e a contado ao reportador um lote de títulos e simultaneamente compra-lhe os mesmos títulos ou mesma espécie (não têm de ser precisamente os mesmos), mas a prazo e por um preço diferente.

Passado o prazo, qualquer deles, reportador ou reportado, pode ter ganho ou perdido dinheiro. Se, no fim do prazo, a cotação dos títulos for superior ao preço estipulado para a segunda fase, o reportado ganha dinheiro e o reportador perde; se for inferior, será o reportador a ganhar dinheiro, ao vender os títulos por um preço superior ao seu valor de mer-

DIREITO COMERCIAL

cado. Os títulos não têm necessariamente de ser cotados, mas são-no frequentemente.

O reporte é, pois um ato de comércio objetivo, fortemente especulativo, em que ambas as partes tentam obter um lucro, cada uma à custa da outra, com base em diferentes perspetivas e expectativas que têm sobre a evolução futura do valor dos títulos.

Normalmente, o segundo preço (o da compra e venda a prazo) é superior ao primeiro. Mas pode ser estipulado o contrário, caso em que a operação se designa "deporte", ou ser estipulado que o segundo preço seja igual ao primeiro "reporte ao par". O reporte é muito utilizado, hoje, em operações especulativas nos mercados internacionais sob a sigla "REPO".

Com esta configuração económica, o reporte permite uma utilização indireta com o fim de financiamento caucionado por títulos. Então, o preço pago a pronto funciona como a entrega dos fundos financiados, a transmissão do lote de ações funciona como caução (colateral) e a diferença de preços como juros ou remuneração do financiamento. Nesta sua versão indireta, o reporte é denominado "reporte de banca", sendo então na sua versão direta, típica e original, denominado "reporte de bolsa".

A transmissão das ações do reportado ao reportador é real e a sua propriedade é adquirida por este último que as pode alienar e fazer delas o que entender. Tem, porém de as readquirir – não as mesmas mas da mesma espécie e na mesma quantidade – a tempo de cumprir a revenda no prazo. Entretanto e salvo convenção em contrário (artigo 478º do Código Comercial), são recebidos pelo reportador os juros, dividendos ou outros frutos civis produzidos pelos títulos; o reportador tem também a legitimidade para participar em assembleias gerais, se os títulos forem ações de sociedades anónimas.[165]

---

[165] Divergimos aqui de Menezes Cordeiro que defende o contrário em *Do Reporte*, cit., pág. 181, por influência da doutrina italiana "anterior a Rocco". O texto da lei portuguesa, porém, é demasiado claro, no artigo 478º: é lícito estipular que os frutos dos títulos e os poderes que lhes são inerentes se mantenham no reportado, mas na falta de estipulação expressa ou tácita, eles ficam a pertencer ao reportador enquanto se mantiver proprietário dos títulos objeto do reporte. Só assim se pode admitir que os possa livremente alienar.

Esgotado o prazo, o reporte pode ser liquidado – seu destino normal – sendo o reportador obrigado a vender e o reportado obrigado a comprar os títulos pelo preço convencionado, preço que deve então ser pago. Pode também ser "promulgado o prazo por um ou mais termos sucessivos", caso em que se mantém o mesmo reporte. Mas podem também liquidar o primeiro e celebrar um novo reporte com outros títulos, preços e prazos (artigo 479º, § único do Código Comercial).

## 44. Escambo ou troca

> CARLOS FERREIRA DE ALMEIDA, *Contratos de Troca para Transmissão de Direitos*, Homenagem da Faculdade de Direito de Lisboa, ao Prof. Doutor Inocência Galvão Telles, 90 anos, Almedina, Coimbra, 2007, págs. 199-233; ENGRÁCIA ANTUNES, *Direito dos Contratos Comerciais*, Almedina, Coimbra, 2009; MARIA CLARA CALHEIROS, *O Contrato de Swap*, Studia Iuridica, 51, Universidade de Coimbra, Coimbra Editora.

### i. O tipo contratual

Ao contrário do Código Civil que não inclui a troca entre os tipos contratuais listados na parte especial do Livro das Obrigações, o Código Comercial dedica ao escambo ou troca um artigo:

> Artigo 480º – O escambo ou troca será mercantil nos mesmos casos em que o é a compra e venda, e regular-se-á pelas mesmas regras estabelecidas para esta, em tudo quanto forem aplicáveis às circunstâncias ou condições daquele contrato.

"Escambo" é uma forma arcaica do atual termo "câmbio". É usual na linguagem bancária falar de "compra e venda de moeda estrangeira" às operações de câmbio de moedas. A remissão para o tipo da compra e venda é uma solução natural, embora o contrato de troca seja historicamente anterior ao da compra e venda. Antes de existir moeda, não havia compra e venda, mas apenas troca. A compra e venda constitui um desenvolvimento da troca, é uma troca na qual uma das prestações contrapostas é dinheiro. A posterior monetarização da economia veio dar

DIREITO COMERCIAL

maior frequência à compra e venda, sem prejuízo de a troca se continuar a praticar.

O Código dos Valores Mobiliários – CVM — prevê a oferta pública de troca de valores mobiliário (OPCs), no seu artigo 178º.

A troca é hoje de frequente e relevantíssima prática nas operações financeiras sob a designação de "*swap*".[166] São correntes os *swaps* de divisas (*currency swaps*), os *swaps* de taxas de juros (*interest rate swaps*) os *swaps* de ações (*securities swaps*) e até se tornaram célebres na presente crise financeira os *swaps* de incumprimento (*cds – credit default swaps*). Nos *swaps*, duas partes trocam entre si bens mercantis como ações (*securities*) ou divisas (*currency*), ou partes de operações financeiras, como, por exemplo, as taxas de juro ou até os riscos de incumprimento. Assim uma parte assume a taxa de juros da outra ou o risco de incumprimento que lhe corresponde.

Os *swaps* começaram por ser trocas, mas a prática acabou por os afastar dessa configuração. A troca de riscos para a sua cobertura (*hedging*) exigia o emparelhamento de riscos simétricos de duas empresas, o que nem sempre era fácil de encontrar. Para encontrar essas situações começaram a ser contratadas instituições financeiras que acabaram por mutualizar os riscos em grupos (*pooles*) assumindo elas próprias os riscos mediante uma remuneração. É hoje controverso se alguns *swaps*, como, por exemplo os *cds – credit default swaps*, não têm a natureza de garantias bancárias, de seguros de crédito, ou até de jogo ou aposta.

## 45. Aluguer

### *i. O tipo contratual*

O Código Comercial pouco dispõe sobre o aluguer. Apenas os dois artigos:

> Artigo 481º – O aluguer será mercantil quando a coisa tiver sido comprada para se lhe alugar o uso.

> Artigo 482º – O contrato de aluguer comercial será regulado pelas disposições do Código Civil que regem o contrato de aluguer e quaisquer

---

[166] Sobre os *swaps* na perspetiva das operação de bolsa a prazo supra 35.VII.

outras aplicáveis deste Código, salvas as prescrições relativas aos fretamentos de navios.

Já o nº 1 do artigo 463º o Código Comercial referia as coisas móveis compradas para se lhes alugar o uso. Nesta sede, para qualificar como objetivamente comerciais as compras de coisas móveis feitas com o intuito de as alugar. Agora, no artigo 481º, o Código procede à qualificação objetivamente mercantil do aluguer das coisas móveis compradas com esse fim. Do conjunto dos dois preceitos resulta que sempre que se compra uma coisa móvel com o fim de a alugar, são objetivamente comerciais, quer a compra, quer o aluguer.

Para além da qualificação, o Código Comercial não contém um regime jurídico específico para o aluguer mercantil: remete-o para a lei civil e outras leis mercantis, excluindo apenas expressamente as regras relativas ao afretamento de navios.

### ii. Aluguer de longa duração – ALD

Na atualidade, assume uma grande importância na vida comercial a compra de bens móveis, mais especificamente de equipamentos para alugar. Assim sucede no caso do chamado "aluguer de longa duração" também designado usualmente pelo acrónimo "ALD".

O ALD é formalmente um contrato de aluguer de um bem móvel. É utilizado muito frequentemente no mercado de automóveis, em que uma grande parte das vendas é feita "em ALD". Trata-se de uma compra e venda financiada, muito semelhante à locação financeira (*leasing*). Tem como características a limitação do prazo do aluguer e o cálculo das rendas de modo a incluir numa mesma verba as prestações de preço e os juros, deixando, tal como na locação financeira, um valor residual que o locatário terá de pagar para adquirir a propriedade do bem. Diversamente da locação financeira propriamente dita, o locatário/adquirente subscreve uma carta lateral (*side letter*) na qual se compromete a comprar o veículo, pagando o valor residual, no termo do aluguer.

### ii. Renting

O "*renting*" é também muito utilizado no mercado automóvel, mas tem um regime mais próximo do aluguer típico. Tal como sucede na locação financeira e no ALD, o locador adquire o automóvel designado pelo seu cliente e mantém-no em sua propriedade, alugando-o ao cliente por tempo ou utilização limitada (por exemplo, por limitação de quilometragem).

Diversamente da locação financeira e do ALD, são custeadas pelo locador todas as despesas de manutenção corrente do veículo e até as suas taxas fiscais. Em caso de avaria ou furto e durante os tempos de manutenção, o locatário tem direito a uma viatura de substituição. No termo do contrato, o veículo é, em princípio, restituído, embora possa ser convencionada a sua aquisição por um valor residual. Esta modalidade de utilização financiada é fiscalmente mais vantajosa.

Numa escala tipológica, o *renting* está mais próximo da pura locação e mais longe da compra financiada do que o ALD e o *leasing*.

# Terceira Parte
## Títulos de Crédito

# IV. Os Títulos de Crédito

## 46. As letras, livranças e cheques: os títulos de crédito em geral

> MÁRIO DE FIGUEIREDO, *Caracteres Gerais dos Títulos de Crédito e o seu Fundamento Jurídico*, França Amado, Coimbra, 1919; JOSÉ GONÇALVES DIAS, *Da Letra e da Livrança*, Livraria Gonçalves, Coimbra, 1039-1948 (10 volumes); JOSÉ GABRIEL PINTO COELHO, *Lições de Direito Comercial*, 2º vol., vários fascículos, Lisboa, 1942; FERNANDO OLAVO, *Direito Comercial*, vol. II, *Títulos de Crédito*, Lisboa, 1977; FERRER CORREIA, *Lições de Direito Comercial*, Reprint, Lex, Lisboa; VAZ SERRA, *Títulos de Crédito*, BMJ 60, págs. 5-350 e BMJ 61, págs5-354; OLIVEIRA ASCENSÃO, *Direito Comercial*, Vol. III, *Títulos de Crédito*, Lisboa, 1992; ANTÓNIO PEREIRA DE ALMEIDA, *Direito Comercial*, 3º vol., *Títulos de Crédito*, AAFDL, Lisboa, 1988; ENGRÁCIA ANTUNES, *Os Títulos de Crédito*, Coimbra Editora, Coimbra, 2009; TULIO ASCARELLI, *Teoria Geral dos Títulos de Crédito*, S. Paulo, 1943.

A matéria das letras, livranças e cheques, que estava nos artigos 278º a 343º (Título VI) do Código Comercial, foi revogada em bloco pela Lei Uniforme sobre as Letras e Livranças – LULL – aprovada pela Convenção de Genebra de 7 de Junho de 1930[167], e pela Lei Uniforme sobre o

---

[167] Na mesma data foram aprovadas em Genebra outras duas Convenções, uma estabelecendo regras para evitar certos conflitos de leis em matéria de letras e livranças e outra sobre o Imposto do Selo nas letras e livranças com vista a evitar a perda do crédito por falta ou insuficiência do pagamento do selo.

DIREITO COMERCIAL

Cheque – LUC – aprovada pela Convenção de Genebra de 19 de Março de 1931.

No local das regras revogadas no Código Comercial deve entender-se que estão aquelas que as substituíram. Por isso é aqui tratada, primeiro, a matéria dos títulos de crédito em geral e, em seguida, a das letras.

Trata-se duma matéria objetivamente comercial, não só por estar inserida no Código – estava na sua versão originária – mas também por ter sido criada no comércio e para o comércio pelo comerciantes.

Os títulos de crédito são do que há de mais mercantil, mesmo quando têm como relação subjacente uma relação jurídica não mercantil: a relação subjacente é uma diferente relação jurídica emergente de um ou mais negócios que são também diferentes e que poderão ser comerciais ou não. Não é, pois, da relação subjacente que pode decorrer a qualificação mercantil dos títulos de crédito, dos negócios e das relações cartulares ou cambiárias.

### i. Noção, função e caraterísticas

I. O título de crédito é um documento que incorpora um direito literal e autónomo, que legitima o seu titular a exercê-lo e serve de suporte à sua circulação e mobilização. Tem como função titular e incorporar direitos de modo a permitir e facilitar a sua circulação e mobilização.

Esta definição é tradicional. Não é posta em causa pela recente admissão de títulos de crédito, mais exatamente valores mobiliários escriturais. Um documento não é necessariamente um papel. O artigo 362º do Código Civil define documento como "qualquer objeto elaborado pelo homem com o fim de reproduzir ou representar uma pessoa, coisa ou facto". Este conceito de documento abrange sem dificuldade os registos informáticos que representam os valores mobiliários escriturais.

Também se não deve afastar a qualificação como títulos de crédito das ações escriturais. O documento, seja em papel seja em registo informático, constitui título do direito, no sentido em que o termo "título" é usado em direito como fundamento. Nesse sentido, o direito cartular encontra o seu título, numa letra em papel ou numa ação em papel (titulada) ou em registo informático (escritural); num conhecimento de carga com suporte em papel ou informático. Pela natureza das coisas, os títulos de crédito com suporte informático circulam de modo próprio,

TÍTULOS DE CRÉDITO

adequado ao seu suporte material (documento). A circulação das ações nominativas, tituladas ou escriturais, não sofre grande diferença; apenas o pertence é lançado e inscrito eletronicamente no título cuja forma é escritural. Durante muitos séculos, desde o surgimento dos títulos de crédito, o suporte documental mais seguro e avançado era o papel; recentemente surgiu um outro suporte documental que, embora não tão seguro como o papel, permite todavia uma melhor resposta à massificação das ações das grandes sociedades anónimas e às exigências de celeridade nas transações em bolsa.

Mantemos, pois, a qualificação como títulos de crédito das ações e outros valores mobiliários escriturais. Os valores mobiliários são títulos de crédito com um regime de legitimação e de circulação próprio do seu suporte documental informático.

II. Os títulos de crédito surgiram historicamente para dar resposta eficiente a específicas exigências da circulação célere e segura de direitos no comércio.

O comércio, quando feito entre praças diferentes, afastadas por vezes entre si por longas distâncias, exige, para se poder desenvolver, modos de titulação, legitimação e circulação de direitos diferentes dos clássicos do Direito Civil.

Os comerciantes frequentemente ficam, por força do comércio, investidos em créditos sobre outros comerciantes de outras praças. Podem simultaneamente ser devedores de outros comerciantes eventualmente da mesma praça daqueles sobre quem têm crédito, ou ainda de outras praças. As dificuldades de circulação de dinheiro amoedado ou em notas e as exigências de celeridade e segurança no tráfego comercial trouxeram, através da história, a criação espontânea, como praxe comercial, de documentos especiais – *"cartulae"* – em que os comerciantes faziam constar os seus créditos. Esses documentos serviam para definir, para circular, para cobrar e para mobilizar os créditos que neles estavam documentados.

Serviam para definir porque se entendia que o direito documentado valia exatamente como constava do documento: não era permitido discutir ou invocar eventuais divergências entre o direito e o documento.

Serviam para circular os créditos documentados através da circulação dos próprios documentos: entendia-se que com a transmissão do docu-

DIREITO COMERCIAL

mento se transmitia o próprio crédito independentemente do consentimento e até do conhecimento do devedor. Os direitos circulavam assim como coisas móveis, eram "coisificados".

Serviam para cobrar e para exercer os direitos neles documentados: davam legitimidade ao seu portador para os cobrar, desobrigando quem pagasse ao portador, não podendo ao portador do documento que os apresentasse a pagamento ser oposto que não fosse ele o credor originário, nem ao devedor que tivesse pago ao portador ser oposto que o tivesse pago a terceiro.

Serviam para mobilizar os créditos: permitiam ao credor a prazo antecipar o valor económico do seu crédito, vendendo, com um *desconto* correspondente ao juro da antecipação, o documento a um terceiro que o iria cobrar no vencimento, ou pagando com ele dívidas que tivesse, o que facilitava assim a concessão de crédito indispensável à atividade comercial. Os títulos de crédito nasceram antes da existência do papel-moeda, em época em que era de grande perigo transportar somas importantes de dinheiro e estão na origem das próprias notas de banco que nasceram, elas mesmas, como títulos de crédito, como promissórias emitidas pelo Banco emissor.[168]

O regime jurídico do Direito Civil não permitia nem a segurança, nem a celeridade, nem a circulação de direitos de que o comércio carecia. A solução prática encontrada pelos comerciantes consistiu numa original "coisificação" dos direitos através da sua "incorporação" em documentos – "títulos" – que seguissem depois o regime da circulação das coisas móveis.

III. Os títulos de crédito e o seu regime foram criados pela prática dos comerciantes fora dos quadros do Direito Civil. São um instituto clássico de Direito Comercial, embora possam ter na relação subjacente

---

[168] Daí a prática antiga de fazer constar da própria nota a promessa de pagamento do seu valor em ouro com as assinaturas vinculativas do Banco emissor. Assim sucedia, por exemplo, nas antigas notas de escudos emitidas pelo Banco de Portugal. A numeração das notas e a aposição de assinatura vinculativa do Banco Central Europeu mantém-se ainda nas notas de euros. As notas de Banco não são hoje consideradas títulos de crédito em consequência da cessação da sua convertibilidade em ouro.

direitos, tanto de natureza civil como comercial, nem por isso devem ser tidos como um instituto de Direito Civil.[169]

São características gerais dos títulos de crédito a literalidade, a autonomia, a incorporação, a legitimação e a circulabilidade.

## ii. A literalidade

Os títulos de crédito são literais. Quer isto dizer que os títulos de crédito são sempre documentos escritos e que das palavras e algarismos escritos no documento ("litteris") consta ou resulta o direito neles documentado. O conteúdo e extensão do direito incorporado no título são aqueles que dele constarem escritos. O direito vale precisamente com esses conteúdo e extensão, o que permite a quem examinar o título ter conhecimento completo e preciso do direito incorporado e possibilita a sua mobilização e circulação.

Em relação a cada tipo de título, a lei estabelece os requisitos que constituem o suporte desta característica.

No que respeita ao cheque, o artigo 1º da respetiva Lei Uniforme (LUC) exige que o título contenha:

- A palavra "cheque" inserida no próprio texto do título e expressa na língua empregada para a redação desse título;
- O mandato puro e simples de pagar uma quantia determinada;
- O nome de quem pagar (sacado)
- A indicação do lugar em que o pagamento se deve efetuar;
- A indicação da data e do lugar onde o cheque é passado;
- A assinatura de quem passa o cheque (sacador).

E ainda, no seu artigo 2º, que na falta de qualquer destes requisitos o título não produz efeitos como cheque.

A letra, por sua vez, segundo o artigo 1º da Lei Uniforme sobre Letras e Livranças (LULL), deve conter:

- A palavra "letra" inserta no próprio texto do título e expressa na língua empregada para a redação desse título;
- O mandato puro e simples de pagar uma quantia determinada;

---

[169] Contra, OLIVEIRA ASCENSÃO, *Direito Comercial*, I, cit., pág. 159.

DIREITO COMERCIAL

– O nome daquele que deve pagar (sacado);
– A época do pagamento;
– A indicação do lugar em que se deve efetuar o pagamento;
– O nome da pessoa a quem ou à ordem de quem deve ser paga;
– A indicação da data em que e do lugar onde a letra é passada;
– A assinatura de quem passa a letra (sacador).

Dispondo logo o artigo 2º da mesma Lei que não produzirá efeitos como letra, salvo casos que em seguida enumera, a letra a que falte algum daqueles requisitos. Pode, porém, valer como um documento probatório – "quirógrafo". Quer isto dizer que é inexistente enquanto título de crédito (inexistência qualificativa).[170]

O mesmo sucede com os demais títulos de crédito. Assim, por exemplo, a livrança (artigo 75.º da LULL), a guia de transporte (artigo 370.º do Código Comercial), o conhecimento de depósito de mercadorias em armazéns gerais (artigo 408.º do Código Comercial), as ações (artigo 304.º do Código das Sociedades Comerciais), as obrigações (artigo 352.º do Código das Sociedades Comerciais), o conhecimento de carga[171] (artigos 5.º e 8.º do Decreto-Lei nº 352/86, de 21 de Outubro) e o extrato de fatura (artigo 3.º do Decreto nº 19.490, de 21 de Março de 1931).

Preenchidos e emitidos regularmente, os títulos de crédito valem nos precisos termos que deles constam ou resultam e não podem, em princípio, ser contestados com o auxílio de elementos estranhos ao título. Quer isto dizer que o portador-credor não pode exigir do obrigado o que quer que seja que não conste do título, tal como o obrigado não pode invocar em sua defesa algo que daí não resulte.

Para além disso, nos títulos de crédito é de primacial importância o que se pode objetivamente entender deles, independentemente do que os seus emitentes, subscritores ou intervenientes possam ter subjetivamente querido como vontade negocial. Assim, se na letra, na livrança, no cheque ou no extrato de factura houver divergência entre o montante

---

[170] Quanto à inexistência qualificativa, PAIS DE VASCONCELOS, *Teoria Geral do Direito Civil*, cit., pág. 737.
[171] O artigo 373º do Código Comercial estatui que "Todas as questões acerca do transporte se decidirão pela guia de transporte, não sendo contra a mesma admissíveis exceções algumas, salvo a falsidade ou erro involuntário de redação".

TÍTULOS DE CRÉDITO

escrito por extenso e o que constar em algarismos, prevalece o que for indicado por extenso, e de entre vários valores diferentes indicados por extenso, prevalece o mais exíguo (artigo 9.° LUC, artigo 6.° LULL).

A literalidade não é igualmente intensa em todos os tipos de títulos de crédito. É quase absoluta nos títulos abstratos, – letras, livranças, cheques e extratos de factura – em que só podem ser invocadas pelo obrigado exceções extracartulares originadas em convenções exteriores ao título que o liguem com o próprio portador-credor e não com qualquer outro dos cambiários.[172] A literalidade é menos intensa nos títulos causais e, assim, por constantes do título, são ininvocáveis contra o destinatário ou contra os portadores subsequentes, mas podem sê-lo contra o expedidor (artigo 375º do Código Comercial).

Nas ações das sociedades anónimas, que são títulos causais que incorporam o direito social do acionista, a literalidade existe por referência; o título não contém impressa a totalidade dos direitos e deveres do acionista, para os quais dificilmente haveria espaço, limitando-se a remeter para o contrato de sociedade, do qual faz constar os necessários elementos de identificação.[173]

A literalidade faz prevalecer violentamente o sentido objetivo sobre a vontade subjetiva dos seus autores ou intervenientes. Tal é imprescindível para a circulabilidade dos títulos. Na verdade, se qualquer dos obrigados, ao ser demandado, pudesse invocar contra o demandante estipulações desconhecidas deste último, o título acarretaria sempre excessivo risco para o portador subsequente a quem poderiam ser opostas exceções que este não estaria em condições de prever nem de controlar e em relação às quais não teria possibilidade de se defender. Sem a literalidade, os títulos de crédito seriam demasiadamente inseguros e vulneráveis para poderem circular.

A literalidade tem consequências importantes no que respeita à invocabilidade dos vícios de vontade, que viciem a formação (erro-vício) ou que o firam na manifestação (erro-obstáculo).

---

[172] É esta situação que tem sido designada na Doutrina e na Jurisprudência por "relações imediatas" e que, por equívoca, tem conduzido a frequentes decisões judiciais erradas, entre as quais se contam já dois assentos, um de 22/11/64 e outro de 20/7/78.

[173] FERNANDO OLAVO, *Títulos de Crédito em Geral*, cit., págs. 27 e 28.

A razão de ser da literalidade traz implícita a ininvocabilidade dos referidos vícios: seria de facto inútil ou frustre vedar as exceções fundadas na relação subjacente ou noutras estipulações extracartulares, se fosse possível atingir graus até superiores de risco para o portador de boa fé através da discussão do erro. Seria até contraditório com o regime da divergência de montantes. A ininvocabilidade do erro, que parece clara nos títulos abstratos, não se mantém contudo totalmente nos causais, como é o caso da guia de transporte em que se pode invocar "erro involuntário de redação" (artigo 373º do Código Comercial). A Doutrina não é todavia unânime nesta matéria, podendo apontar-se a favor da invocabilidade do erro FERNANDO OLAVO e ASCARELI e contra FERRER CORREIA e MESSINEO. A questão não é contudo resolúvel em tema de literalidade, e precisa, para ser tratada com rigor, de ser estudada dentro da problemática do relacionamento entre o direito cambiário e a relação subjacente. Para aí se remete.

A literalidade, nos títulos de crédito, constitui uma manifestação da tutela jurídica da aparência.

### iii. A autonomia do direito cartular

O direito emergente e incorporado no título é autónomo em relação ao direito não cambiário, subjacente que lhe deu origem.

Os títulos de crédito não surgem "*ex nihilo*" no mundo do direito, nem no tráfego comercial. Têm sempre na origem um negócio ou, pelo menos, uma situação jurídica para cuja documentação, circulação, mobilização ou cobrança são emitidos.

O sacado numa letra não a aceita, em princípio, se não dever alguma quantia ao sacador. O sacador do cheque saca-o sobre um banqueiro a quem confiou fundos e à ordem de alguém a quem deve pagar essa quantia inscrita no cheque. O direito incorporado pelo título é diferente daquele que o originou, é outro direito. O direito incorporado no título designa-se por direito cartular; o direito que lhe deu origem designa-se por direito subjacente.

O direito cartular é, por vezes, pouco diferente do direito subjacente e por isso são frequentemente confundidos.

Quando alguém que é credor de outrem recebe o pagamento por cheque, o direito em que fica investido como portador desse cheque é diferente do direito de crédito que tem sobre o devedor que lhe pagou

TÍTULOS DE CRÉDITO

com o cheque. O montante é em princípio o mesmo.[174] O devedor mudou: passou a ser o banqueiro sacado. O prazo de prescrição passou a ser de seis meses (artigo 52.º da LUC). Em geral, o regime do crédito e do correspondente débito passou a ser o que resulta da LUC. O pagamento por cheque opera, salvo convenção especial, como dação em função do cumprimento (art. 840º do Código Civil): a dívida que é paga com cheque só se extingue se e na medida em que o cheque for pago pelo banqueiro sacado.

O direito emergente da ação é também diferente do que para o sócio resulta do simples contrato de sociedade. Antes de emitidas as ações o sócio já o é e já é titular do direito social, do "*status*" de sócio. O seu direito altera-se todavia com a emissão das ações: passa a ser circulável e transmissível.

O direito que de uma livrança emerge para o seu portador é diferente daquele que esteve na origem da sua aquisição do título. O portador da livrança pode tê-la adquirido, pode ter-se tornado dela portador de várias maneiras. Pode ser portador-tomador, caso em que alguém que lhe devia pagar dinheiro (o subscritor) a subscreveu à sua ordem e lha entregou. Pode também tê-la adquirido por endosso feito por um portador anterior que lhe devesse dinheiro e que lhe tenha pago endossando-lhe e entregando-lhe a livrança. Em qualquer dos casos, o direito emergente da livrança é diferente do direito de crédito subjacente: o prazo de prescrição é de três anos e não o do crédito subjacente, pode ser exercido contra qualquer das pessoas cuja assinatura conste do título, etc. Além disto, o crédito emergente da livrança para o seu portador, quando esta tenha circulado, é necessariamente diferente dos vários créditos que foram subjacentes aos vários atos cambiários titulados na livrança.

Assim, subjacente à subscrição da livrança à ordem do tomador (que é o primeiro portador) haverá em princípio um crédito do tomador sobre o subscritor. Subjacente a cada um dos endossos subsequentes haverá, em princípio um crédito de cada endossatário sobre cada endossante. E assim sucessivamente até que, chegado o vencimento, a livrança seja paga.

---

[174] O montante pode ser diferente se o pagamento for feito parcialmente em cheque e parcialmente de outro modo, mas ir-se-á considerar apenas o caso de pagamento total.

DIREITO COMERCIAL

Sendo diferente dos direitos subjacentes, o direito cartular é-lhes naturalmente autónomo. Quer isto dizer que não são misturáveis e mantêm-se distintos os seus regimes jurídicos. Assim, ao portador de uma letra que a apresenta a pagamento ao aceitante ou ao sacador, não pode ser oposta, em princípio, qualquer exceção emergente dos negócios subjacentes.[175]

Em pura teoria, a autonomia deveria ser sempre total, em consequência da diversidade do direito cartular e do ou dos subjacentes. Mas a autonomia não é total e varia mesmo conforme o tipo de título. Nas letras e livranças, o artigo 17.° da LULL permite que ao portador que surge a cobrar o título sejam opostas exceções emergentes da relação subjacente que ligue o demandado ao demandante. Na guia de transporte, o artigo 375.° do Código Comercial permite que sejam invocadas contra o expedidor estipulações particulares não constantes do título, as quais não são todavia oponíveis ao destinatário nem aos portadores subsequentes. No cheque, segundo o artigo 22.° da LUC, podem ao portador ser opostas as exceções fundadas sobre as relações pessoais dele com o interveniente a quem esteja a ser exigido o pagamento.[176]

Estas limitações da autonomia têm origem em conveniências de ordem prática que, no Direito Comercial, são frequentemente mais determinantes que as de ordem teórica ou dogmática e serão explicadas e aprofundadas infra a propósito da relação entre o direito cambiário e o subjacente. Para aí se remete.

### iv. A autonomia da posição do portador do título
Segundo o artigo 16.° da LULL, "o detentor de uma letra é considerado portador legítimo se justificar o seu direito por uma série ininterrupta

---

[175] Sempre que o título tenha circulado, haverá sempre mais do que um direito, relação ou negócio subjacentes. Subjacente a cada negócio ou ato cartular (*maxime* em relação a cada negócio cambiário) haverá, pelo menos, um negócio subjacente. No caso do saque da letra à ordem de um tomador que não seja o próprio sacador, haverá mesmo duas relações subjacentes: o sacador será, em princípio, credor do sacado e devedor do tomador.

[176] O artigo 22° da LUC é do seguinte teor:

As pessoas acionadas em virtude de um cheque não podem opor ao portador as exceções fundadas sobre as relações pessoais delas com o sacador, ou com os portadores anteriores, salvo se o portador ao adquirir o cheque tiver procedido conscientemente em detrimento do devedor.

## TÍTULOS DE CRÉDITO

de endossos, mesmo se o último for em branco" e "se uma pessoa foi por qualquer maneira desapossada de uma letra, o portador dela, desde que justifique o seu direito" por uma série ininterrupta de endossos, "não é obrigado a restituí-la, salvo se a adquiriu de má fé ou se, adquirindo-a, cometeu uma falta grave". Quanto à livrança é aplicável o mesmo regime por remissão do artigo 77.º da LULL. O cheque tem um regime análogo no artigo 22.º da LUC.

Este regime – de autonomia da posição do portador – diverge e não deve ser confundido com o da autonomia do direito cartular atrás referido.

Quando se fala de autonomia a propósito do direito cartular, está-se a relacionar e autonomizar o direito emergente do título e nele incorporado do direito subjacente, que funcionalmente originou a emissão, o endosso ou outro ato cartular. Quando se trata da autonomia a propósito da posição do portador, o que se está a relacionar e autonomizar é a titularidade do título pelo seu portador em relação à de outros portadores anteriores que do título tenham eventualmente sido desapossados.

Como ficou já referido os títulos de crédito são coisas móveis e, como tais, objeto idóneo de direitos reais. Assim, os títulos podem ser objeto de propriedade (e de compropriedade), de usufruto, de penhor e de retenção, de usucapião; e são suscetíveis de posse. A titularidade do título traduz-se na titularidade de um direito real sobre ele, considerado como coisa móvel.

O título circula de acordo com a sua "lei de circulação" e, conforme seja à ordem, nominativo ou ao portador, circula (ou transmite-se) por endosso, por lançamento do pertence ou por simples tradição. O portador do título, quando esteja legitimado de acordo com a respetiva lei de circulação, tem a sua titularidade, quer dizer a do seu direito real sobre o título, indiscutível. Se na cadeia de circulação algum anterior titular tiver sido ilicitamente desapossado do título, não poderá reivindicá-lo do atual portador.

De acordo com o regime geral do Direito Civil, aquele que tenha sido ilicitamente desapossado de uma coisa móvel de que seja proprietário não perde por isso o seu direito e pode reivindicá-lo de qualquer possuidor ou detentor, salvo se entretanto ocorrer usucapião a favor do terceiro possuidor.

DIREITO COMERCIAL

Como ninguém pode transmitir aquilo que não tem – *"nemo plus juris"* –, a alienação feita pelo abusivo desapossador será sempre *"a non domino"*, e ferida de ilegitimidade. Sendo assim, a falta de legitimidade do ilícito desapossador virá a inquinar todas as subsequentes transmissões, mantendo-se sempre a titularidade no desapossado. Neste regime clássico de Direito Civil, o desapossado poderá sempre reivindicar do portador o título.

Não é assim no regime dos títulos de crédito. A autonomia da posição do portador traduz um regime contrário: não obstante o desapossamento ilícito, o desapossado não pode reivindicar o título do portador legitimado. O direito do desapossado cede perante o do portador. Isto significa que a titularidade de cada portador do título, na cadeia de circulação, é autónoma em relação à do anterior portador e não é afetada pelos vícios de que eventualmente sofra o direito daquele de quem recebeu título.

A aquisição do título pelo portador, desde que feita de acordo com a sua lei de circulação é uma aquisição originária. Não se trata de uma transmissão feita pelo anterior ao atual portador em que, de acordo com o regime geral, o transmitente transmite ao transmissário o seu direito. O portador tem sobre o título um direito que se constitui originariamente na sua esfera jurídica e que não lhe é transmitido pelo portador anterior. Assim, ao portador não são oponíveis os vícios ou defeitos do direito de qualquer dos portadores anteriores.

Este regime não é absoluto. Segundo o artigo 16.º da LULL, aplicável às letras, livranças e extratos de factura, e o art. 21.º da LUC, aplicável aos cheques, o direito do portador sobre o título é questionável se este o adquiriu de má fé ou se ao adquiri-lo cometeu falta grave. Está aqui consagrada a tutela de boa fé nas suas versões subjetiva e objetiva. A má fé, aqui, é qualificada diferentemente do regime do art. 17.º da LULL e 22.º da LUC em que se exige que o portador, ao adquirir o título tenha procedido conscientemente em detrimento do devedor. Em ambos os casos é de má fé do portador que se trata.

### v. A incorporação. Direitos que se incorporam no título
Como se constatou já a propósito da autonomia, são diferentes o direito que o portador tem sobre o título e o direito emergente do título – o direito cartular.

TÍTULOS DE CRÉDITO

O direito cartular[177] pode ser de diversa natureza conforme o título de crédito de que se trate. O direito cartular é um direito de crédito tendo por objeto uma prestação pecuniária nas letras, livranças, cheques, extratos de fatura e obrigações. Não obstante a designação «título de crédito», o direito cartular pode ser um direito real. Tal sucede nos conhecimentos de carga, nos conhecimentos de embarque, nos conhecimentos de depósito em armazéns gerais que incorporam direitos reais sobre as mercadorias neles referidas. A cautela de penhor incorpora um direito real de garantia, confere ao seu portador legitimado o penhor da mercadoria referida. As ações das sociedades anónimas incorporam o direito social, o complexo direito do sócio.

A incorporação é uma característica dos títulos de crédito que está intimamente ligada com a da legitimação e que se explicita na necessidade da presença do título para o exercício do direito cartular e para a sua própria circulação.

O portador da letra ou da livrança, para exercer o direito de crédito incorporado, deve apresentar a letra ou a livrança ao obrigado (artigo 34° LULL); o portador do cheque tem que o apresentar ao banqueiro sacado (artigo 28° e segs. LUC); o portador do extrato de fatura aceite deve apresentar a pagamento o próprio extrato (artigo 7° do Decreto n° 19.490 de 21 de Março de 1931), que constitui "base indispensável de qualquer procedimento judicial destinado a tomar efetivos os direitos do vendedor" (artigo 3 ° do mesmo Decreto). O mesmo sucede com os demais títulos de crédito. Assim, as ações das sociedades anónimas (artigos 326.° e 327.° e segs.), a guia de transporte (artigo 378° do Código Comercial).

Também para a transmissão e circulação é necessária a presença do título. As letras, livranças e cheques, bem como os extratos de fatura, que são títulos "à ordem", só circulam por endosso, o que pressupõe a existência do título e a sua presença no ato do endosso. Os títulos ao portador, por exemplo, as ações ao portador tituladas, circulam por entrega do título ao adquirente ou ao depositário por ele indicado (artigo 101º CVM) o que também exige a sua presença no ato. Os títulos nominati-

---

177 Quando referido a letras e livranças, títulos de crédito cambiários, o direito cartular costuma ser referido como "direito cambiário".

DIREITO COMERCIAL

vos, p. ex. ações nominativas tituladas, circulam por "declaração e transmissão, escrita no título, a favor do transmissário, seguida de registo junto do emitente ou junto de intermediário financeiro que o represente" (artigo 102º CVM).

A incorporação revela-se principalmente no facto de o título ter de existir fisicamente para que possam ser exercidos os direitos cartulares. Se o título se destruir ou se perder, os direitos cartulares não podem ser exercidos enquanto não for reconstituído através de um processo judicial especial de reforma.[178]

### vi. A legitimação

A posse do título de acordo com a lei de circulação legitima o portador a exercer o direito cartular.

A legitimação do portador do título para o exercício do direito cartular, designa-se por legitimação ativa. Se, para se poder exercer o direito cartular é preciso ser portador do título de acordo com a respetiva lei de circulação, por outro lado, essa situação de ser dele portador legitima quem o for, a exercer o direito incorporado. O portador não precisa, assim, de provar a titularidade, e ela não lhe pode ser contestada.

A legitimação não funciona apenas do lado ativo. Do lado passivo, habilita o devedor, o obrigado, a cumprir perante quem se apresentar portador de acordo com a lei de circulação. O obrigado, ao apresentar-se-lhe alguém portador de acordo com a lei de circulação, não precisa de investigar a verdadeira titularidade do credor e, ao cumprir perante esse portador, fica desonerado sem que lhe possa ser oposta a eventual ilegitimidade da pessoa a quem pagou (artigo 35.° da LUC e artigo 40.°, nº 3 da LULL). Trata-se agora da chamada legitimação passiva.[179]

Se a legitimação ativa dispensa o portador de provar a titularidade e proíbe o devedor de a discutir, a legitimação passiva dispensa o devedor de a investigar e assegura-o de que o cumprimento que fizer perante aquele portador não poderá vir a ser acusado de cumprimento feito a terceiro.

A legitimação, como característica dos títulos de crédito, assenta na separação da legitimidade e da titularidade. A regra geral de coincidên-

---

[178] Sobre a reconstituição do título pelo processo especial de reforma, *infra*, 49.II.
[179] FERNANDO OLAVO, *Títulos de Crédito em Geral*, cit., pág. 23.

300

cia entre a titularidade do direito e a legitimidade para o seu exercício, usual em Direito Civil, é aqui afastada. A exigência da certeza e de segurança imprescindível para a circulação não permite que se verifique, mesmo só potencialmente, incerteza quanto à legitimidade do portador, quer se trate de legitimidade para exigir, quer se trate de legitimidade para receber o cumprimento. A legitimidade é do portador, seja ele ou não o verdadeiro titular.

### vii. A circulabilidade

Os títulos de crédito destinam-se a circular. É esta característica que os distingue de outros documentos semelhantes e que com eles por vezes são confundidos, que são os chamados "títulos impróprios".

Os títulos de crédito circulam de acordo com o regime que a lei lhes atribui e que se designa usualmente por lei de circulação. Consoante o modo de circulação, os títulos de crédito distinguem-se em nominativos, à ordem e ao portador.

Nominativos são as ações e as obrigações nominativas. Os títulos nominativos contêm no próprio título a identificação do seu titular. Circulam por declaração do transmitente escrita no título e pelo pertence lavrado no mesmo e averbamento no livro de ações da sociedade que os emitiu (artigo 326.º do Código das Sociedades Comerciais).

As letras, livranças, cheques e extratos de fatura circulam "à ordem". A sua circulação é feita por endosso.

O endosso consiste numa declaração escrita e assinada no verso do título, ou na simples assinatura nesse local, e pode identificar ou não o endossatário. Se não identificar o endossatário, o endosso diz-se "em branco". Além da declaração e assinatura, ou só assinatura, no verso do título, é essencial ao endosso a entrega do título ao endossatário.

Ao portador circulam as ações e obrigações ao portador e as notas de banco se se considerarem ainda como títulos de crédito. Os títulos ao portador circulam por entrega real.

A circulabilidade dos títulos de crédito significa que eles são tipicamente destinados a circular. Quer isto dizer que faz parte do núcleo de sentido do tipo, que é seu elemento característico indispensável que se destinem a circular. Se não puderem circular, não poderão ser qualificados como títulos de crédito. Daqui decorre que não pode ser totalmente proibida a circulação dos títulos de crédito, embora possa ser mais ou menos limitada ou condicionada. Assim, o artigo 328.° do Código das Sociedades Comerciais dispõe expressamente que o contrato de sociedade não pode excluir a transmissibilidade das ações nem limitá-la além do que a lei permitir. Os documentos que possam, na prática, circular embora não sejam tipicamente destinados à circulação, como sucede por exemplo com os bilhetes de cinema ou de teatro, os bilhetes de metropolitano ou de autocarro, ou os chamados títulos de refeição, não são verdadeiros títulos de crédito e qualificam-se como títulos impróprios – títulos de legitimação.

### viii.  Os títulos impróprios

Títulos impróprios são os documentos semelhantes aos títulos de crédito e que têm, em geral, as características próprias dos títulos de crédito, com exceção da circulabilidade. Faltando-lhes a característica principal dos títulos de crédito, que é a circulabilidade, não podem ser qualificados como títulos de crédito e designam-se genericamente por títulos impróprios.

Os títulos impróprios distinguem-se por sua vez em "títulos de legitimação" e "comprovantes de legitimação", consoante, embora não tipicamente destinados à circulação, possam ou não circular.

São, assim, títulos de legitimação, por exemplo, os bilhetes de cinema ou de teatro, os bilhetes de comboio ou de autocarro, ou os chamados títulos de refeição. Estes documentos desempenham uma função primordial de legitimação: destinam-se a legitimar o seu portador a exercer certos direitos, como sejam o de assistir a uma sessão de cinema ou de teatro, de ser transportado em comboio ou em autocarro, de tomar uma refeição. São tipicamente destinados à legitimação e não à circulação. Todavia não é proibida a sua circulação: na prática, nada impede que circulem, que sejam transmitidos como se de verdadeiros títulos de crédito ao portador se tratasse. Os chamados títulos de refeição são até usualmente utilizados como meio de pagamento em supermercados desempenhando na prática função sucedânea de dinheiro.

Os comprovantes de legitimação são também tipicamente destinados à legitimação, mas não podem, nem sequer na prática, circular. São exemplo de comprovantes de legitimação os bilhetes de avião, quando emitidos com a forma tradicional. Legitimam o seu titular a exercer o direito emergente do contrato de transporte aéreo de passageiros, mas não têm a possibilidade de circular. Diversamente dos bilhetes de metro, por exemplo, não têm a possibilidade de circular.

### ix. Coordenação das características dos títulos de crédito

As características dos títulos de crédito que ficaram expostas não são de modo algum independentes umas das outras. Pelo contrário, elas coordenam-se entre si de modo a exprimir a realidade jurídica que são os títulos de crédito, realidade que só se apreende na sua totalidade de sentido na coordenação de todas elas e, mais do que isso, no modo como se coordenam e relacionam.

Antes do mais, há que ter em atenção que a principal das características dos títulos de crédito é a circulabilidade. Todas as outras se ordenam em vista a assegurar a circulabilidade.

A literalidade é imprescindível para tornar claro às pessoas a quem se propõe a circulação do título qual o direito que ele representa ou incorpora no seu conteúdo e limites e para assegurar que nada para além daquilo que consta no título lhe poderá ser oposto quando o cobrar. Do mesmo modo, para que o portador do título o possa com segurança pôr em circulação, é necessário assegurar-lhe que nada para além do que consta do título lhe poderá vir a ser cobrado. Sem esta segurança não seria possível a circulação dados os riscos e as incertezas que acarretaria.

A literalidade implica uma sobreposição radical da forma, do sentido objetivo, da aparência sobre a substância, a subjetividade e a materialidade. A literalidade funciona todavia, não em abstrato nem em termos simplesmente formais, mas como modo de permitir e garantir a circulação, defendendo o terceiro portador de boa fé contra tudo aquilo em que não tenha intervindo ou que lhe não seja imputável.

Assim, as exceções fundadas em convenções que não constem do próprio título – extracartulares – só são invocáveis entre as pessoas que tenham intervindo como partes na sua celebração. Ao contrário, aquelas que constem escritas no título – cartulares – podem ser invocadas contra os obrigados pelo título, mesmo que não sejam os autores ou intervenientes nos negócios que as constituíram. É exemplo eloquente desta realidade a diferença de regime entre os acordos parassociais, que só são invocáveis entre aqueles que os celebraram, porque não constam do contrato social para o qual a literalidade por referência remete, e as cláusulas do próprio pacto social, que são oponíveis mesmo aos sócios futu-

DIREITO COMERCIAL

ros que na sua constituição não participaram, porque o seu teor consta, por referência, do título de crédito – ação. Nesta perspetiva, as exceções fundadas em cláusulas do pacto social são exceções cartulares, enquanto as decorrentes de acordos parassociais são exceções extracartulares. O mesmo sucede "*mutatis mutandis*" com a convenção de que o endosso seja para cobrança: se constar escrita no título pela cláusula "por procuração" (artigo 18.° da LULL), o seu regime próprio pode ser invocado contra qualquer portador, tratando-se de uma exceção cartular; se não constar do próprio título, só poderá ser invocada como exceção extracartular, portanto, apenas entre aqueles – endossante e endossatário – que a convencionaram.

A autonomia representa o modo como a dogmática e a ciência do direito conseguiram conceptualizar o regime próprio dos títulos de crédito e é imprescindível também para a circulação. Segundo ela o portador legitimado por uma série de endossos não tem que restituir o título ao desapossado e pode defender-se da invocação de exceções fundadas em relações extracartulares em que não tenha participado. O direito dos títulos de crédito parte aqui da função para a teoria. É facilmente compreensível que ninguém aceitaria receber – em pagamento, em caução, em desconto ou de qualquer outro modo – um título se não estivesse defendido da eventualidade de o mesmo lhe ser retirado em consequência da eventual reivindicação do mesmo por algum dos anteriores portadores que dele tivesse sido abusivamente ou ilicitamente desapossado. É mesmo muito mais fácil de compreender a função prática do regime do artigo 16.° da LULL do que a consagração teórica que dificultosamente foi feita para integrar tal regime nos quadros admitidos e conhecidos do direito privado. O regime torna-se todavia claro se se tiver em mente a finalidade que ele visa – proteger o portador de boa-fé. Por isto é intuitivo que a exceção de desapossamento involuntário pode ser oposta ao próprio desapossador ou a qualquer terceiro portador que a tenha adquirido de má fé ou com falta grave.

Do mesmo modo ninguém aceitaria receber um título em circulação se lhe pudessem ser opostos meios de defesa fundados nas relações extracartulares que o demandado tivesse com outras pessoas que não o próprio portador (artigo 17.° da LULL).

Também a incorporação não se compreende senão atendendo à necessidade de defender e tornar segura a circulação do título. O direito

TÍTULOS DE CRÉDITO

incorporado no título só pode ser exercido por quem for portador do título, o que dá ao seu devedor a garantia de que mais ninguém lhe irá aparecer a cobrá-lo. Por outro lado, os atos cartulares de circulação também só podem ser praticados na presença do título, o que garante, embora apenas *"prima-facie"*, que a pessoa que põe o título em circulação é o seu titular ou, pelo menos, que tem legitimidade para o fazer.

Finalmente a obrigatoriedade de reformar os títulos que se afirmem destruídos ou perdidos, dada a natureza reivindicatória desse processo, dá um mínimo de garantia de que se o título estiver em poder de outra pessoa será discutida a titularidade, se estiver em poder do próprio requerente será anulado, e faz intervir a garantia judicial na reconstituição do título necessariamente prévia ao exercício do direito incorporado ou à sua recirculação.

A incorporação, mais do que servir de garantia da circulação, exprime de certo modo a própria circulação, no aspeto prático. Os títulos de crédito constituem um expediente técnico-jurídico de "coisificação" de direitos, de modo a permitir a sua circulação como coisas móveis, através da ficção da sua representação – incorporação – pelos próprios documentos. É assim possível circular direitos e mobilizá-los através da circulação, mais fácil e mais segura, do documento que constitui o título.

A legitimação facilita e dá segurança à circulação, ao dar de modo imediato e claro a conhecer a legitimidade, ativa ou passiva, de quem aparece a exercer o direito incorporado no título e liberta os interessados, não só da questão nem sempre fácil de averiguar da legitimidade, mas também dos riscos que uma questão acerca da legitimidade poderia acarretar. Se a incorporação de certo modo dá a entender que o portador é o titular, a legitimação evita os problemas decorrentes da eventual não coincidência entre o portador e o titular, atribuindo ao portador, seja ele ou não o titular, legitimidade para atuar como se o fosse. Qualquer incerteza que subsistisse na circulação do título fica assim afastada e o título está apto para circular com simplicidade, segurança e rapidez como é indispensável para potenciar as trocas comerciais, mormente as que se desenvolvem entre praças diferentes.

A circulabilidade é potenciada pelas outras características e é ela própria o principal índice de qualificação de um documento como título de crédito. Embora os títulos de crédito possam servir, em concreto, para outras finalidades, que não a circulação, e embora outros títulos não des-

DIREITO COMERCIAL

tinados à circulação possam, na prática servir para circular, os títulos de crédito, mais do que serem aptos a circular, são tipicamente destinados à circulação.

Na perspetiva da circulabilidade, as características dos títulos de crédito entretecem-se numa teia inextricável em que estão todas intimamente ligadas e só com algum artificialismo se podem separar. Elas são, no fundo, as diferentes imagens de uma mesma realidade que surgem com aspetos diferentes consoante as perspetivas em que são encaradas.

## 47. Classificações dos títulos de crédito

Os diversos tipos de títulos de crédito podem classificar-se de modos diferentes conforme as diversas perspetivas com que sejam agrupados.

### i. *Títulos de crédito públicos e privados*
Conforme a natureza pública ou privada do seu emitente, os títulos de crédito classificam-se em públicos e privados.

São títulos privados, por exemplo, as ações das sociedades anónimas bem como as suas obrigações, as letras, livranças e cheques e extratos de fatura, etc.; são públicos, por exemplo os títulos da dívida pública, as obrigações do Estado Português.

O critério da natureza pública ou privada da entidade emitente não implica que todos os títulos emitidos pelo Estado no exercício das suas funções próprias sejam públicos. O Estado, ao exercer as suas funções emite com frequência títulos privados, por exemplo, cheques para pagamento de quaisquer quantias sacados sobre banqueiros privados. A natureza pública ou privada dos títulos não resulta da natureza de quem concreta ou incidentalmente os emitiu, mas sim da natureza de quem tipicamente os emite. Assim, ainda que acidentalmente emitidos pelo Estado, os cheques não deixam de ser títulos de crédito tipicamente privados, no sentido que constituem um meio de pagamento característico de um modo de atuação económica caracteristicamente ou tipicamente privado. É sabido que o Estado, no exercício das suas funções próprias, usa com frequência de instrumentos jurídicos de direito privado. Títulos públicos, nesta perspetiva, são aqueles que constituem um modo de atuação económica típica da atuação pública do Estado. É caracteristicamente o caso dos títulos da dívida pública.

TÍTULOS DE CRÉDITO

### ii. *Títulos de crédito propriamente ditos, títulos representativos e de participação*

Consoante a natureza dos direitos que incorporem os títulos podem classificar-se como títulos de crédito propriamente ditos, títulos de crédito representativos ou de participação.

Classificam-se como títulos de crédito propriamente ditos aqueles que incorporam direitos de crédito pecuniários, como são as letras, as livranças, os cheques, os extratos de fatura e as obrigações.

Classificam-se como representativos os títulos que incorporam direitos reais sobre coisas, designadamente mercadorias, como é o caso das guias de transporte dos conhecimentos de carga, dos conhecimentos de depósito.

Como títulos de participação classificam-se os que incorporam o direito social do sócio de sociedades, como é o caso das ações das sociedades anónimas.

### iii. *Títulos de crédito causais e abstratos*

Os títulos de crédito podem classificar-se como causais ou como abstratos conforme a natureza causal ou abstrata do negócio que os cria e emite ou que os circula e, em geral, do seu regime jurídico.

Sem antecipar a exposição da relação entre o direito cartular e o direito subjacente que exprime a problemática própria da causalidade e da abstração nos títulos de crédito, o critério geral de classificação dos títulos em causais e abstratos extrai-se da invocabilidade contra o portador que cobra o título de exceções extracartulares originárias da convenção subjacente ou de outra qualquer convenção ou situação jurídica extracartular.

Nas letras, livranças, cheques e extratos de fatura, são em princípio ininvocáveis contra o portador que cobra o título de exceções fundadas nas relações extracartulares, designadamente na relação subjacente (artigos 17º da LULL e 22º da LUC). Nestes títulos a relação subjacente funciona de certo modo como causa do direito cartular. A sua não invocabilidade traduz-se pois, na abstração da causa. Estes títulos classificam-se usualmente como títulos abstratos.

Títulos causais são os demais. Nestes, a relação subjacente e as vicissitudes que a afetem são invocáveis. Como se verá adiante, a propósito da relação do direito cartular com o direito subjacente, não são propria-

DIREITO COMERCIAL

mente os títulos que são abstratos e causais mas sim os correspondentes negócios cartulares.

Contudo, embora se trate de uma classificação consagrada e tão mais indiscutida quanto pouco compreendida, pode não ser muito nítida a distinção entre os seus termos, dado que se não verifica nos títulos de crédito uma separação nítida entre os que são causais e os que são abstratos, mas uma gradação entre aqueles em que a causa é mais ou menos abstraída nas questões opostas pelo demandado ao portador que cobra o título. Esta matéria vai ser desenvolvida autonomamente a propósito da relação entre o direito cartular e o direito subjacente. Para aí se remete.[180]

### iv. *Títulos de crédito nominativos, à ordem e ao portador*
Conforme a respetiva lei de circulação, os títulos de crédito classificam-se em nominativos, à ordem e ao portador.

Os títulos nominativos têm no seu texto indicada a identidade do seu titular e circulam de modo relativamente complexo. As ações nominativas tituladas das sociedades anónimas são o paradigma dos títulos nominativos. Além da entrega real do próprio título ao transmissário, é necessário que o transmitente subscreva no mesmo título a declaração de transmissão – lavre aí o "pertence" – e faça registar a transmissão junto ao emitente ou ao intermediário financeiro que o represente (artigo 102º do CVM); as ações nominativas escriturais transmitem-se por registo na conta do adquirente (artigo 80º do CVM).

Os títulos à ordem circulam por entrega real do próprio título com endosso. O endosso é uma declaração escrita e assinada no verso do título, em geral expressa por palavras como "paga-se à ordem de..." ou equivalente, podendo não identificar o endossatário e podendo também consistir simplesmente na assinatura do endossante no verso do título (endosso em branco). Títulos à ordem são a letra, a livrança, o cheque, o extrato de fatura, entre outros.

Os títulos ao portador circulam por simples tradição ou entrega real. O mesmo tipo de título pode ter mais de um regime de circulação. Assim, as ações podem ser nominativas ou ao portador, embora outros haja que têm apenas um regime de circulação, como as letras e livranças que são sempre à ordem (artigo 11º da LULL).

---

[180] Ver, *infra* 48.

TÍTULOS DE CRÉDITO

### v. Títulos de crédito individuais e em série

Os títulos de crédito podem finalmente classificar-se consoante o modo como são emitidos em títulos individuais ou em série.

Os títulos em série são emitidos em massa, em número por vezes avultado e destinam-se a ser tomados por diferentes pessoas. É o caso das ações e obrigações.

Os títulos individuais são tipicamente emitidos singularmente, um a um, como sucede com as letras e livranças, entre outros.

Os títulos individuais são infungíveis porque têm relações subjacentes próprias, enquanto os títulos em série são em princípio fungíveis tendo uma relação subjacente comum na mesma emissão.

Os títulos em série podem ser agrupados em títulos plurais representativos de mais do que um título.

### 48. O negócio subjacente e a relação cartular. O negócio e a relação subjacente. Seu relacionamento e natureza jurídica

#### i. O direito cartular como distinto do subjacente

O direito cartular, o direito emergente do título, é diferente do direito subjacente.

Na letra, o direito cartular é o direito de crédito de que o portador é titular e do qual são devedores todos os obrigados cambiários. É pecuniário e o seu montante é o que está escrito no título. Prescreve no prazo de seis meses, um ano ou três anos. Subjacentes existem vários direitos: subjacente ao saque há, em princípio, um crédito do tomador sobre o sacador; subjacente ao aceite, um crédito do sacador sobre o sacado-aceitante; subjacente a cada um dos endossos, um crédito do endossatário sobre o endossante. Subjacente ao aval, pode existir, ou uma liberalidade, se for obsequioso, ou um crédito sobre o avalista, se este estiver extracartularmente obrigado a avalizar.[181]

---

[181] As razões pelas quais o avalista presta o aval podem ser as mais variadas. O aval pode ser obsequioso e, nesse caso, constitui uma liberalidade, Pode ser oneroso, ter uma contrapartida, e pode até ser prestado profissionalmente, por exemplo, por um banqueiro. Muito frequentemente, os sócios, os administradores, os gerentes e até os respetivos cônjuges avalizam letras ou livranças em que intervenham as sociedades comerciais, em caso de desconto

DIREITO COMERCIAL

No que respeita ao cheque, o direito cartular consiste num crédito pecuniário do qual é credor o respetivo portador e são devedores todos os intervenientes no título, sacador, endossantes, avalistas, principalmente o sacado – o banqueiro. O prazo de prescrição é de seis meses (artigo 52.º da LUC). Subjacente ao saque do cheque à ordem do sacador existe um crédito do sacador (cliente) sobre o sacado (banqueiro) resultante do contrato de depósito bancário em vigor entre ambos; subjacente ao saque do cheque à ordem de um terceiro existe além do referido crédito do sacador sobre o sacado, também um débito do sacador sobre o beneficiário-tomador do cheque. Subjacente a cada endosso e a cada aval haverá, em princípio, um direito, uma relação ou uma situação jurídica equivalente àquelas que lhe são subjacentes na letra.

O direito cartular, emergente do título, é claramente diferente dos vários direitos subjacentes a cada um dos atos ou negócios cartulares (cambiários). Em primeiro lugar, o crédito cartular é só um, embora possa ter vários devedores enquanto que subjacentes, há vários direitos, relações ou situações jurídicas, uma para cada ato cambiário.

O regime do crédito cartular é também diferente de qualquer dos subjacentes e rege-se pela respetiva lei uniforme.

Se, todavia, a diferença é clara nos títulos abstratos, como são a letra e o cheque, já no que respeita aos títulos de crédito causais, a diferença é mais subtil.

A ação da sociedade anónima incorpora como direito cartular o direito social. O direito que lhe está subjacente é resultante do contrato de sociedade e não depende da emissão e entrega do título (artigo 274.º do Código das Sociedades Comerciais). Todavia, antes da emissão das ações e sem a titularidade da ação, o direito do sócio não é completo. Assim, tanto os direitos como as obrigações dos sócios constam no Código das Sociedades Comerciais atribuídos aos acionistas, o que revela que, se a qualidade de sócio não depende da emissão ou da titularidade das ações, o exercício dos direitos e a vinculação aos deveres correspondentes já depende da qualidade de acionista, quer dizer, da titularidade pelo sócio da ou das ações. O direito incorporado pela guia de transporte, também título causal, é o decorrente do contrato de trans-

bancário, por imposição dos bancos. A relação subjacente ao aval é, pois, de natureza e configuração muito variável.

TÍTULOS DE CRÉDITO

porte. Todavia, o portador subsequente da guia e o destinatário têm um direito mais rico e mais forte do que seria o simples direito emergente do contrato de transporte se não incorporado na guia. Mais rico porque permite a circulação por endosso ou por tradição (artigo 369.°, § 2° do Código Comercial), enquanto que a situação jurídica emergente do simples contrato de transporte só poderia ser transmitida por cessão de créditos; mais forte porque ao portador subsequente e ao destinatário não são oponíveis as exceções fundadas em estipulações que não constem do título (artigo 375.° do Código Comercial), exceções que em caso de cessão de créditos lhes poderiam ser opostas (artigo 585.° do Código Civil).

Ao ser incorporado no título, o direito subjacente modifica-se, já não é exatamente o mesmo, embora nos títulos causais a diferença seja menos percetível.

### ii. A declaração cartular como negócio jurídico

A diferença entre o direito subjacente ao título e o direito cartular indicia que o ato de criação do título não é juridicamente neutro nem irrelevante.

A criação do título e a sua emissão, não é um simples ato de documentação da relação subjacente. Como se viu, a intervenção do título tem uma eficácia jurídica que ultrapassa a simples documentação e que é mais que simplesmente probatória. O título não prova a relação subjacente porque o regime jurídico dele emergente é diferente, como se viu, do subjacente. Pela mesma razão não o documentam. O negócio subjacente é documentado e prova-se pelos meios que lhe são próprios. Assim, o contrato de sociedade anónima documenta-se e prova-se pela escritura pública e pelo registo. O negócio subjacente ao saque de, por exemplo, uma livrança documenta-se e prova-se pelos meios que o seu regime jurídico respetivo impuser: se se tratar de uma compra e venda de imóvel, por escritura pública e registo: se se tratar de uma compra e venda de móveis por qualquer meio.

O título em si incorpora frequentemente mais do que um ato cartular. A letra incorpora o saque, que tem subjacente uma relação jurídica, o aceite, o endosso e o aval que têm subjacentes outras relações jurídicas. O título não prova nem documenta todas essas relações jurídicas. O que o título prova e documenta são os negócios cartulares e as relações jurí-

DIREITO COMERCIAL

dicas cartulares que nele estejam expressos e incorporados. Os negócios e relações jurídicas subjacentes são outros em relação ao título.

Os atos cartulares não se confinam à simples criação e emissão dos títulos. Há outros atos cartulares de circulação como o endosso, de caução como o aval, há na letra o aceite. Todos estes atos têm subjacente, a cada um deles, um negócio ou uma relação jurídica, mas cada um deles é constituinte de um regime jurídico, de uma regulação jurídica privada própria.

Cada um deles é um negócio jurídico.

O saque da letra é um negócio jurídico pelo qual o sacador dá uma ordem ao sacado para que pague uma certa quantia ao tomador ou à sua ordem, e simultaneamente promete ao tomador que o sacado vai aceitar e pagar a letra. O aceite é o negócio pelo qual o sacado promete pagar a letra ao tomador ou à sua ordem, quer dizer, a quem ela for endossada. O endosso é o negócio jurídico pelo qual o tomador ou outro qualquer portador dá uma nova ordem ao sacado ou ao aceitante (se já tiver ocorrido o aceite) para que pague a letra ao endossatário, a quem entrega a letra, ou à sua ordem. O aval é o negócio jurídico pelo qual o avalista promete pagar a letra se aquele por quem der o aval a não pagar. Os negócios cambiários da letra são fundamentalmente promessas abstratas.

Se nos títulos abstratos os negócios cartulares são claramente autónomos e distintos dos subjacentes, já nos causais isso não é tão nítido. Nos títulos causais, ações de sociedades anónimas, guias de transporte, etc., a criação e emissão, bem como o seu endosso ou tradição, constituem promessas de cumprir, já não perante a originária contraparte do negócio subjacente, mas perante quem quer que seja que se apresente portador do título legitimado conforme a respetiva lei de circulação.

### iii. *A relação entre o negócio cartular e o negócio subjacente. A convenção executiva e as demais convenções extracartulares. As chamadas relações mediatas e imediatas*

Cada negócio cartular tem subjacente um negócio que o explica, que o justifica, que lhe constitui a causa. Esse negócio designa-se negócio subjacente. O saque de uma letra tem subjacente um negócio, uma situação jurídica, ou uma relação jurídica que o justificam. O sacador saca uma letra à ordem do tomador, ou porque lhe deve uma quantia, ou porque lhe dá crédito, ou porque lhe quer fazer uma doação. O saque serve

TÍTULOS DE CRÉDITO

então, ou para pagar a dívida, ou para outorgar o crédito, ou para fazer a doação. O saque traduz-se numa atribuição patrimonial.

A atribuição patrimonial é uma deslocação patrimonial de uma pessoa para a outra e, neste sentido, o saque constitui uma atribuição patrimonial feita pelo sacador ao sacado e opera uma deslocação patrimonial nesse sentido. Esta atribuição patrimonial pode desempenhar uma função de pagamento, de crédito, de liberalidade, correspondente às velhas causas *"solvendi"*, *"credendi"* ou *"donandi"*. As funções que o saque, como atribuição patrimonial pode desempenhar são ilimitadas: podem ser quaisquer funções aceites pelo direito. O saque pode desempenhar funções de garantia, de cobrança, ou outras, desde que lícitas.

O que se passa com o saque passa-se também com o aceite. Pelo aceite, o sacado constitui-se devedor da quantia sacada pelo sacador à ordem do tomador e promete pagá-la ao portador legitimado que lhe surja a cobrá-la quando se vencer. Também o aceite se traduz numa atribuição patrimonial naquilo em que representa a constituição de um débito no aceitante. O endosso constitui inicialmente uma atribuição patrimonial feita pelo endossante ao endossatário. O aval, como caução que é, prestada pelo avalista, não deixa também de constituir uma atribuição patrimonial.

Se o sacador saca a letra porque, em princípio, deve uma qualquer quantia ao tomador, o aceitante aceita porque, em princípio, deve uma qualquer quantia ao sacador, o endossante endossa porque, em princípio, deve uma qualquer quantia ao endossatário e o avalista, se avaliza, é porque se comprometeu a isso com o avalizado.

A função que, em concreto, o negócio cambiário, como atribuição patrimonial, desempenha em relação ao negócio subjacente, está fixa na convenção executiva.

Esta é uma convenção entre os intervenientes do ato cambiário, paralela a este, e que se pode integrar no próprio negócio subjacente ou constituir um acordo posterior, no qual é acordada a função a desempenhar pelo negócio cartular em relação ao subjacente. Entre o sacador e o tomador é acordado na convenção executiva se o saque funciona para pagamento e, nesse caso, como dação em pagamento ou como dação em função do cumprimento, como crédito, como garantia, enfim, qual o relacionamento entre o ato cambiário e o negócio subjacente. O mesmo sucede com os outros atos cambiários. A convenção executiva faz a liga-

DIREITO COMERCIAL

ção entre o negócio cartular e o negócio subjacente. Quando uma letra é endossada ou um cheque é sacado para pagamento de uma dívida, entende-se, salvo convenção em contrário, que o é em função do cumprimento (artigo 840º do Código Civil). Este regime corresponde à tradicional convenção de aceitação do cheque, ou de outro título, como pagamento "salvo boa cobrança". Nada impede, todavia, as partes de acordar, na convenção executiva, que o regime seja o da dação em pagamento e, então, a dívida ficará paga com o ato cambiário, restando apenas ao *"accipiens"* exercer a ação cambiária, sem poder pôr em causa o cumprimento da relação subjacente.

A convenção executiva pode estar inserida no negócio subjacente. Neste pode ficar logo convencionado que o pagamento ou os pagamentos parciais sejam feitos pela assunção de obrigações cambiárias. Num contrato de financiamento bancário pode convencionar-se que os fundos sejam utilizados mediante a subscrição pelo mutuário de livranças, ou que o Banco descontará letras comerciais do cliente, ou ainda que no vencimento as letras poderão ser parcialmente pagas através do aceite de novas letras, ou finalmente o que quer que seja que não seja impossível, nem contrário à lei ou à moral, que seja lícito.

A convenção executiva pode ser também convencionada posteriormente ao negócio subjacente. Nada impede, e é até frequente que, depois de celebrado um qualquer negócio, uma das partes proponha e a outra aceite que o pagamento seja feito através de títulos de crédito. É o que sucede usualmente quando os pagamentos são feitos através do saque de cheques. Nestes casos, as partes acordam, pelo menos tacitamente, na função do título em relação ao negócio subjacente.

A convenção executiva é vinculativa, quer formalmente integre uma cláusula do negócio subjacente, quer se formalize como estipulação acessória posterior, e tem eficácia obrigacional. A sua violação faz incorrer aquele que a não cumprir em responsabilidade civil contratual, sendo o montante da indemnização, tal como resulta das regras gerais, o do prejuízo provocado pelo incumprimento.

Subjacente a cada ato cambiário há um negócio subjacente e uma convenção executiva.

O negócio subjacente constitui a causa remota e a convenção executiva constitui a causa próxima do ato cambiário. A abstração, no caso dos títulos abstratos, traduz-se na separação da causa em relação ao ato cam-

314

TÍTULOS DE CRÉDITO

biário e na sua relegação para a convenção executiva. Quando entre dois intervenientes num título existe uma relação subjacente diz-se que a sua relação é imediata; quando esses não estão ligados por uma relação subjacente, diz-se que a sua relação é mediata. As relações imediatas, no título, designadamente na letra, são as relações existentes entre obrigados cambiários que se encontrem ligados por uma relação subjacente e uma convenção executiva. As relações mediatas são as que se suscitem entre obrigados cambiários que se não encontrem ligados por qualquer relação subjacente ou convenção executiva. Nas relações mediatas não existe, pois, qualquer relação subjacente ou convenção executiva.

Segundo o artigo 17º da LULL,

> As pessoas acionadas em virtude de uma letra não podem opor ao portador as exceções fundadas sobre as relações pessoais delas com o sacador ou com os portadores anteriores, a menos que o portador, ao adquirir a letra, tenha procedido conscientemente em detrimento do devedor.

Excluída a sua parte final, naquilo que concerne à eventualidade de o portador ter adquirido a letra conscientemente em detrimento do devedor, o artigo interpreta-se no sentido de que ao portador que se apresenta a cobrar a letra não podem ser opostas exceções fundadas nas relações extracartulares (o que inclui a convenção executiva) vigentes entre outras pessoas que não o próprio portador e a pessoa a quem ele demanda o pagamento da letra. O demandado só pode opor ao portador exceções fundadas em relações extracartulares que tenha com o próprio portador.

A razão de ser deste regime não é complicada. Tendo o portador um direito contra o demandado, emergente do título, e tendo o demandado contra o portador um outro direito, emergente de uma relação extracartular, estes direitos contrários compensam-se ou paralisam-se um ao outro.

Em pura teoria, sendo o direito cartular, neste caso, abstrato, não deveriam as exceções extracartulares ser oponíveis em quaisquer condições. Todavia, no domínio dos títulos de crédito a prática é mais importante que a teoria e, de todo o modo, a heterodoxia não é muito grande. Se, em homenagem à ortodoxia teórica, não fossem oponíveis ao portador quaisquer exceções fundadas em relações que o demandado tivesse com o portador, nem por isso o demandado deixaria de poder invocar

DIREITO COMERCIAL

judicialmente os seus direitos, emergentes da relação extracartular ou da convenção executiva, contra o portador. Os direitos do portador e do demandado cruzar-se-iam, não na mesma ação, mas em ações diferentes. O único desvio que é feito em relação à pureza do regime da abstração consiste em admitir-se que o direito do demandado emergente da relação extracartular seja exercido na própria ação cambiária, por via de exceção, em vez de o ser em reconvenção ou em ação paralela. Aquele que aceitou uma letra de favor sem nada dever ao sacador, tem que a pagar se esta lhe for cobrada por alguém que não o sacador. O aceitante de favor não pode opor ao portador a convenção de favor, que contratou com o sacador. Não a pode opor porque não a contratou com o portador, mas com o sacador, e a convenção não obriga para além das partes que a celebraram. Se a letra lhe for cobrada pelo sacador com quem celebrou a convenção de favor, já pode opor a exceção decorrente da convenção extracartular.

Se, em homenagem à pureza dos princípios lhe não fosse permitido deduzir a exceção, ele não deixaria de poder, em reconvenção ou noutra ação a propor em paralelo, pedir e obter a condenação do sacador a pagar-lhe um montante pelo menos equivalente, a título de indemnização do prejuízo causado pela violação da convenção de favor. Caso a letra fosse cobrada por um terceiro portador, o aceitante de favor não poderia opor a este uma convenção que celebrara com outra pessoa e teria que pagar a letra. Paga a letra, poderia acionar o sacador – o favorecido – e obter dele a indemnização do prejuízo sofrido pelo facto de este não ter pago a letra deixando que ele – favorecente – a tivesse tido que pagar. O débito do favorecido para com o favorecente, neste caso, pode ser construído ou explicado juridicamente de outros modos: pode entender-se implícita na convenção de favor uma estipulação, segundo a qual o favorecido se comprometeria a pagar ao favorecente aquilo que ele viesse eventualmente a ter de pagar em virtude do aceite de favor, e então a problemática não seria já a da responsabilidade civil; poderia também ser construída ou explicada na perspetiva do enriquecimento sem causa, mas o carácter subsidiário do instituto afasta aqui a sua utilização.

A invocabilidade de exceções extracartulares encontra sempre a sua explicação no cruzamento de pretensões opostas, em que ao crédito cartular é contraposto um débito extracartular. As exceções extracartulares

TÍTULOS DE CRÉDITO

só podem ser opostas entre pessoas que sejam sujeitos da mesma relação extracartular, quer dizer, nas chamadas relações imediatas.

Este regime não significa, contudo, que a letra seja abstrata nas relações mediatas e o não seja nas imediatas (como se ouve, ou se lê demasiadas vezes, e está errado). O que se passa é que nas chamadas relações imediatas existe um direito do demandado contra o portador da letra, direito fundado numa relação extracartular, que o demandado pode opor ao portador da letra, enquanto que nas relações chamadas mediatas não existe na titularidade do demandado qualquer direito oponível ao portador, pela simples razão de não haver entre eles qualquer relação extracartular (relação subjacente ou convenção executiva).

É esta a razão pela qual as exceções extracartulares só são oponíveis ao portador nas chamadas relações imediatas e não o são nas chamadas relações mediatas.

### iv. Teorias da criação e da emissão

As declarações cartulares, mormente os atos cambiários, são negócios jurídicos unilaterais que têm como conteúdo promessas. Mas qual o âmbito do negócio? É suficiente a subscrição do título ou é necessária a entrega?

O negócio cambiário pode ser encarado em duas perspetivas. Numa primeira, o negócio completa-se com a subscrição do título, sendo a emissão uma simples condição de eficácia (teoria da criação). Numa segunda, a emissão é mais do que uma simples condição de eficácia e integra-se no próprio negócio cambiário (teoria da emissão).

A questão coloca-se e é importante sempre que, depois de subscrito, o título seja posto em circulação independentemente da vontade do subscritor. Em caso de desapossamento involuntário, importa saber se o negócio cambiário já está perfeito ou não.

Se se adotar a teoria da criação, estando o negócio cambiário já completo e perfeito com a assinatura do subscritor, o carácter voluntário ou involuntário da sua entrada em circulação é irrelevante para a responsabilidade do subscritor que não poderá opor, quando demandado, a exceção de desapossamento involuntário.

Seguindo-se a teoria da emissão, o negócio cambiário não está ainda completo nem perfeito com a subscrição; é ainda necessário que o subscritor voluntariamente o ponha em circulação, entregando-o. Caso o

DIREITO COMERCIAL

subscritor tenha perdido o título já subscrito ou este lhe tenha sido subtraído, o subscritor ao ser demandado poderá opor a exceção de desapossamento involuntário.

Em favor da teoria da criação são invocáveis duas ordens de argumentos: o da necessidade de segurança na circulação do título e o do artigo 16.º da LULL. Segundo este artigo:

> O detentor de uma letra é considerado portador legítimo se justifica o seu direito por uma série ininterrupta de endossos, mesmo se o último for em branco. Os endossos riscados consideram-se, para este efeito, como não escritos. Quando um endosso em branco é seguido de um outro endosso, presume-se que o signatário deste adquiriu a letra pelo endosso em branco.

> Se uma pessoa foi por qualquer maneira desapossada de uma letra, o portador dela, desde que justifique o seu direito pela maneira indicada na alínea precedente, não é obrigado a restituí-la, salvo se a adquiriu de má-fé ou se adquirindo-a, cometeu falta grave.

Para que o título circule é imprescindível que para o portador seja reduzido o risco de, ao tentar cobrar o título, lhe serem opostas exceções imprevistas. Ninguém aceitará como bons, títulos que, no momento de serem cobrados, possam vir a surpreender o portador com vícios, que do seu teor não resultassem e que não pudessem ser previstos de antemão. Para a teoria da criação, admitir a oponibilidade ao terceiro portador de boa fé da exceção de desapossamento involuntário viria inserir no título um factor de insegurança de tal maneira grave que viria a afetar a sua circulação. O título seria demasiadamente inseguro e vulnerável para poder circular.

Nesta linha, o artigo 16.º da LULL ao defender o terceiro portador de boa fé contra a reivindicação do título pelo desapossado involuntário consagraria a tutela do portador de boa fé contra o desapossado e, concomitantemente, o sacrifício do mesmo desapossado. Dos interesses tutelados pela lei e pelo seu próprio regime seria de concluir que o negócio cambiário estaria completo e perfeito com a subscrição, cabendo ao subscritor o cuidado de se não deixar desapossar e o risco correspondente. Os argumentos da teoria da criação impressionam mas não colhem.

O argumento da segurança na circulação é reversível.

É verdade que a segurança é imprescindível para a circulação. Mas a teoria da criação, ao defender o portador contra a eventual oponibili-

TÍTULOS DE CRÉDITO

dade pelo demandado da exceção de desapossamento involuntário, deixa-o sem defesa contra o desapossamento que ele próprio venha eventualmente a sofrer. A segurança na aquisição vem a ser neutralizada pela insegurança na posse.

Também o argumento extraído do artigo 16.° da LULL é falacioso. Segundo o referido artigo, aquele que for involuntariamente desapossado do título não pode reivindicá-lo contra o terceiro portador de boa fé. Mas o artigo 16.° não estatui, nem dele se pode extrair, que o desapossado o tenha de pagar. Seria uma violência que dificilmente poderia ser admitida sem um apoio claro na lei. É verdade que o desapossado involuntário perde a propriedade do título e, portanto, o respetivo valor que deixou de poder cobrar no vencimento ou de mobilizar antes dele. Isso resulta claramente da lei. Mas da lei não consta, nem sequer resulta, que o desapossado além de perder a propriedade do título ainda tenha de o pagar.

O risco para o portador emergente da teoria da emissão não é maior que aquele que para ele é resultante do regime do artigo 7.° da LULL. Todos os portadores correm o risco de, no vencimento, deparar no título com assinaturas falsas ou de pessoas fictícias. No caso de assim suceder, poderão sempre cobrar o título dos outros obrigados, pelo menos, daquele de quem o receberam. No caso de procedência da exceção de desapossamento involuntário, o portador pode cobrar o título dos demais coobrigados e, pelo menos, daquele que lhe endossou o título e que assim ficou garante da sua genuinidade, tanto no que respeita às assinaturas dos intervenientes como da voluntariedade dos desapossamentos.

A teoria da emissão não afeta a segurança da circulação mais do que ela já está afetada pelo regime do artigo 7.° da LULL. A assinatura do desapossado involuntário deve considerar-se como uma daquelas que, tal como referido no artigo 7.°, "por qualquer outra razão (o desapossamento involuntário) não poderiam obrigar as pessoas que assinaram a letra". Por outro lado, a teoria da emissão garante e defende o portador contra o desapossamento involuntário de que ele próprio venha eventualmente a ser vítima. Se, nos termos do artigo 16º da LULL, o portador involuntariamente desapossado da letra perde a sua propriedade – e consequentemente o respetivo valor – não tem todavia que a pagar. De acordo com o artigo 7.° da LULL, as obrigações dos outros signatários da letra nem por isso deixam de ser válidas.

DIREITO COMERCIAL

A teoria da emissão respeita a vontade negocial do subscritor. Se o ato cartular, concretamente, o ato cambiário, é um negócio jurídico, a vontade negocial do seu autor não pode ser completamente desprezada nem prescindida.[182] O subscritor que vê o título posto em circulação contra a sua vontade não tem vontade negocial completa de se vincular e de se obrigar. A responsabilidade do desapossado involuntário só poderia ser fundada em responsabilidade do mesmo por ter deixado, com culpa ou negligência, que o título entrasse em circulação contra a sua vontade, criando-se uma aparência pela qual seria responsabilizado. Nesse caso, todavia, estar-se-ia já fora do campo da dívida cambiária e no domínio da responsabilidade civil.

Deve pois concluir-se que o negócio cambiário inclui a entrega voluntária do título, num complexo de ação que abrange a assinatura e a *"traditio"*, como integrante do negócio jurídico cartular. A *"traditio"* do título é assim mais de que uma condição de eficácia; faz parte integrante do ato cambiário. O desapossado involuntário não pode reivindicar a letra contra o terceiro portador de boa fé legitimado por uma série ininterrupta de endossos (artigo 16º da LULL) mas, se lhe for exigido o pagamento, pode excecionar o desapossamento involuntário, sem que isso afete a validade das obrigações dos demais signatários da letra (artigo 7º da LULL).

## 49. Extinção e reforma dos títulos de crédito

### i. *Causas de extinção do título de crédito*
Os títulos de crédito extinguem-se por causas atinentes ao título como documento e ao direito incorporado.

O título extingue-se se for destruído, total ou parcialmente, ou obliterado. O título pode ser destruído acidental ou intencionalmente, pode obliterar-se por desgaste ou por velhice. Os títulos são documentos de papel e são fisicamente frágeis. Também os títulos eletrónicos podem ser destruídos e são ainda mais frágeis. Podem desaparecer ou ser destruídos em catástrofes ou acidentes, podem desgastar-se ou tor-

---

[182] PAIS DE VASCONCELOS, *A Declaração Cambiária como Negócio Jurídico Unilateral e a Teoria da Emissão*, Scientia Iuridica, nºs 199-204, Tomo XXXV, págs. 316 e segs..

TÍTULOS DE CRÉDITO

nar-se ilegíveis com o uso e com a circulação. Podem até ser destruídos intencionalmente por terceiros e mesmo pelos próprios titulares.[183]

O direito incorporado não se extingue pelo facto da destruição do título, mas não pode ser exercido sem ele. Assim, para que o direito incorporado se possa exercer, é necessário reconstruir o título.

Os títulos extinguem-se também por ineficácia como tais. Depois do protesto por falta de pagamento, ou de passado o prazo para apresentação a protesto, a letra já não circula como tal, mas apenas de acordo com o regime da cessão de créditos. Também as ações das sociedades anónimas e os títulos delas representativos podem tornar-se ineficazes e ser substituídos por outros, anulando-se os antigos quando sejam desdobrados ou convertidos e as próprias notas de banco são por vezes retiradas de circulação e substituídas por outras de novas emissões, tomando-se ineficazes. O título tornou-se então inábil para circular, extinguiu-se como título de crédito, embora o direito incorporado se não tenha extinto.

Os títulos extinguem-se finalmente pela extinção do próprio direito incorporado. Depois de pago, cumprido ou prescrito ou extinto por outro facto ou direito incorporado, o título extingue-se como tal. Embora continue a existir fisicamente, o título já não circula e, acima de tudo, já não incorpora qualquer direito.

## ii. *Reconstituição do título de crédito pela reforma*

Segundo o artigo 367º do Código Civil, podem ser reformados judicialmente os documentos escritos que por qualquer modo tiverem desaparecido. Por seu lado, o artigo 484º do Código Comercial refere-se especificamente a letras, ações, obrigações e mais títulos comerciais transmissíveis por endosso que tiverem sido destruídos ou perdidos. O Código de Processo Civil, no seu artigo 1.069º prevê a reforma de títulos de obrigações destruídos.

A primeira prevenção que há a fazer nesta matéria tem a ver com o termo "reforma".

---

[183] Em 1940, a Banque de la Société Generale de Belgique destruiu vários títulos ao portador emitidos pelo Estado Português para evitar que fossem apropriados pelos invasores alemães, fazendo certificar tal facto por notário. Esses títulos vieram a ser reformados. Sobre o assunto, v. JOSÉ ALBERTO DOS REIS, *Processos Especiais*, vol. II, Reimpr., Coimbra Editora, Coimbra, 1982, págs. 58 segs..

DIREITO COMERCIAL

É usual, no giro comercial e até já no tráfego jurídico referir como "reforma" de letras ou de livranças, numa prática que consiste no pagamento total ou parcial desses títulos, no seu vencimento, através da assunção de nova obrigação cambiária. É usual, no comércio, que, chegada a data do vencimento, o devedor, geralmente o aceitante ou sacador, conforme os casos, proceda ao pagamento da letra (ou livrança) enviando ao portador uma nova letra por si aceite de montante correspondente parcialmente à quantia a pagar e o remanescente em dinheiro, ou nos casos da chamada "reforma por inteiro", que lhe envie aceite uma letra pelo montante do total do montante da anterior. A letra originária extingue-se por cumprimento e surge uma nova letra autónoma da primeira.

Esta prática é na vida comercial designada por "reforma", e embora tenha algumas semelhanças com a verdadeira reforma não deve ser com ela confundida. Nesta falsa "reforma" ocorre a dação de uma nova letra (ou, se se preferir, a assunção de uma nova obrigação cambiária) em função do cumprimento parcial ou total duma outra preexistente. Na verdadeira "reforma", o que se passa é diferente: trata-se então de reconstituir um título que se destruiu, danificou ou desapareceu. O título reformado é juridicamente o mesmo título e não um outro título autónomo. As duas "reformas" diferem também no fundamento: a verdadeira, ocorre em casos em que o documento que constitui o título é, ele próprio, afetado e reconstituído por outro que o substitui, a falsa "reforma" ocorre porque o devedor não pode ou não quer pagar total ou parcialmente o título e o credor aceita refinanciá-lo. É importante não confundir a verdadeira e a falsa "reforma".[184]

A segunda questão a analisar em matéria de reforma dos títulos de crédito tem a ver com o seu âmbito, quer dizer, com a determinação dos tipos de títulos cuja reforma é admitida.

O Código Civil, o Código Comercial e o Código de Processo Civil são algo divergentes na redação dos preceitos em que se referem ao âmbito

---

[184] A natureza e o regime jurídico da "falsa reforma" serão tratados infra a propósito do pagamento da letra. A "falsa reforma" constitui o significado corrente, na prática comercial do termo "reforma". A designação vulgarizou-se de tal modo que chegou mesmo a ser utilizada nesse sentido pelo legislador, no art° 9° do Decreto n° 19.490 segundo o qual o extrato de fatura "não é reformável".

da reforma. O Código Civil fala de documentos escritos, o Código Comercial de letras, ações, obrigações e mais títulos comerciais transmissíveis por endosso e o Código de Processo Civil fala de títulos de obrigação. Por outro lado, o Código Civil fala de documentos perdidos, o Código Comercial de destruídos ou perdidos e o Código de Processo Civil de destruídos.

As discrepâncias terminológicas dos três códigos não têm qualquer sentido normativo.

Referindo-se o Código Civil a documentos escritos, sem restringir, não poderia o direito a reformar ficar sem ação. E assim, o artigo 1073º do Código de Processo Civil vem alargar o processo a todos os outros documentos, para além dos títulos de obrigação. Posto isto, o facto de no Código Comercial se restringir a títulos transmissíveis por endosso não deve excluir da reforma os títulos ao portador. Naturalmente que, no que a estes respeita, se levantarão dificuldades crescidas quanto à identificação dos títulos a reformar e a prova dos pressupostos da reforma. Mas tal não impede, em princípio, que sejam reformados.

Também quanto ao fundamento da reforma, não há razão para distinguir os documentos perdidos ou destruídos, ou mesmo dos obliterados ou simplesmente desgastados. A razão de ser é a mesma em relação a todos: a necessidade de reconstituir o documento.

O processo de reforma consta dos arts. 1069.° a 1073.° do Código de Processo Civil como processo especial e é relativamente simples.

O interessado na reforma deve descrever o título e as circunstâncias em que o mesmo se destruiu ou desapareceu e justificar o interesse que tem na reforma. O Tribunal convoca então as pessoas que tenham emitido o título ou que nele se tenham obrigado para uma conferência de interessados e manda afixar editais nas bolsas em que o título eventualmente tenha cotação. Se ninguém se manifestar, se todos os interessados estiverem de acordo ou se improceder a oposição que tenha sido deduzida, é ordenada a reforma, podendo o autor requerer que o emitente do título emita um novo título. Se o emitente o não fizer, não obstante para isso justificado, a certidão do auto de reforma fica a servir de título.

No caso de o título não ter sido destruído, mas tenha desaparecido ou sido perdido, publicar-se-ão, num dos jornais mais lidos da localidade em que se presuma ter ocorrido o desaparecimento, anúncios em que o

DIREITO COMERCIAL

título será descrito e convidada qualquer pessoa que esteja na posse dele a apresentá-lo. Se o título não aparecer, o Tribunal declara sem valor o título desaparecido e ordena a sua reforma. Se o título reformado for um dos previstos no art. 484.º do Código Comercial (letras, ações, obrigações e mais títulos comerciais transmissíveis por endosso), o requerente deverá contudo prestar caução à restituição do valor do título e respetivos juros ou dividendos previamente à entrega do novo título.

Se o título aparecer, ele é entregue ao autor, se todos os interessados nisso concordarem, e o processo extingue-se. Se houver litígio entre o detentor do título e o requerente da reforma, o processo especial de reforma, no artigo 1071º do Código de Processo Civil, prevê que o ou os dissidentes deduzam contestação, seguindo-se os termos do processo que, substancialmente corresponderá a uma reivindicação.

Se posteriormente ao trânsito em julgado da decisão que ordenou a reforma o título surgir nas mãos de um terceiro que não tenha sido ouvido no processo, esse portador terá perdido todos os direitos? Segundo a alínea c) do artigo 1072º do Código de Processo Civil, o título foi declarado sem valor, sem prejuízo dos direitos que o portador possa exercer contra o requerente. Quais serão esses direitos?

Esta questão prende-se com o efeito do caso julgado na ação especial de reforma. Não pode entender-se que o caso julgado só seja eficaz entre as pessoas que intervieram no processo. Se assim fosse, o título seria duplicado sempre que viesse a surgir em poder de um terceiro de boa fé que não tivesse intervindo no processo e o obrigado teria de o pagar duas vezes. O aparecimento do título posterior ao trânsito em julgado não tem consequências: a reforma subsiste.[185] Aquele que tenha o título em seu poder não pode exercer quaisquer direitos cartulares, dado que o título pereceu como título de crédito, foi declarado sem valor. Mas tal não significa que ele tenha perdido outros direitos que eventualmente tenha contra o requerente da reforma em ligação com o título e com o próprio processo de reforma. Esses direitos podem emergir, ou da relação subjacente, se existir, ou de responsabilidade civil, se o requerente tiver atuado de má fé ao requerer a reforma.

---

[185] José Alberto dos Reis, *Processos Especiais*, cit., pág. 81.

TÍTULOS DE CRÉDITO

Não deve todavia ser esquecido o preceito do artigo 680º, nº 2 do Código de Processo Civil que admite o recurso por terceiros não intervenientes no processo e que sejam direta e efetivamente prejudicados com a reforma. O prazo para a interposição do recurso conta-se neste caso a partir da data em que o terceiro tenha conhecimento da decisão (artigo 685º, nº 4 do Código de Processo Civil).[186]

IV. Os títulos de crédito que tenham a natureza de "valores mobiliários escriturais e titulados depositados", no caso que nos interessa, ações e obrigações escriturais e, ações e obrigações tituladas sujeitas a regime de depósito têm um regime especial de reforma regulado no artigo 51º do CVM.

Neste processo, "a reconstituição é efetuada pela entidade que tem a seu cargo o registo ou o depósito (sistema central ou intermediário financeiro) com a colaboração do emitente". O projeto de reconstituição deve ser publicitado de modo a ser conhecido pelo público e também comunicado aos interessados que forem conhecidos, com pelo menos 45 dias de antecedência. Após a publicação ou a comunicação, qualquer interessado pode opor-se à reconstituição e requerer a reforma judicial dos títulos em questão. O processo segue, então, o regime dos artigos 1069º e seguintes do Código de Processo Civil .

## 50. A letra de câmbio

### i. A letra como título e como documento. Distinção da livrança, do cheque e do extrato de fatura

A letra é um título de crédito.

Como tal, é constituída por um documento escrito e assinado. Ainda como título de crédito, a letra incorpora um direito de crédito pecuniário. Quanto ao modo de circulação é um título à ordem, circula por endosso. É um título privado e individual.

---

[186] FERNANDO OLAVO, *Títulos de Crédito em Geral*, cit., pág. 119, defende que a sentença que decreta a reforma não constitui caso julgado oponível ao portador de boa fé que não interveio no processo.

DIREITO COMERCIAL

A letra é muito antiga na História, discutindo-se a sua origem. Todavia é certo ser já muito utilizada pelos mercadores medievais. As necessidades do comércio internacional exigiram a unificação do regime da letra, que veio a ser feita pelas Convenções de Genebra de 1930 sobre o regime jurídico das letras e livranças[187], sobre os conflitos de leis nessas matérias e sobre o respetivo imposto de selo. Estas Convenções foram integradas no direito interno português pelo Decreto n° 23.721 de 29 de Março de 1934, que revogou os artigos 278.° e segs. do Código Comercial e aprovou a Lei Uniforme sobre Letras e Livranças (LULL).

A letra é muito semelhante à livrança. A livrança distingue-se da letra porque enquanto a letra é em princípio emitida por um sacador que ordena ao sacado que pague uma quantia ao tomador ou à sua ordem, a livrança é emitida por um subscritor que promete pagar uma quantia ao beneficiário ou à sua ordem. Simplificando, a letra é, em princípio, uma ordem de pagamento enquanto que a livrança é uma promessa de pagamento. A livrança encontra o seu regime jurídico na mesma lei que rege a letra. Os artigos 75.° a 78.° da LULL dispõem acerca das especificidades de regime da livrança em relação à letra, especificidades que quase não existem e, no artigo 77.°, remete para o regime da letra a quase totalidade do regime da livrança.

O cheque é um outro título de crédito também semelhante à letra, embora menos do que a livrança. O seu regime jurídico consta também de uma lei uniforme, a Lei Uniforme sobre o Cheque (LUC), aprovada pela Convenção de Genebra de 19 de Março de 1931 e introduzida no direito interno português pelo Decreto-Lei n° 23.721, de 29 de Março de 1934. O que diferencia o cheque da letra consiste em que o sacado é sempre um Banco em que o sacador tem fundos depositados. O devedor principal do cheque é pois sempre um Banco. Embora objeto de uma lei uniforme própria, o regime jurídico do cheque não é fundamentalmente diferente do da letra.[188]

---

[187] Assinaram e ratificaram a Convenção ou aderiram a ela a Alemanha, a Bélgica, o Brasil, a Dinamarca, a Finlândia, a França, a Grécia, a Holanda, o Japão, o Luxemburgo, o Mónaco, a Noruega, a Polónia, Portugal, a Suécia, a Suíça e a União Soviética. Assinaram mas não ratificaram a Convenção, a Checoslováquia, a Colômbia, o Equador, a Espanha, a Jugoslávia, o Perú e a Turquia.

[188] Sobre o cheque e o seu regime jurídico, PAULO OLAVO CUNHA, *Cheque e Convenção de Cheque*, Almedina, Coimbra, 2009.

O estrato de fatura, regido pelo Decreto nº 19.490, e 21 de Março de 1931, é um título de crédito constituído pelo extrato de uma facura emitida pelo vendedor e aceite pelo comprador, no contrato de compra venda a prazo entre comerciantes. O vendedor da mercadoria envia com ela uma fatura, com uma parte destacável – o estrato de fatura. Se aceitar a mercadoria como conforme, o comprador assina e separa o extrato, que envia ao vendedor. Ao fazê-lo, o comprador aceita pagar, ao vendedor ou à sua ordem, no prazo estipulado, a quantia equivalente ao preço. O estrato é título executivo e a respetiva ação judicial começa pela penhora.

O estrato de fatura é muito usado no Brasil sob a designação de "duplicata". Em Portugal, porém, por razões que não se entendem bem, o estrato de fatura praticamente não é utilizado.

### ii. Requisitos formais da letra

A letra é um título extremamente formal. O artigo 1º da LULL enumera os seus requisitos formais. A letra deve pois:

- conter, no próprio texto, a palavra "letra" expressa na língua em que o título for redigido;
- conter o "mandato puro e simples de pagar uma quantia determinada[189];
- conter o nome daquele que deve pagar (sacado);
- conter a época do pagamento;
- indicar o lugar do pagamento;
- conter o nome da pessoa a quem ou à ordem de quem deve ser paga;
- indicar a data e o lugar em que é passada;
- conter a assinatura de quem passa a letra (sacador).

A inserção da palavra "letra" é exigida para evitar dúvidas ou questões acerca da natureza do título. A inserção de outra palavra tida por equivalente ou a omissão da palavra têm como consequência obstar à qualificação do documento como letra. A segurança do tráfego jurídico e do comércio assim o exigem.

---

[189] Este "mandato puro e simples de pagar uma quantia determinada" é, no fundo, o saque, o que se explica pelo facto de a letra ser criada pelo saque.

DIREITO COMERCIAL

A ordem de pagamento que consubstancia o saque e que cria a letra é incondicionável. A sujeição do saque a condição é proibida. Também o aceite, o endosso e o aval são incondicionáveis. A proibição do condicionamento do saque resulta do artigo 1º, nº 2 e do artigo 2º da LULL, a do aceite consta expressa no artigo 26.°, a do endosso do artigo 12.° e a do aval resulta do artigo 31.°.

Quais as consequências do condicionamento?

O saque sob condição impede a qualificação da letra como tal. O escrito que contenha uma ordem condicional de pagamento não pode ser qualificado como letra de câmbio ainda que tenha desse título os demais requisitos. Criada a letra pelo saque, o condicionamento do aceite é tido como recusa de aceite (artigo 26.° da LULL) e o do endosso condicionado tem-se por não escrito (artigo 12.° da LULL). No que respeita ao condicionamento do aval, não existe disciplina expressa na lei. A única limitação que o avalista pode opor à sua obrigação é quantitativa (artigo 30.° da LULL); no restante, o conteúdo da obrigação do avalista determina-se pela do avalizado (artigo 32.° da LULL). Assim sendo, o condicionamento do aval tem as mesmas consequências do condicionamento do ato avalizado, a não ser que, atento o teor do artigo 31.° da LULL, a expressão do aval, incluindo a da condição, se não possa ter por fórmula equivalente, caso em que não poderá ser qualificada como aval, sem que tal facto afete a eficácia da letra e a validade das obrigações dos demais signatários (artigo 7.° da LULL).

### iii. *A letra em branco. O pacto de preenchimento. O preenchimento abusivo*

A letra pode ser criada e posta em circulação sem estar completamente preenchida. É o que se chama uma "letra em branco".

De acordo com o artigo 10.° da LULL, se uma letra incompleta no momento de ser passada, tiver sido completada contrariamente aos acordos realizados, não pode a inobservância desses acordos ser motivo de oposição ao portador, salvo se este tiver adquirido a letra de má fé ou, adquirindo-a, tenha cometido falta grave.

A letra pode ser passada incompleta. Quer isto, dizer que a letra pode ser sacada, pode ser aceite, ou pode ser sacada e aceite sem que tenha sido completamente preenchida, tendo ficado em branco algumas das estipulações cambiárias que determinam o conteúdo do direito cartular. Quer o sacador, quer o aceitante podem ter interesse em não determinar

TÍTULOS DE CRÉDITO

desde logo, por exemplo, o montante da letra. É possível e é frequente que ao tempo do saque e do aceite não esteja ainda definitivamente determinado o valor do crédito subjacente, seja ainda ilíquido. Neste caso a letra é passada com o valor em branco.

A letra não pode ser passada totalmente em branco. É indispensável que dela conste a palavra letra e o saque. Sem isso, o documento em questão não é qualificável como letra. Quando seja passada em branco, a letra pode ser preenchida posteriormente e deve sê-lo antes de apresentada a pagamento.

O preenchimento posterior da letra deve ser feito de acordo com o convencionado. Sempre que é emitida uma letra em branco tem que ter havido prévia ou simultaneamente à emissão um acordo quanto ao critério do preenchimento. Este acordo é uma convenção extracartular e designa-se por "pacto de preenchimento".

O pacto de preenchimento é uma convenção obrigacional e informal. Tem como conteúdo a obrigação de preencher a letra de acordo com o critério estipulado e só é oponível entre as partes. Pode ser verbal ou meramente consensual, embora seja aconselhável que revista a forma escrita para evitar dificuldades de prova. A violação do pacto de preenchimento designa-se preenchimento abusivo. O preenchimento abusivo, segundo o artigo 10.º da LULL não é oponível ao portador. Este preceito carece de alguma explicitação. Deve entender-se que o portador referido no artigo 10.º da LULL a que o preenchimento abusivo não pode ser oposto é um portador que não seja interveniente no pacto de preenchimento. A doutrina do artigo 10.º é a mesma do art. 17° da LULL: as convenções extracartulares só podem ser opostas entre os respetivos intervenientes.

Caso a letra acusada de preenchimento abusivo seja cobrada por um portador que não seja parte no pacto de preenchimento, a exceção de preenchimento abusivo será improcedente e a letra terá de ser paga pelo montante que nela figure. Ao demandado prejudicado restará demandar aquele com quem convencionou o preenchimento e, nesse foro, discutir se o preenchimento foi, ou não, abusivo. Se se concluir que o preenchimento foi efetuado em violação do pacto, haverá responsabilidade civil. A responsabilidade civil por preenchimento abusivo é contratual. Presume-se, portanto, a culpa (artigo 799.º do Código Civil). Se a presunção de culpa for ilidida, vigora o regime de enriquecimento sem causa.

DIREITO COMERCIAL

### iv. O saque

I. O saque é o negócio cambiário que cria o título.

É um negócio unilateral abstrato que tem por conteúdo uma ordem dirigida ao sacado para que pague uma quantia ao tomador ou à sua ordem e uma promessa dirigida ao tomador ou à sua ordem de que o sacado irá aceitar e pagar a letra e que, caso tal não suceda, o sacador pagará ele próprio.

O saque pode ser feito à ordem de terceiro – o tomador – a quem a letra deve ser entregue. O saque pode também ser feito à ordem do próprio sacador, que figurará então como sacador-tomador. Pode ainda ser sacada sobre o próprio sacador (artigo 3.º da LULL). O saque à ordem do sacador justifica-se quando este não saiba ainda se quer pôr a letra em circulação ou se pretende mantê-la em carteira até ao vencimento. Se tiver, depois, interesse em mobilizar a letra, poderá endossá-la. O saque sobre o próprio sacador é útil nas relações do sacador com as suas filiais.[190] Dada a promessa implícita no saque, o sacador responde em princípio pelo aceite e pelo pagamento da letra (artigo 9.º da LULL). Pode, todavia, exonerar-se da responsabilidade pelo aceite, inserindo na letra a cláusula "letra não aceitável", "aceite proibido", ou equivalente. A proibição do aceite não impede o aceite nem o torna ilícito; tem como efeito desresponsabilizar o sacador pela recusa do aceite. Neste caso, entende--se que, pelo saque com tal cláusula, o sacador promete só que a letra será paga, mas não já que será aceite.

O montante do saque deve constar expresso na letra por extenso e em algarismos. Em caso de divergência entre o montante indicado por extenso e o indicado em algarismos prevalece o que consta por extenso (artigo 6.º, nº 1 da LULL). Se o montante constar da letra mais do que uma vez, por extenso ou em algarismos, e houver divergência, prevalecerá a que for de montante inferior (artigo 6.º, nº 2 da LULL).

II. O sacador pode estipular juros e fazer constar tal estipulação na letra. Se a letra for sacada à vista ou a certo termo de vista (artigo 33.º da LULL), os juros terão de ter estipulação autónoma e escrita no texto da letra (artigo 5.º, nº 2 da LULL). Se a letra for sacada a certo termo de data

---

[190] FERRER CORREIA, Direito Comercial, Reprint, cit., pág.491.

TÍTULOS DE CRÉDITO

ou com data certa (artigo 33.º da LULL), os juros serão inseridos no montante do saque e não podem ser objeto de estipulação própria que, se existir, se tem por não escrita (artigo 5.º, nº 1 da LULL). A justificação deste regime é simples. Nas letras sacadas à vista ou a certo prazo de vista, a data do vencimento é desconhecida no momento do saque, o que torna necessário a estipulação do juro e da sua taxa; ao contrário, nas letras sacadas a certo termo de data ou com data certa, sabe-se já no momento do saque a data em que o vencimento virá a ocorrer, o que permite que o juro seja desde logo liquidado e acrescentado ao montante do saque.

III. Os artigos 7.º e 8.º da LULL tratam a propósito do saque de questões atinentes à assinatura da letra no que respeita aos diversos atos cambiários. O regime contido nestes preceitos aplica-se portanto para além do domínio do saque. As questões aí reguladas são as das assinaturas ineficazes e das assinaturas feitas sem poderes ou com excesso de poder.

No artigo 7.º, prevê-se o caso em que a letra contenha assinaturas de pessoas incapazes de se obrigarem por letras, assinaturas falsas, assinaturas de pessoas fictícias ou assinaturas que por qualquer outra razão não poderia obrigar as pessoas que assinaram a letra ou em nomes das quais ela foi assinada e estatui que as obrigações dos demais signatários continuem a ser válidas. O ato cuja assinatura está viciada não subsiste. Poderá ser inválido ou inexistente. Mas o vício respetivo não afeta os demais atos cambiários expressos na letra.

A razão deste regime está na autonomia dos atos cambiários. Se for o aceite o ato afetado, nem por isso enfraquecem as responsabilidades do sacador, dos endossantes e avalistas. O sacador, com o saque, garantiu que o sacado aceitaria e pagaria, quer dizer, responsabilizou-se por que houvesse um aceitante que pagasse a letra no vencimento. Tal não tendo sucedido, ele é responsável. A responsabilidade dos endossantes mantém-se também porque o endosso contém implícita a promessa de que os obrigados já vinculados na letra são bons, quer dizer, existem, são solventes e pagarão se forem chamados a tal. Os avalistas respondem do mesmo modo que aqueles por quem prestaram o aval. Até o avalista do ato viciado responde porque o vício se não possa considerar de forma (artigo 32º, nº 2 da LULL) o que significa que o avalista garante o resultado, quer dizer, que honrará a obrigação se ele não for por qualquer razão (que não de forma) realizada.

DIREITO COMERCIAL

No que respeita aos demais atos as razões de regime são as mesmas. Cada um dos intervenientes da letra, ao entregá-la com a sua assinatura ao portador subsequente, responsabiliza-se pela genuinidade de tudo o que na letra se contém: apurando-se que um qualquer dos obrigados cambiários não paga, ou porque é incapaz de se obrigar por letras, ou porque a sua assinatura está falsificada, ou porque se trata de pessoa fictícia, ou porque aquela assinatura a não poderia obrigar, os demais obrigados são chamados a responder como se simplesmente tivesse havido não pagamento.

Deste regime pode concluir-se que com cada ato cambiário se garante também a genuinidade das assinaturas anteriores.

IV. No artigo 8.º da LULL preveem-se situações diferentes. Trata-se de casos em que quem assina a letra invoca poderes de representação que não tem ou que está a exercer em excesso. Nestes casos é necessário que o firmante da letra tenha invocado representação de terceiro e que se venha a verificar, ou que essa representação não existe, ou que foi exercida em excesso. Segundo o regime do artigo 8.º, aquele em cujo nome a letra foi assinada não fica vinculado, ficando obrigado aquele que assinou a letra, o suposto representante.

O regime dos artigos 7.º e 8.º da LULL pode parecer difícil de coordenar com o do artigo 6.º, nº 4 do Código das Sociedades Comerciais: a Lei Uniforme e o Código das Sociedades parecem contradizer-se, vinculando a primeira o representante e o segundo o representado. Na verdade não há contradição se se atender a que do regime do artigo 6.º, nºs 4 e 5 do Código das Sociedades Comerciais resulta que, não obstante originar responsabilidade civil, o ato vincula a sociedade cuja capacidade não fica limitada. Sendo assim, a assinatura feita na letra em nome da sociedade pelo representante legal com violação das cláusulas contratuais restritivas vincula a própria sociedade, incorrendo, não obstante, o firmante em responsabilidade civil.

### v. O aceite

I. O aceite é o negócio jurídico cambiário, unilateral e abstrato, pelo qual o sacado aceita a ordem de pagamento que lhe foi dirigida pelo sacador e promete pagar a letra no vencimento ao tomador ou à sua ordem (artigo 28º da LULL).

TÍTULOS DE CRÉDITO

O aceite é escrito na própria letra. Para tal, o sacado escreve a palavra aceite, ou outra equivalente, e assina, ou limita-se a assinar na parte anterior da letra (artigo 25º da LULL). Usualmente o aceite exprime-se pela assinatura do sacado posta transversalmente no lado esquerdo do rosto da letra.

Pelo aceite, o sacado passa a designar-se aceitante e fica responsabilizado pelo pagamento da letra no vencimento.

É importante notar que o sacado, como tal, quer dizer, antes de aceitar, não tem qualquer responsabilidade na letra. O saque, só por si, como ato unilateral do sacador, não obriga o sacado, nem o vincula a aceitar. O sacado não é obrigado a aceitar a letra e, se recusar o aceite, não incorre em qualquer responsabilidade cambiária. O protesto por falta de aceite é feito contra o sacador que, com o saque, prometeu que a letra seria aceite, e não contra o sacado, que não está obrigado a aceitá-la.

II. Só extracambiariamente pode o sacado estar obrigado a aceitar a letra. Nesse caso, se o sacado se tiver extracambiariamente obrigado a aceitar a letra, então a falta de aceite terá para ele as consequências que decorrerem dessa falta de cumprimento. As consequências concretas da falta de cumprimento da obrigação extracambiária de aceitar uma letra dependem do que tiver sido estipulado na promessa extracambiária aceite. Num contrato de fornecimento seguido de mercadorias, por exemplo, o cliente pode obrigar-se a aceitar letras sacadas pelo fornecedor pelo valor de cada fornecimento. Num caso como este, a recusa de aceite pode constituir, ou não, violação do contrato de fornecimento, consoante as letras tenham sido sacadas em conformidade com o convencionado. As consequências do eventual incumprimento da promessa de aceite devem ser determinadas à face do contrato de fornecimento, ato que integra a promessa de aceite. A eventual responsabilidade do sacado por recusa do aceite é extracambiária.

III. A apresentação da letra a aceite é, em princípio, facultativa (artigo 22.° da LULL). A apresentação a aceite é contudo obrigatória sempre que o sacador o determina (artigo 22.°, nº 1 da LULL) e quando a letra seja pagável à vista ou a termo de vista, porque nestes casos é a apresentação que determina o vencimento (nas letras pagáveis à vista) ou o início do curso do prazo (nas letras a termo de vista).

DIREITO COMERCIAL

A apresentação pode também ser proibida pelo sacador (artigo 22.º, nº 2 da LULL). A proibição do aceite não impede qualquer portador de levar a letra a aceite, mas exonera o sacador da responsabilidade por recusa de aceite. A proibição do aceite exprime-se pela inserção na letra da cláusula "letra não aceitável" ou "aceite proibido". O sacador pode ter interesse em proibir o aceite quando não esteja certo de que o sacado a aceite e não queira, portanto, responsabilizar-se por ele. O sacador pode ainda estipular que a letra não seja apresentada a aceite antes de determinada data (artigo 22.º, nº 3 da LULL). A letra pagável à vista ou a certo termo de vista deve ser apresentada a aceite no prazo de um ano a contar da data do saque, salvo diferente estipulação de prazo (artigo 23.º da LULL), perdendo o portador os direitos emergentes da letra, salvo se dos termos da estipulação se concluir que o sacador apenas teve em vista exonerar-se da garantia do aceite (artigo 53.º da LULL). A letra pode ser apresentada a aceite pelo sacador ou por qualquer outro portador e pode circular antes de aceite. Apresentada a aceite, o sacado pode pedir que lhe seja novamente apresentada no dia seguinte (artigo 24.º da LULL).

IV. O aceite não pode ser condicionado, mas pode ser parcial, ou modificado (artigo 26.º da LULL). O sacado pode limitar o seu aceite a uma parte da quantia sacada; é eficaz por esse montante e os coobrigados ficam por ele desobrigados.

O aceite condicionado considera-se recusado. O aceite parcial é válido e eficaz como tal; o sacado fica obrigado nos termos em que aceitou. A recusa de aceite, o aceite condicionado, parcial ou modificado dão lugar ao vencimento imediato da letra (artigo 43.º da LULL). Se o sacado riscar o aceite antes de restituir a letra que lhe tenha sido apresentada para aceite, o aceite considera-se recusado (artigo 29.º da LULL). Isto significa que o aceite, como negócio cambiário, não se esgota na assinatura (subscrição), mas inclui também a entrega da letra (teoria da emissão).

Antes de restituir a letra aceite, o sacado ainda não está obrigado, podendo riscar o aceite. A anulação do aceite presume-se feita antes da restituição. Todavia, se o sacado tiver informado por escrito o sacador ou outro dos intervenientes na letra de que a aceita, fica obrigado como aceitante.

TÍTULOS DE CRÉDITO

Quando a letra seja pagável a certo termo de vista, o aceite deve ser datado (artigo 25.°, nº 2 da LULL) para que, a partir dessa data, possa ser contado o prazo de vencimento. O portador pode todavia exigir que o aceite seja datado, não da data em que tenha sido dado, mas daquela em que a letra tenha sido apresentada a aceite (artigo 25.°, nº 2 da LULL). O aceite deve ser também datado nas letras que devam ser aceites num determinado prazo. Não sendo, nestes casos, datado o aceite, o portador deverá fazer constar a omissão da data por um protesto, feito em tempo útil, sob pena de perder os direitos emergentes da letra contra o sacador e os endossantes (artigo 25.°, nº 2 da LULL). Nos demais casos, o aceite não tem de ser datado.

### *vi. O endosso*

I. O endosso é o negócio cambiário que circula o título. É um negócio unilateral abstrato que tem por conteúdo uma nova ordem dada por um portador da letra ao sacado (ou aceitante, depois do aceite) para que pague, não a ele, endossante, mas a outra pessoa (o endossatário) ou à sua ordem, e uma promessa de que ele, endossante, pagará a letra se o sacado não aceitar ou não pagar, ou se algum dos demais obrigados o não fizer.

O endosso é no fundo, um novo saque que difere do primeiro por não criar a letra, que já está sacada, e por não fixar os seus elementos, que o saque já fixou.

II. O endosso exprime-se pela assinatura do portador no verso (*"en dos"*) da letra, geralmente em sentido transversal, acompanhada ou não da expressão "pague-se à ordem de (...)" ou equivalente. É muito frequente o endosso limitar-se à assinatura do portador no verso da letra não acompanhado de qualquer expressão. Não é obrigatório que o endossante identifique a pessoa do endossatário; se o não fizer, diz-se o endosso "em branco" e pode ser preenchido por outro portador. As letras podem ser ilimitadamente, reendossadas; caso os endossos não caibam já no documento, pode este ser acrescentado por uma folha ligada à letra (anexo). Para que haja endosso é formalmente necessário que a letra seja entregue ao endossatário. A entrega faz parte do negócio jurídico cambiário e constitui o seu elemento real.

DIREITO COMERCIAL

III. O endosso tem consequências jurídicas importantes. Investe o portador endossatário na propriedade do título, legitima-o, e responsabiliza o endossante pelo aceite e pelo pagamento da letra.

O endosso investe o portador endossatário na propriedade da letra. Costuma dizer-se que o endosso transmite a propriedade da letra e que essa transmissão é feita com autonomia, independentemente do facto de um dos anteriores portadores não ser verdadeiro proprietário da letra. A afirmação não é rigorosa. Do regime do artigo 16.° n° 2 da LULL resulta com clareza que não há entre o endossante e o endossatário, em rigor, uma transmissão da propriedade do título, mas antes a investidura do endossatário na titularidade da letra, investidura esta que não é derivada, mas antes originária.

O regime do desapossamento abusivo, constante do artigo 16.° n° 2 da LULL, desmente que o endosso opere uma transmissão derivada da propriedade do título. Na verdade, se transmissão houvesse, o desapossador abusivo não teria de qualquer modo adquirido, pelo desapossamento abusivo, a propriedade do título, propriedade que se teria mantido do desapossado. A partir do desapossamento abusivo não mais haveria transmissão da propriedade, porque, na transmissão, o transmitente não pode transmitir mais do que aquilo que tem. Não sendo proprietário o transmitente, não poderia ele transmitir uma propriedade de que não era titular. A propriedade manter-se-ia no desapossado e este poderia reivindicar a letra de qualquer portador.

Do regime do artigo 16°, n° 2 da LULL resulta antes que o endosso opera, não uma transmissão da propriedade do título do endossante para o endossatário, e a consequente aquisição por este do direito de propriedade que lhe seria assim – derivadamente – transmitido, mas sim a investidura do endossatário na propriedade do título, propriedade que o endossatário adquire originariamente.

Em consequência da aquisição originária da propriedade do título pelo endossatário, o endossante perde a propriedade do mesmo. Do mesmo modo, tendo havido desapossamento abusivo (por roubo, furto ou ocupação), o abusivo desapossador não adquire a propriedade da letra, pois ao adquiri-la não poderá ter deixado de atuar de má fé ou de cometer falta grave. Já aquele a quem o desapossador venha a endossar a letra e que esteja de boa fé adquire originariamente a propriedade do título, não sendo obrigado a restituí-la ao desapossado. O direito do

TÍTULOS DE CRÉDITO

endossatário, qualificado pela posse do título, é superior ao do desapossado, que está privado dessa mesma posse, e prevalece sobre ele (artigo 335.º, nº 2 do Código Civil).

IV. O endosso confere ao endossatário legitimidade para cobrar a letra e para receber o pagamento. Quer isto dizer que a legitimidade do portador se afere por uma série ininterrupta de endossos, ainda que o último seja em branco. Sempre que a um endosso em branco se siga um outro endosso, presume-se que o signatário seguinte recebeu a letra pelo endosso em branco, embora na realidade possa ter havido outros portadores intermédios (artigo 16.º da LULL). O devedor que paga a letra a um portador legitimado por uma série ininterrupta de endossos fica desobrigado, salvo se de sua parte tiver havido fraude ou falta grave (artigo 40.º da LULL). Aquele que assim paga só é obrigado a verificar a regularidade formal da sucessão dos endossos, mas não a genuinidade das assinaturas.

V. O endosso responsabiliza o endossante pelo aceite e pelo pagamento da letra. Isto decorre da promessa unilateral que integra o endosso como negócio jurídico. O endossante, ao endossar, promete ao endossatário e à sua ordem, quer dizer, aos endossatários subsequentes, que a letra é boa, isto é, que vai ser aceite – se ainda não foi – e que vai ser paga. E promete também e em consequência que, se tal não suceder, a pagará ele próprio. Isto sucede em relação a cada um dos endossantes. Cada endossante responde, portanto, pelo aceite e pelo pagamento da letra. Se a letra não for aceite, ou não for paga, o portador poderá exigir o pagamento a qualquer dos endossantes. Este terá de honrar a promessa feita e pagar. Paga a letra, este endossado pode, por sua vez, cobrar a letra de qualquer dos endossantes anteriores. E assim sucessivamente até chegar ao responsável original e principal, que é o sacador, caso a letra não tenha sido aceite, ou o aceitante, se tiver ocorrido o aceite.

O endosso diverge assim de modo importante da cessão de créditos. Nos termos do artigo 585.º do Código Civil, o devedor do crédito cedido pode opor ao cessionário todos os meios de defesa que lhe teria sido lícito invocar contra o cedente, ressalvados os que provenham de facto posterior ao conhecimento da cessão. Isto tem como consequência que, quanto mais o crédito circular por cessão, mais fraca é a posição jurídica

DIREITO COMERCIAL

do credor, que pode ver-lhe opostos os meios de defesa oponíveis a todos os anteriores titulares do crédito. Ao contrário, dado que todos os endossantes respondem pelo aceite e pelo pagamento da letra (artigo 15.º, nº 1 da LULL), quanto mais circular a letra por endosso mais garantido fica o crédito cambiário.

O endossante pode todavia exonerar-se da responsabilidade pelo aceite ou pelo pagamento apondo na letra uma cláusula nesse sentido (artigo 15.º, nº 1 da LULL). Essa cláusula exprime-se usualmente pelas expressões "sem garantia", "sem responsabilidade", "sem regresso" ou "sem obrigação". Tal cláusula só exonera o endossante que a inseriu na letra. O endossante pode ainda proibir um novo endosso e, neste caso, fica exonerado da responsabilidade pelo pagamento da letra perante os endossatários subsequentes (artigo 15.º, nº 2 da LULL).

VI. O endossante pode apor cláusulas cambiárias ao endosso. Estas cláusulas distinguem-se das convenções extracartulares porque constam do próprio título e são oponíveis ao portador. São cambiárias e não extracambiárias.

O endossante pode apor no título a cláusula "valor por cobrar", "valor a cobrar", "para cobrança" ou "por procuração", ou qualquer outra menção que implique um simples mandato (artigo 18º da LULL). Neste caso, o portador pode exercer todos os direitos emergentes da letra, mas só pode endossá-la na qualidade de procurador. Os obrigados podem todavia opor ao endossatário as exceções oponíveis ao endossante. Este endosso não investe, portanto, o endossatário na propriedade da letra: ele é um simples procurador do endossante e ocupa o seu lugar na cadeia cambiária. Com este endosso não deve ser confundido o endosso puro e simples com convenção extracambiária de cobrança. Este, muito frequente, tem o regime geral cambiário do endosso sendo a convenção de cobrança, porque extracartular, apenas oponível entre aqueles que dela sejam partes.

O endossante pode também apor no título a cláusula "valor em garantia", "valor em penhor" ou qualquer outra menção que implique uma caução (artigo 19º da LULL). Também neste caso, o endossatário pode exercer todos os direitos emergentes do título e o endosso que dele fizer só vale como feito por procurador. Diferentemente do caso anterior, os obrigados não podem opor ao endossatário as exceções oponí-

TÍTULOS DE CRÉDITO

veis ao endossante, a menos que o endossatário, ao receber o título, tenha procedido conscientemente em detrimento do devedor (artigo 19º, nº 2 da LULL). Também este endosso não deve ser confundido com o endosso puro e simples com convenção extracambiária de caução. Neste caso, também muito frequente, o regime é o geral do endosso, sendo a convenção de caução, porque extracambiária, apenas oponível entre aqueles que dela sejam partes.

Finalmente, o endosso feito posteriormente ao protesto por falta de pagamento ou ao termo do prazo para esse protesto produz apenas os efeitos da cessão ordinária de créditos (artigo 20º da LULL). O mesmo efeito de cessão ordinária de créditos tem o endosso quando o sacador tiver aposto na letra a cláusula "não à ordem" ou equivalente (artigo 11º, nº 2 da LULL).

### vii. O aval

I. O aval é o negócio cambiário unilateral e abstrato que tem por conteúdo uma promessa de pagar a letra e por função a garantia desse pagamento. O aval pode ser prestado por um terceiro ou por um signatário da letra (artigo 30.º, nº 2 da LULL) e tem de ser prestado a favor de um dos obrigados. Se não constar do aval a designação daquele por quem é dado, o aval considera-se prestado ao sacador (artigo 31.º, nº 3 da LULL).

Pode ser parcial, abrangendo apenas parte da dívida, mas não pode ser condicionado (artigo 30.º, nº 1 da LULL).

O aval é escrito na letra ou numa folha anexa e exprime-se pelas palavras "bom para aval" ou por qualquer outra fórmula equivalente. A simples assinatura na face anterior da letra, que não seja a do sacador ou do sacado, vale aval (artigo 31º da LULL).

II. Segundo o artigo 32.º da LULL, o dador do aval é responsável da mesma maneira que a pessoa por ele afiançada. Isto significa que a responsabilidade que para o avalista emerge do aval se determina pela do avalizado. Esta responsabilidade não é subsidiária, mas sim solidária e cumulativa. Neste aspeto a posição do avalista é acessória da do avalizado.

Mas a posição do avalista, como a de qualquer interveniente na letra, é também autónoma. O aval subsiste mesmo que o ato do avalizado seja nulo por qualquer razão "que não seja um vício de forma" (artigo 32.º,

DIREITO COMERCIAL

nº 2 da LULL). Esta autonomia é típica dos atos cambiários e da responsabilidade deles emergente. A autonomia cede todavia quando a obrigação do avalizado seja nula por vício de forma. A razão de ser desta limitação à autonomia reside na acessoriedade. Sendo a responsabilidade do avalista determinada pela do avalizado, e sendo a obrigação do avalizado nula por vício de forma, ocorre a impossibilidade de formação do valor patrimonial da responsabilidade do avalista.[191]

Não é fácil entender o que seja o vício de forma neste caso, matéria que suscita dúvidas na doutrina. Sem entrar na questão, pode, no entanto, precisar-se que o vício deve ser de molde a acarretar a nulidade do ato cambiário do avalizado, mas sem afetar a validade da letra como tal. Na verdade, se afetar a validade da própria letra, o aval não subsistirá, como não subsistirá nenhum dos outros atos cambiários.[192]

A autonomia do aval traduz-se num regime segundo o qual o avalista é responsável pelo pagamento da obrigação cambiária própria como avalista, que se define pela do avalizado, mas que vive e subsiste independentemente desta. Assim, o avalista do sacador é responsável mesmo que a assinatura do sacador seja falsa ou de pessoa fictícia (artigo 7.º da LULL), porque o avalista garante, não só que o sacador pagará, mas também a genuinidade da assinatura

A posição jurídica do avalista é acessória da do seu avalizado no que respeita ao regime da prescrição e ao da perda do direito de ação por falta de protesto. As ações contra o avalista do aceitante não têm um prazo autónomo de prescrição e prescrevem no mesmo prazo das ações contra o próprio aceitante (artigo 70.º da LULL). Do mesmo modo, o portador que não proteste a letra não perde o seu direito de ação contra o aceitante nem contra o avalista do aceitante (artigo 53.º da LULL), não obstante a interpretação contrária que pode parecer resultar de uma interpretação apressada.[193]

III. O aval, como os outros atos cambiários, tem uma relação subjacente. Esta é constituída pela relação jurídica que funda a prestação do

---

[191] Paulo Sendim, *Letra de Câmbio*, vol. II, pág. 143 e segs..

[192] Pinto Coelho, *Lições de Direito Comercial – As Letras*, fase. v, pág. 37.

[193] Sobre o assunto, com desenvolvimento, Pinto Coelho, *Lições de Direito Comercial – As Letras* – fase. v, págs. 19-25.

TÍTULOS DE CRÉDITO

aval e que pode ser invocada nas relações entre o avalista e o avalizado. A prestação do aval pode ter sido gratuita ou onerosa e pode constituir uma liberalidade, no sentido em que o avalista suporte o pagamento sem exercer o regresso contra o avalizado. A prestação do aval pode ser obrigatória para o avalista quando assim seja convencionado extracambiariamente.

IV. O avalista que seja chamado a pagar a letra fica sub-rogado nos direitos emergentes da letra contra a pessoa a favor de quem foi dado o aval e contra os obrigados para com esta, em virtude da letra (art. $32^\circ$ $n^\circ$ 3 da LULL). O avalista pode exigir o pagamento da letra, não só do avalizado como daqueles de quem o avalizado o poderia exigir.

Havendo uma pluralidade de avalistas que tenham conjuntamente prestado aval por um mesmo avalizado, a LULL não prevê direito de regresso daquele ou daqueles que tenham sido chamados a pagar a letra contra os demais. Só com base na relação subjacente o avalista que pagou poderá exercer o regresso contra os demais avalistas que com ele conjuntamente tenham dado aval pelo mesmo avalizado. É corrente o aval conjunto dado por administradores ou gerentes duma sociedade em garantia da obrigação cambiária dessa mesma sociedade. Não se aplica neste caso o regime da co-fiança e só com base na alegação e prova da relação subjacente aos avales em questão e no que entre os avalistas houver sido convencionado é que o avalista que pagou poderá exigir dos outros avalistas o pagamento de qualquer quantia.[194]

V. O aval difere assim da fiança principalmente em dois aspetos do seu regime. Por um lado, subsiste a invalidade da obrigação garantida, salvo se a invalidade for consequência de vício de forma; por outro lado, enquanto o fiador que paga só tem direito a exigir o pagamento do afiançado, o avalista pode exigi-lo do avalizado e daqueles de quem o avalizado o poderia exigir.

---

[194] PAIS DE VASCONCELOS, *Pluralidade de avales por um mesmo avalizado e «regresso» do avalista que pagou sobre aqueles que não pagaram*, in Nos 20 Anos do Código das Sociedades Comerciais, III, Coimbra Editora, Coimbra, 2007, págs. 947-978. Este texto comenta a inversão de jurisprudência que, antes, revelava uma forte tendência para aplicar ao caso o regime das co-fianças constantes do Código Civil.

DIREITO COMERCIAL

### viii. O vencimento, o pagamento e o protesto

I. A letra tem quatro modalidades de vencimento (artigo 33º da LULL):

– À vista;
– A um certo termo de vista;
– A um certo termo de data;
– Em dia fixado.

Segundo o artigo 33º da LULL, as letras com vencimentos diferentes, quer com vencimentos sucessivos, são nulas. Os modos de vencimento típicos do art. 33º da LULL são pois imperativos; não é lícito fixar o vencimento de outro modo. A proibição dos vencimentos sucessivos ultrapassa-se pela emissão de várias letras, uma para cada vencimento.

II. A letra à vista é pagável à apresentação (artigo 34º, nº 1 da LULL). Neste caso, confundem-se a apresentação a aceite e a apresentação a pagamento. Ao ser apresentada a letra ao sacado, não se coloca a este a questão de aceitar ou não. Se aceita, paga imediatamente; se paga é porque aceitou. O aceite, fundido com o pagamento perde a autonomia. Não se distingue assim o aceite e o pagamento. Na letra com vencimento à vista não existe pois aceite.

A letra à vista deve ser apresentada a pagamento, em princípio, no prazo de um ano a contar da sua data.

O sacador pode, todavia, reduzir ou alargar este prazo e os endossantes podem encurtar estes prazos. O sacador pode também estipular que a letra não seja apresentada a pagamento antes de decorrido certo prazo.

A falta de apresentação a pagamento da letra à vista ou a certo termo de vista importa para o portador a perda dos direitos emergentes da letra contra o sacador, contra os endossantes e demais obrigados (artigo 53º da LULL). Na letra a certo termo de vista, o prazo de vencimento conta-se a partir da data do aceite ou, em caso de recusa de aceite, a partir do protesto por falta de aceite (artigo 35º da LULL).

As letras sacadas a termo de data ou pagáveis em dia fixado vencem-se nos termos dos respetivos prazos e devem ser apresentadas a pagamento ou numa câmara de compensação no próprio dia do vencimento ou num dos dois dias úteis seguintes (artigo 38º da LULL).

As letras vencem-se antecipadamente nos seguintes casos:

– Se houver recusa total ou parcial de aceite;

TÍTULOS DE CRÉDITO

– Nos casos de falência do sacado, quer ele tenha aceite, quer não, de suspensão de pagamentos do mesmo, ainda que não constatada por sentença, ou de ter sido promovida, sem resultado, execução dos seus bens;
– Nos casos de falência do sacador de uma letra não aceitável (art. 47º da LULL).

O portador não pode recusar o pagamento parcial e deve dar quitação, mas pode recusar o pagamento antecipado. Aquele que paga a letra pode exigir a quitação ou a entrega do título ou, no caso do pagamento parcial, a quitação da quantia que pagou.

III. A recusa de aceite e a recusa de pagamento podem ser certificadas pelo protesto.[195]

O protesto é um ato jurídico declarativo, não negocial, pelo qual se certifica a falta de aceite ou a falta de pagamento. É um ato formal praticado perante um notário. Tem uma função probatória e de segurança, eliminando os riscos de prova ou de controvérsia quanto à falta de aceite ou de pagamento. Tem também uma função conservatória do direito do credor que, na falta dele, vê precludida uma parte importante do seu direito. Tem finalmente uma função de informação, dando aos intervenientes na cadeia cambiária notícia da falta de aceite ou de pagamento.

Não há que confundir o protesto por falta de aceite com o protesto por falta de pagamento:

– O protesto por falta de aceite atesta que o sacado não aceitou a letra que lhe foi apresentada para aceite, ou que apenas a aceitou parcialmente.
– O protesto por falta de pagamento atesta que, apresentada a letra a pagamento, este foi recusado.
– O protesto por falta de aceite é feito contra o sacador, que prometeu que a letra seria aceite, e não contra o sacado, que não está cambiariamente obrigado a aceitar.
– O protesto por falta de pagamento, por sua vez, é feito contra o aceitante que, tendo aceite, se recusou a pagar.

---

[195] O protesto está regulado nos artigos 119º a 130º do Código do Notariado. Abstemo-nos de tratar aqui do regime notarial do protesto.

DIREITO COMERCIAL

O protesto por falta de aceite deve ser feito no prazo para apresentação a aceite. Caso a letra tenha sido apresentada a aceite no último dia do prazo, o protesto poderá ainda ser feito no dia útil seguinte. O protesto por falta de pagamento, no caso da letra pagável em data certa ou a certo termo de data, deve ser feito nos dois dias úteis seguintes à data em que o pagamento deveria ter tido lugar. No caso da letra pagável à vista, o protesto segue o regime do protesto por falta de aceite, sendo dispensado o protesto por falta de pagamento, bem como a apresentação a pagamento (artigo 44.° da LULL).

O portador que protesta a letra deve, no prazo de quatro dias, avisar da falta de aceite ou de pagamento aquele que lhe endossou a letra e o sacador. Cada um dos endossantes deve, por sua vez, avisar o que o antecede na cadeia cambiária, no prazo de dois dias, e assim sucessivamente até se chegar ao sacador. Os avalistas devem ser avisados nos prazos dos seus avalizados. Estes avisos têm por função dar a conhecer aos intervenientes da cadeia cambiária a falta de aceite ou de pagamento, facto que os coloca em situação de lhes poder ser exigido o pagamento da letra, para que se possam tomar as providências que lhes convier. A falta de aviso, constitui aquele que infringir este dever em responsabilidade civil, cabendo-lhe indemnizar os prejuízos decorrentes dessa falta (artigo 45º da LULL).

A falta de protesto dentro do prazo tem consequências importantes para o portador que deixa de poder exercer os direitos emergentes da letra contra os endossantes, o sacador e os demais obrigados. Pode cobrar a letra apenas do aceitante e do seu avalista (artigo 53º da LULL).

O protesto pode ser dispensado através da aposição na letra da cláusula "sem despesas" ou "sem protesto", ou outra equivalente (artigo 46º da LULL). A cláusula pode ser aposta pelo sacador, caso em que produz efeitos em relação a todos os intervenientes na letra, ou por um endossante ou avalista, caso em que só produz efeitos em relação àquele. Aposta a cláusula, os seus beneficiários não perdem os seus direitos de ação em caso de falta ou intempestividade do protesto. O portador não fica com a cláusula, porém, dispensado de apresentar a letra a pagamento nem dos avisos por falta de aceite ou de pagamento.

### ix. A prescrição dos direitos cartulares
Os direitos cartulares têm prazos de prescrição consideravelmente apertados. Estes prazos são diferentes consoante as posições em que os

TÍTULOS DE CRÉDITO

intervenientes se encontram na letra e constam do art. 70º da LULL. Este artigo refere a prescrição das ações, o que poderia levar a pensar tratar-se de prazos de caducidade e não de prescrição. A questão foi já resolvida pelo Assento do Supremo Tribunal de Justiça de 12 de Junho de 1962 que julgou serem de prescrição aqueles prazos.

Os prazos de prescrição são os seguintes:

– Os direitos cartulares contra o aceitante prescrevem no prazo de três anos a contar da data do vencimento.
– Os direitos cartulares do portador contra os endossantes e contra o sacador prescrevem no prazo de um ano a contar da data do protesto ou da data do vencimento quando esteja em vigor a cláusula "sem despesas" ou "sem protesto" ou equivalente.
– Os direitos cartulares dos endossantes uns contra os outros e contra o sacador prescrevem em seis meses a contar da data em que o endossante pagou a letra ou em que foi ele próprio acionado.
– Os avalistas beneficiam de um regime de prescrição igual ao dos seus avalizados (art. 32.º nº 1 da LULL).

A prescrição não é da letra, mas dos direitos cambiários. Assim, o art. 71.º da LULL esclarece que a interrupção da prescrição só opera em relação àquele em relação a quem foi efetuada. No entanto, dada a assessoriedade que caracteriza o seu regime em matéria de prescrição, a interrupção da prescrição do direito contra o avalizado importa a interrupção do direito contra o avalista.

A prescrição do crédito cambiário não importa a do crédito subjacente. O direito subjacente pode ter, e terá muitas vezes, um prazo de prescrição consideravelmente mais dilatado que o do direito cambiário. Dada a autonomia do direito cambiário, a prescrição deste não atinge o direito subjacente que se mantém válido e eficaz. O credor, nesse caso, extinto embora por prescrição o direito cambiário, poderá exigir o pagamento do direito subjacente.

### x. As ações cambiárias. Direitos do obrigado que pagou a letra
I. A letra é título executivo (artigo 46.º, nº 1, alínea c) do Código de Processo Civil). O portador de uma letra vencida e não paga não precisa, portanto, de recorrer à ação de condenação: pode requerer desde logo a

DIREITO COMERCIAL

execução. Tal não o impede de propor a ação de condenação se vir nisso algum interesse.

Nas ações de condenação, o demandado pode invocar meios de defesa extracartulares por exceção; nas ações executivas deverá fazê-lo em oposição.

II. O portador da letra pode acionar em juízo todos e qualquer dos anteriores intervenientes: endossantes, sacador, aceitante e avalistas, ou apenas alguns deles. O portador é livre de escolher qual ou quais lhe convém mais acionar, independentemente da ordem por que intervenham na cadeia cambiária (artigo 47º, nº 2 da LULL). Os intervenientes na cadeia cambiária são solidários (artigo 47º, nº 1 da LULL). Ainda que tenha já acionado um ou mais dos obrigados cambiários, não deixa de poder acionar outro ou outros, ainda que posteriores na cadeia cambiária (artigo 47.º, nº 4 da LULL).

III. Na ação, o portador pode pedir o pagamento do montante da letra, acrescido dos juros, se tiverem sido convencionados, juros de mora e as despesas de protesto (artigo 48° da LULL).

Os juros de mora nos termos do artigo 49.º da LULL são de 6% ao ano. Todavia, por efeito do Decreto-Lei nº 262/83, de 16 de Junho, o juro de mora nas letras sacadas e pagáveis em território nacional passou a ser o juro legal. A entrada em vigor deste preceito legal suscitou nos tribunais dúvidas quanto à legalidade e à constitucionalidade do desrespeito pelo legislador interno do direito internacional convencional vigente na ordem interna. A questão provocou jurisprudência contraditória nos tribunais e até o próprio Tribunal Constitucional se dividiu, entendendo uma secção ser a alteração legislativa legitimada em termos de direito internacional pela cláusula *"rebus sic standibus"* dada a intensidade da inflação que a justificou, e a outra que se não suscitava aqui um problema de constitucionalidade, quanto muito de inconstitucionalidade indireta, recusando-se a conhecer das questões que lhe foram presentes. As posições tomadas pelo Tribunal Constitucional que sempre se recusou, com uma ou outra fundamentação (consoante as secções), a julgar inconstitucional a nova taxa de juro e a consciência do abuso que constitui pretender pagar juros de mora de taxa muito inferior à da inflação acabaram por operar a estabilização da questão no sentido da aplicação da taxa de juro legal aos juros moratórios nas letras. A taxa do juro de mora nas letras sacadas e pagáveis em território nacional é pois, hoje, a taxa legal.

IV. O demandado que pagar a letra pode exigir que lhe seja entregue a letra com o protesto e um recibo; se se tratar de um endossante, pode riscar o seu endosso e os dos endossantes subsequentes (artigo 50º da LULL). Com a letra, pode, por sua vez, demandar qualquer outro obrigado cambiário que se situe na cadeia cambiária antes dele e exigir o pagamento da soma integral que tenha pago, acrescida de juros de mora sobre essa quantia contados desde a data em que a tenha pago e as despesas que tiver feito (artigo 49º da LULL).

Na cobrança, a letra vai percorrendo um caminho inverso do que seguiu na circulação, embora o portador que pagou possa acionar um outro portador que lhe seja subsequente na cadeia cambiária e que não tenha pago. De demanda em demanda, de pagamento em pagamento, embora possa andar para a frente e para trás, vai recuando até ao início da cadeia cambiária. O derradeiro responsável a ser demandado e a ter de pagar a letra será o aceitante, se a letra tiver sido aceite, ou o sacador, se não houver aceitante. Os avalistas ocupam na cadeia cambiária uma posição paralela à dos avalizados e, tendo pago a letra, podem cobrá-la dos avalizados e daqueles de quem este a pudesse cobrar. O portador pode acionar um, ou outro, ou vários, ou todos os obrigados, consoante melhor lhe convier.

O demandado que pagar a letra pode ressarcir-se de outro modo, sacando uma nova letra sobre aquele que perante ele for responsável. Chama-se a esta prática "ressaque" (artigo 52º LULL).

# ÍNDICE

## ÍNDICE DE CONTEÚDOS

| | |
|---|---|
| Introdução | 5 |
| Bibliografia geral aconselhada aos alunos | 7 |

PRIMEIRA PARTE – DIREITO COMERCIAL GERAL

| | | |
|---|---|---|
| I. | O Direito Comercial | 13 |
| 1. | O Comércio e o Direito Comercial | 13 |
| 2. | Autonomia histórica do Direito Comercial | 14 |
| 3. | A autonomia material do Direito Comercial | 20 |
| | i. Cosmopolitismo e internacionalidade | 21 |
| | ii. A defesa do crédito e o "favor creditoris" | 22 |
| | iii. Profissionalidade | 23 |
| | iv. A centralidade do mercado e da concorrência | 24 |
| | v. Insolvência, execução universal, "par conditio creditoris" | 25 |
| | vi. Equidade | 26 |
| | vii. Aparência | 27 |
| | viii. Boa fé | 29 |
| | ix. Relevância dos usos e dos costumes | 29 |
| 4. | Autonomia metódica do Direito Comercial | 30 |
| 5. | Autonomia legislativa do Direito Comercial | 31 |
| 6. | Ramos especiais do Direito Comercial | 33 |
| 7. | A caminho de um direito comercial europeu | 34 |
| II. | Os comerciantes, as empresas mercantis e os atos de comércio | 36 |
| 8. | Direito Comercial como direito dos comerciantes, do comércio, da empresa e do mercado | 36 |
| 9. | Os comerciantes | 39 |

DIREITO COMERCIAL

| | | |
|---|---|---|
| 10. | Os comerciantes individuais | 39 |
| | i. A capacidade para o exercício do comércio | 40 |
| | ii. O âmbito material do comércio | 41 |
| | iii. O exercício profissional | 44 |
| 11. | As sociedades comerciais | 47 |
| 12. | Obrigações dos comerciantes | 49 |
| | i. Obrigação de adotar uma firma | 49 |
| | ii. Dever de escrituração | 52 |
| 13. | O Direito Comercial como direito do comércio | 57 |
| 14. | Os atos de comércio | 58 |
| 15. | Classificações dos atos de comércio | 67 |
| | i. Atos de comércio objetivos e subjetivos | 67 |
| | ii. Atos de comércio absolutos e por conexão | 70 |
| | iii. Atos de comércio causais e abstratos | 71 |
| | iv. Atos de comércio puros e mistos | 72 |
| 16. | As empresas comerciais | 74 |
| | i. A empresa no comércio | 74 |
| | ii. O artigo 230º do Código Comercial | 78 |
| | iii. A indústria transformadora | 82 |
| | iv. O fornecimento | 85 |
| | v. O agenciamento de negócios ou leilões | 87 |
| | vi. A exploração de espetáculos públicos | 88 |
| | vii. A edição | 88 |
| | viii. A empreitada | 89 |
| | ix. O transporte | 90 |
| | x. A pesca | 91 |
| | xi. A agricultura | 92 |
| 17. | A empresa e o empresário no Direito Comercial | 96 |
| 18. | O estabelecimento comercial | 100 |
| | i. O estabelecimento | 100 |
| | ii. Conteúdo e determinação do estabelecimento | 100 |
| | iii. O aviamento ou goodwill | 103 |
| | iv. A clientela | 103 |
| | v. Natureza jurídica do estabelecimento | 104 |
| | vi. Nome e insígnia do estabelecimento: o logótipo (remissão) | 105 |
| | vii. Trespasse e cessão de exploração (ou locação) do estabelecimento (remissão) | 106 |
| 19. | O estabelecimento individual de responsabilidade limitada – EIRL | 106 |
| 20. | Relevância da qualificação como comerciante e como ato, dívida ou obrigação comercial | 115 |

ÍNDICE

|  |  |  |
|---|---|---|
| i. | Qualificação dos atos de comércio subjetivos | 115 |
| ii. | Regras quanto à forma dos atos jurídicos | 115 |
| iii. | Fiança mercantil e garantia autónoma | 116 |
| iv. | Taxa de juros comerciais | 118 |
| v. | Regras especiais de prescrição | 126 |
| vi. | Força probatória da escrituração entre comerciantes | 128 |
| vii. | Regime especial das dívidas comerciais dos cônjuges | 130 |

Segunda Parte – Contratos Mercantis

| III. Os contratos mercantis | 139 |
|---|---|
| 21. Os contratos mercantis em geral | 139 |
| 22. As sociedades comerciais | 145 |
| 23. A associação em participação | 145 |
| 24. O consórcio | 152 |
|     i. O tipo contratual | 152 |
|     ii. Consórcios internos e externos | 154 |
|     iii. Os consórcios não têm personalidade jurídica | 156 |
|     iv. O consórcio e a autonomia privada | 156 |
| 25. Agrupamento complementar de empresas (ACE) | 160 |
|     i. O tipo contratual | 160 |
|     ii. Personalidade jurídica | 160 |
|     iii. Capacidade, capital, património e lucro | 160 |
|     iv. Funcionamento interno do ACE | 161 |
|     v. Representação externa | 162 |
|     vi. Admissão, exoneração e exclusão de membros | 162 |
| 26. AEIE – agrupamento europeu de interesse económico | 163 |
|     i. O tipo contratual | 163 |
|     ii. Regime jurídico | 165 |
| 27. O mandato mercantil em geral | 166 |
| 28. O mandato dos gerentes, auxiliares e caixeiros | 172 |
| 29. O mandato sem representação: a comissão | 174 |
| 30. O contrato de agência | 178 |
|     i. O tipo contratual | 178 |
|     ii. Regime jurídico | 187 |
| 31. O contrato de concessão comercial | 189 |
|     i. O tipo contratual da concessão comercial. | 189 |
|     ii. Regime jurídico | 190 |
| 32. O contrato de franquia | 194 |
|     i. O tipo contratual | 194 |
|     ii. Regime jurídico | 195 |

DIREITO COMERCIAL

| | | |
|---|---|---|
| 33. | O contrato de mediação e corretagem | 197 |
| | i. O tipo contratual | 197 |
| | ii. Regime jurídico | 197 |
| 34. | O contrato de conta corrente | 198 |
| | i. O tipo contratual | 198 |
| | ii. O tipo contratual da conta corrente | 199 |
| | iii. Conteúdo típico | 200 |
| | iv. Encerramento e liquidação da conta corrente | 201 |
| 35. | Operações de bolsa | 205 |
| | i. Evolução legislativa | 206 |
| | ii. Mercado primário e mercado secundário | 206 |
| | iii. Os corretores e os intermediários financeiros | 208 |
| | iv. As ordens de bolsa | 209 |
| | v. A venda e a compra em bolsa | 209 |
| | vi. Operações de conta própria e de conta alheia | 213 |
| | vii. Operações a contado e a prazo | 214 |
| | viii. Operações a descoberto (short selling) | 216 |
| 36. | Operações de banco | 218 |
| | i. O tipo contratual | 218 |
| | ii. A abertura de conta | 221 |
| | iii. Depósito bancário | 222 |
| | iv. A concessão de crédito | 222 |
| | vi. Garantias bancárias | 226 |
| | v. Serviços bancários | 226 |
| 37. | Transporte | 228 |
| | i. O tipo contratual | 228 |
| | ii. Qualificação comercial | 229 |
| | iii. Modalidades de transportes | 229 |
| | iv. Regulamentação geral e específica | 230 |
| | v. Transporte de mercadorias | 231 |
| | vi. O transporte de pessoas | 233 |
| | vii. O título de transporte | 234 |
| | viii. O falso carácter trilateral do contrato de transporte | 238 |
| | ix. Litigiosidade do contrato de transporte | 239 |
| 38. | Empréstimo | 241 |
| | i. O tipo contratual | 241 |
| | ii. Regime típico | 242 |
| 39. | Penhor | 242 |
| | i. O tipo contratual | 242 |
| | ii. Regime jurídico | 243 |

ÍNDICE

| | | |
|---|---|---|
| 40. | Depósito | 244 |
| | i. O tipo contratual | 244 |
| | ii. Regime jurídico | 245 |
| 41. | Seguro | 246 |
| | i. O tipo contratual | 246 |
| | ii. A apólice de seguro | 249 |
| | iii. A circulação da apólice | 250 |
| | iv. A apólice como título de crédito | 251 |
| | v. O interesse no seguro | 251 |
| | vi. Principais obrigações do tomador | 252 |
| | vii. Principais obrigações do segurador | 252 |
| | viii. O sinistro | 255 |
| | ix. Principais modalidades de seguros | 255 |
| | x. O princípio indemnizatório | 256 |
| 42. | A compra e venda mercantil | 258 |
| | i. O tipo contratual | 258 |
| | ii. Compra e venda objetiva e subjetivamente comercial | 262 |
| | iii. Natureza jurídica real e obrigacional da compra e venda mercantil | 263 |
| | iv. O regime jurídico próprio da compra e venda objetivamente comercial | 264 |
| | v. Distinção do tipo contratual civil da compra e venda | 268 |
| | vi. A compra e venda do estabelecimento comercial: o trespasse e a cessão de exploração | 270 |
| | vii. A compra e venda da empresa através da aquisição de partes sociais | 274 |
| | viii. Os Incoterms | 276 |
| 43. | Reporte | 278 |
| | i. O tipo contratual | 279 |
| 44. | Escambo ou troca | 281 |
| | i. O tipo contratual | 281 |
| 45. | Aluguer | 282 |
| | i. O tipo contratual | 282 |
| | ii. Aluguer de longa duração – ALD | 283 |
| | ii. Renting | 283 |

Terceira Parte – Títulos de Crédito

| | | |
|---|---|---|
| IV. | Os Títulos de Crédito | 287 |
| 46. | As letras, livranças e cheques: os títulos de crédito em geral | 287 |
| | i. Noção, função e caraterísticas | 288 |
| | ii. A literalidade | 291 |

DIREITO COMERCIAL

| | | |
|---|---|---|
| iii. | A autonomia do direito cartular | 294 |
| iv. | A autonomia da posição do portador do título | 296 |
| v. | A incorporação. Direitos que se incorporam no título | 298 |
| vi. | A legitimação | 300 |
| vii. | A circulabilidade | 301 |
| viii. | Os títulos impróprios | 302 |
| ix. | Coordenação das características dos títulos de crédito | 303 |

47. Classificações dos títulos de crédito — 306

| | | |
|---|---|---|
| i. | Títulos de crédito públicos e privados | 306 |
| ii. | Títulos de crédito propriamente ditos, títulos representativos e de participação | 307 |
| iii. | Títulos de crédito causais e abstratos | 307 |
| iv. | Títulos de crédito nominativos, à ordem e ao portador | 308 |
| v. | Títulos de crédito individuais e em série | 309 |

48. O negócio subjacente e a relação cartular. O negócio e a relação subjacente. Seu relacionamento e natureza jurídica. — 309

| | | |
|---|---|---|
| i. | O direito cartular como distinto do subjacente | 309 |
| ii. | A declaração cartular como negócio jurídico | 311 |
| iii. | A relação entre o negócio cartular e o negócio subjacente. A convenção executiva e as demais convenções extracartulares. As chamadas relações mediatas e imediatas | 312 |
| iv. | Teorias da criação e da emissão | 317 |

49. Extinção e reforma dos títulos de crédito — 320

| | | |
|---|---|---|
| i. | Causas de extinção do título de crédito | 320 |
| ii. | Reconstituição do título de crédito pela reforma | 321 |

50. A letra de câmbio — 325

| | | |
|---|---|---|
| i. | A letra como título e como documento. Distinção da livrança, do cheque e do extrato de fatura | 325 |
| ii. | Requisitos formais da letra | 327 |
| iii. | A letra em branco. O pacto de preenchimento. O preenchimento abusivo | 328 |
| iv. | O saque | 330 |
| v. | O aceite | 332 |
| vi. | O endosso | 335 |
| vii. | O aval | 339 |
| viii. | O vencimento, o pagamento e o protesto | 342 |
| ix. | A prescrição dos direitos cartulares | 344 |
| x. | As ações cambiárias. Direitos do obrigado que pagou a letra | 345 |

Índice — 349